“语言研究新视角丛书”编辑委员会

YUYAN YANJIU
XINSHIJIAO CONGSHU
语言研究新视角丛书

主编　黎运汉

de ti xiu ci xue

得体修辞学

郑荣馨　著

语言的得体性指的是语言材料对说写主体和语言环境的适应程度

暨南大學出版社
JINAN UNIVERSITY PRESS

中国·广州

图书在版编目（CIP）数据

得体修辞学/郑荣馨著. —广州：暨南大学出版社，2014.7
（语言研究新视角丛书）
ISBN 978-7-5668-0908-7

Ⅰ.①得… Ⅱ.①郑… Ⅲ.①修辞学 Ⅳ.①H05

中国版本图书馆 CIP 数据核字（2014）第 012183 号

出版发行：暨南大学出版社

地　址：中国广州暨南大学
电　话：总编室（8620）85221601
营销部（8620）85225284　85228291　85228292（邮购）
传　真：（8620）85221583（办公室）　85223774（营销部）
邮　编：510630
网　址：http://www.jnupress.com　http://press.jnu.edu.cn

排　版：广州良弓广告有限公司
印　刷：佛山市浩文彩色印刷有限公司

开　本：787mm×1092mm　1/16
印　张：19.75
字　数：433 千
版　次：2014 年 7 月第 1 版
印　次：2014 年 7 月第 1 次

定　价：46.00 元

总　序

去年6月，暨南大学出版社策划编辑杜小陆先生邀请我为他们出版社主编一套语言学丛书。始初我有些犹豫，但后来为他的眼界和气魄所感动，而且觉得这是响应社会发展对语言科学召唤的善举，便欣然应诺了。

丛书筹备工作进展得很顺利，很快便得到了20多位学者朋友的赞许与支持。去年7月和今年4月，暨南大学出版社徐义雄社长先后两次诚邀部分编委举行了丛书策划论证会，深入讨论了丛书选题运作的相关事宜，确定丛书名为“语言研究新视角丛书”，丛书的核心思想为“创新”：课题新、理论新、语料新、方法新，力求凸显研究对象的新规律、新特点，洋溢时代气息，体现学科走向，给读者以新的启示。学术研究贵在创新，创新是学科前进的关键。只有创新才能给语言学增加新鲜血液，使其健康发展，而创新的基础是继承和吸收。继承、吸收与创新融合是语言科学发展繁荣的重要因素，也是语言科学发展繁荣的基本规律及其研究的方法论原则。我们撰写这套丛书时，既注意继承优秀传统，吸收已有成果的精华，更努力于开拓创新。

这套丛书由30本组成，于2008年10月、2013年8月和2014年8月分三批出版。

丛书数量大，内容广泛而丰富多彩。涵盖语言理论、语言本体、语言运用和语言教学的范围，涉及词汇学、语义学、语法学、社会语言学、语用学、话语语言学、方言学、修辞学、语体学、语言风格学、辞章学，以及港台语言、网络语言、广告语言、导游语言、交际语言艺术、语用与文化、语用与教学的方方面面。其中有国家、省部级社科基金规划项目成果，有影响较大的学术专著的拓新或再构，有作者多年潜心研究的新著。我们期望丛书的问世能对现代语言科学以及与其有关学科的繁荣发展有所贡献，对语言学、文艺学、文章学的教学有所帮助，对语言科学的研究者有所启示，对社会公众提高语言运用的能力有所裨益。

丛书的参撰者是海峡两岸长期从事语言学、语用学、社会语言学、文化语言学教学和研究的老中青教授、博士。他们学术造诣较深，眼光敏锐，视野开阔，颇有探索、拓荒精神，曾出版、发表了不少学术专著和系列论文，而且都以严谨、务实、求新、求精的科学态度，潜心耕耘自己的课题，竭力使研究成果具有创新性、学术性、科学性、实用性、启示性。毫无疑问，丛书的每一分册都是作者多年从事语言科学研究和教学的智慧结晶，我相信读者朋友们都能从中发现自己喜爱的闪光点。

丛书成立的编委会由本人任主编，郭熙、何自然、刘焕辉、屈哨兵、邵敬敏、肖沛雄、曾毅平、周国光、郑颐寿、宗廷虎等教授为常务编委，丛书作者为编委。作者提交的书稿经丛书编委会审定，由主编和常务编委签署意见后，交由出版社出版。全套丛书行文体例大体一致。尽管编委共同努力把好质量关，但由于我们的水平和经验所限，这套丛书的编写难免有不尽如人意的地方，敬请读者朋友不吝赐教。

暨南大学出版社欣欣向荣，富有活力，一贯重视出版图书的质量。出版的图书在新闻传播学、语言文学、心理学与管理学等学科领域已形成优势和特色，诸如《中文》等系列华文教材在海内外享有盛誉，"院士科普书系"2006年获国家科技进步二等奖。这次把"语言研究新视角丛书"和全国新闻学教材系列、"海外华文文学丛书"等同列为重点图书，更显示出令人钦佩的远见和魄力。我作为主编，代表全体作者向暨南大学出版社表示衷心的感谢，并诚挚感谢各位作者朋友对我的大力支持。

黎运汉
2008年国庆节
于暨南大学羊城苑得道居

序　言

郑荣馨先生的《得体修辞学》（原名《语言得体艺术》）将要出新版，荣馨早就提出希望我修改出版序言。他发来初版中我的序言，我看了看，就决定：重写。

得体是文化世界中的事情。语言世界是无所谓得体不得体的。人是“文化的人”（“文化的人”≠“文化人”），得体是做人的原则。人也是语言的人，人的语言运用也需要得体。修辞学是语言运用之学，于是就有得体修辞学。然而，第一个写出《得体修辞学》的是郑荣馨先生，他是江苏修辞学的骨干，所以我特兴奋，就写序言加以鼓吹。

那是上一个世纪的事情了。在21世纪里，年过花甲、奔七的老郑，退而不休，继续奋战，一部接一部地撰写新著，修订旧作，与时俱进，精益求精。好!

老郑虽然也很重视修辞学理论探索，在理论探索方面也有特色，但是我认为实用性是他几部著作的特色。我这样说，绝无贬低荣馨的意思，荣馨也绝不会误解的。有的学者把修辞学归入应用语言学。我认为，修辞学是理论科学，也是应用科学。我从不轻视修辞学的实用性，我把《汉语修辞学》就定位为实用修辞学。正因为其实用性，《汉语修辞学》才连续印刷十次的吧？实用修辞学直接为千百万群众服务，是很光荣的事情。

我一再呼吁：普及修辞学。中国的今天尤其需要普及修辞学。今天的中国小小地富裕了那么点，于是有点钱的中国人满世界转悠，于是中国游客的不文明，包括言语不文明，就一时间成为话题并饱受诟病。我以为，出国游者需要言语得体，国内游的需要言语得体，家门口晃荡的需要言语得体，家门里的需要言语得体，执法、公关、恋爱、购物、请吃……也都需要言语得体。那么，郑荣馨的著作就是社会各界所需要的，做对社会有益的事情——“真荣幸”。

为社会所需要的著作写序言，好不快哉。

王希杰

2013年10月1日下午

南京市秦淮河边、清凉山对面

前　言

语言的得体性是修辞学中的一个极为重要的概念，20 世纪 90 年代以来受到了修辞学界的广泛、高度关注。

任何修辞现象，几乎都可以，也有必要联系语言得体性来讨论、研究。以往的众多修辞学论著，不管是否明确使用语言得体性的概念，但就其具体的论述来看，常常以各种不同的形式涉及语言的得体性问题，只是明确的程度、概念的内涵、地位的轻重等方面有所差异罢了。

王希杰先生在 1996 年出版的《修辞学通论》一书中，将语言得体性论定为修辞学的最高原则，认为得体性是修辞学中最重要的概念，抓住了得体性原则也就抓住了修辞学的要领。这一崭新观点是对以往修辞学理论体系构建指导思想的富有创造性的重大突破和超越。按照语言得体性最高原则的指导思想，完全可以构建出一个全新的修辞学理论体系，促使人们从新的思路、新的视角考察、研究、描述修辞矛盾的运动。以此为发端，修辞学界掀起了一股研讨语言得体性的热潮，论文众多，还有学者专门编辑了语言得体性论文集。当然，其中也不乏商榷者、持反对意见者，甚至否定者。这种现象十分正常，“百花齐放，百家争鸣”，学术研究本来就是在不同观点、意见的探究、争鸣、交锋中前进、发展的，这是不以人们意志为转移的客观规律。

笔者赞同、支持王希杰先生提出的语言得体性是修辞学最高原则的基本观点，与此同时，在学习、研究的过程中，也深深感受到这一课题的庞大、复杂和深奥。语言得体性最高原则的提出振聋发聩，尚需牢固确立，赢得广泛认同；对语言得体性的诸多重大问题仍需要从宏观高度作深入的立体式探讨。在本书中，笔者首先着力于界定、厘清语言得体性的概念，谈了自己的认识和理解；其次，尽可能客观评析“修辞手段”论、“题旨情境”论、“审美价值”论等以不同的指导思想构建的修辞学理论体系，在比较中展开论述语言得体性是修辞学的最高原则；再次，分别从语言得体的层次性、文化性、主体性、辩证性等方面剖析，论述语言得体性的重要问题，力求科学描述较深层次的规律和特点。

语言得体性是实用修辞的生命线，对人们的语言交际具有很大的指导意义。理论的规律植根于语言的实践。本书的写作，力求做到理论与实践紧密结合，观点从材料中来，多举语言交际活动中的新鲜实例。鉴于教学语言在语言交际中的特殊地位，书稿专列一章，对教学语言的得体性作了具体论述，目的在于希望语言得体性的理论对人们的语言实践提供切实有效的帮助。

本书初版的书名是《语言得体艺术》（2001 年由书海出版社出版，2002 年第二次印刷），这次再版，作了许多修改、补充，改名为《得体修辞学》。

郑荣馨

2013 年 9 月

目 录

第一章

概论

第一节　奇妙多彩的得体现象

语言表达的得体现象异常奇妙多彩、错综复杂，其中蕴藏着无穷无尽的魅力和奥秘，值得我们去深入品味、探索和研究。

1960 年，在北京新街口总政排演场，周恩来总理审查出国节目时，对《霸王别姬》一剧和项羽其人说过精辟的评语。全剧开始时，刘邦发兵攻打项羽，接下来项羽金殿议事，群臣根据不利形势纷纷谏阻出兵，项羽不听劝阻，决意出战，宣布“退班!”戏演到这里，总理讲：“一言堂!”项羽回到后宫，虞姬继续规劝，千万不可发兵，以防误中刘邦奸计。项羽不容分说：“孤意已决，明日发兵!”总理讲：“一家之长。”当项羽孤军深入刘邦设好的埋伏圈时，总理说：“一意孤行。”项羽终于被困垓下，总理讲：“一筹莫展。”当虞姬备酒安慰项羽时，项羽心情沮丧，摔杯愤起吟唱“力拔山兮”，总理说：“一曲挽歌。”四面楚歌，汉兵将至，虞姬拔剑自刎，全剧终，总理讲：“一败涂地。”①《霸王别姬》剧作内容丰富复杂，情节跌宕起伏，长达两个多小时的戏，总理只用了 23 个字，就把项羽失败的全过程以及主要原因高度概括进去了，言简意赅，且都是“一”字当头，殊为得体。

曾是中国外交部发言人的陈健，素以睿智和幽默著称，有过不少精彩的答记者问。1994 年 9 月 29 日下午，陈健主持记者招待会。台湾《中国时报》记者问道：“请教发言人，邓小平先生会不会出席‘十一’国庆?”陈健答：“邓小平同志身体健康，境外媒体那些说法是捏造的。至于邓小平同志是否出席‘十一’国庆，以及参加哪些国庆活动——我跟你们一样，会在 10 月 1 日的报上看到。”众皆大笑。1995 年 8 月 22 日是邓小平 91 岁华诞，适逢外交部举行例行记者招待会。德国记者问：“今天是邓小平先生 91 岁的诞辰，我想问一下关于他的健康的说法是不是还是那样没有变化?”这个问题问得实在有点刁。他不问身体健康与否，而问身体有无变化。万物皆处在变化之中，自然不能答没有变化，但假若说有变化，变好还是变坏?“变化当然是有的啦!”陈健拖长了声音，西方记者都竖起了耳朵，定神谛听。“他又年长了 1 岁!”原来如此！记者忍俊不禁。“当然，他的身体状况是好的。”陈健又恢复了一本正经的常态。② 上述两例，或出于保密，或出于避免误入记者的“圈套”等原因，陈健都回避了正面直接回答。“变化当然是有的啦!”吊足了交际对象的“胃口”。“我跟你们一样，会在 10 月 1 日的报上看到。”“他又年长了 1 岁!”却又说得入情入理、无懈可击，十分巧妙得体。

---

① 文史春秋，2006（7）.

② 陈健等．外交，让世界走向和谐．北京：中国人民大学出版社，2012. 199.

邓友梅在《中华英才》1998 年第 5 期上讲述了在一次随外事委员会到一个地方视察时发生的事情。那个地方因在乡镇企业中搞合资企业取得成功而被当作先进典型，听惯了表扬歌颂。主持人要求一位黄头发蓝眼睛的老政协委员发言：“请您谈点意见，不要客气。”那位委员就是与白求恩有相似品格和经历，取得了中国国籍的医生傅莱。他说道：“我是来工作的，不是做客的，客气什么？我不想说好话，怕你们不爱听。”主持人忙请他放开说。傅莱就说：“我先问一句，门口那辆奔驰车是谁的？”场上静了有一分钟，才有人说是某厂中方经理的。傅莱劈头盖脸又问一句：“你知道在外国是什么人坐那种车吗？”对方没有应答。他紧接着说：“在西方发达国家那也是大资本家、大财东坐的，老百姓工薪层坐不起。你就坐上这个了？可你们那个企业劳动保护是个什么样子？一间厂房挤了这么多工人，通道那么小，着了火怎么办？……”那厂长解释说这方面曾经过有关部门验收合格。傅莱说道：“我看事实。”说着他又往窗外一指：“那个皮靴厂是谁批准建的？外国人把又臭又脏的动物毛皮运到我们这里，洗清刮净之后再运走。所有的脏东西都留在我们这里了！他们外国怕污染，我们不怕污染吗？他们国家不许干的行当就弄到我们中国来干，中国人的命就这么不值钱吗？我看不出这有什么好处！”一番话说完，全场寂静无声，人们好像都惊呆了。过了几分钟，全场轰然爆发出雷鸣般的掌声！傅莱的一席话，不排除有不全面、可商榷的部分，但直言“我是来工作的，不是做客的”，“我不想说好话，怕你们不爱听”；一连串的责问，“你们那个企业劳动保护是个什么样子？”“着了火怎么办？”“那个皮靴厂是谁批准建的？”“中国人的命就这么不值钱吗？”一腔爱国之心、负责之义令在座者尊敬、感动和赞同，总体来说是很得体的。

陈景润说过：成功与天才成正比，但与努力的平方成正比。[①] 有一个青年人，请爱因斯坦说出成功的秘诀。他写出了一个公式：$A = X + Y + Z$，并解释道：“A 代表成功，X 代表劳动，Y 代表适当的工作方法。”青年人以为最大的秘诀在最后一项，就迫不及待地问：“那么，Z 代表什么呢？”不料他回答道：“Z 代表的是少说废话！”[②] 爱迪生曾说：“我平生的一切发现都是深思熟虑、严格试验的结果。其中天才和灵敏只不过占百分之十；百分之九十都是艰苦的工作。”[③] 三位著名的科学家，谈的都是取得成功的经验，同样是用的数学比喻，但角度有异，表述有别。陈景润是用“平方”突出必须付出巨大的努力；爱因斯坦是借用数学公式，给每一项赋予了特别的含义；爱迪生则是运用百分比将“天才和灵敏”与“艰苦的工作”作对比，同样是得体的语言却呈现出不同的色泽。

1950 年 10 月初，中共中央正式作出抗美援朝的决策之后，打算用“支援军”的

---

① 数学大世界（小学 5—6 年级版），2009（6）.

② 中学语文，1980（3）.

③ 数学大世界（小学 5—6 年级版），2009（6）.

名义出兵，但又觉得这个名称不十分贴切。于是毛泽东决定广泛征求大家的意见，把这个名称起好。消息传出，时任政务院副总理的黄炎培来见。他说："这个问题应该慎重考虑呀！自古道师出有名，如果名不正，则言不顺，这个仗就不好打。"周恩来解释道："我们初步考虑叫'支援军'，去支援朝鲜人民么。"黄炎培听后摇摇头，说："这么叫能说是师出有名吗？我觉得还需要斟酌。""怎么师出无名呢？"周恩来问。黄炎培回答道："'支援军'那是派遣出去的。可这是谁派出去的？是国家吗？那我们是不是要跟美国宣战？"毛泽东听了，连连说道："哦，有道理，讲得好！讲得好！"便将"支援"划去，改写成"志愿"两字，并解释道："我们也不用跟美国宣战，也不是国与国宣战，这是人民志愿的事，是民间的事。人民志愿帮助朝鲜人民，不是国与国的对立。"周恩来也高兴地说："对！世界上有许多志愿军的先例，马德里保卫战就有各国的志愿兵！"黄炎培扬声笑道："这样师出有名，战无不胜！"①"支援军"还是"志愿军"，一个名称，一词之改，得体不得体立见分晓，况且这关涉到师出有名无名的问题，也关涉到国际关系的大局问题。中共中央高层领导几经征求意见，反复斟酌，最后才确定，由此也可认识到真正做到语言得体并非易事。

1998年12月18日《青年参考》上刊载了一位美国外教在中国医学院作演讲的稿子，讲的是这样一个故事：

> 在暴风雨后的一个早晨，一个男人来到海边散步。他一边沿着海边走着，一边注意到，在沙滩的浅水洼里，有许多被昨夜的暴风雨卷上岸的小鱼。它们被困在浅水洼里，回不了大海了，虽然近在咫尺。用不了多久，浅水洼里的水就会被沙粒吸干，被太阳蒸干，这些小鱼都会干死的。
>
> 男人继续朝前走着，他忽然看前面有一个小男孩，走得很慢，而且不停地在每一个水洼旁弯下腰去——他在捡起水洼里的小鱼，并且用力把它们扔回大海。终于，这个男人忍不住走过去："孩子，这水洼里有几百几千条小鱼，你救不过来的。"
>
> "我知道。"小男孩头也不抬地回答。
>
> "哦？那你为什么还在扔？谁在乎呢?!"
>
> "这条小鱼在乎！"男孩儿一边回答，一边拾起一条小鱼扔进大海。"这条在乎，这条也在乎！还有这一条、这一条、这一条……"
>
> 今天，你们在这里开始大学生活。你们每一个人，都将在这里学会如何去拯救生命。虽然你们救不了全世界，救不了全中国的人，甚至救不了一个省一个市的人，但是，你们还是可以救一些，你们可以减轻他们的痛苦。因为你们的存在，他们的生活从此有所不同——你们可以使他们的生活变得更加美好。这是你

① 福建党史月刊，1991（6）.

们能够并且一定会做得到的。

在这里，我希望你们勤奋，努力地学习，永远不要放弃！记住："这条小鱼在乎！这条小鱼也在乎！还有这一条、这一条、这一条……"

这篇演讲稿讲述了一个小男孩在海边尽力救助濒临死亡的小鱼的故事，生动、形象地劝诫人们努力、勤奋学习，不要因为个人力量的微薄而轻易放弃，不但适合医学院的学生，而且对其他大学生、社会上的各种人均有启迪意义，发人深思。可不知何故，讲稿事先让校方过目时，一位领导不喜欢，让这位教师重写，而教师则坚持用此稿。看来，同一语言表达，得体与否各人标准有所不同。不过，客观的公认的标准是存在的，不会以个别人的意志而转变。

1998 年 9 月 15 日，整夜未眠的数十万九江市民，天没亮就倾城出动，等在街头，挥泪告别和他们生死与共，与洪魔搏斗了长达 50 多天的子弟兵。人群中，一个十来岁的孩子手中举着一条标语，上面写着歪歪扭扭的大字："长大我要去当兵。"他叫赵框喜，是子弟兵们 8 月 5 日深夜在江新州决堤时救出的那群孩子中的一个。九江师专的一群女学生举起她们的标语："兵哥哥，真的舍不得您走！"站在一旁与士兵们道别的董万瑞中将哽咽道："我为有如此受人民爱戴的士兵感到骄傲。"泪水从将军的脸上流下。[①]"长大我要去当兵。"一个十来岁的孩子，标语字迹歪歪扭扭，稚气未脱；女学生的"兵哥哥，真的舍不得您走"，语言没有修饰，朴实无华，言出其衷，感人肺腑，高度得体，完全是真情实感的流露。

当年，著名维新革命家、大学者梁启超重病在身，始而延请西医诊治，效果甚微。其弟子谢国桢将驰名中华的四大名医之一萧龙友引荐给他诊治。服药之后，颇见功效。但是后来病情出现反复，主要原因是梁启超没有停止读书活动。萧龙友说，梁启超的病要想治好并不难，但不能光靠药力。俗话说"三分看病七分养"，要想彻底恢复健康，前提是停止劳神费心的工作，读书治学当然是在必禁之列，否则即使是扁鹊再生、华佗降世，也是无能为力的。当谢国桢将其意转告梁时，梁启超不但不采纳大夫的意见，竟回答说："战士死于沙场，学者死于讲坛。"当萧龙友从谢国桢处听到此话后，一时惊得目瞪口呆，连声叹气，深感无可奈何。时过不久，梁启超病逝。几十年之后的 1982 年，谢国桢因胆结石住进北京协和医院。他反复发高烧，大小便不能自理，然而只要病情稍微稳定，便在病房内读书工作起来。有一天，萧龙友的儿子萧璋教授前来探望，劝其在治病期间不要读书治学。谢国桢默然片刻，即正色道："'战士死于沙场，学者死于讲坛。'梁先生这句名言，我是一辈子也忘不了的。"[②] 师徒俩都不听从医生的劝告，不遵从医学的规律，不顾及自己的身体，"战士死于沙场，

---

① 百度文库，http：//wenku. baidu. com.

② 刊授党校，2006（9）.

学者死于讲坛”，短短的话语中勃发满腔的战士的豪情，已非一般的得体标准能衡量之，令人赞叹不已。

一位女士与同伴坐出租车，司机一边开车一边点上了一支烟。女士对同伴说：“你抽烟吗?”同伴说：“不抽。”女士说：“我也不抽。”然后是寂静。等了会儿，女士对司机说：“师傅，我本想委婉地提醒你一下，没想到你没觉察。那我就明说了，请你把烟熄了。”司机说：“我起得早，困。抽一支，提提神。我这车，不禁烟，没贴禁烟标志。”女士说：“这跟禁烟标志无关，而是你抽烟没有得到我的允许。”司机说：“新鲜。抽烟这事，连老婆都管不着我，干吗要得到你们的允许?”女士说：“我们出了钱，从上车到目的地的这段时间内，买了你的服务。我们是你的雇主，你在车内吸烟，怎能不征询主人的意见呢?”司机想了半天，便把长长的烟蒂丢到车窗外面了。[①]这位女士要求司机不抽烟的话语很得体。先是以向同伴询问“你抽烟吗”的方式委婉提醒，见无效果，再转换成直率语言，“我们出了钱，从上车到目的地的这段时间内，买了你的服务”，“你在车内吸烟，怎能不征询主人的意见呢?”话语貌似普通，却反映出全新的观念，从消费者角度有理有据艺术地辩说，顺利达到了自己的目的。

有这么一对夫妻，丈夫喜欢业余登山活动，一次意外地从山上摔了下来，住进了医院。妻子到医院看望，一开口便问道：“亲爱的，我只是想知道，你是往上爬时摔下来的，还是在下山的路上摔下来的?”丈夫听罢，竟大为感动，对人慨叹道：“她是想要知道我即使在离开人世时，是否拥有过辉煌!”[②] 一般情况下，亲人因突发祸事住院，探望者首先最关心的是病情如何，然后说一些“安心养病”、“就会康复”之类的安慰话语。而这位妻子却有悖常理常情，“我只是想知道，你是往上爬时摔下来的，还是在下山的路上摔下来的?”最关心的是丈夫的“登山辉煌”，令常人一时难以理解和接受。妻子的话得体吗？得体。丈夫的慨叹可作证。有一般就会有特殊，这里相知之深是条件。

漫画家方成有次到山西汾酒厂参观，厂长听说方成先生驾到，迎上前去与他握手，说“久闻大名”。方成接上去便说：“大闻酒名。”没想到，这脱口而出的妙语，后来竟成了这个酒厂的广告词。[③] 他骑车去商店，正行驶时，觉得谁撞了他车后面一下，而且一女子大声斥责：“嘿！瞧着点儿。”方成道：“本人脸后无眼，安能瞧见?”方成答得巧妙得体，前一回答只将对方四个字调换了其中一个谐音字，次序略作改动，敬称对方，扣住了酒厂特点；后一回答承女子斥责，实话实说，又蕴含了对女子的无理的批评。语言的得体是种机智的艺术。

相声艺术家姜昆为家中的小保姆介绍了一个男朋友。男方是个因小儿麻痹后遗症

---

① 毕淑敏．芒果女人．时代书城，http：//book. mypcera. com/xian/da/bishuming/002. htm.

② 网易读书，http：//book. 163. com.

③ 三明日报，2010－09－28.

落下残疾的青年，是姜昆的朋友，自修了大学全部课程，可是在爱情上受过点挫折。以姜昆的眼光看，两人是很般配的。第一次见面时，这位小保姆愣是让坐在她旁边的小伙子站起来："你站起来，走一圈儿！"男青年还真有涵养，真走了几步让她看。姜昆问她："你干什么？"她理直气壮地回答："我看看他那腿到底短多少！"① 交际场合，忌讳直接触及人们的生理残疾。初次见面，且事先已经知道对方身体状况，如此直言，太没礼貌，太不得体了！结果呢？可想而知，吹了。社交中的礼貌语言得体大有讲究。

当年，一位美国朋友提出要赵忠祥考虑在美国工作，他说喜欢赵忠祥，可以代为安排。赵忠祥回答道："谢谢，我已到了故土难离的年龄了。"梁晓声评述道："他简练中包含的终身无悔的率真，意味儿可谓深矣，可谓大矣。"赵忠祥紧接回答又有段自述："我知道，我在美国所以受到热情接待，受到尊重，那是因为我是中国政府代表团的随行记者，是中央电视台的一位老资格的播音员，离开了这个背景，我就难以存在。""生我养我的故土，只有我知道我对你的深深眷恋之心。明天，我将回到你的怀抱，明天我将面临新的挑战。"② 看，一句简短而委婉的拒绝语包含着多么丰富的感情与内涵！在得体语言的背后，往往有许多的东西值得反复咀嚼、品味。

> 某次航线上，一位空姐秉承顾客至上的服务精神，殷勤询问一对年轻的外籍夫妇，是否需要为他们的幼儿预备点早餐。那位男客出人意外地用中国话答道："不用了，孩子吃的是人奶。"为进一步表示诚意，空姐毫不犹豫地说："那么，如果您孩子需要用餐，请随时通知我好了。"他先是一愣，随即大笑起来，空姐如梦初醒，羞红了脸，为自己的失言窘得不知如何是好。③

空姐是经过严格的语言训练的，"如果您需要……，请随时通知我……"这类语言是周到服务的惯用形式。尽管这样，稍不留神，也会发生失言情况，要时时处处做到语言得体，难哉！

1985年春节联欢晚会上，留学美国多年的著名影星陈冲兴致勃勃登台向全国人民说拜年的话："按你们中国人的习惯，我在本命年扎了一根红腰带……"观众顿时哗然，被深深激怒了。有人严词责问："你是哪国人？"有人批判："什么红腰带，宣扬封建迷信！"一连沸沸扬扬闹了半年多。④ 陈冲的话将自己的位置摆错了，伤害了人们的感情，极不得体。语言表达要得体，对自我的把握十分重要。重大场合尤应注意，

---

① 姜昆．笑面人生．上海：上海人民出版社，1996. 336—337.

② 赵忠祥．岁月随想．上海：上海人民出版社，1996. 2.

③ 文化博览，2006（2）.

④ 姜昆．笑面人生．上海：上海人民出版社，1996. 44—45.

稍有不慎，便有可能造成不良影响，对名人而言，更是如此。

随着中国的日渐崛起，美国各主要大学几乎都开设了中文选修课，麻省理工学院也不例外。在一个三十课时的阶段学习结束后，一位中文教授对这些高才生们进行了一次口语问答测试，以下是现场实录：

教授：女士们、先生们，大家的课程已经进行了一段时间了，我想在座的除了极个别的人需要非常精深的中文知识以外，大多数的人只需要简单的口语就足够应付了，因此今天我想将一些中国人常用的俗语介绍给大家，我想你们中的不少人应该都知道它们的准确答案，所以当我讲完，在座的谁要是知道就请主动站起来，为大家解释那句俗语的含义。我希望我已经说得足够明确了，可以开始了吗？

学生：OK。

教授：不不不！应该说“可以了”。OK？

学生：O……可以了。

教授：第一题：言多必失。

学生某：这句的意思是这样，盐通常是一种固体粉末，溶于水，当盐长时间暴露在空气中就会吸收空气中大量的水分，使盐结块，所以，盐多必湿。

教授：第二题：沉默是金。

学生某：金是一种贵金属，密度大于水，所以当金放入水里之后就会沉没。在古代曾经有位伟大的科学家阿基米德就做过把金冠放到水里的实验，我想聪明的中国人也一定尝试过。

教授：问题三：半斤八两。

众学生：?

教授：好吧，我提示一下，这句话的意思是半斤和八两是相等的。

学生某：这涉及引力的概念，我想在牛顿之前中国人不可能掌握这样的知识。我想在地球上八两重的东西，也许在某个行星上就是半斤，也就是五两，不过我还没有来得及推算是哪颗行星。

教授：我对大家的想象力感到惊叹。关于正确的答案我等会儿再说。问题四：饱汉不知饿汉饥。

学生某：一个人如果非常饥饿，他就会出现低血糖，典型的症状就是心慌、大汗，这就是饿汗；但如果你吃得太多就会引起胃扩张，这时人也会出现大汗，这就是饱汗。饿汗是没办法的事，而饱汗则是不明智的。

教授：先生们，我的鼻子都气歪了。

学生某：教授，鼻子歪了我想应该是面部神经麻痹，不不，可能是中风，抱歉我不是医科的。

教授：行了，不说了，换个话题。问题，应该是第五题吧：比上不足，比下有余。

学生某：教授，这是个人体力学问题，因为我们握笔的姿势总是靠近笔的末端，所以笔的上端比较短，而笔的下端比较长，比如我们的钢笔。

教授：诸位，不要总是在你们自己的知识圈里绕来绕去。要知道这些都是中国民众的日常用语，他们没有你们那么多的专业知识，所以，请从中国人的日常生活来理解他们的话，而不能用你们的专业知识理解，那样肯定是错的，明白吗?

众学生：明白。

教授：好了。现在最后一题：不怕一万，就怕万一。

学生某：教授，你的提示非常重要，我们应该首先了解中国人的生活，然后才能了解他们的语言。不怕一万，就怕万一，很显然，这跟打麻将有关，一万是麻将中的一张牌，没什么可怕的，怕就怕你打了张“万一”，那你肯定是出老千了。

教授：完全错误，这是一个关于概率的问题。万一是指万分之一的概率……

众学生：教授，请不要用我们的专业知识来解释，概率论的提出是很晚的事情，中国百姓不会这么专业。

教授:???!!!

学生某：教授，您出汗了，您这是饱汗还是饿汗?

教授：NO! NO! NO! 我这只是急了。

众学生：OK，这就是“饿汗急”了。①

这些大学生对中国俗语的解释错得实在离谱、离奇。例如，“言多必失”，仅从字音上来理解，“言”误以为是“盐”；“失”误以为是“湿”，根据物理常识，于是得出了“盐多必湿”的结论。又如“半斤八两”，八两即半斤，旧制一斤为十六两。古代定秤，以天上的星星为准。北斗七星，南斗六星，福禄寿三星，总共十六星。所以，古代一斤为十六两，半斤即是八两。半斤与八两轻重相等，比喻彼此不相上下，实力相当。而学生竟然以“地球”和其他行星的引力不同来解释，风马牛不相及。“不怕一万，就怕万一”，表面上似乎是去凑合汉文化，与打麻将出牌联系起来，实际上是牵强附会，大错特错。为什么学生的回答都是不得体的呢？中外文化差异、文理知识差异使之然。

有一个民间故事，说两个人争论。一个说《水浒传》上有个使板斧的好汉叫李达，另一个坚持说叫李逵。两人争论不休，就打赌20块钱，去找一位古典文学权威

① 读者，2010（19）.

评定。权威笑眯眯地看了两人一会儿，判定《水浒传》上的好汉乃是李达，于是主张李逵者输掉了20元钱。事后，“李逵派”质问权威为何如此荒唐断案。权威答道：“你不过损失了20元钱，那小子如此冥顽不化，我们就害他一辈子好了。他从此认定这好汉乃是李达，还不出一辈子丑吗?”有时候，对谬论的附和，恰恰是对谬论者最大的惩罚。不过，这也要看具体情况。这种回答，明知有错而有意不纠正，似有报复损人之嫌，是不得体的。

《南方都市报》上有一篇文章写一人去吊唁死者，安慰死者家属时说，希望他们“节哀顺便”。这里的“便”字用错了，应当是“节哀顺变”。“节哀顺变”最早见于《礼记·檀弓下》：“丧礼，哀戚之至也。节哀，顺变也，君子念始之者也。”郑玄注解说：“始，犹生也，念父母生己，不欲伤其性。”意思是说，父母之死是极大的悲哀，但人之生死是自然的变故，人们应当顺应这个变故，不要哀伤过度。后来，“节哀顺变”就成了吊唁的常用语。例如：“请您节哀顺变，千万保重。”“顺便”的意思则是：“乘做某事的方便（做另一事）。”沿用文言词语，特别要注意字词的含义，否则很容易用错，闹出笑话，且有可能在语言交际中带来负面的影响。

第二节　语言得体的概念认识

语言得体是人们评判交际语言的一个常用术语，使用频率很高，覆盖面很广。但是，对语言得体概念的认识却并不完全一致。那么，究竟什么是语言得体呢?

就我们所见，主要有三种解释：

第一种，一般宽泛意义上的解释。

《现代汉语词典》对“得体”作如下释义：“（言语、行动等）得当；恰当；恰如其分。”其他词典的解释与此大体相类。《礼记·仲尼燕居》：“官得其体。”孔颖达疏：“体谓容体，谓设官分职，各得其尊卑之体。”原指仪容、服饰、举止等与身份相称，现在还在沿用。如：“亲爱的小朵朵，今天，我在一所中学的校园里看见四个穿着很不得体的女孩，我觉得有必要和你谈谈女孩的优雅了。”后以言行得当、恰如其分为“得体”。这一种解释不能说错误，人们实际上确是在这一意义上广泛运用语言得体的概念的。例如，“他骂你，你没有跟着去骂他，这样做，是得体的”。

刘若英有一篇《一世得体》文章，其中有这样一个片断：

> 得体不只需要教养与决心，有时且是细致的操作。家里常要请客吃饭。客人一上桌，会先上热毛巾净手，免得大家来回洗手间。吃到第四道菜上个冷毛巾，喝完汤再上个热毛巾去油。这是该完了吧？不！上个热茶再来一条冷毛巾，让人清爽，准备吃水果与甜品。光从这冷热毛巾的讲究，可想而知其他的待客细节。

她说朋友来家里吃饭是对我们的认同与尊重，我们应报以全心。①

标题是“一世得体”，这范围可大了去了。这一片断述说的是“得体不只需要教养与决心”，还表现为“细致的操作”，主要是指举止行为。

这一解释的问题在于过于宽泛，难以确切理解其内涵，不大好把握，运用起来常常带有不同程度的模糊性与随意性。从修辞学理论的高度来衡量，离规范性、科学性相距甚远。

第二种，语言得体指的是适应文体、语体、风格。

郑颐寿先生说道：“‘文体’，就是文章的体制、样式。文章的写作要注意到语体、文体风格得当。这条规律就是‘得体律’。”“广义的适境律可以包括得体律。”② 黎运汉先生也曾经指出：“语言风格历来讲究得体，这既表现在风格手段的运用上，也表现在风格类型的选择上。”“研究语言风格得体的问题，是语言风格学的一个重要课题，其研究成果既有理论意义，也有实践价值，很值得深入探讨。”③

这一种理解，在人们的实际运用中还是有一定的覆盖面的。“语言之得体，首先须符合文体，即文章的体裁。古人说：‘文莫先于辨体’，又云：‘自古执笔为文者……但使不失体裁，辞意可观，遂称才士。’不同的文体决定了写作语言的不同特点，不同的文体对写作语言有不同的要求。如曹丕就说：‘奏议宜雅，书论宜理，名诔尚实，诗赋欲丽。’这些要求就体现出写作语言得体性的内容。比如应用文体，一般以记述、说明为特征，以实用为目的。因此，它的语言要求是准确性、简洁性和规范性。而文艺性文体语言的要求是形象性、表情性、音乐性和独创性，多用叙述、描写、抒情。议论文体的语言要求具有严密的逻辑性。说明文体的语言要求科学、准确、简洁、平实等等。即使是各大类文体中，还有具体的小类之分，各小类的语言要求也不尽相同。”④

应用文体有许多种类，其中的公文语言就有其特殊要求，必须注意适应。如常见的“决议”与“决定”、“请示”与“报告”不能混淆。《某某局关于兴建办公楼的报告》，旨在请求县政府立项、拨款，理应以“请示”行文，而不能混用为“报告”。《某某镇党委政府关于村委会换届选举中若干问题的请示报告》，只用一个“请示”就行，却合用了“请示报告”两个文种。公文用语的行文方向的“得体”，要求与本机关的职责地位相称。不同行文关系的公文对公文用语有着各不相同的要求：上行文常常是向上级机关汇报情况、请示工作，因此，语言应礼貌委婉、简洁明确，体现对

① 人物，2011（9）.

② 郑颐寿．辞章学概论．福州：福建教育出版社，1986.

③ 黎运汉．语言风格得体论．修辞语用探索——语言表达与得体性．天津：天津教育出版社，1998. 1，13.

④ 何亚明．文章语言“得体”五方法．语文学刊，2012（5）.

上级的尊重；平行文是向同级机关或不相隶属机关的发文，是为几个部门协同处理问题或协作完成工作、彼此沟通情况而制发的，因此语言要谦和，不能居高临下地使用命令式、告诫式词语；下行文是上级机关向所属下级机关的发文，语言讲究庄重、规范、准确。不同行文方向的公文对语言得体的不同要求，既是单位与单位之间处理各种事务的需要，也体现了人际交往中的理性和道德。公文语言是人们在长期公文写作实践中约定俗成的，它有着固定的格式和用法，只有遵守了才能做到得体。

看到有这样一道中学语文考试题：

从语体风格来看，下列句子中，有一句与其他三句不同，这一句是：

A. 实行在党的纪律面前人人平等的原则，给违反纪律的党员以应有批评或处分，把坚持反对党、危害党的分子清除出党。

B. 幼儿园的小朋友，从明天起，下午两点钟进幼儿园，每天可以在家里午睡。

C. 一切违反宪法和法律的行为，必须予以追究。

D. 对于确属坚持错误意见和无理要求的人，要给以批评教育。①

这一例中，B 句明显是属于口头语体，称呼亲切，通俗易懂，适合小朋友接受，其他三句则是属于书面语体中的政论语体，措辞严肃庄重，各自适应不同的语境。

文章的写作当然包括了文体、语体的适切运用，而且是其中的一个十分重要的组成部分。从狭义上来界定，在特定意义上来论释，语言得体专指适合文体、语体、风格未尝不可；但是而今流行的理解，广泛的用法都已远远超越了这一范围，这就显现出这种观点的狭隘性，缺乏强大的解释力和广阔的覆盖面。

第三种，当代修辞学理论中关于语言得体性的解释。

陈光磊先生指出："要求说话合乎使用的文化规约，也就是说的话在社会的人际关系的表达方面是正确的、合适的，——这讲究的是语用的得体性。"② 温云水先生指出："根据汉语的特点，我们认为'得体'的'体'应该体现在以下三个层面上，即语言层面、言语层面和语法层面。"③ 王希杰先生在《修辞学通论》中则指出：语言的"得体性指的是语言材料对语言环境的适应程度"④。

三位先生的解释各有特点，但也有共同的方面。

陈光磊先生强调了文化规约即社会人际关系的制约、要求。文化规约对语言得体

① 学优高考网，http：//www. gkstk. com/p－6191500. html.

② 陈光磊. 得体：语用的基本规约. 修辞论稿. 北京：北京语言文化大学出版社，2001. 15.

③ 温云水. "得体"的语言层面、言语层面和语法层面. 修辞语用探索——语言表达与得体性. 天津：天津教育出版社，1998. 18.

④ 王希杰. 修辞学通论. 南京：南京大学出版社，1996. 345.

的制约和影响是非常重要和强大的，脱离了文化规约、人际关系确实无从论断语言得体与否。温云水先生对“体”作了分析，指出了语言得体包括三个层面，涵盖的面十分广阔，不能拘于一隅，而且兼及了静态语言和动态语言，强调了遵守语法规则的必要性。这些意见是可取的，给人以丰富的启迪。但如果作为定义的内涵、主要的阐述方向，似可商榷。在语言交际中，得体的语言必须遵守文化规约，符合人际关系，这是毫无疑问的，问题在于除了文化规约，有没有其他的规约呢？人际关系的适合自然是最为重要的，那么其他的语言环境因素是否也要纳入研究的视野呢？即使这些因素与人际关系存在紧密的联系，但毕竟是客观存在。温先生的三个层面说，指出了范围，拓宽了视野，但需要进一步明确论析语言得体的内涵。

王希杰先生的观点最为简洁明确，便于理解。王先生在《修辞学通论》中还进一步阐明，交际活动中的语言可以区分出三个层面：①语言本身，孤立的静止状态的材料；②话语本身，孤立的静止状态的话语；③在语言环境中被听读者所解读的话语，即投放到交际活动的大市场被作为商品来流通的话语，运动态中的话语。在第一个层面上，并不存在得体与不得体的问题，只有到了第二个和第三个层面上才有得体不得体的问题。

特别需要指出的是，对语言得体概念的理解的差别，关涉到能否将语言得体性提高到最高原则的地位。语言得体性最高原则中，“语言得体”内涵异常丰富，外延异常广阔，已经不是传统意义上的语言得体了，其他用来衡量语言表达的标尺都可以涵盖、包容进去，否则也无法成为最高原则。例如陈光磊先生《得体：语用的基本规约》一文中指出，使用语言的基本要求由三个层面构成，其中第二个就是上面引用的“要求说话合乎使用的文化规约，也就是说的话在社会的人际关系的表达方面是正确的、合适的，——这讲究的是语用的得体性”，第一个要求是“说话合乎语言本体的结构规律，也就是说的话在语音、语汇、语法等方面都是合格的、合法的——这讲究的是结构的规范性”，第三个要求是“说话合乎语言使用的效果规则，也就是说的话在对于题旨和情境的适应方面是恰当的、切合的——这讲究的是修辞的适切性”。按照“最高原则”的得体观，第一个和第三个要求也被纳入了语言得体的视野。

陈佳璇有篇《试论“得体原则”不是修辞的最高原则》[华东师范大学学报（哲学社会科学版），2007（1）] 的文章，对语言得体性最高原则持有反对意见，作者列举了四条理由，其中第四条是“部分违反‘得体原则’的修辞行为也可能是成功的”，“在日常生活的言语实践中，‘得体’却达不到交际目的，放弃或者违背了‘得体’却获得了预期的交际效果的例子比比皆是”。文中举了这样一个例子：

> 一位老同学在地方上当了一个不大不小的官——区长。我出差到地方，想给他打个电话，电话挂通了三次，但总机的值班小姐都说：“对不起，占线。”等在我旁边的战友问我：“你怎么跟小姐说的？”我第一次说请给我转一下……，第二

次说请您给转一下……，第三次说麻烦您，给转一下……。听我说完，战友拿起话筒，拨通了电话：“转……！”粗声粗气，我听来都害怕。真奇怪，电话立即通了。

文章作者认为，“我”的前三次请求语言都是得体的，战友的粗声粗气的“转……！”是不得体的，却取得了成功的修辞效果，以此判定语言得体性不能成为最高原则。这里就反映出对“语言得体”概念的理解有误。战友的话语，虽然违背了通常的礼貌文化习惯，但在这一特定的情境中，针对交际对象的无理无情，准确把握了对方的心理特点。因而，以“最高原则”的得体标准来衡量，同样是得体的。无论是常规的，还是超常规；无论是固定的，还是变异的，其语言形式都可能是得体的。

我们基本上赞同王希杰先生的观点，但对其所下定义作出如下修正：语言的得体性指的是语言材料对说写主体和语言环境的适应程度。王先生虽然在具体的论述中也涉及说写主体，但他是将其包括在语言环境之中论述的。我们则将说写主体单独列出，与语言环境相对。这一方面缘于对语言环境理解的不同；另一方面，说写主体的分离、突出，更有利于科学辩证地描述语言得体规律。

流行的对语言环境的解释包括了时间、地点、对象、事件、背景等客观因素和语言使用者的身份、年龄、职业、修养、思想、性格、心情等主观因素。而我们认为，环境是相对于说写主体而言的，立足点必须非常清楚、端正、牢固。换句话说，环境需要一个参照物。举个简单的例子。某人居住的房间环境非常好，宽敞明亮，家具典雅，花草点缀，色彩和谐。我们所说的房间环境就不应该将居住者包括进去，即使暂无人居住，你走进去看到了房间的状况而啧啧称道，实际上也是以你自身为参照物的。如果对语言环境的解释不区分语言的表达者和接受者，囊括了与语言有关的全部因素，成为一个巨大的板块，那么由此便会产生一个问题：我们积极主张、致力于探索如何把握语言环境，以提高语言表达效果，将语言的使用者也包括进语言环境中去，就意味着语境自己把握自己，岂非不合情理？因此，我们认为，应该将语言的说写主体从语言环境中分离出来。撇开别的因素不说，单就身份、思想、性格、修养、心情等来说，有说写者的，也有听读者的，语言环境不应该包括说写者自身的诸种特点，说写者与语言环境构成了一对矛盾，这样，问题就变得清晰明朗了。否则，众多因素交织混杂，很难将语言环境的理论论析透彻。鉴于上面的认识，我们给语言环境下这样的定义：“语言环境是与说写主体有关的客观环境。”这一定义严格排斥语言表达主体的各种因素，与现在流行的解释有原则的区别。①

根据我们修正了的定义，语言得体的概念包括了四个要素：语言材料、说写主体、语言环境与适应程度。

---

① 郑荣馨．语境新论．武汉教育学院学报，1995（1）．

一、语言材料

语言得体中的语言材料是指语言自身，即语言事实，包括词语、句子、语段、辞格等，这是我们考察语言得体与否的出发点。当我们讨论语言得体问题时，常常要根据语言事实说话，这些语言事实尽管已经依附于一定的条件因素而存在，并具有内在联系，但在我们还未展开讨论时，仍然将其视为语言材料。理解语言材料，要避免将其看作孤立的、静态的词典中的字词，没用任何语境的语言单位。这不是我们所指的语言材料，因为在这一层面上的语言单位是无从讨论语言的得体性的。

以下是中美两国几则招聘广告：

A. 银行职员

美国：1. 高中毕业。有现金收付经验者优先。2. 细心，注意细节；耐心，友好。3. 能够意识到销售机会，主动向客户介绍银行产品。4. 有很强的服务意识和沟通能力。

中国重庆一家商业银行去年的招聘广告：1. 本科学历，英语4级以上，电脑2级以上。2. 身高1.60米以上，五官端正。3. 有较好的口头表达能力和写作能力，长于沟通。4. 附5寸生活照片。

B. 大学教师（非教授级别）

美国（心理学）：1. 博士学历（已完成）。2. 具有心理学方面的成功教学经验。3. 愿致力于本科教学和心理学研究。4. 请表明你的教学理念、研究兴趣等。

中国：1. 硕士，年龄在28岁以下；博士可适当放宽年龄条件。2. 语言表达能力强，英语6级；本科、研究生专业一致。3. 发表论文不少于2篇。4. 党员优先。①

这一例中，招聘单位都列出了要求和条件，都有自己的考虑。美国公司的招聘广告，更多的是对该岗位工作所需技能的具体要求。中国公司的招聘广告则比较抽象，要求的大多是外在条件，比如学历、年龄、相貌等。年龄几乎在中国的每个招聘广告中都会出现。每则广告相对完整，要求不能割裂，是语言事实，我们将其视作语言材料。讨论招聘语言的得体性，就以此作为出发点。例如，美国法律规定，招聘广告不得有年龄、国籍、容貌、出生地、种族、婚否等方面的歧视，所以这些信息在简历中不允许出现。美国的很多公司对招聘初级或一般的职员学历要求不高，甚至对中层经理都只要求高中学历。美国公司不愿意招资历超过岗位要求的人员，中国公司则几乎清一色喜欢高学历。在美国，对于一般职位，公司不会要求大学学历，但是公司鼓励

① 羊城晚报，2010－08－23.

员工接受继续教育，绝大多数银行都赞助（很多银行报销100%的学费）员工的学习计划。另外，虽然一般公司不倾向于招聘高学历的人，但在需要良好教育背景的工作中，比如高科技公司、教育、咨询等行业，本科、硕士甚至博士学历都是必备的。经验和技能在美国是相当重要的。对于一份对专业知识要求不高的工作，一个工作了5年、积累了很多经验的高中生是绝对能打败一个刚毕业的大学生的。中国公司喜欢科班出身、专业对口的员工，而在美国，很多行业都强调较宽的知识面。这是基于语言材料上的语言得体与否的分析。

二、说写主体

说写主体是使用语言材料的人，即语言的表达者。这是四要素中至关重要、最为活跃的因素，而且往往不出现于语言事实之中。语言材料必须与说写主体的各种因素（如思想个性、文化修养、心理状态等）保持和谐统一，这是一个方面；另一个方面，语言材料对语言环境（如时间、地点、交际对象等）的适应实际上也必须通过说写主体才能达到。如此看来，说写主体在语言得体进程中的地位确实不能轻视。

这里有必要区分两种说写者，一种我们称作事实上的说写者，即所说所写均是语言使用者直接所为。另一种是创作中的说写者，例如文学作品中的人物对话，是作者代而言之，具有双重的说写主体身份，情况要更复杂一些。如果是专门讨论文学作品中人物的语言交际活动，主要关注的是作品中语言表达者的主体因素，但其中也必然渗透进作者的个性、用心、情性，这些对作品中的人物语言起着制约和影响作用，两者交融在一起。

事实上的说写者比较容易理解。

> 央视有专栏节目“东方之子”，专门介绍社会名流，自然想到采访启功。最初，与先生联系时即云：“我们这个栏目，采访的都是知名的专家、学者、社会精英，故名‘东方之子’。”老先生听罢应声回答：“我不够你们的档次，我最多是个‘东方之孙’。”拒绝了。
>
> 后经众多同事、好友游说，先生终于同意在寓所接受采访。
>
> 采访组一上来就列举众多头衔，先生一句话轻轻拨开众多桂冠：“这叫此地无砂，红土为贵。”之前，一个学生在场协助准备资料，以为先生会把学术著作和诗书画集都拿出来以供拍摄。见先生坚持只摆学术著作和论文集，大为不解。启功则说：“我首先是北京师范大学中文系教授古典文学的老师，其次是国家文物鉴定委员会的鉴定人员，书法、绘画、作诗、填词有什么好说的，不过是业余爱好，是你做这个工作本应该会的，值得一说吗？”
>
> 先生90岁高龄时，央视又去了他的寓所采访，坐定之后主持人自然以名誉桂冠拉开话题：“大家公认您是一位享誉海内外的书法家，可是您在文物鉴定、

> 古汉语研究上也取得了很高的成就……”高帽子一举，先生身体前倾目视主持人说：“我告诉你，不是这样，如果我说我会飞，你信吗?”主持人一时不知如何回话。嗫嚅道：“当然不信。”先生随即说：“所以说，我说的话也是不算数的。”①

这是真实的事例，“东方之子”节目组采访启功。启功的个性鲜明，与众不同。对一般人来说，接受中央电视台采访无疑是殊荣，但第一次启功拒绝了采访，“我最多是个‘东方之孙’”。在接受采访时，背景坚持只摆学术著作和论文集，理由是“我首先是北京师范大学中文系教授古典文学的老师，其次是国家文物鉴定委员会的鉴定人员，书法、绘画、作诗、填词有什么好说的，不过是业余爱好”，这与人们通常对启功的认识大不相同。面对主持人的一番赞誉，启功回应道：“如果我说我会飞，你信吗?”“所以说，我说的话也是不算数的。”话语与个性保持高度统一，表面上似乎对主持人“不恭”，但如果细细想来，既入情入理，又符合实际情况。例如，启功将“古典文学的老师”职位放在第一位，最为看重，而局外人则对此并不了解，往往只凭自己的印象给启功戴上种种桂冠。

鲁迅小说《祝福》中对鲁四老爷的着墨并不多，几处极简短的对话描写生动地刻画了鲁四老爷这一人物形象，并从另一个侧面深刻地揭示了小说的主旨。当有人报告说，祥林嫂是被两个山里人，以及一个不认识的女人和卫婆子绑架走的时，鲁四老爷只说了四个字：“可恶！然而……”“可恶”是指这伙人的绑架行为——这伙人简直就是强盗，一点也不知礼仪，他们完全可以光明正大地来鲁家找人，或者至少也该跟有点威望的鲁四爷打声招呼，可他们却偏偏就是这样粗暴无礼，这是在败坏鲁家的门风。但是，当鲁四老爷想到祥林嫂是背着婆家逃跑出来的，已经违背了“妇道”，婆家来人捉她回去也在情理之中时，一个“然而”就原谅了绑架者的粗暴与无礼。接着，卫婆子亲自出马来鲁家释疑，鲁四老爷第一句话又是“可恶”，由此可见他对卫婆子的不满：你是中间人，隐瞒实情不说，连个照面都不打，还帮着别人暗地里劫走我家的佣人，闹得沸反盈天的，这成何体统?但是，卫婆子把情况一说，把罪一认，把证一保，鲁四老爷就立即以一个“然而”释然了，心平气和了，也认为卫婆子的做法合“礼”了。鲁迅用“可恶”、“然而”这四个字，生动展现了鲁四老爷冷酷、自私、伪善的面孔。这是对文学作品中人物语言的得体性分析。但是鲁四老爷口中的“可恶”、“然而”四个字又是鲁迅创作出来的，植根于对所塑造的人物的思想性格的准确把握，对封建道德的精深认识，对小说中人物关系的妥帖设计，表现出对鲁四老爷之类封建遗老的辛辣讽刺和有力抨击。这里，又改变了角度，是从作者的角度来讨论表达语言的得体性的。

不论是事实上的说写者，还是创作中的说写者，在讨论语言得体问题时，都是需

① 读者，2009（17）.

要关注、重视的。在具体研究语言得体性时，人们常常从说写主体切入，讨论对语言环境的适切把握，这是简省的步骤，是实际的需要，却不能因此而忽视语言材料与说写主体的统一。

三、语言环境

语言环境包括的内容异常丰富复杂，有各种不同的分类。我们在这里作如下区分：

- 语言环境
  - 语言内部语境
    - 语法语境
    - 修辞语境
    - 风格语境
  - 语言外部语境
    - 物理语境
    - 心理语境
    - 文化语境

在语言内部，用词造句的规则对语言表达的制约、影响作用不容忽视，语法的变异并不是抛弃规则，而人们讨论语言得体问题时，对语法语境的存在似乎并未引起足够的注意。

例如倒装句。顾名思义，倒装句是有成分倒装的句子，包括单句和复句。陈望道的“倒装”（见《修辞学发凡》）与朱德熙的“倒装”（见《语法讲义》），从定义、论述和所举例句看，指称的对象只有很小的部分相同，主要范围并不相同。陈望道的定义是：“话中特意颠倒文法上、逻辑上普通顺序的部分，名叫倒装辞。”所指倒装范围很广。“第一类，随语倒装”，“大多只是语次或语气上的颠倒，并不涉及思想条理和文法组织”。共举8例，只有部分例句在后来的修辞学著作中看作倒装。“第二类，变言倒装”，“虽然也是颠倒顺序，却往往涉及思想条理和文法组织，同第一类单属程序上的倒装不同。”也举8例，后来的修辞学著作一般不看作倒装句，与我们现在一般认为的倒装句相距甚远。例证有的是“颠倒逻辑上的顺序”而不是颠倒两个语言单位的前后次序，如：“久判野鹤如双鬓”（杜甫《书堂饮既，夜复邀李尚书下马，月下赋绝句》），陈望道认为，“顺言为：双鬓如野鹤”。从语言形式上看，有的是三个或三个以上，或颠倒了次序的两个语言单位之间还间隔着其他语言成分。类似这些问题，讨论语言得体时就不能不顾及语法公认的规则。

话题、前提、上下文、修辞规则等属于修辞语境。从广义上说，语体风格、表现风格等也属于修辞范围，但由于风格学的边缘性以及所处最高层面等性质，可以将其单独列开。

在美国圣迭哥有这样两个兄弟，哥哥叫哈里，弟弟叫杰克。兄弟俩非常有钱，可他们为富不仁，经常为非作歹。不过，为了掩人耳目，他们经常用金钱来粉饰自己。他们还经常去教堂做礼拜，希望借此把自己装扮成一位完美的基督徒。

后来，为他们做祈祷的老牧师退休了，帕里成了他们的新牧师。这位新牧师为人诚恳，做事机警且刚直不阿。他不仅能够识破这兄弟俩的诡计，而且知无不言，言无不尽，由此赢得了信徒的信赖。于是，前来教堂做礼拜的人随之增多。

牧师发起一场筹款运动，要建一个新的教堂。就在这个时候，哥哥哈里死了。在葬礼前一天，弟弟杰克找到了帕里牧师，并递给他一张支票——这笔钱正好是新建教堂所急需的。

"我只有一个条件。"杰克慢条斯理地说道，"在我哥哥哈里的葬礼上，你必须说'他是一位圣人'。"对此，帕里牧师思忖了片刻，竟然答应了下来，并收下了他的支票。

第二天，帕里牧师出现在哈里的葬礼上。面对杰克邪恶的眼光，帕里并没有感到畏惧。他直言不讳地说："哈里先生是一个邪恶的人。他欺骗他的妻子，虐待他的家人……"如此这般数落了一阵后，帕里牧师话锋一转："但是，与他的弟弟杰克相比，他是一位圣人。"①

这一例中，帕里在哈里的葬礼上直言不讳地说："哈里先生是一个邪恶的人。他欺骗他的妻子，虐待他的家人……"接着话锋一转："但是，与他的弟弟杰克相比，他是一位圣人。"牧师的话说得非常得体，这与话题、上下文的修辞语境密不可分。哈里、杰克兄弟俩为富不仁、为非作歹，杰克要求在哈里的葬礼上，牧师必须说"他是一位圣人"，而这一句话关系到建造新教堂必须获得的一笔经费。牧师并没食言，他确实讲了这句话，但将其放在与杰克的比较中来表达。结合上下文，兄弟俩都是"邪恶的人"的意思明白无误，杰克却无法指责。

于丹对《论语》、《庄子》的独特解读方式有许多值得肯定的地方。她让人印象最深刻的是其出色的口语表达能力，以至于她的书面文本都深深地烙上了口语的痕迹。但是，当这种在电视传播媒体中较为成功的口语形式转换成文字时，诸多问题便随之显现。"讲"得精彩的，"写"出来未必精彩；"听"得过瘾的，"读"着未必过瘾。其原因之一，在于口头语体和书面语体是有差异的。张金发的《于丹书面文本的冗余特征》[滨州学院学报，2012（1）]一文中举了《于丹〈庄子〉心得》中的一个故事：

① 读者，2010（22）.

一块巨石，懵懵懂懂、混混沌沌放在那里，雕塑家开始工作了。他要雕一个美女头像。

一个小孩子坐在旁边。他惊讶地看着雕塑家手中的刻刀，把一小块一小块石头凿落下来，一个玉洁冰清的美人，就从石头里一点一点地浮现出来。浮出她的眼睛，眼睛是顾盼生辉；浮出她的嘴巴，嘴巴好像能说话似的；浮出她的面颊，面颊上有一层圣洁的光彩。

乔斯坦·贾德的著名小说《苏菲的世界》里有另一个版本：

有一位雕刻家正在雕凿一块大花岗石。他每天一斧一斧地雕刻着这块没有形状的岩石。

有一天，一个小男孩走过来问他："你在找什么?"

雕刻家答道："你等着瞧吧!"

几天后小男孩又回来了，看到雕刻家已经将花岗岩雕成了一匹骏马。

小男孩惊异地注视着这匹马，然后转向雕刻家问道："你怎么知道马在里面呢?"

一经比较，乔斯坦·贾德的故事版本显然更为简洁。这个故事的价值所在、精彩所在，不在于雕刻家是如何雕刻、技艺如何高超，而在于小男孩的纯真话语"你在找什么"与"你怎么知道马在里面呢"。可以说，这两个句子是故事的"灵魂"。反观于丹所讲小故事，显然是为了讲述生动而多生枝节，重视了"血肉"而忽视了"灵魂"，其中那些累赘的语句极大地影响了故事本身所具有的意趣。于丹作讲座，的确能给人以信手拈来、滔滔不绝的印象，但阅读其文本，虽然未必像有些评论说的"华而不实、言之无物"甚至是"不知所云"那么严重，但至少也是不够简洁，得体性要大打折扣。风格语境起着重要的制约和影响作用。

在语言外部，物理语境具有自然的属性，时间、空间、气候、物体等都是物理语境；心理语境指的是人的经历、思想、修养、个性、心情、气质等；文化语境包括的范围比较广阔，关涉到政治、文学、艺术、历史等方面。

对一个男人而言，母亲和妻子无疑是他生命中最重要的两个女人，同时他也是这两个女人生命中最重要的男人。但这两个女人在对待男人的态度上，却有着显而易见的差别。

一个简单而常见的例子就足以看出这种差别。夏天到了，我到超市买了两台吊扇，一台是为我家买的，一台是为我妈妈买的。安装吊扇的时候，我站在一把椅子上。但高度还是不够，我不得不踮着脚尖，艰难地装好了吊扇。

看着满脸淌汗的我，妻子一边给我递来毛巾，一边帮我分析安装吊扇怎么会如此困难："你的个头太低了。"

之后，同样的情形在我妈妈家再次出现。妈妈看我踮着脚尖满脸汗水地装吊扇，她不由心疼地抱怨道："这把椅子实在太低了！"①

同样是安装吊扇，"我"站在椅子上够不到，妻子分析出的原因是"你的个头太低了"，母亲则是心疼地抱怨道："这把椅子实在太低了！"妻子、母亲的话语都是得体的，无论男人多么优秀，妻子给予他的永远是不满和鞭策让他时刻保持动力；无论男人多么平庸，母亲给予他的永远是满足和欣赏，让他时刻充满自信。这要结合人物的心理特点来考察。

四、适应程度

适应程度是语言材料对说写主体和语言环境适应而显示出来的得体的层次。适应程度是语言材料、说写主体、语言环境三者矛盾运动的产物，也是矛盾运动达到相对平衡的标志。适应程度是富有层次性的弹性概念，具有相对性，包括了语言得体的各种复杂情状。

送别友人、客人，有一套惯用语，如："再见！""请慢走！""以后常来玩！""您走好，恕不远送了！"这些话不能说错，都是得体的。但请看下面一个例子：

清初，王夫之隐居湘西石船山下，筑草堂而居，人称"船山先生"。

有一天，一位朋友来拜访，王夫之十分高兴，连呼："有朋自远方来，不亦乐乎？"倾其所有，置办饭菜，相对而坐，把酒对酌，大有酣畅淋漓之感。天色将晚，朋友告辞，王夫之依依不舍，本想多送一程，然而自己年事已高，又体弱多病，只能起身恭送朋友三步，郑重说："君自保重，我心送你三十里。"

朋友拱手而别，走了十五里，忽然想起雨伞忘在了王夫之家里，又急忙往回赶。等他转回到王家门口，看见王夫之还毕恭毕敬地站在原地，心里默念着时间，心送朋友三十里……②

王夫之送别友人，因体弱多病，无法远送，只能"恭送朋友三步"，郑重地说："君自保重，我心送你三十里。"这个"心送"，用得极妙、极得体：一是确实自己限于个人身体条件，没法远送；二是友情深厚、依依不舍，不"心送"不足以表达自己的诚心；三是言行一致，"毕恭毕敬地站在原地，心里默念着时间"，其得体的适应程

① 读者，2010（16）.

② 学习博览，2011（1）.

度比起送别的通常用语要高得多。

语言得体的四要素有着内在联系，构成一个有机的统一体。语言材料是考察语言得体的出发点或者说是事实依据。语言材料一旦进入语言交际活动，必然与说写者发生密不可分的关系。说写者是掌握、使用语言材料的人，不论是自觉还是不自觉，一方面要正确把握自我，使语言材料符合自己的思想、性格、身份、经历、修养等；另一方面又必须在输出语言时，吻合语言环境诸因素。语言环境好像一个过滤装置，其过滤后语言表达的情状取决于操作者的使用水平和技艺。适应程度则是我们根据最终的外显形式所得出的评判结论。

第三节　研究语言得体的意义

研究语言得体性，正确认识其概念，揭示符合实际的规律，无论在理论上还是在实践中都具有十分重要的意义。

一、有力推动修辞理论的创新发展

语言的得体性是修辞学中的一个极为重要的概念，特别是在王希杰《修辞学通论》出版以后，更是成为修辞学理论研究中的一个热点，论文很多，且已见关于语言得体的专题论文集问世。李名方先生曾经主编过一本《得体修辞学研究》论文集（河海大学出版社，1999），汇总了当时的各家之言。事实上，人们在修辞学的研究中，早已自觉或不自觉地运用这一术语，只是在内在含义、使用角度、所定位置等方面不尽相同。在不少早期出版的论著中，有的虽然没有明确使用“得体”的概念，但推敲其措辞的含义，与语言得体十分接近，乃至相通。

陈望道在《修辞学发凡》中说道：“语言文字的美丑全在用得切当不切当：用得切当便是美，用得不切当便是丑。”这里的“切当”一词与“得体”是相通的。

倪宝元先生主编的《大学修辞》（上海教育出版社，1994）一书指出：“造词的基本要求是准确、得体、简练。”田小琳在《谈谈修辞教学》一文中说道：“语言修养是指运用语言不仅正确，而且有一定的艺术性。‘艺术’，并不是指花哨，而是指在不同的语言环境（不同的场合、不同的对象），语言运用得恰当、得体、自然，有吸引人、感染人、说服人的力量。”这里，是将语言的得体要求与准确、简练、恰当、自然，有吸引力、感染力、说服力等要求并列均等对待的。

王德春、陈晨先生的《现代修辞学》（上海外语教育出版社，2001）中指出：“为了更好地完成交际任务，最大限度地收到言语效果，只懂得语言规律显然是不够的。人们总是借助于各种语言手段、运用各种修辞手法使自己的思想感情找到一个最合适的言语的切点来达到交际目的，因而也必须遵循采用修辞方法的规律。”这个

“最合适的言语的切点”也可以说是最为得体的语言。

刘焕辉先生的《言语交际学》（江西教育出版社，1986）一书虽然没有明确提出“得体”的概念，但作者所述言语交际的六条基本规律“言随旨遣”、“有的放矢”、“言为心声，文如其人”、“心相照，言相通”、“到什么山上唱什么歌”、“什么时代说什么话”都与语言得体地运用密切相关。陆稼祥先生的《辞格的运用》（辽宁人民出版社，1989）一书“填补了辞格动态研究的空白”（吴士文序），书中提出了辞格运用的四条原则：注意内部特点、适应外部关系、遵循辩证规律、争取美感效果。这些论述的中心也就是如何得体地运用辞格，以取得良好的表达效果。

曾毅平先生主编的《华语修辞》一书（暨南大学出版社，2012）有一章是专门论述语言得体问题。该书指出：“修辞要得体，主要指的是话语表达上的得体。在交际活动中，话语的表达要受交际双方的身份、背景、社会文化差异等因素的影响和制约。要想收到理想的交际效果，就必须考虑对方的感受，注意用适当的语言形式把自己的思想情感以对方可接受的方式表达出来。具体来说，得体就是言语作品与影响修辞效果的各种外部因素相协调。首先，言语作品要适应语体的要求；其次，言语作品应与上下文、交际双方的社会文化等言语外部因素相协调。”① 阐释比较细致。

还有不少学者，对语言得体的认识、理解依然停留在一般的较浅的层面上。黎千驹先生说道：“俗话说‘到什么山唱什么歌，见什么人说什么话’，说写者与听读者总是处在一定的关系之中，如果说写者能注意到听读者这一对象去选择词语，这就叫得体。俗话说‘什么藤结什么瓜，什么人说什么话’，如果描写一个人的言行，所选用的词语跟他的身份、地位、性格等相符合，这也是得体。”② 这样理解当然没错，但解释力比较薄弱，有相当大的局限性。

王希杰先生的《修辞学通论》，高度重视语言的得体性问题，第一个明确地将语言得体性原则定位在修辞学的最高原则。他指出：“得体性是修辞学中最重要的一个概念。”③“得体性原则是那样的重要，抓住了得体性原则也就是抓住了修辞学的要领。尤其是对实用修辞学来说，得体性原则就是它的生命线，它的总纲。”④“修辞学的最高原则只有一条，那就是：得体性原则。一切其他的原则都从属于这个原则，都是这个最高原则的派生物。这个最高原则制约着和控制着一切其他的原则。”⑤

从以上引述可以看出，修辞学的研究与语言得体性的关系是何其密切，同时也反映出修辞学界对语言得体性概念的认识，对其地位的认定以及怎样正确、恰当运用语言得体的概念等问题，或者比较零散，不成体系；或者尚无一致意见，取得共识。而

---

① 曾毅平．华语修辞．广州：暨南大学出版社，2012. 22—23.

② 黎千驹．模糊修辞学导论．北京：光明日报出版社，2006. 10.

③ 王希杰．修辞学通论．南京：南京大学出版社，1996. 342.

④ 王希杰．修辞学通论．南京：南京大学出版社，1996. 345.

⑤ 王希杰．修辞学通论．南京：南京大学出版社，1996. 343.

今学术界和公关交际等领域使用“语言得体”的术语却呈愈来愈频繁之势，许多人在使用这一术语时带有不同程度的盲目性、随意性。修辞学的理论和实践急迫地呼唤我们对语言得体性问题作出科学的界定、全面的论析。解决好这一课题，必将从一个重要方面刷新修辞学的面貌，有助于构建得体修辞学理论的新体系，有力推动修辞学理论建设迈向一个全新的阶段。

二、切实有效指导语言交际活动

研究修辞学理论的终极目标是为了切实有效地指导人们的语言交际实践活动，这就要求修辞学研究、总结出来的原则和规律是确确实实符合实际的，既有抽象概括的理论高度，又要牢牢立足于语言交际实践活动的坚实肥沃土壤。从修辞学高度正确揭示、认识、把握语言得体性规律以及由此生成的具体规则，具有简明性、整体性、贯通性的特点，因此，能够对语言交际活动起到切实有效的指导作用。

目前，谈论语言交际规则的文章芜杂繁多，不胜列举。有质量的文章当然也有，但过于具体乃至流于烦琐的情况也屡见不鲜。

例如有篇文章专门讨论热恋中的男女之间的交际艺术，指出必须要做到：“礼”字当先，注意礼貌称呼，敬语使用；出语恳切，让对方感受到温暖，即使有苦衷，也不能随意流露；表达委婉，忌讳竹筒子倒豆——直来直去，否则会给人缺乏修养的感觉；注意表情，最好要持久保持微笑的神态，忌讳大笑，也不能给人皮笑肉不笑的印象；音高适中，控制说话的频率，过高过慢都是不恰当的，否则很可能导致恋爱失败。

假如你的意见遭人轻视怎么办？那就需注意掂量自己的身份、地位，认清角色，胆子要放大，“敢”字当头；采用探询商讨的方式，态度要谦虚、温和；语言表达要清晰、简明，内容要显示出分量，以引起对方的重视。与难处的人怎么说话？要有信任感，诚心诚意对人，相信矛盾会转化；要有主动性，要率先打开自己的心扉，有时没话也尽力找些话来说；要善于选择突破口。抓住有利时机，单刀直入；说话要和风细雨，尽量不给对方刺激。面对冷遇怎么办？要重新审视自己的期望值，恢复心理平衡；要采取理解和宽容态度，在语言中体现出来；在必要的情况下，为维护自尊，给予必要的回击，以热报冷，使对方改变态度。

凡此种种，细则细矣，但总觉得令人难以适从。跳出来看，众多的具体规则似乎缺少深层的把握，未能达到融会贯通的地步。其实，种种具体的规则要求都可以统一到语言得体的“大纲”上来，纲举目张，由此分析、探讨、把握具体要求，则要简明得多，也便于在实践中操作。

语言交际活动的成败得失需要有科学的标尺来衡量、判别，但要找到一把“放之四海而皆准”的标尺殊为困难。

从上世纪50年代末以来，许多修辞论著把“准确性、鲜明性、生动性”作为修辞的要求，当作修辞学的最高原则，也被人们当作语言交际中说写表达的最为重要的标准，流传很广，似成定论。“准确性、鲜明性、生动性”是毛泽东同志提出来作为对一切文章和文件的要求的，有其特定的内涵。这三点要求，既有针对语言表达方面的，也有针对思想内容方面的，既有属于修辞范畴的，也有属于逻辑范畴的。毛泽东同志自己对此说得十分明白。把这包含了多方面内容的“三性”搬过来作为修辞的要求，认为修辞必须“准确地反映客观事物”，“有鲜明的政治态度”，“符合逻辑”，这种论点经不起修辞实践的检验，混淆了修辞学同文章学、逻辑学的界限。在模糊语言、委婉语言、平直语言面前，在各种功能有别的语体面前，这把尺子就显得难以适应。例如《读者文摘》1983 年第 3 期《为了这片神奇的土地》一文中有这样一段文字：

1984 年 9 月 5 日，第 22 轮会谈首天会议在钓鱼台国宾馆开始了。同往常一样，周南和伊文思又以家常谈话中包含的深意表明自己的态度。

周：……现在已经是秋天了，我记得大使先生是春天前来的，那么就经历了三个季节了：春天、夏天、秋天——秋天是收获的季节。

孤立来看，“秋天是收获的季节”的意思是明明白白、人所共知的，但在这特殊的外交场合，便具有了特殊的深层含义。周南将我方诚恳的态度、殷切的希望和坚定的信心含蓄地表达出来，貌似轻松随意，实则意味深长。这样的语言虽不能说鲜明，却是很得体的。

公文是一种信息载体，是党政机关、企事业单位、社会团体用来处理公务（政务），具有特定体式和法定权威的应用文书。公文多用抽象思维，并借助于概念、判断、推理、逻辑等方式，其语体色彩与文学作品迥异，除了具有准确性、简洁性等要求外，庄重性、模式性也是其语言的鲜明特征。在公文中大量运用比喻之类的修辞方法，使公文生动形象，富有感染力，这肯定是不得体的。例如《中华人民共和国公务员法》：

第六条　国家公务员必须履行下列义务：

（一）遵守宪法、法律和法规；

（二）依照国家法律、法规和政策执行公务；

（三）密切联系群众，倾听群众意见，接受群众监督，努力为人民服务；

（四）维护国家的安全、荣誉和利益；

（五）忠于职守，勤奋工作，尽职尽责，服从命令；

（六）保守国家秘密和工作秘密；

（七）公正廉洁，克己奉公；

（八）宪法和法律规定的其他义务。

引文用语准确、规范、简练，条理清晰，从各个角度、各个方面规定了国家公务员必须履行的八项义务，未用任何积极修辞方法，没有生动形象和感染力可言。如果生动形象了、模糊含蓄了，那就必然严重影响清晰程度和执行力度。

语言的得体性是一个富有弹性的多层次系统，以此作为标尺，可以覆盖所有的语言交际现象，避免衡量、判别过程中可能出现的静止性、孤立性、片面性等问题。

教学语言是一种比较特殊的交际语言。教书育人可以通过多种媒介进行，但毫无疑问，最重要、最基本的媒介是语言，即使运用语言以外的媒介，也离不开语言的焊接、补充和说明。正由于此，教学语言直接关涉到教育质量，其研究理所当然受到人们的高度重视。

对教学语言的探讨，从目前情况来看，不乏真知灼见，但还存在明显的缺陷。例如，重视程度不够，目标不甚明确；偏重于微观的点滴之见，缺少宏观的把握；对特殊场合、特定条件下的语言表达关注较多，对深层规律性的认识较浅；还未见到有人主张用得体性的标尺来统一教学语言的共性要求。

现在，“优化课堂教学”的口号颇为流行。优化课堂教学的内涵是广泛的，其中很重要的一个方面即是优化课堂教学语言。有不少教师在理解“优化课堂教学”上存有误解、偏见，以为主要甚至就是教学方法的改革、教学环节的组合、教学步骤的设计，而忽略了优化教学语言。即使注意到了教学语言，向什么目标优化？怎样优化？对这些问题的认识也是模糊的。确立了教学语言得体性目标，也就是明确了方向，有助于采取有力的措施，真正扭转教师语言中普遍存在的不同程度的不得体现象。

教师被誉为“人类灵魂的工程师”，但是，由于有些教师自身素质的缺陷，在塑造学生的“灵魂”时，常常忽视语言表达的得体性，不恰当的语言脱口而出：“你真是笨得不能再笨了！”“简直像木头一样，你耳朵带了没有？装到哪里去了？”“下课罚抄10遍！”“回去叫你父母亲来！”“给我站在那里！”“下次再这样，不许进教室！”教育学、心理学的原则和方法，一旦临到具体事情，全然弃而不用了。

有许多教师语言虽然不及上面尖锐刺耳，但只要稍加思考，也是不得体的。例如，一位教师上数学课，在黑板上演算了密密麻麻的一片，回过头来询问两眼发愣的学生：“懂了吗？”大家以木然的表情异口同声地回答：“懂！”教师无可奈何地摇摇头说：“你们真像酒瓶子，灌水的时候，却都成了‘不懂，不懂，不懂’的响声了。”粗粗看来，语言倒也生动形象，教师也有一定经验，道出了某种实情，但学生一知半解的现象症结何在？教师的责任何在？既然是经常、普遍这样，由此可以推断，这位教师日常的教学语言多有不得体之处。令人深思的是教师往往对自身的教学语言处于何种状态胸中无数，全是凭着感觉走。

教师的教学艺术从某种意义上来说，也就是教学语言的艺术，无论怎样进行改革和创新，语言是十分重要的外显标志。在复杂多变的教学流程中，教师要用得体的语言传授知识，启发、鉴别、引导，培养、提高学生的能力，科学调控教学的过程是十分困难、艰巨的。完全可以说，教学语言的得体与否、程度深浅是教师全部修养的真实、深刻反映。例如，一位语文教师在讲解了“活泼”一词的意思后，请学生用“活泼”造个句子。一学生说：“小明很活泼。”教师说：“造得对。”又一学生说：“小鱼在水里游来游去，很活泼。”教师加以表扬、鼓励：“你造得很好，再造一句。”学生接着说：“小鱼游过去了，河水泛起波纹，很活泼。”教师迟疑了一会才说：“对。等等，不对。你造的句子是一句很好的句子，不过，考试的时候不要这样造。”学生造出了一个颇具新意的句子，教师却无十分把握，为保证考试万无一失，既肯定又否定，会给学生留下什么印象呢？不得体的语言正反映出教师修养的薄弱之处。没有坚实的根基，教学艺术又从何谈起呢？

顺应素质教育的要求，学生的说写能力训练、培养越来越受到关注和重视。学生语言表达的得体状况是教育质量、效果的标志之一。学生在学习的过程中语言表达得体的程度参差不齐，出现不得体的情况是正常的。教师的职责之一在于促进学生的语言从不得体向得体转化，从低层次得体向高层次得体转化。这就对教师提出了高度要求，需要真正懂得得体的理论，既要正确衡量、判别学生语言的得体状况，又要做到自己用得体的语言启发、引导，并收到切实的成效。

第二章

修辞学的最高原则

第一节　语言得体性在修辞学中的地位

一个完整的、成功的修辞学理论体系，必须有明确的指导思想、简练的核心原则、稳固的支撑基点，才能够统帅、总揽全局。

考察以往修辞学理论的体系构建，我们看到有这样四种不同的类型：

一、以修辞手段为核心的理论体系

修辞手段是个广泛的概念，不仅仅指修辞格，也包括了词语的锤炼、句式的选择等。这一种类型，主要着眼于修辞手段、修辞单位，分门别类论析其特征，井然有序地排列成一个系统。一般涉及作用，有的还简明扼要指出怎样运用，但运用问题居于次要的地位。

黄民裕有本《辞格汇编》（湖南人民出版社，1984），名副其实，是集合主要辞格而成。作者在“前言”中说道：“本书编写的体例是：先说格名、定义和修辞作用，再分类举例、解说，并与相似辞格辨异。”该书共列举了78种辞格，各部分形式上排列整齐，但并不顾及内在联系，最后极简单地介绍了修辞格套用、兼用、选用综合运用的三种情况。这是比较典型的以修辞手段为核心的例子。

张梅安的《修辞讲话》（东南大学出版社，1992）共十讲，这十讲是：“一、修辞是做什么的”；“二、怎样使用词语”；“三、怎样加强效果”；“四、描写的创造性”；“五、表现的积极性”；“六、重叠附语”；“七、突出印象”；“八、移置重点”；“九、新语汇”；“十、新句型”。这十讲论述了修辞中的十个问题，并没着力构建修辞学的完整理论体系，比起同类著作，比较注重修辞手段的运用，也可以看作是以修辞手段为核心。

李裕德的《新编实用修辞》（北京出版社，1985）在“结构修辞法”、“详略修辞法”、“选择修辞法”、“形象修辞法”、“辅助修辞法”等的纲目下，论述了各种修辞手段。例如论述“词语的移用”，指出有五种方法：借代式移用、委婉式移用、移接式移用、拈连式移用、反语式移用；论述“几种详略句式”，指出有三种句式：重言句、详略呼应句、极端简略句；论述“平行结构和变化结构”，指出有四种情况：一般平行结构、一般变化结构、特殊平行结构——微变结构、特殊变化结构——巨变句群。“前言”中说道：“所谈的都是实用知识，理论性的问题没有阐述。”五种方法构成的系统针对性、指导性很强，有利于指导人们的语言实践。

吴士文的《修辞讲话》（甘肃人民出版社，1982）按照一般性修辞和特殊性修辞来构建修辞学体系。论述特殊性修辞即辞格时，从描绘体（描绘对象体）、换代体（换代本事体）、引导体（引导随从体）、形变体（形变原形体）四方面加以分类。例如描绘体，包括取比以明（比喻）、人物交融（比拟）、移花接木（移觉）、夸而有信（夸张）；换代体，包括换个名称（借代）、曲折婉转（折绕）、正话反说（反语）、一举两得（双关）、以物征事（象征）、错而逼真（飞白）、运用外力（引用）。1986年，他又出版了《修辞格论析》，对修辞的定义、范围、类别、内部结构、理论基础、辞格与非辞格的界限、辞格研究的历史等都作了比较全面、深入的探索，其核心是特定类聚说。他认为："辞格是在言语活动中长期形成的具有特定功能、特定结构、特定方法、符合特定类聚系统的模式。"整个修辞方式的系列区分为一般性修辞和特定性修辞，一般性修辞又分为辞规、辞风，特定性修辞又分为辞格、辞趣。作者力求用系统的方法把辞格梳理得科学、严密。尽管卓有创见，与一般的修辞手段形式上的归类有显著区别，但在体例上仍然与上面所举例证一样，主要是围绕修辞手段来构建体系的。

李维琦先生的《修辞学》（湖南人民出版社，1986）主要阐述古汉语修辞。"绪论"简要论述了"修辞与修辞学"、"修辞的标准"、"修辞学的体式"、"学习研究修辞学的意义"，主要的四章是："第一章，音韵修辞"；"第二章，词汇修辞"；"第三章，语法修辞"；"第四章，特殊修辞"。体例安排与众不同，特别是第四章，将利用文艺的、心理的、逻辑的、历史的、美学的因素的修辞统括为"特殊修辞"，但总体上还是以修辞手段为框架成书的，重在介绍、普及修辞知识。

二、以"题旨情境"为核心的理论体系

陈望道先生在《修辞学发凡》中说道："修辞以适应题旨情境为第一义，不应是仅仅语辞的修饰，更不应是离开情境的修饰。""语言文字的美丑是由题旨情境决定的，并非语言文字的本身有什么美丑在。语言文字的美丑全在用得切当不切当：用得切当便是美，用得不切当便是丑。"又指出："修辞技巧的来源有两个：第一是题旨和情境的同达，这要靠生活的充实和丰富；第二是语言文字可能性的通晓，这要靠平时对于现下已有的修辞方式有充分的了解。""这两面的工夫，前者是关于语言文字之外的，后者是关于语言文字本身的。两面之间，临时大抵有所偏重，临时大概必要心眼中只有题旨情境才好。"

"修辞以适应题旨情境为第一义"，就是认为修辞现象、修辞手段与"题旨情境"的关系是形式和内容的关系。研究修辞绝不能脱离内容，单纯就修辞技巧谈修辞技巧，必须强调对"题旨情境"的适应。修辞技巧的来源有两个，"第一是题旨和情境的同达"，"第二是语言文字可能性的通晓"，前者是第一位的，主次关系不能颠倒。将"题旨情境"提到"第一义"的高度，实际上就是将"适应题旨情境"作为一切修辞规律的总规律，一切修辞原则的总原则。

从以上引文及简析，足见陈望道对修辞中"题旨情境"的高度重视。这是一种流行最广、影响最深的观点，对修辞学的理论建设作出了重大贡献。陈望道以"题旨情

境”为核心构建了《修辞学发凡》的巨著。

三、以语言交际为核心的理论体系

这种类型比较注重修辞的实际应用，探讨语言交际的规律。

王德春、陈晨的《现代修辞学》从宏观角度以语言交际为核心构建修辞学理论体系。王德春先生在“前言”中说道：“这本《现代修辞学》，也许有人认为它不像常见的那种修辞学，因为它没有一字儿排开几十种‘辞格’，也没有从一连串例句中去‘锤词炼句’；也许更多的人认为它正是应有的那种修辞学，因为它运用现代语言学和有关现代科学的理论，不仅研究语言体系的修辞手段和修辞方法，而且以言语环境为基础，研究了话语整体和言语规律，对发挥语言功能和提高人们言语修辞能起更大的作用。”“我的这本《现代修辞学》重点虽然放在现代修辞学上，从语境、语体、风格、文风、语用、话语修辞、信息修辞、控制修辞、言语修养等方面着重探讨言语规律；但是，我对辞格、对词句修辞仍然十分重视，而且力求从新的角度加以探讨。”

刘焕辉先生的专著《言语交际学》则更明确、更贴近语言交际的现实。该书分“言语交际学总论”、“言语交际的基本规律”、“言语交际的语言组合手段”三大部分共十四章进行阐述。第一部分“言语交际学总论”，论述言语交际和言语交际学，言语交际的主要矛盾和交际环境；第二部分“言语交际的基本规律”，从表达者、接受者到交际场合、社会环境，论述言语交际的基本规律；第三部分“言语交际的语言组合手段”，论述交际中语言组合的作用，以及语义组合、语音组合、结构组合、话语组合的基本规律。刘焕辉在“后记”中特别指出：“‘组合手段’部分有四章，是前一部分的深入，即从交际规律的表达角度深入到语言运用规律的探讨，其中隐藏着笔者近年来研究修辞学的一个基本观点：一切修辞现象都是语言不同组合形式的体现。这种组合，不是指索绪尔揭示的言语体系内部的静态关系，有别于语言界通常所用的组合概念。它是指语言运用于交际过程加以重新组合的各种言语表达形式，这是一种能动的创造性的组合，同言语的‘编码’、‘编织’、‘组装’是一个意思。”刘焕辉先生在1997年又主编出版了《言语交际学基本原理》一书，篇幅远超《言语交际学》。刘焕辉先生认为：“言语交际学是研究言语交际现象及其规律的一门语言学分支学科，不是以社交为研究对象的社会学分支学科。”① 在我们看来，言语交际学实际上完全可以纳入修辞学研究的范围。

陆稼祥的《辞格的运用》（辽宁人民出版社，1989）研究的范围限于辞格，着重于动态运用，也可以看作是以“语言交际”为核心构建体系。吴士文在“序”中指出：“它在辞格的分类中，根据内部结构的标准分为形变、音变、义变三类；在辞格的运用原则中，提出了‘注意内部特点’、‘适应外部关系’、‘遵循辩证规律’、‘争

① 刘焕辉．言语交际学的性质及其他．语言文字应用，1992（4）．

取美感效果’几个原则；在分格论述中，着重在‘由想而移为辞’的动态论述，从话语和表述的两个平面，通过内外关系的研究与探索、正反实例的分析与比较、变异技巧的掌握与描述，揭示了辞格运用得失的实际规律。”

四、以“审美价值”为核心的理论体系

以“审美价值”为核心构建修辞学理论体系的代表当数谭永祥和骆小所先生。

谭永祥先生的专著《汉语修辞美学》（北京语言学院出版社，1992）书名就以“美学”命名。其“自序”中说道：“修辞学究竟研究什么？它的范围到底有多大？这个问题需要讨论……修辞即使是弱水三千，我也是取一瓢饮。这一‘瓢’，就是汉语中最富有情趣和魅力的辞格和辞趣，它们是具有审美价值的言语艺术，或曰修辞美学，是美学的一个重要侧面。”在第二章中又说道：“修辞，是理性、情感和美感信息量丰富甚至超载的言语现象，也称修辞现象。”阐述修辞的定义，对“调整，修饰，加工说”、“选择说”、“准确，鲜明，生动说”、“经济，简练说”、“适应题旨情境说”、“美辞说”等逐个进行评论，指出其不足，然后将修辞定义为：具有审美价值的言语艺术，是言语和美学相互渗透的产物。谭永祥认为修辞学也可以称为言语美学，或称修辞美学，“汉语修辞美学”也就是“汉语修辞学”。

骆小所先生的《现代修辞学》（云南人民出版社，1994）一书认为，修辞学是以言辞和文辞为审美对象，探讨其审美价值，“不仅追求语言结构的形式美，而且更追求其形式与内容的和谐统一，即以表层的形式美来体现深层结构的内容美”。骆小所在《修辞学的性质新论》［云南师范大学学报，1994（2）］一文中阐述更为明确：“修辞学是研究修辞运用的科学，它研究如何依据语境，运用语文的各种材料、各种修辞手法及表现方法、技巧或规律。这里讲的‘较好地表达思想感情’，就不是‘一般的’表达，而是对美的追求，以及对美的境地的创造。”“修辞学从根本上来讲，它是以言辞和文辞为审美对象的科学，在艺术的百花园里，言辞和文辞美学是最灿烂艳丽的奇花，它的美味各种各样，风格各异。修辞学是艺术部门中一个很重要的门类。”“正因为修辞学属于艺术部门，而不属于科学部门，所以，修辞学必须从审美价值的角度对修辞进行描述，而不是从科学的角度对一些修辞现象、修辞方式进行认识。不然，对比喻、比拟、移就、通感、夸张等变异修辞就会感到不可思议了。”骆小所被誉为深层修辞学理论的创始人，他有本专著，书名就叫作《语言美学论稿》。在他的另外一些论著中，“审美价值”的核心观点也十分鲜明。

上面列述的几种以不同指导思想构建修辞学理论体系的类型，受视野、条件等方面的限制，介绍或许并不全面，或许不尽恰当，而且事实上还存在着重叠交叉现象，只是有所偏重而已。不过，它们之间的区别总的说来还是明显的。

王希杰先生在《修辞学通论》中提出了一个重要论断：修辞学的最高原则是得体性，这个原则制约和控制着其他的原则。王先生将语言得体性原则明确提升到修辞学

的最高地位是一大创见，与上面列述、介绍的几种构建修辞学体系的指导思想迥然不同，按此努力，可以构建出一个全新的修辞理论体系。我们赞同、支持王希杰先生的这一重要论断，认为这是构建修辞学理论体系的一个重大突破。但是，必须指出，这并不意味着对其他以不同核心构建修辞学理论体系的全盘否定。它们各自都有存在的依据和价值，无论是在历史上和现实中，都对修辞学的进步和繁荣、理论建设和实践应用作出了贡献，有的还是十分重要的贡献。而且，不同指导思想构建的修辞学理论体系之间存在着继承、互补、拓宽、掘深等多种复杂关系。当然，每一种体系也有其局限性和不足之处，这在所难免，世上本没有至善至美的理论体系，一切事物都处于发展变化之中。

任何理论体系的核心、最高原则的确立，首先，必须符合客观实际，而不是一种仅仅停留在理论层面的假设；其次，必须言之成理，既旗帜鲜明，又流转贯通，自成一家之说；再次，必须从不同角度进行透析，认识其性质、地位、特点等全貌；最后，必须经受实践的检验。一种学说能否成立，有无突破，价值如何，不是单凭倡导者自己如何说，而是要看在实践中是否行得通，是否逐步得到人们的认可。语言得体性最高原则的提出，这观点是全新的，但是要真正确立，还需要厘清概念，贯彻到修辞学的各个组成部分融会贯通，考察其如何制约、支配着各种下位原则，必须联系哲学、美学、文学、逻辑学等各种学科的知识论析，而且必须结合大量的语言交际实践来探讨，寻找证据，揭示规律，这是一个十分艰难的课题。局部不能代替全局，可能性不一定是现实性，偶然性不等于必然性，尝试未必就能巩固。

以不同指导思想构建修辞学理论体系的差异很有必要通过比较分析、研究辨识清楚。这样做，有助于正确认识不同体系的角度、价值、长短，有助于总结经验，实事求是给予新诞生观点应有的地位，进一步加强修辞学理论体系的合理性、严密性和科学性，也有助于缩小学术界的分歧，以达到求大同存小异的目的。同时，对“最高原则”和“一般原则”的关系也务必有正确的认识和理解。

下面的几节，我们着重将修辞学得体性的最高原则与有代表性的其他指导思想，以及易相混的概念作一些比较论析，主要目的是在理论上确立语言得体性原则在修辞学中的最高地位，为构建得体修辞学打好坚实基础。

第二节　“最高原则”与“修辞手段”论

以修辞手段为核心来构建修辞学理论体系有其必要性、合理性，也有其突出的优点。

修辞手段的研究是种基础性研究。修辞学不管与多少内外因素有着如何紧密的联系，不管是静态研究还是动态研究，最终都要在修辞手段形式上显现出来。如果连基本的形式尚且认识模糊，形不成清晰的序列，那又何谈其他问题呢？平心而论，一般人们对修辞的认识和运用，大多还是以修辞手段为主体。

词句的选择和运用，即消极修辞的手段，应该是修辞学研究的重要内容，但研究还存在明显不足。《修辞学发凡》从表达效果着眼，把“意义明确”、“伦次通顺”、“词句平匀”、“安排稳密”作为“消极修辞最低的限度，也是消极修辞所当遵守的最高标准”，然而只是对每种标准作了概括论述，或者说只是从“要求”的角度提出了问题，没有像积极修辞那样归纳出具体的修辞方法，没有从“方法”的角度对消极修辞作进一步的探讨，留下了修辞方式研究不平衡的遗憾。20 世纪 80 年代的消极修辞研究方法多数仍沿袭《修辞学发凡》以效果统领方法的体例。用这种方法研究消极修辞，存在一些弊端，它与积极修辞的表达手法为纲的体例不在一个平面上，认定某修辞手段取得了某种修辞效果是凭直觉的感受，科学性不够强。胡习之先生指出：“20 世纪 80 年代后期兴起的辞规理论，是对以往消极修辞研究理论的完善。它从系统观出发，认为应从‘方法’的角度切入，用‘功能、结构、方法’相统一的方法来研究消极修辞。用这种方法来研究消极修辞基本上避免了以功能为纲研究方法的弊端，不仅可以完善修辞方式的系统，而且可以使所有的语言片断在修辞方法上都做出全面而科学的分析。”吴士文“‘辞规’这一概念的提出，不但可以强化消极修辞的规律性，而且还可以避免消极修辞研究中所出现的弊端，有着重大的理论价值和实际价值”。① 不过，尽管卓有价值，但从目前的状况来看，这一概念尚未得到学术界的广泛认可。

陆俭明先生说道：“从当代前沿理论这个角度来看，我觉得修辞研究存在两个问题。一是偏重于修辞格的研究，选词用句这一方面的研究比较少。原因我想有两个。一方面，修辞格、修辞方式相对来说是显性的，就是说一听就能感觉到，一看就能抓得住。这个用词用句用得好则是隐性的，没有一定的语言学功底，没有一定语文修养，看不出来。另一方面原因，要讲修辞，讲哪个词、哪个句用得好、用得妙，必然要关涉到语义表达的问题，可是意义这个问题又是一个麻烦问题。它是一个泥潭，它是个漩涡，它是个黑洞，它是流沙，进去了很容易出不来，闹了半天很难获得理想的成果。它的难度相当大。也可能因为这个原因，过去的修辞研究比较多地偏重于修辞格的挖掘、描写。”② 这一观点在一定程度上反映了选词用句修辞手段研究的现状。

就修辞格来说，辞格是十分重要的修辞手段，研究的现状又是如何呢？人们在辞格研究上倾注了大量的心血，远远超出了用词造句等一般修辞手段的研究。吴士文在《修辞格论析》中曾指出：“必须清醒地意识到，辞格的研究虽然有几十年历史，但在研究上只不过刚刚有点头绪，且不说不少辞格尚未被发现，就是已经发现了的，无论

① 胡习之．20 世纪的汉语消极修辞研究．平顶山学院学报，2005（6）．
② 陆俭明．关于汉语修辞研究的一点想法．修辞学习，2008（2）．

在微观方面，还是在宏观方面都远远未能达到应有的研究高度，岂止是不深不透！为了满足时代和社会的需要，满足四化大业的需要，修辞研究者必须有一部分人从修辞的全局出发，深入地、系统地从事辞格的研究。”① 这是吴先生1986年发表的观点，多少年过去了，辞格的研究尽管取得了长足的进步，但吴先生提出的问题依然存在，不容忽视。

从微观方面看，究竟什么是辞格之类的问题，在理论上分歧众多，在实践中纠缠不清。

陈望道指出：“这种形式方面的字义、字音、字形的利用，同那内容方面的体验性具体性相结合，把语辞运用的可能性发扬张大了，往往可以造成超脱寻常文字、寻常文法以至寻常逻辑的新形式，而使语辞呈现出一种动人的魅力。在修辞上有这魅力的有两种：一种是比较同内容贴切的，其魅力比较地深厚的，叫做辞格，也称‘辞藻’；一种是比较同内容疏远的，其魅力也比较地淡浅的，叫做‘辞趣’。”② 这一观点提出了辞格必须是同内容贴切、魅力深厚的超常规形式。张弓先生将辞格称为辞式，所下定义是：“适应社会交际需要，根据民族语言的内部发展规律创造的具体修辞手法。”③ 着重于辞格的社会功能。谭永祥提出的定义是：“辞格是富有表现力的、在形式或意义上具有一定规律性的言语美学现象。”④ 谭先生的定义兼及形式和内容，强调了辞格的美学特质。王希杰在《修辞学新论》中第一个将辞格区分成归纳的辞格和演绎的辞格。归纳的辞格广义的定义是：“修辞格是一种语言中偏离了语言和语用常规而逐步形成和固定格式、特定模式。”⑤ 演绎的辞格广义的定义是：“一种语言中偏离语言的和语用的常规的固定格式、特定模式。”这是从偏离角度对辞格全面考察得出的结论。这里，笔者无意对各种见解说长道短，只是以此来证明人们对辞格的认识可谓众说纷纭。

对辞格定义认识的分歧影响到实践中对辞格的界定。谭永祥在《辞格研究中的“三枝花儿开”现象》［修辞学习，1992（6）］一文中列举了不少辞格界定的混乱现象。例如鲁迅的《长明灯》中有这样一段文字：

> 胖脸的庄七光已经放开喉咙嚷起来了——“吹熄了灯，我们的吉光屯还成什么吉光屯，不就完了么？老年人不都说么：这灯还是梁武帝点起的，一直传下来，没有熄过；……”
>
> （灰五婶说）“那灯不是梁五弟点起来的么？不是说，那灯一灭，这里就要变

---

① 吴士文．修辞格论析．上海：上海教育出版社，1986. 2.

② 陈望道．修辞学发凡．上海：上海教育出版社，1979. 4.

③ 张弓．现代汉语修辞学．天津：天津人民出版社，1963. 23.

④ 谭永祥．汉语修辞美学．北京：北京语言学院出版社，1992. 44.

⑤ 王希杰．修辞学新论．北京：北京语言学院出版社，1993. 79.

海，我们就都要变泥鳅么？你们快去和少爷商量商量罢，要不……”

史锡尧等主编的《现代汉语》说是双关，“梁武帝”，灰五婶以为是“梁五弟”，这是巧妙地利用了谐音双关，从侧面写出了没有文化知识的女茶馆老板的认识。[①] 池太宁等主编的《修辞方式例解词典》说这是“用同音或近音词代替本词”的借代。还说“这种方法利用谐音的效果，常有双关意义”。[②] 意思是借代兼双关。郑远汉《辞格辨析》认为这是飞白。[③] 由于对辞格认识的分歧，还导致辞格越来越多的现象，出现了究竟够不够格的争论。

从相对宏观方面看，辞格的分类也颇多分歧。

辞格的整体分类。陈望道《修辞学发凡》大体依据组织，间或依据作用，将辞格划分成“材料上的辞格”、“意境上的辞格”、“词语上的辞格”、“章句上的辞格”四大类，划分标准既有形式又有内容，很不一致，难以令人信服。周振甫《通俗修辞讲话》（通俗读物出版社，1956）根据辞格的作用将辞格划分为具体、强调、含蓄、趣味化、精练、变化六类。含蓄、趣味化、精练这些效果并不与具体、强调、变化处于同一平面，相互交叉重叠。也有先生主张从语言的三要素着眼划分类别，语言三要素的核心是词汇和语法，语音只不过是词的外壳而已。由于几乎所有辞格都是三要素的综合运用，因而就不能绝对地将辞格一一分别与语音、词汇、语法相对应，这样分类极难做到。吴士文在《修辞格论析》中以辞格的特定结构来分类，简化为：描绘被描绘类、换借被换借类、引导被引导类、形变被形变类。这样分类，颇具创意，但似乎也未得到学术界的广泛认可。

每一辞格内部的分类也存在不少问题，主要问题有两个：一是划分过细过繁。广西教育出版社 1993 年出版，汪国胜、吴振国、李宇明先生主编的《汉语辞格大全》共收独立的辞格 231 个，比喻一格竟分出了 44 种格式，不可谓不细。有无必要，是否妥当，值得讨论。二是标准不统一。例如比喻，通常分为明喻、暗喻、借喻三类，无疑是从比喻的结构形式角度划分的。借代，《修辞学发凡》分为旁借、对代两大类。旁借又分四小类：事物和事物的物征或标记相代、事物和事物的所在或所属相代、事物和事物的作家或产地相代、事物和事物的资料或工具相代。对代也分成四小类：部分和全体相代、特定和普通相代、具体和抽象相代、原因和结果相代。这种分类情况比较复杂，关涉到事物的特点、性质、数量、因果等各种因素及关系。再如对偶，通常分为正对、反对、流水对，明显着眼于上下句内容的联系。孟昭泉在《对偶分类商兑》[修辞学习，1993（3）] 一文中提出了异议，将对偶划分成字词对、语句对、段

---

① 史锡尧等. 现代汉语. 北京：北京师范大学出版社，1984. 591.

② 池太宁等. 修辞方式例解词典. 杭州：浙江教育出版社，1990. 129.

③ 郑远汉. 辞格辨析. 武汉：湖北人民出版社，1982. 143.

阕对三大类，其中语句对又划出绝对、单句对、双句对、鼎足对、多句对五个小类。这是很有见地的。

列述以上关于辞格研究方面的分歧意见和存在的问题，用意在于说明修辞手段的研究任重而道远。以此为核心构建修辞学的理论体系，很有必要，是深化、拓展、创新修辞学理论的坚实基础，也符合实际的需要，尤其是在指导语言实践方面能够发挥切实有效的作用。

以修辞手段为核心和以语言得体性最高原则为核心来构建修辞学理论体系，区别是比较明显的。

一、“修辞手段”论主要是静态研究，“语言得体”论则兼顾静态和动态，侧重于动态研究

以修辞手段为核心来构建修辞学理论体系，其主要任务是：正确界定什么样的语言形式真正有资格称得上修辞手段，如实总结、发掘语言中究竟拥有多少修辞手段的品种，清楚说明各种修辞手段的一般的固定功能效果，有序划分众多修辞手段不同层次的类别。当然，也可以通过演绎的科学方法推断、预测修辞方法的可能性存在等。这种研究虽然不同于修辞词典的编录，但主要任务大体可以在静态状况下研究、解决。

以语言得体性最高原则来构建修辞学理论体系，一方面要高度重视修辞手段本身的科学建设；另一方面，尤为重要的是要将修辞手段放置到语言运用的大背景中，联系说写主体、语言环境进行多角度、多层次考察，求索修辞手段适应诸种因素的规律。

我们曾经提出过语言的辞格和言语的辞格两个概念。语言的辞格即是我们通常意义上所说的辞格，尽管定义有分歧，但并不妨碍在主流方面取得共识。言语的辞格则是言语交际中具有灵活功能、灵活结构、灵活方法，符合特定语言环境的修辞方式。我们还进一步指出两者的区别：“语言辞格和言语辞格的区分使辞格的研究形成两大分野。两种研究的主要区别在于下面三个方面：①研究角度不同。语言辞格研究侧重在辞格形式，探讨辞格定义、结构模式、分类标准、一般功能等问题。言语辞格研究侧重在辞格内容，探讨辞格的构成基础、深层变异、特殊功能、运用规律等问题。②研究方法不同。语言辞格研究将辞格从言语交际中独立出来，进行静态条件下的抽象研究，它力求排除各种因素的干扰，从语言修辞活动中归纳出固定的结构模式，使之形成一个完整的理论体系。言语辞格则将辞格置于言语交际的动态条件下进行具体研究，它力求在生动活泼的语言修辞活动中，把握辞格内部和外部各种因素的联系，描绘出辞格内部的变异轨迹。③研究性质不同。语言辞格研究所做的是修辞学基础理论工作，它的成果具有强烈的理论色彩，甚至可以用公式来表达，具有普遍的理论指导意义，体现了人们对辞格从感性认识到理性认识的飞跃。言语辞格研究则以语言辞格的基础理论作指导，紧密结合人们的语言修辞实践作进一步考察，因而带有强烈的实践性。”①

就辞格来说，“修辞手段”论主要是研究语言的辞格，“语言得体”论则须兼顾语言的辞格和言语的辞格，从这里，可大致见出两者的区别。

在静态条件下，修辞手段的功能效果具有固定性、单一性、概括性。固定性，主要是源于修辞手段具有相对稳定的结构模式。单一性，不是唯一性，而是与丰富多样相比较而言的。概括性，指的是在充分研究了修辞手段语言形式特征基础上，排除了各种变动因素，对其表达效果进行高度概括。因此，“修辞手段”论研究修辞手段的功能效果，可以适用于所有的使用场合。

在动态条件下，修辞手段的功能效果具有灵活性、多样性、具体性。灵活性，就是说修辞手段在不同的语言环境中会产生不同的功能效果。多样性，指修辞手段的功能效果丰富多样，呈现散状多向性，甚至可能具有完全对立的表达效果。具体性，指在把握了修辞手段语言形式特征的基础上，紧密联系修辞手段的构成基础、语境各种因素，对修辞手段的功能效果进行具体归纳。“语言得体”论对修辞手段功能效果的研究，十分重视动态条件下的诸种情况。

举例来说。排比，从其特定的结构模式出发，其一般的功能效果只能说具有一定的整齐美、音乐美、流畅美，相对固定、单一，放之四处八方都适用。说起排比，我们总喜欢冠之以“刚强有力”、“气势畅达”这类的表达效果。这可以举出许多例证，如《黄河大合唱》歌词：“保卫家乡，保卫黄河，保卫华北，保卫全中国！”也许这样的用法实在太多，导致人们误以为排比就只具有此类的表达效果。其实，这种表达效果并不属于排比辞格本身，而是在语言交际中适应各种因素的结果。朱自清的散文《春》多处运用了排比，描写春雨“像牛毛，像花针，像细丝”，描写春天“山朗润起来了，水长起来了，太阳的脸红起来了”。郭风《松坊溪的冬天》中，“像柳絮一般的雪，像芦花一般的雪，像蒲公英的带绒毛的种子一般的雪”。这些不都是排比么？给人的感觉却分外柔和、细密。“修辞手段”论侧重于排比的一般功能效果研究，“语言得体”论却必须兼顾两者，必须着重揭示排比辞格适应语言交际活动的规律。

二、“修辞手段”论主要是孤立状态研究，“语言得体”论则是在辩证联系中研究

以修辞手段为核心构建修辞学理论体系主要是在孤立状态条件下研究修辞手段。这种孤立状态是相对性质的，不能绝对化。严格说，是将修辞手段置于标准的、理想化的条件下进行研究，尽可能排除偶然的、特殊的、多变的外在因素的干扰。

孤立状态的研究主要侧重在修辞手段的结构形式特点、规律上。王春先、阎卫平的《横组合辞格与纵聚合辞格》［修辞学习，1989（2）］一文指出：“句法结构中横

① 郑荣馨．语言的辞格和言语的辞格．武汉教育学院学报，1993（1）．

组合关系和纵聚合关系这一对概念也可以用来分析解释语言中的修辞现象。英国语言学家 G. N. 里奇就曾把修辞格粗略地划分为横组合辞格和纵聚合辞格两种类型。”“横组合辞格是通过反复使用同一词语或者同一结构达到修辞目的的。在句子的线性横向结构中，作者在可以有所选择的地方有意识地重复使用同一词语或结构，使句子呈现出规则整齐的形式。”作者列举了叠字、重复、对偶、排比、映衬等辞格来作说明，并概括其修辞效果为“增强”两个字。“纵聚合辞格则通过在词语搭配上选择超出常规的词语来达到修辞目的。”列举了比喻、比拟、转类等辞格作说明，并指出：“总体而论，纵聚合辞格的修辞效果是通过实现（foregrounding）手法取得的，即采用超常搭配的词语，突破语言结构的惯常框架，求得出乎意料的新奇效果。纵聚合辞格能够体现语言的变化美，耐人寻味。”

该文中所言横组合关系指的是句子中词与词之间的水平关系或线性关系，纵聚合关系指的是可以在同一结构中占据某个相同位置的形式之间的垂直关系。按这样的路子研究修辞手段，集合成一个系统，就不必旁及修辞手段与之相关的内外各种制约、影响因素，即使涉及一些内容等因素，都是比较稳定的、可以忽略不计的。

以语言得体性最高原则来观照，修辞手段虽然是语言形式，但并不是孤立存在的，其产生、成型、发展、运用都与物理的、文化的、心理的诸种因素密切相关，考察、研究时必须高度重视并充分顾及与修辞手段相联系的各种内外因素，作出符合实际的辩证的描述。

比喻的构成，本体和喻体之间必须有一点极其类似。这个类似点以得体论剖析，很值得探讨。类似也就是联系。朱自清的《绿》中有这样的比喻：“岩上有许多棱角；瀑流经过时，做急剧的撞击，便飞花碎玉般乱溅着了。那溅着的水花，晶莹而多芒；远望去，像一朵朵小小的白梅，微雨似的纷纷落着。”将瀑流撞击岩石溅起的水花比作“飞花碎玉”、“小小的白梅”、“微雨”，在物理形态上有相似性。但再深入探究，为什么选择这一类相似的喻体呢？还有审美观念等因素的影响。有时候，物理属性的相似处于次要地位，文化的、心理的因素更为突出。龙，在中国文化中地位极高，是尊者、强者的象征，是中华民族的象征，中国人自称为龙的传人、龙的子孙，由此产生了“望子成龙”、“攀龙附凤”等比喻。而龙在俄罗斯文化中却是凶恶尚武的象征，通常用来比喻凶恶的，为人们所讨厌、所憎恶的人。喜鹊，在汉族人心目中是吉祥、报喜的形象，所以用喜鹊来作比喻必定是褒义的；而在俄罗斯人心目中，喜鹊不是吉祥鸟，而是多嘴者、空谈者的象征，是无中生有随便乱说者的象征。如果说“他说话好像喜鹊一样”，是比喻某人说话唠唠叨叨令人生厌。英国学者德斯蒙德·莫里斯（Desmond Morris）曾在《人类行为观察》（海天出版社，1989）一书中举到一个例子，白头鹰被人赞扬为无畏而崇高的勇士，它搏击长空，所向无敌，已成为美利坚合众国自豪的象征，而白头鹰却常常是偷食者和食腐肉的动物。他指出：“发现这些事实丝毫也没有削弱它们的象征作用，尽管早在 18 世纪就有人一度提出要把美国国徽上的白头鹰换成响尾蛇，这是由本杰明·富兰克林提出的。理由是响尾蛇总是先向敌人发出警告，从不主动挑起争斗，但是，如果别人先冒犯它，它就会无畏地进行自卫反击，所以这是美国人民的最好的象征。从科学上说，这很正确，但是从象征上说，这是根本行不通的。就拟人化角度而言，白头鹰样子高贵而且翱翔于天空，响尾蛇其貌丑陋而且匍匐在地上，至于实际情况如何，人们根本不予关心，因为象征的领域里，虚假的信念往往比科学的事实更为重要。”这里，心理因素起着重要的作用。

据学者研究，新时期文学创作中的比喻出现了三个新的变化：①在比喻的内部构成中，喻体疏远了同本体的关系开始具有更大的独立性。②受文学表现论的影响，新时期文学中的比喻出现主观化、感觉化与虚化的倾向。③新时期文学中的比喻显示了变形、怪诞、空灵等新异特点。[①] 比喻的种种变化是适应时代发展变革的需要。例如："公路上的十几个铁板会员被巨大的气浪掀起来，断臂残腿，腥肠臭血，像冰雹般，像美丽的爱情一般抛洒在老百姓头上。"（莫言《红高粱家族》）这个比喻在结构上并没有什么特别之处，特别的是作者情感的悖反，"断臂残腿"、"腥肠臭血"像"美丽的爱情"，这在过去闻所未闻，喻体与本体关系疏远，主观化、感觉化与虚化的特点鲜明，怪诞得很。

上面，仅以比喻为例，也可看出语言得体论描述的修辞手段，不能只局限于语言形式本身，而是要拓展及与之相关的各种因素，修辞手段的生命、价值就存在于适应各种因素的过程之中。

三、"修辞手段"论主要是平面的研究，"语言得体"论则是一种立体的研究

"修辞手段"论主要对修辞手段进行平面研究。所谓"平面"，是形象化的说法，指的是修辞手段的表层。表层的平面研究着眼于修辞手段的定义、结构、特点以及规律，偏重于语言形式，从某种意义上来说，是纯修辞学。之所以冠以"主要"，是因为修辞手段的研究不可能纯而又纯，绝然脱离深层的一些因素，只能在相对意义上来说。

李裕德的《新编实用修辞》（北京出版社，1985）对修辞手段的结构形式论析颇详，主要是平面的研究。其中第二章论述的是"结构修辞法"，纲目如下：

第一节　平行结构和变化结构

　　一　一般平行结构

　　二　一般变化结构

　　三　特殊平行结构——微变结构

　　四　特殊变化结构——巨变结构

① 江南．汉语修辞的当代阐释．徐州：中国矿业大学出版社，2001．

第二节 整齐结构和参差结构

一 一般整齐结构

二 相同整齐结构

三 相对整齐结构

四 四字结构

第三节 交叉结构与平直结构

一 分说结构与合说结构

二 列举和分承结构

三 总分结构

第四节 连续结构和断续结构

一 折叠结构

二 断续结构

从所列纲目不难看出，作者依据修辞手段的结构形式特点，将其划分成四类八对，是十分明显基于同一层面上的。

所谓立体研究，也是形象化的说法，是相对于语言平面、修辞形式而言的，其主要的含义是三个方面：一是角度的多样性。可以从说写主体角度切入，研究修辞手段的主体性；可以从文化角度切入，研究修辞手段的文化性；可以从心理角度切入，研究修辞手段的思维性等等。多角度研究，有助于揭示语言得体现象的各个侧面，透视支撑修辞的骨架。二是层次的丰富性。语言的得体性是个多层次的富有弹性的系统，修辞手段自然不例外。从不同层次考察修辞手段适应说写主体、语言环境的状况，大大有助于开阔视野，加深对修辞手段的辩证认识。三是现实的生动性。从语言得体角度研究修辞手段，尤其需要联系、贴近语言交际的现实，而语言交际的现实是极其生动多彩的，这就给研究灌入了生命的活力，既增强了理论的说服力，又加强了理论的实用性。

萨宾·米纳尔迪的《价值新取向：够好》：

> 当今正流行一种新的评价标准，它起源于科技领域，如今已适用于几乎所有领域：从消费到工作再到社会关系，人们把这个标准命名为“够好”。最先宣扬它的人是美国《商业周刊》的技术调查员。“够好”意味着过得去，虽然不完美，但已经能够满足目前的需要；虽然有比这更好的，但是它也能让人接受。
>
> 在工作领域，“够好”标准的产生主要是出于时间和价格因素。人类学家马力诺·尼奥拉说：“我们正在从‘精确’的世界回到‘差不多’的世界，‘够好’标准使我们的选择范围扩大，做事更快、更简捷了。因为现代化的首要要素就是降低成本和节约时间，而这不仅是经济发展的要素，还是人类生存发展的要素。”

也许MP3格式的音乐有杂音，也许远程信息流的质量不够好，也许液晶电视的图像效果不够完美，也许电子书还是比不过真正的书本……但是，所有这些产品已经达到“够好”标准，即至少能够满足某方面的需要，就像当我们在一个陌生的地方，肚子很饿还要赶时间的时候，麦当劳是我们的最佳选择一样。

甚至有极端者认为，寻求完美是没有必要的，如果我们把完美作为目标的话，那么我们将不会拥有现在的成功。科技创新必须按照“够好”标准往前进，没有人有耐心等你创造出完美的产品，所以唯一的办法就是将那些非最终产品先引入市场。比如测试版软件，它不是最终的，但会变得越来越好。这种“集体创新”形式又被称为“群众外包”：企业不仅依赖内部工作人员来创新，还通过互联网向外部、向消费者求援。正确地使用“够好”标准和集体智慧，将会带来成功和利润。

“够好”不仅仅在科技和生产领域被接受，实际上，它已经贯穿了人们生活的方方面面。

高薪白领并不一定生活得幸福。高收入往往意味着工作压力增加，自由时间减少，健康状况不佳，更意味着幸福指数的下降。而一份“够好”的工作却能兼顾工作收入和私人生活享受。又比如置业，每个人都有住豪宅的梦想，但并非都有雄厚的经济实力，如果一味逞强，巨额房贷会使人沦为可悲的“房奴”，生活再无幸福感可言。

消费是生活中不可或缺的部分，而“够好”标准也同样适用于消费领域。一个典型例子就是低消费旅行：价格不高，地点虽不熟悉却很容易到达，机票只需要自己提前预订就可以了。也许低消费旅行不是最舒适的旅游方式，它存在很多弊端，比如交通工具经常晚点，旅游景点游人过多等等，但是与其他方式的高消费比起来，这些问题又算什么呢？量力而行，用有限的财力满足尽可能多的需求，小钱也能买来大满足。

婚姻无论对男人还是女人都很重要，找个“经济适用型”伴侣，能够让生活多姿多彩、幸福甜蜜。婚姻的现实在于可以将一切幻想、憧憬化为柴米油盐的琐碎生活。你所找寻的他或她未必要有出众的面容及身材，未必要在事业方面出类拔萃，未必已经积累了大笔的财富，只要有着一颗体贴、包容、乐观的心就够了轰轰烈烈的爱情和细水长流的婚姻相比，或许后者更加浪漫动人。①

“够好”这种新的评价标准得体吗？粗粗想来，“够好”似乎等同于“凑合”、“过得去”，怎么会是得体的呢？但经过作者的一番不同领域、不同角度的细致分析，发现用“够好”的标准确实很有道理，很是得体。如今的社会是飞速发展、不断创新

① 海外文摘，2010（10）.

的社会，不可能做到绝对完美，而完美又是相对的、具有弹性的。“够好”不但是针对产品、商品本身而言，而且必须顾及人们实际的物质需求、精神满足和承受能力等因素。这就不能就词论词了，需要作多方面的立体考察才能得出是否得体的结论。

第三节　“最高原则”与“题旨情境”论

“题旨情境”论是《修辞学发凡》的纲领与核心，它的提出是对中国修辞学的一大贡献，刷新了修辞学的面貌。

“题旨情境”论主要着眼于内容和形式的关系。《修辞学发凡》指出：“语辞形成的过程，始终离不开一定社会实际生活的需要……这种需要，在语辞上常被体现为一篇文章或一场说话的主意或本旨。若将写说当作写说者个人的情事看，可说写说便是为了发挥这个意旨起见，运用语辞来表出上述条件复杂的景象的一种工作。”又指出：“可以说，语言是我们用来进行宣传的工具，或武器。我们倘若用武器来做譬喻，便也可说修辞是放射力、爆炸力的制造，即普通所谓有力性、动人性的调整，无论如何，不能说是同立言的意旨无关的。”

如何正确处理内容与语言形式的关系，是修辞学中的一个重大问题。传统修辞学对这对矛盾的认识长期以来有诸多模糊之处。

第一种是过分强调了内容的一面。《淮南子》将道家推崇的天然之美放在首位，强调“质”自身就已具有了不待修辞的美好“文”：“天地所包，阴阳所呕，雨露所濡，化生万物。瑶碧玉珠，翡翠玳瑁，文采明朗，润泽若濡。摩而不玩，久而不渝。奚仲不能旅，鲁班不能造，此之谓大巧。”（《泰族训》）天地在“化生万物”时，已表现出了“大巧”，大巧所呈现出来的“质”是“久而不渝”的，无须人为地去修饰。在《诠言训》中又认为：“饰其外者伤其内，扶其情者害其神，见其文者蔽其质。无须臾忘为质者，必困于性；百步之中，不忘其容者，必累其形，故羽翼美者伤其骸，枝叶美者害根茎；能两美者，天下无之也。”这里明确提出了饰外必伤内，重文必蔽质的观点，认为羽翼美了一定会伤骨骸，枝叶美了一定会害根茎，文质无法兼美，两者只能存其一。这种观点无疑是片面的。

第二种是兼及内容和语言形式，但不重视划清其中的界限，无论是主观上还是客观上都是模模糊糊，难以给人清晰的印象。刘大櫆《论文偶记》主张“文贵简”：“凡文笔老则简，意真则简，辞切则简，理当则简，味淡则简，气蕴则简，品贵则简，神远而含藏不尽则简，故简为文章尽境。程子云：‘立言贵含蓄意思，勿使无德者眩，知德者厌。’此语最属有味。”刘氏所说的“简”，与神、意、理、气、味、境等有关，也与风格、文辞有关，涉及内容和形式诸方面，见解不失精辟，但其中的空间相当大，内容与形式的对立面并不清晰。

第三种是偏重于形式，乃至撇开思想内容来讨论修辞现象。杜甫《古柏行》一诗中有名句："霜皮溜雨四十围，黛色参天二千尺。"运用了夸张的辞格。沈括在《梦溪笔谈》卷二十三批评说："杜甫《武侯庙柏》诗云：'霜皮溜雨四十围，黛色参天二千尺。'四十围乃是径七尺，无乃太细长乎?"胡仔《苕溪渔隐丛话》前集卷第八，范蜀公则批评"二千尺"不符合实际："武侯庙柏今十丈，而杜工部云'黛色参天二千尺'，古之诗人好大其事，大率如此。"黄朝英、陈正敏反对沈括的观点。黄朝英认为沈括的计算有误，主张如用古制来计算，二千尺就不算细长了。陈正敏则从"仰视高远"的角度来为杜甫辩护。其实，以上几位古人不管是否定的还是肯定的，都是脱离了题旨情境来讨论修辞技巧的，就形式谈形式，因而自然无法真正理解杜甫运用的夸张修辞方式的真意与精髓。

从这一背景来看《修辞学发凡》的"题旨情境"说，陈望道先生非常清晰地揭示了在修辞学领域中内容和语言形式的关系，拨开重重迷雾见青天，一切显得简洁明了。这是巨大的进步，《修辞学发凡》功不可没。正如胡裕树、宗廷虎先生指出的："这个'第一义'，充分道出了作者对题旨情境强调的程度，也说明他对思想内容是何等的重视！研究修辞学首先强调这一点，显示了作者的马列主义水平，这也是他超过前人的地方。"[①] 在现当代修辞学研究中，这一问题的极端倾向是不大见到了，但在具体研究过程中，还是会出现这样或那样的偏离现象，这也是《修辞学发凡》至今仍有强大生命力的原因之一。

按照"题旨情境"论构建出来的是功能的动态的修辞学理论体系。《修辞学发凡》指出："修辞原是达意传情的手段。主要为着意和情，修辞不过是调整语辞使达意传情能够适切的一种努力。既不一定是修饰，更一定不是离了意和情的修饰。……无论作文或说话，又无论华巧或质拙，总以'意与言会，言随意遣'为极致。在'言随意遣'的时候，有的就是运用语辞，使同所欲传达的情意充分切当一件事，与其说是语辞的修饰，毋宁说是语辞的调整或适用。即使偶有斟酌修改，如往昔所称道的所谓推敲，实际也还是针对情意调整适用语辞的事，而不是仅仅文字的修饰。"

在"题旨情境"指导思想的统率下，调整语辞就是一个有目的的动态过程。这无疑是标志着修辞学研究思想的大解放。许多修辞学论著论述修辞手段，往往是采用这样的公式：定义 + 例句 + 分析，虽然也可能涉及某些功能，但那是局部的、微观的，基本上是一种静态的、孤立的研究，就词论词，就句论句，就手段论手段，这或者可以叫作"定格"式的研究。此种研究，条分缕析，十分清晰，从形式化、公式化方面加强修辞学研究，功不可没。但是其局限性也是明显的，要将功能鲜明、丰富生动的修辞学现象全部纳入固定的框架模式之中，既无可能，也缺少贴近现实的蓬勃生命

① 胡裕树，宗廷虎．用辩证法指导修辞学研究．《修辞学发凡》与中国修辞学．上海：复旦大学出版社，1983. 92，

活力。

为适应题旨情境而调整语辞已将研究修辞学的视野扩大到说写者，即修辞活动的进行者，因为既是调整，就不能不涉及发出语辞的人。我们往往只看到调整后的语辞表达结果，而并不重视调整前的努力。《修辞学发凡》的这一观点对拓宽修辞学研究的思路是富有启迪意义的。20 世纪 80 年代初兴起的“比较修辞”学，其源头可以追溯到《修辞学发凡》。

“题旨情境”论还为判别修辞表达效果提供了重要标尺。《修辞学发凡》指出：“凡是切实的自然的修辞，必定是直接或间接的社会生活的表现，为达成生活需要所必要的手段。凡是成功的修辞，必定能够适合内容复杂的题旨，内容复杂的情境，极尽语言文字的可能性，使人觉得无可移易，至少写说者自己以为无可移易。”这里就明确地树立了成功的修辞的“题旨情境”标准。语言文字材料本身是有美丑之分的，说话写文的语言也是有好坏层次之别的。孤立考察语言文字表达，可能得出直观的美丑好坏判断，但直觉并不能代替理性的分析。《修辞学发凡》启示我们应从题旨情境的适应根本上来判别修辞的成功与失败，这是抓住了关键、要害，见解富有价值。陈望道先生以此批评“美辞堆砌病”道：“错觉以为有些字眼一定是美的，摘出抄起，备着作文的时候用。殊不知道语言文字的本身没有什么美丑在。语言文字的美丑全在用得切当不切当：用得切当便是美，用得不切当便是丑。近来有人把那些从前以为美辞丽句的叫做滥调套语，便是因为用得不切当的缘故。”

但是，与任何事物一样，《修辞学发凡》是历史时代的产物，以“题旨情境”论来构建修辞学的理论体系也存在某些局限性，与从其他角度切入构建的体系相比，意义、价值各有特点。它与以语言得体性最高原则为核心构建修辞学理论体系有以下几方面的不同：

一、“题旨情境”主要侧重于内容，“语言得体”论则兼顾了内容、语言形式以及其他非语言形式

所谓“题旨”，就是语篇的主旨，“意旨的内容”。至于“情境”，《修辞学发凡》解释为“六何”：“第一个‘何故’，是说写说的目的，如为劝化人的还是还想使人了解自己意见或是同人辩论的。第二个‘何事’，是说写说的事项：是日常的琐事还是学术的讨论等等。第三个‘何人’，是说认清是谁对谁说的，就是写说者和读听者的关系。如读听者为文学青年还是一般群众之类。第四个‘何地’，是说认清写说者当时在什么地方：在城市还是在乡村之类。第五个‘何时’，是说认清写说的当时是什么时候：小之年月，大之时代。第六个‘何如’，是说怎样的写说：如怎样剪裁、怎样配置之类。”

从陈望道先生的解释来看，“题旨情境”主要侧重在内容因素上。“题旨”自不必说，“六何”中的“何故”、“何事”当属内容因素，涉及的“何地”、“何时”、

"何人"是非语言因素，但居次要地位。这一指导思想不但要从具体解释来看，更要从占主要篇幅的对修辞方式的论述来判断。作者对辞格的论析，基本上是从表情达意着眼的。

例如，《修辞学发凡》论述"引用"辞格：

> 这两类的引用法之中，第二类暗用法最与所谓用典问题有关系，如果用得不适当，容易发生流弊，从前新文艺方才萌芽时文学革命就曾经竭力攻击过它的流弊。所谓流弊，约有五项：（一）用典隐僻，使人不解；（二）用典拉杂，令人生厌；（三）用典浮泛，难知真意；（四）刻削成语，不合自然；（五）用典失照管。如徐陵《玉台新咏序》里的"新制连篇，宁止蒲萄之树"，这句话里的用典十分隐僻，至今还无人知其出处，这种流弊，就应该严加批判了。再如《高斋诗话》所指摘的荆公《桃源行》"望夷宫中鹿为马，秦人半死长城下"，指鹿事既不在望夷宫，又不是筑长城的始皇的事，而诗中却竟那样说，那也是应该严加批判的。

论述夸张辞格：

> 知道夸张辞的作用，在乎抒描深切的感动；我们赏鉴抒描感动的小说诗歌等类文辞时，遇有此种辞格，就当原情逆意，还它本来面目，实事求是，不为言过其实的字句所拘泥。好像孟轲说的，"说诗者，不以文害辞，不以辞害志，以意逆志，是为得之。如以辞而已矣，《云汉》之诗曰'周余黎民，靡有孑遗。'信斯言也，是周无遗民也"（《万章》篇上），这才可算真能领略夸张辞的真意。

论述"引用"，"用典隐僻"、"用典拉杂"、"用典浮泛"等，突出了内容的因素。论述夸张，引用孟轲所言，"说诗者，不以文害辞，不以辞害志，以意逆志，是为得之。如以辞而已矣"，则纯粹是从内容、情意等角度切入的了。

"题旨情境"并不等同于语言环境。语言环境包含的因素要比题旨情境多，覆盖的面更广。关于什么是语言环境，前边已作过说明，这里仅对语言内部语境问题以及风格语境再强调一下。

修辞学的基础是语言学的语音、语义、词汇、语法等构造规则，因此修辞学理论体系的构建必须充分应用语言学所取得的研究成果。语言运用适应语言外部环境，必然对语言的一般规则有所突破与创新，但这并不意味着对规则的否定。突破与创新都是相对于规范、一般而言的。不论怎样，语言学的规则对修辞学的理论描述有着强有力的制约和影响作用，这是不容忽视的。

例如，格律诗用韵有一些避忌讲究。在入韵的句子中，要避免同字为韵，即同一个字作为韵脚重复出现，还要讲究不以同音字为韵。律诗还要避免“叠韵相犯”。唐沙门遍照金刚（空海）《文镜秘府论》中所言的“八病”，其中有两种属于“叠韵相犯”：“大韵”指一联中的某个非韵脚字与韵脚字同韵；“小韵”指一联中非韵脚字中的某两个字相互同韵。此外，还有一种“正纽”，即一句中间隔地使用了同音（声同、韵同，不一定调同）的字，因此既犯双声，又犯叠韵。今人写格律诗，这些要求未必都一丝不苟完全遵守，但格律诗的主要音韵规则却是应该遵守的。

又如《水浒传》中鲁智深拳打镇关西情节中有这样几句话：

> 郑屠右手拿刀，左手便来要揪鲁达；被这鲁提辖就势按住左手，赶将入去，往小腹上只一脚，腾地踢倒在当街上。

这段话中，第一、二句是主动句，而第三句是被动句，为什么这样说？主要是在遵守语法规则基础上，进一步保持主语一致，以取得语气贯通的良好效果。

举上面两个例子，一个是语音的，一个是语法的，主要为说明得体的语言表达不只是要适应题旨情境，在有些情况下，适应语言内部的环境显得十分重要。而《修辞学发凡》对语言内部环境的关注则显得远远不够。

语体的制约和影响作用，用“题旨情境”也是难以涵盖的。例如行政公文语体，是以实用为目的，具有非个人性、书面性、实效性和程式性等区别于其他语体的根本属性，这就决定了它的语体风格是：准确鲜明、简洁朴实、庄重规范。用词造句，行政公文语体较少运用口语词、俚俗词、口语句式，古词语、文言句式的运用则较其他语体为多；一些古汉语中的单音词，在现代口语中一般不单独运用，但是在行政公文语体中却能当作一个词应用，如令（命令）、兹（现在）、应（应该）、系（是）、悉（知道）、拟（打算）、宜、均、概、凡、以、由、予、好、因、且等。换句话说，把词当作词素来运用是行政公文语体中常见而别的语体中少见的。辞格选用，行政公文语体通常很少运用变异的修辞方法，尤其是构成华丽风格的比拟、夸张等，构成含蓄风格的双关、婉曲、反语等，基本上是不适用的。假如某贸易公司在给外贸局介绍出口女服装的函件上这样写道：“我公司出口的女式服装，品种繁多，有柔如垂柳的长裙和睡衣，有艳如玫瑰的旗袍和裙衫。……”公函作为行政公文中的一个正式文种，主要用于不相隶属机关之间商洽工作、询问和答复问题、请求批准和答复审批事项，其语言必须符合公文语体的基本要求，而此例语言不必要的华丽，超越了行政公文语体朴实的语言特点，就是不得体的。

总之，“语言得体”论主张语言表达适应说写主体、语言环境，其中将题旨情境作为重要内容包括了进去，比较全面且符合实际情况。

二、对题旨情境的适应并不是判别修辞表达效果的唯一标尺，语言得体性原则兼顾到各种标尺，具有综合性

基于“题旨情境”和“语言环境”内涵的不同，所以从对两者的适应角度来衡量修辞表达效果，其标尺必然不会完全相同。

“题旨情境”作为判别修辞表达效果的标尺，确实非常重要，是论定表达效果的一块试金石。但是，除此以外，还有没有其他的衡量标尺呢？应该是有的。

先看一个例子：

有家大饭店的公关人员发现一位从香港来的女房客在前一晚结了账，可第二天仍住在房间里。于是，她就去见女房客，见面后说道：“您好。请问，您是刘太太吗？”房客答道：“是啊，请问有什么事啊？”“刘太太，我只是想询问一下，您昨天已结了账，是不是还有事情未处理好，再要住几天呢？”女房客回答道：“我还要看病住几天。”

于是，问题顺利地解决了。公关人员的话语应该说适应了题旨情境，解决了问题，语言表达效果是好的。

如果我们设想另一种交谈方式，不妨作一比较：

公关人员：“您好！请问，您是刘太太吗？”“是啊，您是谁？”“我是公关部的，真不好意思，您来了几天，我们还没来得及来看您。这几天看了医生好些了吗？”“谢谢，还好。”“听说您昨晚已结了账，是飞机取消还是火车没赶上？公关部能为您做些什么？”“谢谢，昨晚结账是因为陪我来的朋友今天要离店。我想账单积得太多，先结一次比较好，这样走时结账就轻松了。我在这儿要住好几天呢。医生说，一个医疗过程结束后还要观察。”

这样的话语同样是适合题旨情境的，同样顺利解决了问题，但表达效果更佳。按照“题旨情境”论就难以确切评判孰为更佳，这里关涉到题旨情境之外的其他因素以及适应的程度高低等问题。两例都讲究礼貌措辞，但后例更关注交际对象的心理世界。“是飞机取消还是火车没赶上？”询问中透出关切之情。“公关部能为您做些什么？”进一步体现为对方排忧解难的诚意，使对方为之感动，随即详细告知了未离店的原因。

我们曾经提出过最佳语言表达效果的三条原则性标准：一是高度的真实感，主要指在语言交际活动中，说写者提供了准确无误的信息，使听读者深信不疑，产生了强烈的真实感；二是高度的适切感，适度是修辞学的一个核心内容，语言表达只有让人

感到自然极了，才可以说取得了高层次的良好表达效果；三是高度的审美感，如台湾学者沈谦在他的《修辞学》一书“自序”中所说：“研读‘修辞学’就是要探讨语言文辞之美，透过有意识的努力，有系统的归纳分析，享受寻获宝藏的欣喜和愉悦。只要能稍微下番功夫，进入情况，能欣赏、运用修辞之美，一定可以净化心灵，拓展胸襟，提高精神生活的美境，享受无穷无尽的美感经验，进而开创健康、快乐、幸福的人生。”①

这三条判别表达效果的标准内在的依据包含着题旨情境要素，但并不尽然。从语言得体的角度考察，审美的标准至关重要，虽然也与题旨情境相关，但存在着某种程度上的相对独立性。

> 传说苏小妹有次与长兄苏东坡正荡舟湖上，欣赏那无边景致，忽然有人呈上苏小妹丈夫秦少游捎来的一封书信。打开一看，原来是一首别出心裁的顶真诗：
>
> 静思伊久阻归期，
> 久阻归期忆别离；
> 忆别离时闻漏转，
> 时闻漏转静思伊。
>
> 苏小妹被丈夫的一片痴情深深感动，心中荡起无限相思之情。面对一望无际的西湖美景，便仿少游诗体，也作了一首回环诗，遥寄远方的亲人：
>
> 采莲人在绿杨津，
> 在绿杨津一阕新；
> 一阕新歌声漱玉，
> 歌声漱玉采莲人。
>
> 苏东坡在一旁深为小妹的过人才智暗暗高兴，他也不甘寂寞，略加沉吟，便提笔写了如下一首：
>
> 赏花归去马如飞，
> 去马如飞酒力微；
> 酒力微醒时已暮，
> 醒时已暮赏花归。
>
> 苏氏兄妹也派人将他们的诗作送与秦少游。②

当然，诗作完全可以按照是否符合题旨情境进行评论，但就其顶真的修辞艺术而言，自有独立的审美价值。

---

① 郑荣馨．语言表达效果论．桂林：广西师范大学出版社，1996．79．
② 永康日报，2010－03－03．

三、"题旨情境"论显示出修辞学理论的动态性，语言得体性则表现出修辞学理论的动态进程

"题旨情境"开了动态研究修辞学的先河，告诉我们，为适应题旨情境，必须调整语辞。但是，这一适应、调整的过程未能鲜明揭示。《修辞学发凡》在"修辞同情境和题旨"一节中说道："消极手法侧重在应合题旨，积极手法侧重在应合情境。"这样来区分适应题旨情境未免机械。事实上，题旨和情境是相互交织融合在一起的，凡是得体的表达，语言对两者都要求很好地适应，缺一不可。张弓先生的"寻常词语艺术化"理论就说明了消极手法对题旨和情境都有应合的必要和可能。而积极手法对情境的应合当然应该以题旨为基础，虽然这种区分并不符合实际情状，但陈望道先生对动态的应合题旨情境的注重值得称道，卓有贡献。

按照《修辞学发凡》的观点推演，如陈先生所言，要适应题旨情境，就必须"极尽语言文字的可能性，使人觉得无可移易，至少写说者自己以为无可移易。例如福洛贝尔教导他的弟子莫泊桑的'一语说'所谓无论什么只有一个适切的字眼来表出的一样"。这或许可以说是语辞应合题旨情境的终端。至于应合题旨情境过程中的状况该如何评价，是肯定还是否定，或是既有肯定又有否定，应该怎样来解释、描述，《修辞学发凡》对此并没有作进一步的具体论述。

语言得体观却不同。它使用"语言材料"这一词语来表达语言得体的出发点，反映出语言得体从静态到动态、从中性到变性的真实过程。而且语言的得体性既然是以"适应程度"来定位，就显示出分寸感，必然可以区分出不同的层次，留有弹性的余地，包含了各种复杂的情状，表现出动态的进程。在严格的科学意义上来说，语言得体的程度可能达到极高，但不可能有终端，"无论什么只有一个适切的字眼来表出"只能在相对意义上存在。

第四节 "最高原则"与"审美价值"论

"审美价值"论与美辞说是有本质不同的。

美辞说重在语言形式之美。王易认为："修辞学一名美辞学，因其讲述修饰辞句而使增其美之理论也。"① "若夫修辞之事，乃欲冀文辞之美，与治文法惟求达者殊科。"② "修辞学是一种追求言辞之美的学问。""惟不取语体文例，这并不是轻视语体文，一方面因为修辞是唯美的，语体文尚自然的口语，不主修辞，不拘规格，与修辞

① 王易．修辞学．上海：上海商务印书馆，1926．
② 杨树达．中国修辞学·自序．上海：世界书局，1933．

原则不相符合；二方面是语体文之盛行不过近半世纪之事，规模形式不足以概括历数千年无穷变化多彩多姿之中国文辞。"[①]"修辞学，把词义语汇引入新美学范畴，能提高人们对词语的美化力量和欣赏力。"（张弓《现代修辞学》）"'文法'是使文辞妥帖的科学，'修辞学'是使文辞美妙的科学。"[②]李廷杨先生有本著作就直接以《美辞论》（贵州教育出版社，1998）命名，表达了美辞论的修辞观。他认为："修辞的根本规律是美的规律。""从说写者来说是修辞立美，从听读者来说是修辞审美；从静态统一的角度说是'美的辞'，因此，用'美辞'二字就能将说写和听读，静态与动态，主观与客观——言语形式和思想内容统一起来而不至于'包罗万象'。"

而"审美价值"论则不同，它并不是就形式美论形式美，而是力求从深层探讨语言美的底蕴。

骆小所先生在《现代修辞学》一书中认为，修辞学是以言辞和文辞为审美对象。探讨其审美价值，它"不仅追求语言结构的形式美，而且更追求其形式与内容的和谐统一，即以表层的形式美来体现深层结构的内容美"。他又在《语言美学论稿》（云南人民出版社，1996）中指出："语言美学是一门由语言学和美学交叉渗透、协同互补而形成的语言学分支学科，它以言辞和文辞为审美对象，它和现代修辞学有着共同的理论和研究客体，它是修辞学从形式美的研究进入内容美，即表述美、情感美研究的深化，它重在探讨语言深层意蕴。"也就是对修辞现象作深层次的阐释。因而，骆先生被誉为深层修辞理论的创始人。吴礼权、宗廷虎先生在评论这本书时指出："作为科学来说，仅有归纳与描写是不够的，它只说明了'当然'，没有说明'所以然'。也就是说，它只有总结、概括之功，而没有'说明'、'阐释'的'解释力'，则是不完备的。修辞学亦应如此。然而，80年代以来，中国修辞学研究的现状是描写、归纳的具体研究较多，成就也很大，而'说明'、'阐释'的研究较少。尽管从80年代中期以后有少数新生代的学者从心理学、美学等方面对修辞的一些现象进行了透视，作了一些'阐释'的努力，但毕竟未成气候，被描写、归纳的主流研究大潮淹没了。可喜的是，时至90年代中期以后，我们终于看到了骆小所先生的《语言美学论稿》一书的面世，它可谓是真正朝着'阐释'方面迈进的一部力作，是值得我们推崇的、肯定的!"[③]如两位先生所言，"审美价值"论在"说明"、"阐释"修辞现象上功不可没。

首先，"审美价值"论研究的角度比较集中。

修辞学研究确实存在过宽、过滥、过碎的问题。一是界限不明。不注重牢固确立

① 傅隶朴．修辞学．台北：台湾正中书局，1969．

② 黄庆萱．修辞学·高序．台北：三民书局，1975．

③ 吴礼权，宗廷虎．语言美学的建构与修辞学研究的深化——评骆小所新著《语言美学论稿》．修辞学习，1997（5）．

自己的理论基地，主观随意性较大，语言意识淡薄，几乎什么都可以纳入修辞研究的范围。这在众多的文学作品修辞赏析的论文著作中尤为突出。中国古代诗话文论中包含着许多精湛的修辞思想，但修辞学在很长时期内不能独立成学，其根本原因之一就是各种因素混杂，界限难以廓清。虽说现当代的人们对此在理论上有了比较清醒的认识，但在实际上又常常自觉或不自觉地扩大着修辞学研究的范围。二是就事论事。比较注重个别修辞实例的分析、研究，而且局限于静态条件下，忽视了整体、综合的考察。这一类的例证很多，不胜枚举。三是过于琐碎。这种琐碎集中表现在修辞手段形式的繁杂上。如果我们把近些年报刊上“发掘”出来的所有辞格全部收罗起来，加上原有的辞格，数目足以惊人了。

大致了解了修辞学研究的这些现象，再来回看“审美价值”论，其长处就非常明确、突出了。它将目光集中到具有审美价值的语言上，密切关注的是语言的美学形式和美学效果，目标高度集中，有助于深入探讨。

其次，“审美价值”论关注的是具有审美价值的语言，而具有审美价值的语言无疑是语言艺术的精华，或简练传神，或曲径通幽，或艳光四射，或动人心魄，或妙趣横生等等。发掘、总结其修辞规律，对语言美的欣赏和创造必然十分有益，具有较大的指导意义。又由于研究的对象是审美意义上的语言，品位较高，只要研究科学得法，那么这种修辞理论的层次、品位也必然相应提高。

再次，“审美价值”论打破了就修辞论修辞，综合运用了各种学科的知识，特别是美学理论，来阐述修辞现象，在方法论上有较大的启迪意义。现代修辞学如果还是停留在语言学范围内讨论、研究，已经无法取得突破性进展，也不能适应社会现实的需要了。

然而，任何修辞学理论体系都不可能完全做到十全十美，突破与缺陷、长处与短处、优越性与局限性往往同时并存。下面，从三个方面将“审美价值”论与语言得体性最高原则作些比较。

一、“审美价值”论覆盖的面比较窄，而语言得体性则具有广阔的覆盖面

这是一个最突出、最明显的区别。

语言是人类最重要的思维工具、交际工具。在语言交际活动中，人们使用语言最基本的目的是什么？就是要向对方传递信息，达到相互沟通的目的。为了保证语言交际的顺利、成功、圆满，就要讲究语言得体，讲究语言艺术的技巧，注意尽力提高语言的表达效果。这个道理其实是很浅显、很明白的，并不高深莫测。基于这样的认识，对人们的交际语言可以而且必须区分出不同层次，提出不同的要求。

富有审美价值的语言自然是修辞学研究的重要对象，但绝不是唯一的对象，它只能是修辞学关注的一个不可缺少的组成部分。

一般的语言交际，大量的能够顺利或者圆满地达到交际目的，或许还有可能具有

不同程度的审美感染力，却未必全部能够达到符合具有“审美价值”标尺的高度。修辞学研究现状的一个重要不足方面就是对这种层次的语言关心太少，乃至忽视、不屑一顾，倒是一些普及性的口才交际类的刊物，对一般的语言交际谈论得红红火火。

需要指出的是，一般的语言交际活动，口语交际，在语言表达中占有十分重要的地位。当今我们已经进入了一个现代的、开放的、交际频繁的时代，口语交际的才能已经愈来愈多地被人们所重视。口语交际水平的高低，已成为衡量一个人综合能力的重要标准。口语交际活动的复杂性在于口语交际活动总处在一个动态中，表达者与接受者角色的转换，交际语境的变化或叠加，话题的推进或改变等等。长期以来，口语修辞研究和书面语修辞研究的发展严重失衡，口语修辞的研究被忽视，发展比较缓慢。所以，口语修辞从理论到运用都有必要进行深入的研究。

如果我们坚定地、毫不妥协地使用“审美价值”的唯一标尺来衡量、判别、研究，未免是苛求，大大缩小了修辞学研究的对象和范围，岂不是自己限制了自己的视野？自己束缚了自己的手脚？这样做，势必妨碍修辞学紧紧追随、贴近现实生活的进程。《修辞学发凡》认为，从修辞的观点来观察使用语辞的实际情形，无论口头或书面，可以区分出三个境界：记述的境界、表现的境界、糅合的境界。“记述的境界——以记述事物的条理为目的，在书面如一切法令的文字，科学的记载，在口头如一切实务的说明谈商，便是这一境界的典型。”“表现的境界——以表现生活的体验为目的，在书面如诗歌，在口头如歌谣，便是这一境界的典型。”“糅合的境界——这是以上两界糅合所形成的一种语辞，在书面如一切的杂文，在口头如一切的闲谈，便是这一境界的常例。”① 将不同领域的语言都纳入修辞学研究的范围，这是很有见地的。语言得体观主张将所有的交际语言都纳入研究的范围，视野开阔，因而对语言实践活动的指导意义更大。

另外，从语体角度来看，不同语体的语言特点各不相同，对语言表达的要求也高低不一。例如科学语体，其语言具有专业性、逻辑性、精确性、理智性等特点，高度集中运用单义词和专门术语；句子要求完整，不作任意省略，较多地利用扩展的句子成分、各种复杂的结构，借助于介词、连词等关联词语表达层次繁复的思想。应用类的语体，其语言具有程式性等特点。公文、计划、总结、启事、便条等从标题到行文都有一些固定的惯用的语言形式，公文、计划、总结等对语言表达的准确性等方面的要求要高于启事、便条等。例如：“施工路段，车辆绕行。”（告示）“刚才接到你父亲来电，他摔了一跤，住进了第一人民医院住院部外科病房208室。请你见条后速去医院。德河留条2008年9月10日下午2时30分。”（便条）诸如此类的语言，并不符合“审美价值”论所划定的研究范围。“审美价值”论的论著中大量采纳的是名家名作的例证，文艺性强烈、突出的例证，从某种意义上来说是一种误导，好像修辞学

① 陈望道．修辞学发凡．上海：上海教育出版社，2001. 3—4.

就只是研究这一个圈子内的东西，好像是专门培养艺术欣赏家、写作高手似的。

骆小所先生在《修辞学的性质新论》［云南师范大学学报（哲学社会科学版），1994（2）］一文中明确指出："从精神特质来讲，修辞学属于艺术部门，而不属于科学部门。"这是持有"审美价值"论必然得出的结论。骆先生文中所举例证全都是文学作品，由此也可看出这种观点的局限性。对此，我们曾经从"混淆了'艺术'、'艺术科学'、'科学'三个概念"、"对'艺术'、'科学'的区分推不出修辞学属于艺术的结论"、"所举例证不足为据"三个方面作过论辩。①

二、"审美价值"论在某种程度上超越了修辞学研究的范围，语言得体性则是名副其实的修辞学理论核心原则

"审美价值"论，从构建修辞学理论体系的范围来说，如上所言，范围比较狭窄。如果改换一个角度，从理论体系的论述内容来看，又在一定程度上超越了修辞学研究的主要任务，容纳进许多非语言因素。诸多因素虽与修辞学有关，也需要重视、探讨，在联系中考察，但倘若将重点安放在此，全面展开论述，而又忽视语言自身，那么可以说未能牢固坚守修辞学的核心阵地。

王希杰先生指出："在我们看来，修辞学是语言中的一个分支学科，这一点是不能动摇的。语言是修辞学研究的真正的唯一的对象，修辞学研究作为交际工具在交际市场上被使用的作为商品在流通的语言，目的是要揭示人类的语言之谜，提高语言的功能，这正是语言科学所要解决的重要问题之一。"② 这里，王先生非常强调修辞学的语言学性质。

坚守修辞学的核心阵地，主要应该看如何具体研究，而不是光凭口头的承认和表白。同样是主张修辞学研究的对象是具有审美价值的语言，谭永祥、骆小所两位先生还是有所不同的。谭永祥是很注重修辞手段的形式特征、规律的，他努力划清不同修辞方式的界限，总结出了不少新的辞格，对够不够"格"的要求近乎苛刻，甚至称消极修辞是"皇帝的新衣"，不复存在。谭永祥认为："辨认辞格时还需要把辞格和它的'左邻右舍'等非辞格现象区别开来。""辞格跟词汇现象的纠葛，主要在于修辞义和词汇义的界定问题。辞格义属于修辞义，修辞义的最大特点，是它的临时性。修辞义是由于新的语境制约而产生的不同于词汇义的一种崭新意义，这种'意义'，在词典里是查不到的。但是修辞义一旦被人所习用，便能因为约定俗成而凝固化，并转为词汇义。这时候它就可以进入词典，作为一个义项而被收列。因此，任何一种修辞现象，一旦成为词典义的一个义项，它就不能再算'辞格'了。但是，这个被公认的准则，却常常被一些人（包括一些研究者）所忽视，混淆了修辞义和词汇义的界限。"

---

① 郑荣馨.《修辞学性质新论》质疑——与骆小所先生商榷. 修辞学习，1996（5）.

② 王希杰. 修辞学新论. 北京：北京语言学院出版社，1993. 26.

作者还举出陈望道《修辞学发凡》和黄伯荣、廖序东主编的高等学校文科教材《现代汉语》中的例子，指出“这些并不属于辞格的词汇现象，却被一些权威著作用作借代格的例词”①。这是很有见地的。

骆先生则走得离语言学很远了，许多深层的论述已经大大超出了修辞研究的范围。

骆小所在《修辞学的性质新论》一文中说道：“修辞包括了非语言因素，如风格、语境等。也包括一些语言因素，但这些语言因素是属于言语而不属于语言。”“修辞是修文，它是篇、章、句的系统。从这点来讲，它和研究‘以语音为物质外壳，以词汇为建筑材料，以语法为结构规律而构成的体系’的纯语言学没有多大关系。”这里，骆先生将非语言因素和语言因素放在平起平坐的位置，甚至可以说更看重非语言因素，认为“纯语言学没有多大关系”。修辞学发掘、总结的规律都是建立在语音、词汇、语法等纯语言研究成果的基础之上，任何偏离无非是语言规则的变形。规则的偏离是对立的统一，不能片面强调一个方面，也不能由此一味走向“深层”的极端。“语言是人类最重要的交际工具，是音义结合的词汇和语法的体系。而言语就是在特定的言语环境中为完成特定的交际任务对语言的使用。”② 言语包括两个方面：一是使用语言的过程本身，也就是人们利用语言这一工具所进行的言语活动；二是使用语言的结果，也就是人们在言语活动中所产生的言语作品（说出的话、写出的文章）的总和。语言和言语“唇齿相依”，密切联系，互为前提。语言既是言语的工具，又是言语的产物。语言存在于言语当中，言语是语言存在的形式。没有言语，就无所谓语言。语言离开了言语的各种表现，也就失去了自身的具体存在，成为无源之水、无本之木。言语总是以语言的共同规则作为活动基础，而语言总是从言语的运用中概括和丰富自己的规则。从历时角度看，语言静中有动，言语动中有静，两者之间构成一种动态的平衡。语言材料和语法规则有限，但是，人们利用这些有限的材料和规则组成多少语句却是无穷尽的。言语活动实质上是对有限的语言材料和语法规则进行不断的无限使用。语言是相对的静态，言语是相对的动态；语言是群体的概括，言语是个人的变体；语言是本质，言语是表现；语言是一般，言语是个别；语言是潜在，言语是显在。它们之间有明确的分界线，但并不是两种不同的现象，而是同一现象的两个不同的方面，是相互联系而存在的。所以，骆小所先生断言“这些语言因素是属于言语而不属于语言”也是不符合事实的。

骆先生是这样论述变异修辞的：“‘无理而妙’概括了变异修辞的特点。它并不像一般语言那样，有确定的概念来规范和束缚想象使它符合于一定的概念，使人得到抽象的概括认识，具有客观的普遍性，而是想象力与理解力处在一种协调的自由运动

① 谭永祥．汉语修辞美学．北京：北京语言学院出版社，1992. 472，473.
② 王德春．语言学概论．上海：上海外语教育出版社，1997. 11.

中，超越感性而又离不开感性，趋向概念而又无确定的概念，具有主观性情感的普遍性。从而引起受话人主观感受上的愉悦，使人产生审美愉快，去用想象自然地捕捉到那言外之意。'无理'既然是指违反一般常规和思维逻辑，也就没有客观的普遍性；'妙'，乃是欣赏者借助自己的生活经验，通过想象力与理解力的协调自由的活动，去领会那种看似无理，但又有理的艺术境界'引起感受上的愉悦'，也就是具有主观情感的普遍性，或者是趋于某种情感的不确定性的认识。"① 变异修辞是否均表现出"无理之妙"另当别论，从作者的论述中可以看出，主要着眼于内容、思想、情感等因素，且特别强调受话一方的创造性欣赏活动。我们觉得，按照这样的路子描述修辞现象，与其说属于修辞学，不如说属于文学创作、鉴赏来得确切。所引述的文章列举的全部是文学作品例证，引用的著名论述，均为文论诗话中的内容，可作旁证。

而以语言得体性最高原则作为核心，却与此不同。它并非不重视、不研究非语言因素，但不是牵扯万端，一味向所谓的修辞"深层"挺进，而是牢牢立足于"语言材料"，从语言表达出发，在包括语言因素在内的语言环境中考察、研究、描述语言形式的常规、变异规则。它完全可以扩展，但扩展以后必须回归；它完全可以深化，但深化以后必须表露。其实，必要的节制正是为了能深刻揭示修辞学的规律、本质，防止模糊修辞学的面貌，使之混同于其他学科。

例如，场景是语言环境的一个重要组成部分。修辞学如何看待场景、分析场景呢？"交际活动中的具体场景是多种多样的，不可重复的。修辞学不可能也不必要一一罗列，而应当建立场景类型，研究场景的类型同话语之间的关系，即不同的场景对话语有些什么不同的要求。构成场景的主要因素是：时间、空间、交际双方的关系、交际的方式和态度，等等。场景得体性，也就是对交际的时间、空间、交际双方的关系、交际的方式和态度等方面的适应度。"② 能够对此作出科学的分析与说明，则是修辞学的任务，足矣。至于过细地、深入地去品味、欣赏其间的审美魅力，发掘、探究运思、创造的过程，基本上不属于修辞学研究的范围。

三、"审美价值"论难以总结、概括出修辞学的规律性模式，而语言得体性最高原则却注重而且能够建立出规律性的体系模式

希冀将全部修辞学内容形式化、公式化不可能做到，也并不现实。但修辞学建立起一个完整的、科学的规律性模式体系不但十分必要，而且完全可能。

所谓规律性的模式，是一种抽象化了的标准形式，使人可以仿照着实践。以往的修辞学不管自觉不自觉，都比较重视规律性模式的揭示，可见这一课题的重要性。当然，建立怎样的模式、如何建立、怎样论述，可以进一步讨论。

---

① 骆小所. 变异修辞的神韵美. 修辞学习，1991（1）.

② 王希杰. 修辞学通论. 南京：南京大学出版社，1996. 370.

王希杰先生曾经提出过“辞格中性化”的论断，我们就此展开过论述：“何谓辞格中性化？辞格的中性化就是说，辞格一旦形成，必然具有特定的结构、特定的方式、特定的功能，是一种变异的语言形式，不能再与辞格的内容、辞格的运用等深层意蕴及语言交际中产生的种种情状纠缠、混杂在一起。”“就辞格而论辞格，实际上我们已经抽去了辞格的具体、实在的内容，仅仅视作概括了的模式。从这个意义上说，辞格是空辞格。但是，辞格毕竟是语言实践的产物，辞格有着无穷无尽的具体、实在的辞格作为柱脚支撑。正如我们无法拿出一个抽象辞格，只能拿出一个具体辞格。从这个意义上说，辞格又是实辞格。空辞格有着无限的可能性，这一点辞格的研究注重不够。”① 这一观点主要说明辞格是修辞学中的一个重要模式，很值得充分研究，但是并不排斥从其他角度进行探讨。

按照常理推论，即使认为修辞学研究的对象是具有审美价值的语言，同样是可以总结、概括出规律性的模式来的。但是，一旦科学揭示出了这些模式，也就不单适用于具有审美价值的语言了。谭永祥的《汉语修辞美学》列述新建辞格33个、传统辞格26个，如果都确实能够成立的话，那么在不同层次的交际语言中均可使用。例如新建辞格“新典”：“话语中引用现代特别是‘文化大革命’中所流行的词语或句子，旨在幽默或嘲谑，这种修辞方法叫做‘新典’，也就是新的典故。”其特点是：“一、作为典故，它们都是刚刚形成或正在形成；二、一般只有‘直录’的用法；三、几乎都带有幽默或嘲谑的色彩。”已经有了“引用”辞格，再新建一个“新典”辞格，是否有必要另当别论，但将其主要设定为在文化大革命中所流行的词语或句子，未免作茧自缚。即使承认为重点，也不仅仅是只能在具有审美价值的语言中才能运用，老百姓的并不具有“审美价值”的口头交际语言中多的是。

由于在指导思想上对具有审美价值语言的过分关注或者研究方向上的偏差，就出现了以下两方面的问题。

一是将不够“格”的艺术技巧之类纳入修辞手段的范围之内。例如谭永祥《汉语修辞美学》中的一些新建辞格颇值得商榷。“设彀”辞格，作者解释道：“对话中，诱导对方说出自己所希望得到的回答，也就是把对方引入预设的圈，使其不知不觉‘入我彀中’，这种修辞手法叫‘设彀’。”“谲辞”辞格，作者解释道：“为了某种原因，故意说点儿与事实不符合的谎言假话，也就是功能假信息，这种修辞手法叫‘谲辞’。”上面所举两种“辞格”，纯然是意义与内容的艺术设计、安排，应该看作写作技巧，谭永祥没有也确实很难概括出特定的语言模式特征来。

二是在不同程度上脱离了规律性的模式纵情发挥描述修辞手段。这样做的结果，表面上看来，似乎描述得深刻、生动、透彻，实际上却令人难以捉摸，玄虚、神秘得很，缺少科学必需的层次感、清晰感。骆小所这样描述过比喻：“比喻这种情感的符

① 郑荣馨．论辞格中性化．李晋荃．修辞文汇．南京：江苏教育出版社，1995. 250，254.

号，它描绘了发话主体对自我的实现。作为创造新颖别致、带有情感的比喻的人，当他精神主体深层结构外化，达到全心灵的实现的时候，也就是他的意志、能力、创造性全面实现时，他就会超越知性意识的限制，直接以审美意象掌握住自己人生的总体，从而把自己的整个心灵天然和谐地注入比喻之中。所以，作为表现人的精神的比喻，它必须注重个体价值与个体精神的追求。”① 又如骆先生对“移就”辞格的论述：“从移就的功能性来看，它所具有的美的特质是没有明确意义的，它的美往往是感性主体对现实性的否定。因此，移就的美不在客观现象之中，而在精神存在的可能性之中。就移就而言，精神主体性与存在最根本的生存方式是虚无。它的美是靠虚拟化的言语形式反映出来的。”“从某一角度来讲，移就的美学功能就是虚无的非意义。这是从客观上来讲的，移就的意义正是言语的内部性。它是非价值的理论要求。也只有虚无化，才为精神主体寻找到一种本质性存在。虚无在移就中属于精神主体一种不确定的本质。它设想自我的超越现实世界的可能性，寻找到启动心情的张力，它排斥逻辑概念和理性认识。虚无不属于认识领域的知识形式。它展开无限的可能性，使自我不成为知识和认识的可能，不能转换为认识的现实性和知识的确定性，所以对它不可以进行逻辑分析。”② 按照这样的思路探讨、描述比喻、移就等辞格，可以给人某些方面的启发，但玄虚得很，难以令人对这些辞格有清晰的、规律性的认识。

“语言得体”论重视语言修辞手段的规律性模式的建构，作为研究的一项重要内容；其之所以能够建立起一套模式，主要原因在于它牢牢立足于语言学的核心阵地。

第五节 “最高原则”与语言表达效果

语言得体性原则与语言表达效果有紧密的联系，但它们毕竟是两个不同的概念，不能混为一谈。

一、内涵、内容不同

语言的得体性是指语言材料对说写主体和语言环境的适应程度。它的构成可以区分出语言材料、说写主体、语言环境、适应程度四个要素。对这四个要素以及它们之间的关系，我们在第一章中已作过比较具体的分析。

语言表达效果怎样下定义？有哪些构成要素呢？我们认为：“语言表达效果是语言表达在语言交际联系中产生的反响、效应。”“所谓反响和效应指的是表达效果的具体表现，是语言交际双方矛盾运动的产物。语言表达效果的描述主要对这种反响和效

① 骆小所．比喻的运思：“神”的相通．修辞学习，1995（5）．
② 骆小所．移就：虚无之美的创造．修辞学习，1997（1）．

应做出中肯科学的评估。”①

由此观之，语言表达效果具有三个要素：说写表达者、听读接受者与语言交际联系。其中说写者是矛盾的主要方面，或者说是我们考察表达效果的基点，除此，语言表达效果根本无从谈起。听读接受者虽是居于矛盾的次要方面，但他是说写表达者的对立面，与之相互依赖、相互依存，在一定的条件下，有可能转化成表达效果得以显现的条件，不可或缺。

将语言得体性原则与语言表达效果相比较，两者的构成要素不相同，主要矛盾不相同，矛盾的主要方面不相同，联系的条件、方式也不相同。尤其是“适应程度”与“反响”、“效应”有明显区别，“适应程度”相对于说写者、语言环境而言，“反响”、“效应”则相对于听读接受者而言，不管听读接受者是事实存在，还是假设存在。

“适应程度”主要侧重于语言材料对说写主体和语言环境的适应程度，可以区分出由低到高的层次，但并不涉及也不必着重分析听读者接受的情况如何。而“反响”、“效应”虽然与“适应程度”有着密切的联系，存在某些因果必然性因素，却必须高度重视听读者。“反响”、“效应”也可以区分出不同的层次，不过由于听读者以及其他因素的制约和影响，与“适应程度”的层次并不是绝然对应的，理论上的努力与实践中的成效不一致是常见的现象。

词语的模糊性是指语言所指范围的边界是不确定的，它以事物的状态和类属的边界是否清晰为判断依据。模糊词语具有主观性，由于每个人的心理状态、生活经历、世界观等的不同，对同一模糊词外延的理解也就不同；具有非定量性，不能用精确数据表示特性；还具有粘连性，即每个模糊词外延的不确定是与其他意义相对或相关的模糊词互为因果关系的，如“大”与“小”二者的外延相互交错。诗歌中惯用模糊数字来强化作品的气势美，激发人们无限的想象，常常直接用模糊词描绘形象，开拓意境，使得诗意盎然、妙趣横生，取得诗情画意的艺术效果。例如，毛泽东的《沁园春·长沙》，“看万山红遍”的“红”，“漫江碧透”的“碧”；《菩萨蛮·大柏地》中“关山阵阵苍”的“苍”；《清平乐·会昌》中“战士指看南粤，更加郁郁葱葱”中的“郁郁葱葱”等，描绘出了如画的意境。《沁园春·长沙》中“谁主沉浮”的“谁”；《菩萨蛮·黄鹤楼》中“黄鹤知何去”的“何”；《七绝·咏蛙》中“春来我不先开口，哪个虫儿敢作声？”的“哪”等，似无所指又有所指。这些模糊词语无疑是高度得体的，但给读者以无限的想象空间，去揣摩诗人的意旨，也就是说，在读者中产生的反响、效应是不可能相同的，是十分复杂的，其“反响”、“效应”的层次不可能与得体性的层次相应合。

正因为如此，语言得体性的原则研究虽然必须联系表达效果问题，否则无法论析透彻，但语言表达效果倘若加以专门研究，自有侧重的内容范围。

---

① 郑荣馨．语言表达效果论．桂林：广西师范大学出版社，1996.12，16.

例如，表达效果的内涵是丰富多样的。我们在评述语言的表达效果时，说到好在哪里，差在哪里，往往根据自己的感受和需要论定。事实上，一个语言表达在理论上来说总是同时存在着丰富多样的表达效果。认识到和没有认识到不是一回事，表述出来和没有表述出来也不是一回事。有的处于潜性状态，有的处于显性状态，值得我们从不同角度细细品味。

《生活周刊》1995年1月15日上有篇《爸爸漂亮爸爸丑》的文章，作者买了一件风衣，回到家里试穿时，随口问了妻子、女儿一句："怎么样，漂亮吗?"女儿回答："漂亮，不过……""不过什么?""我说漂亮不是说你因为穿着新衣服漂亮，而是说你这会儿态度好才漂亮。你就是这样，和气的时候很漂亮，厉害的时候很丑，对我发脾气的时候最丑!"这位未满十岁的女儿的见解对爸爸产生了怎样的效果呢?"我对女儿的话深信不疑。""细而想之，女儿对漂亮与丑下的定义实际上反映出了人的精神状态对相貌乃至气质风度可能产生的影响。比如说一个相貌不漂亮的人，当他（她）和颜悦色时，面部肌肉放松，眼睛里流露出柔和光芒，给别人带来某种愉悦的感受，别人便会觉得他（她）漂亮或至少是耐看。相反，一个人本来长得挺漂亮，但当他（她）横眉立目时，面部肌肉不是紧绷就是抽搐，目光里充满凶狠，那么他（她）传送给别人的，很难会是漂亮的感觉。""而且，真正漂亮和确实丑的人，在我们人类中都是少数，大多数人的相貌都属一般。而相貌一般的人都有较强的'可塑性'，稍加努力就能升到'美'上来，一不留神又会滑到'丑'上去，就看你在别人心里制造什么感觉了。""对于当爸爸的人来说，如果你想让世上的人都觉得你漂亮，不妨首先设法争取到孩子的承认。在孩子眼里树立一个美好的形象。做到这一点并不太难，别吵孩子，多给孩子点儿爱就行啦。至于我，当然是想多当漂亮爸爸少当丑爸爸喽!"作者从女儿的话中受到很大启发，悟出了什么是漂亮，什么是丑；美和丑又是相互转化的；怎样才能当一个"漂亮爸爸"等等。这种效果都由女儿的话语引起、产生，十分具体，而且是多方面的，很难划一固定。

又如，从性质上区分不同类别的表达效果至关重要。按照性质，表达效果可以划分为正效果、负效果、零效果三大类。正效果就是我们通常说的好的表达效果；负效果就是我们通常说的差的表达效果；至于零效果，则是处于正负效果之间的中间状态效果。语言表达效果又可从内容上分类，划分为信息效果、情理效果、审美效果等。

再如语言表达效果差的问题。基于表达效果着重关注说写表达者与听读接受者之间的矛盾，说写表达者预期取得的表达效果与听读者实际获得的效果之间必然出现差异。这种差异在修辞学中可用"语言表达效果差"这一新概念概括、固定，其中包含着异常复杂的情状。

谭学纯先生等在《接受修辞学》一书开篇中点明了以下四种情形：

在书面修辞中，表达者希望被理解，并把被理解的希望消融在他的编码行为中；接受者希望理解，并把这种希望消融在他的解码行为中。然而，编码和解码之间，并不是一一对应的关系。实际的情况往往是：

1. 表达 = 接受（信息接受等值）
2. 表达 > 接受（信息接受减值）
3. 表达 < 接受（信息接受增值）
4. 表达 ≠ 接受（信息接受改值）

修辞活动是一个复杂的信息运动过程，从表达环节到接受环节的等值信息交换，概率是比较少的。因此，修辞表达与修辞接受对等的可能性，小于不对等的可能性。①

这种看法是有道理的，听读者的不同的接受情况即语言表达效果的差异，值得修辞学进一步深入研究。

总之，由于两者的内涵不同，势必影响到研究的内容、范围和侧重点。

二、地位、作用不同

语言得体性原则与表达效果两者在修辞学中的地位和作用有所不同。

语言得体性是修辞学中一个极为重要的概念，具有最高原则的地位。所谓最高原则地位，主要是指它制约、统率着修辞学的众多一般原则，是修辞学的核心。按照这一指导思想，且贯穿始终，可以构建出一个全新的修辞学理论体系。

语言表达效果在修辞学中的地位同样十分重要，其重要性表现在它是修辞学研究、追求的目标。关于修辞学的定义，目前学术界还是有分歧意见，但似乎可以达成一个共识，即在定义中必须充分注意到表达效果的重要地位。修辞学是研究提高语言表达效果规律的科学，这一观点受到许多专家学者的肯定。完美的表达效果是说写者追求的终极目标，也是修辞学研究的终极目标，所不同的是前者是从实践上努力，后者是从理论上论析。

原则和目标不是一回事。原则是实现目标的保证，为了实现最佳表达效果，必须严格遵循语言得体性原则。最高原则起制约、统率作用，一般原则服从最高原则；表达效果的目标起导向作用，解决方向问题，至于具体的追求语言表达效果的过程，则无力也无法进行实际的调整和控制。

我们以修辞手段的建立来比较考察最高原则和追求目标的区别。语言表达效果是人们概括、总结修辞手段的一个重要依据。辞格之所以能成立，为人们认可，一个重要的原因就是因为这些修辞手段具有特定的功能。“辞格如果不具备这样的‘特定功

① 谭学纯，唐跃，朱玲．接受修辞学．合肥：安徽大学出版社，2000. 16—17.

能’，也就失去了存在的条件。”① 例如，谭达人先生 1982 年在《语文学习》发表了《浅谈“精细”的修辞方法》一文，提出了“精细”新辞格。以后，有肯定者，也有否定者，意见分歧较大。谭达人在 1992 年第 4 期《修辞学习》上发表了《再论“精细”的修辞方法》文章。其中有段论述是这样的：“一般说来，文学作品中使用数据似乎不必如一般记叙文那样精确无误，但有时候，作者却出乎意料地使用十分精确的数据（这数据或者表时间，或者表动作，或者表人事物件等），给人一种真实感和幽默感。这种修辞方式，可以叫做精细。”“这里，‘给人一种真实感和幽默感’是说的功能。现在看来，‘真实感’三字应当删除。仔细体会起来，精细方法的功能是专注于造成诙谐，收到幽默效果；它虽然使用精细（或较精确）数据，但实际上并非求精确、求真实。”不论“精细”辞格能否成立，但有一点可以从引文中明显看出，论者力求用准确的表达效果描述来支持“精细”辞格的建立。

语言表达效果是修辞手段建立的一个重要依据，但不是唯一的依据，尚有语言结构形式等方面的要求。而语言得体性的最高原则是任何修辞手段必须遵循的，它是修辞手段之所以能成立的核心依据，不但作为够不够“格”的依据，尤为重要的是进一步说明了这种依据的合理性、规律性。袁本良先生在 1996 年第 2 期《修辞学习》上有篇《“曲解”三说》文章。《修辞学词典》对“曲解”的解释是：“辞格之一。有意对别人说的话进行歪曲的解释，以造成言语的幽默感，常见于相声艺术中。”② 对这一辞格，袁先生从三个方面进行论析。一说曲解的适用范围，认为“‘曲解’的使用并不局限于针对话语对方。说话人既可以针对对方的言词进行曲解，也可以针对自己的言词进行曲解。有时候，曲解辞格运用时所针对的并不是言语交际活动中某人的言词，而是某书中的词句”。二说曲解不同于曲用。“曲解与曲用有相同之处，也有不同之处。相同之处是：两者都是对词语做出的一种故意歪曲理解，赋予它一种本来没有的特别的意义，从而把它运用于特定的语境。不同之处是：曲解的着意点在‘解’，即要把这种歪曲了的意思解说出来；而曲用的着意点只在‘用’，它只把词语按歪曲的意思去运用，并不把这个临时语境义解说一番，因此，曲解和曲用在一般情况下有着结构特征上的明显区别：曲解辞格的构成有两个成分——被曲解的词语和解说性成分；而曲用辞格的构成只有一个成分——被曲用的词语。”三说曲解不同于曲说。“曲解和曲说应该是两个不同的辞格。曲说辞格以有话不直说而故意折绕为特征，它并不需要以歪曲词语意义为基础。”作者还对“曲解”的定义提出了修正意见：“在交际活动中，说话或写文章的人根据题旨和情境的需要，有意地对某些词句的意思进行歪曲的解释，这样的修辞活动称为曲解。”从这一例子来看作者的思路，虽然也涉及表达效果问题，但主要的着力点是结合说写者，结合语言环境，廓清适用范围，道出了

① 吴士文．修辞格论析．上海：上海教育出版社，1986. 7—8.

② 王德春．修辞学词典．杭州：浙江教育出版社，1987. 122.

“曲解”辞格成立的合理条件，必须遵循的规则。在我们看来，可以视为用得体性原则描述辞格的一个例证。

三、思路、角度不同

语言得体性原则研究思路侧重于研究语言材料适应说写主体和语言环境的程度，它从语言材料的角度切入，研究各种修辞手段及其运用的规律准则，怎样才称得上得体，怎样才能做到得体。语言交际中的林林总总因素，都有机联结在一条主线之上。简要地说，语言得体性原则虽然绝不忽视结果，但侧重在适应以及适应过程的研究。

例如，王希杰先生在《修辞学通论》中论及比喻，颇为详尽。其中说到比喻的相似点问题，认为“比喻的生命在于相似点”，进而展开论述：“相似点可以从四个世界方面来观察。任何比喻都必须首先考虑到物理世界的相似点。物理世界的相似点虽然是客观存在的，但却需要人们去认识和开发。一般说，物理世界的相似点是无穷多的，人们在交际中所利用的只是非常有限的一小部分。物理世界的相似点，是一种客观的存在，对全人类都是共同的。对物理世界相似点的利用受到文化传统和心理素质的制约。人们只能在自己的文化和心理允许的范围之内对物理世界相似点进行开发和利用。这就是比喻之所以具有民族性的根本原因……一个比喻是否合格、是否优美得体，这主要取决于文化和心理因素。相似点的发现依靠的是人类的联想能力，相似点的开发和利用取决于人们的心理特征。好奇求新和趋吉避凶是制约相似点的使用和认同的两个重要因素。”“在语言世界中，语音的相同或相似的联想，这可以叫做‘语音比喻’。‘张三跑得像兔子。’‘张三跑得像一阵风。’‘北风像一把刀。’‘痛苦像一把刀。’这是语义上的比喻。”① 王希杰不是就相似论相似，而是将比喻的相似点放在适应物理世界、文化世界、心理世界、语言世界的广泛、有机的联系中考察，透彻地论说了比喻的相似点要素。

语言表达效果的研究思路、切入考察的角度与语言得体性原则有所不同。语言表达效果有综合性特点，因而对语言表达效果的考察是综合考察，所有与语言表达相关的因素都在考察范围之内，但诸多因素都必须牢牢扣住语言表达的反响、效应，以此来带动和展开研究。

吴俊先生在1998年第2期《修辞学习》上发表了《移就的审美价值》，专门谈移就辞格的修辞表达效果，概括为三个方面：一是移就创造了朦胧美。“移就为艺术作品提供了朦胧的意象，它把一个明了的外在世界的物象放置在难以言状的情感的迷雾中，即把不同范畴、在通常情况下不易连缀的语词组合在一起，从而建构了无法与现实对应的朦胧诗域。”二是移就创造了意象美。“移就作为艺术的表现手法，力求用形象词藻来修饰无形的情思，表现波动的感情，最终创造出明晰生动的意象。”三是移

---

① 王希杰. 修辞学通论. 南京：南京大学出版社，1996. 423—424.

就创造了幽默感。“移就在艺术的原则下，把通常不能结合的语词组合在一块儿，造成荒谬的语言，因此制造了幽默感。”作者研究移就的表达效果，从审美情趣切入。审美情趣是表达效果的一个重要类别，是复杂的综合体。审美是审美主体对美的欣赏、感受与评判。审美情趣即指审美主体内在的情调与趣味，往往与创作者和欣赏者的文化素质、思想情操密切相关，这是一种文化心理现象。一方面，审美情趣离不开主观感受的愉快，由于个人生活经验以及性格气质、文化水平、艺术修养的不同，在审美活动中反映出不同的个性差异，正所谓“人皆爱美，喜好各不相同”。另一方面，审美情趣是受到哲学、思维方式以及风俗习惯的影响的，因而在美感追求和审美体验中，就会表现出一些共同的倾向和特点。作者进而分析成三个方面，结合移就实例进行了具体论述。

语言得体性最高原则虽然是高度概括、抽象出来的，但运用研究时，一般比较具体、细致，切入的角度比较小，呈现出不断扩展的趋势。而语言表达效果虽然有现实效果和理论效果之分，但研究、描述时，一般比较概括、抽象，切入的角度较大，呈现出不断浓缩的趋势。

如今在总结工作中存在的问题或出现失误的原因时，常听一些领导用“由于种种原因”这一高度概括的说法。从语言得体性角度来评析，这一说法在一般情况下是不得体的。“种种原因”的背后大有文章：一是可能心中有数不敢说。上级领导拍错了板、表错了态，造成失误，为给领导留面子，避而不说原因。二是可能心中有数不愿说。责任不在上不在下，正是自己，老老实实道出，有损自己的形象、威信，无疑是给自己脸上抹黑，故用“种种原因”蒙混了事，推卸责任。三是心中无数没法说。一些领导者对实际情况知之甚少，又不肯动脑筋实事求是分析，出了纰漏摸不着头脑，只得用“由于种种原因”加以搪塞。以上三点分析，从“由于种种原因”的话语出发，分析时关涉到说写主体的心理状态和面临的交际对象等客观环境。而从语言表达效果的角度来评析，则应该进一步指出，这种高度概括的说法模模糊糊，回避了对具体问题的具体分析，表达效果一般情况下是不好的。闪烁其词无助于上级的正确决策，护短蒙混不利于纠正工作中的失误，敷衍搪塞终究会露出无知浅薄的真相。

从以上的实例分析可以看出，语言得体性原则和语言表达效果在考察和研究语言修辞现象时，角度的切入确实存有差异。

第三章

语言得体的层次性

第一节　得体层次性概述

得体的层次性是指语言的得体性可以区分出不同程度的层次。对语言得体性分层考察、研究，应该既注重共性，又注重个性，在一般性规律指导下，着重揭示特殊性规律，尽可能做到两方面的对立统一。

一、语言得体层次性的研究意义

层次性是语言得体性理论中的一个重要新概念，以前的修辞学论著中未见使用这一概念来论述修辞现象。科学认识语言得体的层次性，可以大大开拓修辞学研究的视野，进一步增强研究的针对性、现实性，从一个十分重要的方面深化、完善语言得体的理论。

（一）拓宽修辞学研究视野

综观以往的修辞学论著，对修辞的要求尽管表述各有不同，但也有共同、一致的方面，就是力求"最佳"、"最美"、"最有效"等。陈光磊先生指出："修辞讲究追求表达效果的规律。……追求最佳的表达效果就是追求语言美。""语言美就正是最佳表达效果的美学表现。从这个意义上，完全可以说，修辞，就是语言美的创造！"① 曾毅平先生主编的《华语修辞》中有这样的论述："修辞就是人们在言语交际中，为达到特定的交际目的而寻求最佳表达方式的言语行为。""当常规的表达不足以充分地传情达意时，表达者发挥积极的主观能动性，凭着对客观事物敏锐的洞察和对主观感受的真切体悟，调动语言文字的一切可能性，寻求最为有效的表达方式，于是便产生了辞格。"② 这是比较稳妥的、有代表性的提法。谭永祥先生说道："把理性、情感和美感等信息最大限度地注入载体，叫修辞活动。""理性信息，是指意义蕴涵；情感信息，是指爱憎褒贬；美感信息，是指审美感受。这三种信息量，可以是平均分布，也可以是有所侧重，但不允许阙如。否则，就不是修辞现象，当然也就不是修辞研究的对象，当然也就不属于修辞研究的范围。"③ 三者缺一不可，没有例外，可见，谭永祥对修辞的要求是非常严格的。

问题在于，按照这样的观点、思路，修辞学研究就理所当然只能关注那些"最佳"、"最美"、"最有效"的语言了。为什么许多研究者在具体论述中十分注重选用文学作品，特别是名家名作作为例证呢？其中一个重要原因恐怕在于这些例证的语言

① 陈光磊．修辞论稿．北京：北京语言文化大学出版社，2001. 13.

② 曾毅平．华语修辞．广州：暨南大学出版社，2012. 1，168.

③ 谭永祥．汉语修辞美学．北京：北京语言学院出版社，1992. 22.

具有典范性，无可挑剔，可以作为人们语言表达的范本。那些存有瑕疵的语言——也包括书面文本，或者还称不上“最佳”、“最美”、“最有效”的语言，是否就没有资格被评为得体了呢？是否就没有必要进行研究了呢？我们认为，这些语言不但有得体的资格，而且大有研究的必要，因为这就是生动、复杂的现实语言交际实践本来面貌，绝不能一概排斥在修辞学研究的范围之外。

贾平凹写过一篇《辞宴书》文章：

粤菜馆的饭局我就不去了。在座的有那么多领导和大款，我虽也是局级，但文联主席是穷官、闲官，别人不放在眼里，我也不把我瞧得上，哪里敢称作同僚？他们知道我而没见过我，我没有见过人家，也不知道人家的具体职务，若去了，他们西装革履，我一身休闲；他们坐小车，我骑自行车；他们提手机，我背个挎包。于我觉得寒酸，于人家又觉得我不合群，这饭就吃得不自在了。吃饭要和熟人吃才香，爱吃的多吃，不爱吃的少吃，可以打嗝儿，可以放屁，可以说趣话骂娘，和生人能这样吗？和领导能这样吗？知道的能原谅我是懒散惯了，不知道的还以为我对人家不恭，为吃一顿饭惹出许多事情来，这就犯不着了。酒席上谁是上座，谁是次座，那是不能乱了秩序的，且常常上座的领导到得最迟，菜端上来得他到来方能开席，我是半年未吃海鲜之类，见那龙虾海蟹就急不可耐，若不自觉筷先伸了过去如何是好？即便开席，你知道我向来吃速快，吃相难看，只顾闷头吃下去。若顺我意，让满座难堪，也丢了文人的斯文；若强制自己，为吃一顿饭强制自己，这又是为什么来着？席间敬酒，先敬谁，后敬谁，顺序不能乱，谁也不得漏，我又怎么记得住哪一位是政府人，哪一位是党里人？而且又要说敬酒词，我生来口讷，说得得体我不会，说得不得体又落个傲慢。敬领导要起立，一人敬酒全席起立，我腿有疾，几十次起来坐下又起来我难以支持。我又不善笑，你知道，从来照相都不笑的，在席上当然要笑．那笑就易于皮笑肉不笑，就要冷落席上的气氛。更为难的是我自患病后已戒了酒，若领导让我喝，我不喝拂他的兴，喝了又得伤我身子，即使你事先在我杯中盛白水，一旦被发现，那就全没了意思。官场的事我不懂，写文章又常惹领导不满，席间人家若指导起文学上的事，我该不该掏了笔来记录？该不该和他辩论？说是不是，说不是也不是，我这般年纪了，在外随便惯了，在家也充大惯了，让我一副奴相去逢迎，百般殷勤作妓态，一时半会儿难以学会。而你设一局饭，花销几千，忙活数日，图的是皆大欢喜，若让我去尴尬了人家，这饭局就白设了，我怎么对得住朋友？而让我难堪，这你又于心不忍，所以，还是放我过去，免了吧。几时我来做东，回报你的心意，咱坐小饭馆，一壶酒，两个人，三碗饭，四盘菜，五六十分钟吃一顿！如果领导知道了要请我而我未去，你就说我突然病了，病得很重，这虽然对我不吉利，但我宁愿重病，也免得我去坏了你的饭局而让我长久心中愧疚啊。①

作者列举了种种谢绝赴宴的理由，一是“文联主席是穷官、闲官，别人不放在眼里，我也不把我瞧得上，哪里敢称作同僚?”二是“知道的能原谅我是懒散惯了，不知道的还以为我对人家不恭，为吃一顿饭惹出许多事情来，这就犯不着了”。三是“若顺我意，让满座难堪，也丢了文人的斯文；若强制自己，为吃一顿饭强制自己，这又是为什么来着?”四是“我又怎么记得住哪一位是政府人，哪一位是党里人?”五是“席间人家若指导起文学上的事，我该不该掏了笔来记录？该不该和他辩论?”六是“让我一副奴相去逢迎，百般殷勤作妓态，一时半会儿难以学会”等等。细细推究，这些理由未必都能成立，并非每一个人都将文联主席视为“穷官、闲官”的，尊敬有加的大有人在；对“政府人”、“党里人”即领导，必要的尊重是应该的，无可厚非，为什么非要别人顺着你呢？作者自身有没有什么问题呢？作者突出的是个人的为人处世习惯，措辞也有偏激之处。人来客去，接待吃饭，与领导、陌生人同席，在现代社会是常事，具体情况要作具体分析，不能一概而论。但我们不能据此就判定作者的这一番话就是不得体的，其矛头指向时弊陋习，能给人有益的启迪。

如果在理论上明确了这样的观念，那么修辞学研究的视野必然大大拓宽，研究的内容更为丰富多彩，提炼新概念、揭示新规律也就成为当代修辞学的新任务。这无疑会从一个十分重要的方面深化、完善语言得体理论，同时给修辞学理论建设、发展带来新的契机。

（二）分层确立得体性标尺

区分语言得体性的层次，也就是分层确立得体性的标准。这样做，有三个方面的好处。第一，分层制定的标准符合语言交际的实际情况，避免一刀切的片面倾向，扩大了适应面。成功的交际语言并非都是最佳、最美的语言。第二，分层制定的标准各有适用的范围，分类衡量，可以使语言得体性的理论对实践的指导作用更有针对性、实效性。只用一个总标准，在特定领域，对某些语言事实得体性的判别存在局限性。第三，分层制定标准，对于某些过于分散研究的情况来说，可以提炼出普遍性的规律，有助于提高研究的层次。这三个方面是相互联系的，只有首先承认了不同层次的语言的得体性地位，才谈得上适用标准；只有确立了不同层次的得体标准，才有可能发挥切实有效的指导作用。

基于语言得体性理论对人们语言交际活动有着很大的指导作用，从交际角度讨论语言得体性的大小文章很多，但存在明显的缺陷：就事论事的居多，缺少宏观的层次把握；期望以统一的、固定不变的标尺来判断、衡量语言的得体性，而不是具体情况具体分析，且这种标尺是否正确很难说；分散零碎，停留在表面，未能深入探索底层

① 读者，2011（11）.

的规律。

例如，有一篇文章论述女性言谈应该具有特色。作者认为女性采用一种男子式的话音，必然受到男性的欢迎，言之凿凿。这种话音从生物学上来说是一种低音高。为了保证发出这种得体的话音，可以采用一种呵欠叹气法，“始则呵欠，不待结束，继而叹出”。此时腹部放松，嗓门即开。掌握了叹气的感觉后，就边发元音边叹气叹出。以后练音节，练单词，练句子，要放开叹气，叹得好，保持宽松、放开的嗓门。说话节奏不能犹豫，要坚决；音重不能太软，感叹词“呀”、“噢”、“哟”之类不能用得太多。交谈时应用短语，不用长句等等。拜读此类要求，我们不知道有多少女性会严格按照这样的要求去训练、实践，以保证达到语音的得体性。在我们看来，这些要求过细、过繁，是脱离一般语言交际现实的苛求。

还有一篇文章，专门谈论领导者与下属谈心的要素。一是要选准对象。选准对象，则效果奇佳；反之，乱点鸳鸯，不选对象，则劳而无功。二是了解对象。要对交谈对象的年龄、职业、性格、爱好、文化教养、生活经历以及家庭环境等情况了如指掌。三是教育启发。用语言力量教育人，诱导人，影响人，帮助人，鼓舞人。四是讲究仪表。穿戴整洁，表情温和，笑口常开，情绪平静，声调适度。五是结束适时。不过多占用对方时间，一般不宜超过一小时，不要谈兴未尽，走到门口又重新攀谈起来等。

就上面列举的五个要素而言，不乏合理的内容，但如果要求领导与下属谈话都必须遵守这些固定的规则，那就不恰当了。领导随便找下属聊聊，增强感情联系，那是常事。有时候，领导恰恰是因为不了解下属的各种情况，才与他们谈心增进相互的了解。有时候是领导教育下属，但也有些时候是领导听取下属意见，虚心学习，改进工作。该严肃的时候要严肃，该发怒的时候不妨吐发激切的词句。至于谈话的结束，那可没准了，全看必要不必要，必要时通宵达旦也未尝不可，不必要时两三分钟即可完毕。谈兴未尽，边说边谈乃属正常不过的事情。因此，用如此统一的标准来规范领导与下属的谈心并不符合语言交际的现实。

二、语言得体层次性的三个层面

从语言材料对说写主体和语言环境的适应程度来看，是可以区分出层次的，得体的情况各不相同。从大处看，语言的得体性可以分成三个层次：一般程度的得体性、较高程度的得体性、最高程度的得体性。所谓一般、较高、最高是相对而言的，它们之间并不能划出非常清晰的界限。从整体上考察，三个层次的得体程度呈现上升趋势，是一个富有弹性和张力的系统。每一层次是个区域，边界模糊，如果细细分辨，每一层次中还可以继续划出阶梯式的小层次。

《邓小平文选》第三卷是小平同志亲自修改审定的。中央文献出版社 1992 年出版的《邓小平关于建设有中国特色社会主义的论述专题摘编》，里面有许多文章后来收入了《邓小平文选》第三卷。两书对照，有数百处修改，改文比原文在得体性方面有明显提高。例如："香港继续保持繁荣，根本上取决于中国收回香港后，在中国的管辖之下，实行适合于香港的政策。""政策"的原文是"制度"。对香港的总政策是"一国两制"，这是至少50年不变的，为了保持香港的繁荣，在这个总政策之下，"实行适合于香港的政策"，这种具体政策由香港特别行政区决定，是可变的。改动了一个名词，意思准确、得当。又如："我们建立的社会主义制度是个好制度，必须坚持。""必须"原文作"我们要"，改成了一个副词，语气加强，鲜明有力。再如："应该保持艰苦奋斗的传统，坚持这个传统，才能抗住腐败现象。""才"原文作"就"。改动一个词，实际上是将关联词语"（如果）……就……"换成了"（只有）……才……"，强化了上下分句的逻辑联系。由此可见，得体的程度是存有差异的，孤立地看待语言表达不一定那么清晰，在比较中进行考察，则易于识别。

> 一天，日本推销专家二见道夫走进一家早餐店喝豆浆，进门便说："来碗豆浆。"然后就坐下来看报。老板端来了热气腾腾的豆浆问道："要加一个鸡蛋还是两个鸡蛋?"二见道夫一边看报纸一边随口答道："一个就可以了。""咔喳"一声，老板在豆浆里打进了一个鸡蛋。这时二见道夫才想起来，自己的本意并不想要鸡蛋。
>
> 过了一会，店里又来了一对青年夫妻。他们要了豆浆后，便亲热地交谈起来。老板端去豆浆时照样说了一句："要加一个鸡蛋还是两个鸡蛋?"接着"咔喳"、"咔喳"在他们的豆浆里各打进一只鸡蛋。奇怪，怎么来到这家店里喝豆浆的都要加鸡蛋呢?
>
> 第二天，二见道夫又来到这家早餐店，一位服务员样的青年姑娘端来豆浆问道："要不要加鸡蛋?""不要!"话一出口，二见道夫猛然醒悟了昨天店老板的高明之处：说话先入为主。店老板故意回避了"要不要鸡蛋"的问题，只让顾客在"一个"或"两个"上选择，结果使鸡蛋销量大增，使本来利润微薄的豆浆生意增加了利润。①

从这一例中，同样可以看出得体的不同层次。服务员端来豆浆问道："要不要加鸡蛋?"这话不能算错，完全尊重顾客的意愿，是得体的。老板端来豆浆问道："要加一个鸡蛋还是两个鸡蛋?"虽然并没强加之意，但说话先入为主，故意回避了"要不要鸡蛋"的问题，只让顾客在"一个"或"两个"上选择，结果鸡蛋销量大增，使本来利润微薄的豆浆生意增加了利润。老板问话的得体性层次明显要高于服务员的问话，不少精明的经营者把这类的表达方式应用到市场促销活动中，例如要求售货员不

① 现代交际，2004（6）.

准对顾客说“要不要”、“买不买”，而要说“要几件”、“要哪种”、“要什么颜色的”等。这样做法往往会使营业额增长两三成。

以语言得体性程度的三个层次来研究语言交际活动，便会发现存在着对应的三个层次。这三个层次是：日常交际语言层次、社会交际语言层次、艺术交际语言层次。这三个层次具有不同的适应面、不同的得体要求。

日常交际语言要求达到一般得体性标准，社会交际语言要求达到较高得体性标准，艺术交际语言要求达到高度得体性的标准，标准逐层提高。但是，实际情况又不是那么简单，它们之间往往相互交叉、融合，绝非与得体性程度机械应合。其交叉、融合也有规律可循，即大体遵循低可就高的明确、固定方向。这个意思就是说，日常交际语言有可能达到社会交际语言、艺术交际语言的得体水准；社会交际语言有可能达到艺术交际语言的得体水准。但反向降低则不行。艺术交际语言不可能降低到社会交际语言、日常交际语言的得体水准，社会交际语言也不可能降低到日常交际语言的得体水准。

中国著名语言文字学家、教育家钱玄同，30年代起一直担任北京师范大学教授。1936年，钱玄同在北师大中文系讲传统音韵学，讲到“开口音”与“闭口音”的区别，一同学请他举一个例子。他说——

> 北京有一位京韵大鼓女艺人，形象俊美，特别是一口洁白而又整齐的牙齿，使人注目。女艺人因一次事故，掉了两颗门牙，应邀赴宴陪酒时，坐在宾客中很不自在，尽量避免开口，万不得已，有人问话才答话。她一概用“闭口音”，避免“开口音”，这样就可以遮丑了，如这样的对话：
>
> “贵姓？”“姓伍。”“多大年纪？”“十五。”“家住哪里？”“保安府。”“干什么工作？”“唱大鼓。”
>
> 以上的答话，都是用“闭口音”，可以不露齿。
>
> 等到这位女艺人牙齿修配好了，再与人交谈时，她又全部改用“开口音”，于是对答又改成了：“贵姓？”“姓李。”“多大年纪？”“十七。”“家住哪里？”“城西。”“干什么工作？”“唱戏。”
>
> 学生听了都大笑。①

这是日常交际语言的例子。例中的那位北京京韵大鼓女艺人的机智、巧妙令人佩服。就内容而言，并无什么突出之处，答语的真实性也要打一个问号。但她利用汉语中的“开口音”、“闭口音”，相同的问题选用不同的词语来交谈，以达到“遮丑”的目的，保持形象美与语言美的一致，其得体的语言具有一定的审美意义。

---

① 名人轶事．读者，1997（5）．

朱镕基在九届人大一次会议上当选总理后的记者招待会上回答记者的提问，出口成章，条理清晰，妙语连珠，精彩纷呈，社交语言达到了艺术交际语言得体标准。其中关于“对我委以重任”的答问有这样的话语：“这次九届全国人大一次会议对我委以重任，我感到任务艰巨，怕辜负人民对我的期望。但是，不管前面是地雷阵还是万丈深渊，我都将一往无前，义无反顾，鞠躬尽瘁，死而后已。我虽然很怕辜负人民的期望，但是很有信心”，“我相信本届政府将无往而不胜”。“不管……都……”的无条件复句，一连串的四音节词语，极为诚恳，极为坦率，铿锵有力，势不可挡，博得了中外记者的热烈掌声。

必须指出，给语言得体性区分不同的层次，并不是意味着降低对语言得体性的要求。一方面，这是语言交际现实得体性状况的真实反映，人们不过没有在理论上明确界定罢了。另一方面，从主观愿望来说，每个人都能在语言交际中达到高度得体，当然是理想的大好事情，但这只是一种良好的愿望，在许多情况下，不必要也不可能做到。划分出层次，也就是分类要求，寻找出特殊规律。这样，理论的指导就必然会有明确的针对性，会更切实有效。理想的并非必定是现实的，现实的并非必定是错误的。

语言得体的层次性也是运用辩证法考察语言得体现象的结论。语言得体的场合是多种多样的，得体的标准是极其灵活的，切不能用凝滞呆板的标尺去判别。即使我们区分出层次，定出了不同的标准，但这些标准都有弹性的空间。一般、较高、高度得体性均是相对的，均是有缺失的，它们在特定的条件下有可能发生转化。

三、语言得体层次性的深层原因

语言得体性之所以能够区分出不同层次的深层原因主要有三个：语言交际目的的差异性，语言材料适应状况的不平衡性，语言自身的缺漏性。

（一）语言交际目的的差异性

语言交际是具有目的性的活动，交际目的中也包括功利性目的。人们进行语言交际的目的不可能完全相同。有的交际目的简单，达成容易；有的则比较复杂，达成困难。有的交际目的比较轻微，语言表达要求宽松，达成状况不必苛求；有的交际目的则比较重大，表述必须严密，讲究得体程度，不能等闲视之。功利是功效和利益，具有鲜明的指向性，大小、轻重、宽窄也都有别。丰富的审美性当然也是目的性的表现，但仅仅是其中的一部分，不能以偏概全。在语言交际活动中，人们总是有所侧重，根据交际目的、功利需要选择自认为最恰当、最简便、最有效的表达形式，这样，语言必然表现出不同层次的得体性。

文化大革命期间，虽日坐愁城，但大伙碰在一起，也会苦中作乐、偷偷说笑，其中也会说到我们三人和别人口吃的笑话。最精彩的有如下两则。一则是说有一青年沪剧演员，说话结巴，唱戏倒一点也不结巴。某日，家中失火，他急忙奔至父亲的单位处，大叫："爸……爸……爸……爸……爸爸爸爸……"他越急越结巴，怎么也说不下去。父亲见他急得满头大汗，便举起手做了个音乐指挥的姿势，说："预备——你唱!"于是这青年沪剧演员立即唱道："哎格隆咚哟，阿拉屋里天火烧!"终于向父亲报了火警。还有一则说的是我们剧院一个同事的弟弟，也是口吃，他到王炼家去还照相机。别人敲门"笃、笃、笃"，每一记都应是同样的节拍，可这位同事的弟弟敲起门来却是"笃……笃笃……笃笃笃……笃笃……"连敲门也结巴。王炼开门，问："你找谁……谁……谁呀?"同事的弟弟说："王……王……"王炼一听，明白了，连忙替他说下句："……炼。"同事的弟弟点点头。王炼说："请……请……"同事的弟弟也连忙帮王炼说下句："……进!"这下该王炼点头了。于是两个口吃的人一同进屋。同事的弟弟说："我……我……我哥哥叫我……叫我……来还……还……还……还照相……照相……照相……"王炼不失时机地接道："……机。"王炼又说："请……"同事的弟弟说："……坐。"最后告别时，同事的弟弟说："再……再……再……"王炼仍然及时地补上："……见!"这两个结巴子可算是"结"拜兄弟，能"结"二连三，"结"得天衣无缝。此事也不知是真是假。王炼是个极忠厚的人，听了也只是笑笑，最多再骂上一句："滚你的蛋……蛋……蛋……蛋噢!"此时王炼显得越发的可爱。①

这是两个特殊的口吃笑话。引例中有三个结巴，他们的说话不流利，表述不清，按照通常的得体性标准衡量，是不得体的。但对这些特殊的对象应该特殊对待。青年沪剧演员在父亲的"指挥"下，以唱代说，"哎格隆咚哟，阿拉屋里天火烧!"终于向父亲报了火警。沙叶新所在剧院一个同事的弟弟与王炼相互配合，一方说不下去"卡壳"，另一方帮助补说完整。他们都达到了沟通目的，告知了情况，顺利完成了交际任务，因而应该视为得体，层次虽然较低，但仍然值得称道。如果结巴者经过艰难努力，仍然不能圆满达到交际目的，也不能苛求、指责，更不能对口吃患者开玩笑，把自己的欢乐建立在别人的痛苦之上。

某公司组织员工去南非旅游。某天游览后回酒店，准备好好泡个澡，却发现没有热水，打电话询问，原来是酒店中央热水供应系统坏了，正在检修中。好在南非虽然正值秋天，却很炎热，冷水洗浴也无所谓，加上实在是太累了，他们也无暇去理论。

第二天晚上8点多，一名黑人服务员提了个大箱子，递给各房间的客人一封

① 沙叶新. 我曾是个结巴. 中华读书报，1999-09-08.

信、一只漂亮盒子和一瓶葡萄酒，并连声说：Sorry！Sorry！

盒子小巧玲珑，黑色带子扎了个蝴蝶结，打开，里面是各种颜色的袋泡茶，茶叶细碎精致，煞是好看。拆开信封，信是这样写的：

亲爱的客人：

首先，请允许我对本店缺乏热水的问题给您带来的不便致以真诚的歉意。

我向您保证，这不是我们管理的正常标准。我们会尽一切努力改正问题，以确保您以后不会再有此不便之处。

请接受这个小礼物以及我们最诚挚的歉意。

并且祝您过得愉快！

您忠诚的客户部经理甘特

下面是一个优雅的手写签名。[①]

这是社会交际中发生的事情。外出住酒店诸如没有热水之类的问题偶尔也会遇到，酒店方顶多口头说说也就算了。但是，这家异国他乡的普通酒店，竟然给每个房间都送上如此正式的道歉信及礼物。信中致以“最诚挚的歉意”，表达了对客人的恭敬和尊重；“保证”、“尽一切努力”、“确保”等词语体现了酒店工作人员严谨认真的工作态度。礼貌、态度、措施都无懈可击，很是得体，为什么呢？就是秉承顾客是上帝的宗旨，重视细节，做好服务，这样生意才会兴隆，语言交际的目的性、功利性十分明显。

2013 年全国两会期间，“中国梦”成为一个热词，广泛流行。“中国梦”关涉到党和国家的奋斗目标、前进方向，其诠释和运用，必须讲究高度的得体性，不能随心所欲。2012 年 11 月 29 日，中共中央总书记习近平在国家博物馆参观“复兴之路”展览时，第一次阐释了“中国梦”的概念。他说：“大家都在讨论中国梦。我以为，实现中华民族伟大复兴，就是中华民族近代以来最伟大的梦想。”2013 年 3 月 17 日，国家主席习近平在第十二届全国人民代表大会第一次会议闭幕会的重要讲话中九次提及“中国梦”，系统阐述“中国梦”：“实现全面建成小康社会、建成富强民主文明和谐的社会主义现代化国家的奋斗目标，实现中华民族伟大复兴的中国梦，就是要实现国家富强、民族振兴、人民幸福，既深深体现了今天中国人的理想，也深深反映了我们先人们不懈奋斗追求进步的光荣传统。”“中国梦归根到底是人民的梦。”他还用了“三个必须”来指明实现“中国梦”的路径：“实现中国梦必须走中国道路。这就是中国特色社会主义道路。”“实现中国梦必须弘扬中国精神。”“实现中国梦必须凝聚

① 演讲与口才，2009（6）.

中国力量。”[①] 而今，“中国梦”的使用面十分广泛，使用频率很高。例如，有篇文章写道：“如果要问你的中国梦是什么？农民的中国梦会是希望今年风调雨顺，有个好收成。工人的中国梦会是希望今年也能努力工作，为祖国的建设添砖加瓦。学生的中国梦会是希望高考好好发挥，考上心仪的大学。青年人的中国梦会是希望事业从此起步，走向辉煌。中年人的中国梦会是希望家庭幸福和睦，老少平安，工作顺心。老年人的中国梦会是希望身体健康，子女孝顺，儿孙绕膝，颐养天年。军人的中国梦会是希望加强自身素质和军事技能，成为祖国需要时第一把出鞘的利剑。”其得体性就要结合交际对象、特定话题以及具体场合等因素来论定了。

老舍说过：“相声的语言非极精练、极生动不可。它的每一句都须起承前启后的作用，以便发生前后呼应的效果。不这样，便会前言不搭后语，枝冗罗唆，不能成为相声。写别的文章，可以从容不迫地叙述，到适当的地方拿出一二警句，振动全段，画龙点睛。相声不满足于此。它是遍体长满了大大小小眼睛的龙，要求每一句都有些风趣。这样，尽管我没写出过完美的相声段子，我可是得到一个写文章的好方法：句子要打埋伏。这就是说：我要求自己用字造句都眼观六路，耳听八方，不单纯地、孤立地去用一字、造一句，而是力求前呼后应，血脉流通，字与字，句与句全挂上钩，如下棋之布子。这样，我就能够写得比较简练。意思贯串，前后呼应，就能说的少，而包括的多。这样，前面所说的，是为后面打埋伏，到时候就必有效果，使人发笑。”[②] 老舍所言，表达的是对文学创作语言的高层次追求。“非极精练、极生动不可”，使用两个表示程度极高的副词“极”，再以“非……不可”双重否定句强调，突出了这一要求的必然性、确凿性。老舍是这样说的，也是这样做的，因为目的是创造语言艺术美，所以老舍的文学作品语言的得体性达到了很高的程度。

（二）语言材料适应状况的不平衡性

语言材料既要适应说写主体，又要适应语言环境，说写主体和语言环境包含着众多因素，各种因素错综复杂交织在一起，对得体的制约和影响作用，范围有大小，程度有强弱，关联有紧松。从理论上讲，应该做到对每一因素都贴切适应，但事实上，由于说写者的主体综合素养不可能相同，在语言交际的目的性、功利性的驱使下，人们总是有选择地适应重点因素，这也导致了语言得体的不平衡状态。

> 有一位表演大师上场前，他的弟子告诉他鞋带松了。大师点头致谢，蹲下来仔细系好。等到弟子转身后，又蹲下来将鞋带解松。
>
> 有个旁观者看到了这一切，不解地问：“大师，您为什么又要将鞋带解松呢？”

---

① 荆楚网新闻频道，http：//news. cnhubei. com.

② 老舍. 老舍论剧. 北京：中国戏剧出版社，1981. 2—3.

大师回答道："因为我饰演的是一位劳累的旅者，长途跋涉让他的鞋带松开，可以通过这个细节表现他的劳累憔悴。"

"那你为什么不直接告诉你的弟子呢?"

"他能细心地发现我的鞋带松了，并且热心地告诉我，我一定要保护他这种热情的积极性，及时地给他鼓励。至于为什么要将鞋带解开，将来会有更多的机会教他表演，可以下一次再说啊。"①

这一例中，表演大师明知上场鞋带是应该松开的，却违背本意，听从弟子的提醒，"点头致谢"，"仔细系好"，等到弟子离开后，又将鞋带解松。他侧重考虑的是保护弟子的"这种热情的积极性，及时地给他鼓励"。设想另外一种应对方式。大师先是向弟子真诚致谢，热情鼓励，再跟他讲明将鞋带解松的原因，是因为剧情的需要，以此教育弟子，这侧重在帮助提升弟子的表演艺术修养。两种不同的应答话语都是得体的，由于说写主体有别，考虑适应的因素不同，得体的层次也就显露出来了。例中的表演大师的话语，注重深层，着眼长远，得体性的层次要高于设想的应对方式。

有一个餐厅生意好，门庭若市，总经理年纪大了，想要退休，就找了三位经理过来。

老板问第一位经理："先有鸡还是先有蛋?"对方想了想，答道："先有鸡。"

老板接着问第二位经理："先有鸡还是先有蛋?"对方胸有成竹地答道："先有蛋。"

老板又叫来第三位经理，问："先有鸡还是先有蛋?"对方镇定地说："客人先点鸡，就先有鸡；客人先点蛋，就先有蛋。"

老板笑了，于是擢升第三位经理为总经理。②

这一例中，三位经理对"先有鸡还是先有蛋?"同一问题的回答各不相同。第一位经理认为"先有鸡"，第二位经理认为"先有蛋"，主要是从科学知识角度出发的，或者说，着重考虑的是常态语境，我们很难说这两位经理的答案孰对孰错。第三位经理回答："客人先点鸡，就先有鸡；客人先点蛋，就先有蛋。"则是将总经理的问题置入餐厅做生意的特定语境中考虑、作答，体现出"顾客至上"的经营理念，表面上似乎没有扣住老总的问题回答，实际上却是老总最为欣赏的答案，所以他被擢升为总经理也在情理之中了。

---

① 长治日报，2011－06－10.

② 教育与职业，2004（16）.

（三）语言自身的缺漏性

语言自身不是至善至美的，它是一种线性符号，总是存在着缺陷和不足。没有语言是万万不能的，但语言却不是万能的。“言不能尽意”、“只可意会，不可言传”，就是对这种情况的生动描述。语言的本质应该是一个区间，或者说是一个集合。除了占比例很小的专有名词与它所代表的事物是一一对应的，因而毫无例外；除此之外，每一个语言片段都是具有相似特点的诸元素的集合，所以带有一定程度的抽象性、概括性和模糊性，从而造成语言表达的局限性。我们可以尽力弥补、克服语言的缺漏，但不可能完全消灭它。弥补、克服缺漏性的过程，反映在得体性上，就呈现出层次性。

比如“他微笑着递给我一个苹果”。“他”的“微笑”、递送苹果的姿势是他独有的，必定有他的特点，那有什么特点呢？“苹果”或大或小，或青或红，或者新鲜，或者皱皮，究竟是怎样的苹果呢？这些貌似清晰的语言，其实是模糊的。我们可以借助语言，多加上些修饰成分来确切描述“苹果”，叠加“大”、“红”、“圆”等，但“大”、“红”、“圆”本身也都是些模糊的概念。所以，你不管用什么样的方法，都不能对事物质量的规定性的所有特征全部描写出来，不过可以反映出得体的程度。

学者郑子瑜说：“古汉语的修辞，和现代汉语一样，须是没有漏洞，无懈可击的。从前某乡村因为治安不好，盗贼出没，村长出了布告，只有简单的五个字：‘夜行必提灯。’有一村民在夜间提着空纸灯，走过村公所，被守夜的人看见了，指责他说：‘你怎么拿着空灯儿走，不放置蜡烛呢？’那人说：‘你们的布告上没有写明必须放置蜡烛呀！’第二天，布告上加了四个字：‘灯必置烛。’于是这个人在灯里放置蜡烛，又夜行了。守夜的人又指责他说：‘你怎么有蜡烛不点火呢？’那人还是说：‘布告上没有说明白呀！’第三天，布告上又加了‘烛必点火’四个字，那人便无所取巧了。这个故事告诉我们：消极修辞之一，是教人写文章不可有漏洞，给人以可乘的机会。”① 关于这一个布告究竟有没有漏洞，应该怎样写最为恰当，另当别论。但我们从这一小小的实例中可以得到启发，语言要准确无误地表达意思、贴近现实是何等困难！

莫言小说《秋千架》中有一段文字：

> 我十九岁，暖十七年那一年，……一队队解放军，一辆辆军车，从北边过来，络绎不绝过石桥。我们中学在桥头旁边扎起席棚给解放军烧茶水，学生宣传队在席棚边上敲锣打鼓唱歌跳舞。……郭麻子大爷让我吹笛，刘主任让暖唱歌……于是，就吹就唱。战士们一行行踏着桥过河，汽车一辆辆涉水过河。（“小河里的水呀清悠悠，庄稼盖满了沟”）车头激起雪白的浪花，车后留下黄色的油

① 转引自王希杰．修辞学通论．南京：南京大学出版社，1996.46.

流。（“解放军进山来，帮助咱们闹秋收”）大卡车过完后，两辆小吉普车也呆头呆脑下了河。一辆飞速过河，溅起五六米高的雪浪花，一辆一头钻进水里，嗡嗡怪叫道被淹死了，从河水里冒出一股青烟。（“拉起了家常话，多少往事涌上心头”）糟糕！一个首长说：他妈的笨蛋！让猴子派人把车抬上去。（“吃的是一锅饭，点的是一灯油”）很快的就有几十个解放军在河中推那辆截了气的吉普车，解放军都是穿着军装下了河，河水仅仅没膝，但他们都湿到了胸口！湿后变深了颜色的军衣紧贴在身上！显出了肥的、瘦的腿和臂。（“你们是俺们的亲骨肉，你们是俺们的贴心人”）那几个穿大褂的人把那个水淋司机抬上一辆涂着了红十字的汽车（“党的恩情说不尽，见到你们总觉得格外亲”）首长们转过身来，看样子准备过桥去，我提着笛子，暖张着口，怔怔地看着首长。

括号的常规用法是表示注释，但引文的用法却全然不同。括号内外的内容是同步展开的。好像合唱团的二部唱，电影中的双画面，解放军战士过河，中学生唱歌同步描写，视觉形象与听觉形象融为一体。莫言为什么这样写呢？就是因为语言是线性符号，难以呈现立体感，作者力求以创新方式突破语言线条性、平面性的局限。各人的努力不同，方式有异，得体的层次也必然会有差别。

第二节　日常交际语言层次

日常交际语言是指人们日常生活中的交际语言。

日常交际语言的使用量多面广，哪里有人们，哪里有生活，哪里就必然存在日常交际语言。完全可以说，日常交际语言是交际语言的主体。但是，令人遗憾的是，修辞学家以及其他相关学者，对这一广阔的天地并不重视。即使论及，也是批评、指责的居多，似乎这类语言仅仅是原始的、粗糙的矿藏，上不得修辞学的神圣殿堂。这是一种缺乏实事求是的态度。日常交际语言就在我们身边，与生活贴近得那么密切，我们应该如实描述其得体性的状况，揭示其规律性特征。

日常生活中的语言交际虽有一定的目的，但目的性通常不是很强，话题广泛而散漫，表达随意而灵活。接受的一方也未必那么专心致志，字字计较，全部吸收。由此看来，对这一层次的语言得体性要求不能也不必要定得很高，日常生活中的语言交际只要求能够传递必要的信息，相互能够交流、沟通，基本达到预期目的即可。在快速的交际过程中，有时会缺少一些信息，增加一些必要的信息，或者转移了部分信息，信息通道发生暂时的堵塞，只要无碍大局，不偏离主流，能够采取一些补救措施，就都可以视为得体。这一类的情况，特别是在口语日常生活交际中，实在太多了。倘若将这些现象一律打入语言不得体的冷宫，加以贬斥，便会有脱离实际、颐指气使之嫌。事实上，我们也无法用严格的标准真正去扭转那些所谓“不得体”的语言交际现象。

一、信息量的适度缺失

信息量的适度缺失是指语言表达不全面、不周到，缺少了某些信息，但尚未达到影响交际双方沟通的地步。这里说的信息缺失，是就相互沟通必须达到的信息量而言的，与语言简练意思是完全不同的。语言简练是言简意赅、以少胜多的意思，信息量并不是真正缺失，而是一种艺术的语言表达，内在的意蕴十分丰实。

日常生活中语言常常述说不周全，缺此失彼的现象屡见不鲜，倘若对方不明白，补充说明未尝不可。有的是顺理成章自然发生的，有的还可能是有意造成的。信息缺失，但并不影响沟通，主要原因在于日常语言交际主要采用口头表达形式，面临的语境具体而丰富，而且变化迅速、灵活，语境的补缺、生成功能发挥了特别重要的作用。

> 一位老人在行驶的火车上，不小心把刚买的新皮鞋掉到车窗外一只。周围的乘客都为他惋惜不已。不料老人立即把第二只鞋也从窗口扔了下去，说道：“去吧，配上一双。”让人大吃一惊，不明白其所以然。随后老人解释道：“这一只鞋无论多么昂贵，对我来说都没有用了，如果有谁能捡到一双，说不定他还能穿呢。”①

这一例中，老人掉了一只新皮鞋，随即将第二只鞋扔下去，说道：“去吧，配上一双。”这话显然信息量不足，令人摸不着头脑，甚至还有可能怀疑老人精神上是不是有什么问题。但老人接着的几句补充解释的话，道出了原委，原来老人比一般人都要清醒明白呢。类似这种情况，难道我们有必要来计较老人为什么在丢下鞋子时不把理由说个一清二楚、完完整整吗？

> 1935年，许地山应聘任香港大学中文系教授。一日，在济南任教的老舍接到他从香港打来的电报，拆开一看：“某月某日到站接黑衫女。”老舍看了一遍又一遍，笑得前仰后翻。事情的缘由是这样的：许地山夫人周俟松之胞妹周铭洗当时在青岛圣功女中当校长，有事要去济南，却又人生地不熟，许地山立刻想起老舍，就写信让周铭洗穿上黑色旗袍，又发电报请老舍去车站接她。②

---

① 老人天地，2003（2）.

② 中学语文，1999（8）.

“某月某日到站接黑衫女。”没头没脑，电报似为一谜语，信息量显然不足，但老舍事先从信中已经知道了要接站的对象，所以电报虽然只是提示了服饰特征，老舍也能明白电报传递的意思。这是有意造成的，自不必苛求电报说得不准确不全面。

“适度缺失”，常常是指基本的信息发送出去了，接受一方也能大体了解，而信息的缺失有理可寻、有情可原、有法可补，并非故意刁难，设置障碍，堵塞信息通道。

北京人很讲礼貌，听说解放前，有个挺阔气的人上饭馆吃饭，尝了一口菜就喊：“跑堂的，过来！我这个菜怎么吃！”这话说得既明白又不明白。说明白，客人对菜不满意，有意见，所以大呼小喊；说不明白，不满意的是菜咸了淡了，还是变了味了，并没有讲清楚，信息有缺失的部分。这个堂倌接下来就说了句：“大爷，请赏我一句话！”于是那人的气就消了一半，随后就告诉堂倌对菜的意见。这样的交际状况其实是相当普遍的。客人对菜有意见，正在生气，发泄不满情绪，“我这个菜怎么吃！”意谓菜的质量有突出问题，无法下口，如此表述符合人们的心理状态和表达习惯。我们完全没有必要苛求客人为什么一开始不把意见说明白、道清楚。堂倌是深谙此道的，并不生气，“请赏我一句话！”礼数周全，且传递了希望对方将菜的质量问题说清楚的信息，如此交际不是也很顺利吗？

所谓“适度”，就是有“度”的限制，信息量不能缺失过多。倘若日常交际语言简约到如成天书，关键的、主要的信息有意无意地遗漏，谁都弄不清楚其真正的意思，那就是不得体了。即使不如天书那样难懂，却极易令人产生误解、错解，那同样是不得体的。

某酒楼的服务小姐告诉邻居的朋友：“酒楼在卖特价菜肴呢，1 元 1 只鸡，2 元 1 斤虾，3 元一条鱼。”邻居的朋友兴冲冲地去酒楼品尝特价菜肴，原来完全不是如服务小姐所言。想吃特价菜肴有许多附加条件。首先，数量限制，例如，白灼虾确实是每斤 2 元，但 1 ~4 人限量半市斤，5 ~8 人限量 1 市斤，超过部分每斤 48 元。其次，种类限制，鸡、虾、鱼三者只能选择 1 种。再次，点菜限制。不能单点特价菜肴，必须点够一定数量的别的菜肴才能点一种特价菜。盘算下来，这些菜的价钱往往比特价菜肴原来的价格还要高许多。这位小姐提供的信息太简约了！有意乎？无意乎？这就不能说得体了。

那些“购物返还礼券”的广告，颇受人们诟病。诸如商场“买 300 元商品送 150 元礼券”、“买 500 元商品送 600 元礼券”的招揽顾客的广告，并非像一般顾客想象的那么简单。广告上往往用蝇头小字加上“详情请参阅店内通知”字样，并不明白告示大家。等到顾客去了商场，才知道这些礼券附有“必须在 12 个月内分期使用”、“一次只能使用 50 元”、“如果不购买 150 元以上的商品，就不能使用”、“限于特定的柜台”等限制。信息刻意隐藏，似有欺诈之嫌。

二、信息量的适度增加

日常交际语言中，表达者还可能常常自觉或不自觉地增加了一些多余的信息，信息论中称之为冗余信息。冗余信息一般是指用于表达所传递的信息内容但又是多余或重复的信息，可以区分为正负不同的性质。正面冗余信息的作用是多方面的，能够提高信息传递的可靠性，有助于交际对象对有用信息的理解，有利于激发接受话语者的交际兴趣、克服媒介的缺陷、恰当纠正错误等等。日常交际语言，特别是口头语言，由于干扰因素比较多，表达者常常有意或按照习惯在语言交际中运用冗余信息。即使是负面冗余信息，有的或许是说写者思想个性、自我修养等问题，难以自我控制；有的或许受到话题方向的诱导，一发而不可收；还有的或许是语境影响，重复多说了非实质性内容的话语。凡此种种，只要语言接受方不嫌啰唆，表达者的话语中包含了必要的信息，也可视为得体。

> 一位教师家访与家长交谈。教师问："请问您老解放前干什么的呀？"家长回答："干什么呀？拉黄包车。没办法呀，家中五口人，老婆身体也不好，哮喘，总是治不好，……不拉车，喝西北风去？只能卖苦力。拉黄包车也不容易啊，生了病也没法子，还得硬撑着，落下了一身的病，难着呢！记得有一次，突然下起了暴雨，那雨可下得大啊，马路上的水都淹到小腿肚子了，没法啊，只能撑着……解放后我到了工厂，生活稳定了，好多了……"

本来教师的问话只是想了解家长解放前的职业，但家长的话语信息已超出了教师所需，说到了家中的人口、老婆的身体、生活的艰辛、沉重的叹息等，还说到了解放后的工作和生活状况。这与说话者的身份、经历、修养有关。这里的多说几句完全正常，教师也可乘此机会多了解一些交际对象的情况。

《文化娱乐》1997 年 7 月号上有篇刘肃的文章《赵丽蓉》，当作者问及赵丽蓉："我老琢磨，要说您这一辈子，打《花为媒》开始，演评剧评剧火，演电影电影火，演电视电视火，演小品小品火，唱歌唱歌火……您这也算'人生无悔'了吧？"赵丽蓉答道："人一辈子哪儿有不后悔的？我后悔的事也多着哪。最后悔的就是这辈子没上过大学，当然……也没上过小学。刚解放那阵儿，政府组织我们参加扫盲班，我那心眼儿就没用在书上。一到考生字了，我就忙着给人打水、扫地、擦玻璃，就混过去了。现在明白过来了，晚了，记忆力不行了。其实，书我也买得不少，看着费劲。我尽看小人书了，字儿少。就是有个把不认识的，一看画儿也就八九不离十了。文化大革命那阵儿，军代表组织我们学习《反对党八股》，要求人人都得发言。轮到我了，一慌神儿，我把'股'给看成'段'了……这俩字是差不多哈？我就发言：'通过学习了这个党八段呀……'一屋子人就没一个直得起腰来的！连军代表都气乐了。第二天一上班，大家都喊：赵老师，再来一‘段儿’呀……”省略的还有一大段赵丽蓉在日本东京获了个电影奖，在国内一个表彰会上人家叫发言的事情。洋洋洒洒一席话，中心意思是后悔的事情多着哪，但言过其详，似乎啰唆了。这主要是由问话者的话题引发的、铺展的。赵丽蓉有着许多许多“人生有悔”的事情，一旦触及，就倾泻而出。听话者很感兴趣，听得津津有味，那自然不能责怪赵丽蓉的答话信息超量，不得体。

我在闹市区开有一家花店。有一天店里来了个清瘦的小男孩。

小男孩说：“姐姐，我要订花，订好多好多的花。”我问他：“你要订什么花？订多少？”他说：“我要订60年的花，康乃馨，每年的9月22日，都要一束。可以吗？”我十分好奇：“你为什么要这样订花呢？从来没有人这样订过。”“我要送给我的妈妈，9月22日是她的生日，我妈妈今年40岁，她能活100岁的，所以，我就要订60年的，以后每年的9月22日，你们都要代我送一束康乃馨给我妈妈，这样，妈妈就会幸福了。”小男孩儿一连串地说。我笑了：“为什么你要一订60年，我的花店也不一定能开60年呀，你可以每年订一次嘛。”“不，我一定要订60年的，如果你的花店没了，你可以让别的花店接着送呀。”小男孩儿想得还挺周到，“你给我算算，要多少钱呀？”我想，权当跟小孩子逗着玩儿了，说：“好吧，30块钱吧。”“我家就在马路对面，很近的。我给你100元，也许将来花会涨价的。”小男孩儿说着就从口袋里拿钱。这个孩子，看起来只有十一二岁，但说起话来却像个大人。小男孩写下一个地址给我：“这是我家的地址，一定要送到我家。我妈妈的名字凯丝琳，我叫卢比。”“对了，现在是7月，你妈妈再有两个月就要过生日了，到时，我一定会送花去你家的。”“谢谢姐姐！今年送，明年要送，后年也要送，要送60年呢。我妈妈的生日是9月22日，你可不要忘记了啊！”卢比说。最后，他再次嘱咐我每年都要送花给他的妈妈。

第二天，卢比又来了。他见到我的第一句话就是：“别忘了，9月22日给我妈妈送花呀，每年都要送，要送60年啊。”我笑着说：“放心吧，忘不了。”“还有，你送花的时候，能不能对我妈妈说句‘生日快乐’？”我拉着他的手说：“姐姐答应你。”得到我的肯定答复，卢比便面带微笑，满意地走了。

自此以后，卢比再也没到店里去，当我如约在9月22日前去送花的时候，才得知事情的原委。卢比患白血病已经去世了。他知道自己就要告别这个世界了，才去为妈妈订了60年的花，祝愿妈妈年年快乐幸福。①

这一例中，卢比在与“姐姐”的交谈中，翻来覆去重复了不少信息，五次说到

① 故事家（微型经典故事），2009（8）．文字有删节。

“妈妈的生日是9月22日”，四次强调“要订60年的花”，送的是“康乃馨”，三次叮嘱“不要忘记”。小男孩之所以这样说，主要是担心“姐姐”会忘记，以不断加深“姐姐”的印象。冗余信息真切地体现了母子之间的深情。

同样，信息量的增加也有“度”的限制。不涉及或很少提供实质性信息，大肆铺陈无效信息，超过了限制，就是啰唆，令人生厌，走向了不得体。

有个人给一位正在埋头写作的朋友打电话：“喂，听见了吗？听见了，好，好。你猜猜？我是谁……不对，再猜猜看……猜不出，告诉你吧，我是王老虎……不认识？哈哈，是骗你的，我是王真如呀。贵人多忘事，连我的声音也听不出了？要罚，要罚……问我有什么事？没有什么大事，小事是有的，……你问什么事？你别急嘛，不过小事一桩。你还记得花心吗……不记得了？不是花朵的心，就是那年，让我想想，大约是前年吧，在李志高家里我们凑巧碰上的，个子挺高的女孩，有一米七左右吧，记得当时她穿的一件衣服很时髦，……你问究竟什么事？告诉你，她最近交好运了，我们望尘莫及，你成天写呀写，写出了什么名堂？钱挣了多少？出了名？什么都没有吧？……噢，你不要急，是这么回事，她有个亲戚在澳大利亚，开店做老板的，上次她亲戚来中国，我还见过一次呢，……好，快一点，她亲戚担保，可能花心最近要出国自费留学了。……与你没关系？当然与我也没什么关系，通通信息，随便聊聊罢了。不耽误你了，OK！BYE！”

一个电话，如此啰唆，几次三番要对方“猜”“我是谁”，有意隐瞒自己的真实姓名；对一个与听话者毫不相干的人，细细铺陈描写，身高“一米七左右”，“衣服很时髦”，“交好运了”，社会关系如何等等，没有提供任何有价值的信息，早让听电话朋友厌烦了，白白浪费了别人的宝贵时间，很不得体。

三、信息的适度转移

日常交际语言中，又时时会出现信息转移的情况。有时表达者说着某一件事情，可能不知不觉转移了话题，又说起别的事情，而这件事与特定的场景是无关或关系不大的；有时候，明明是要表达某种意思，由于某些可以理解的原因，却说成了另外的意思。跑题的转移信息只要接受者愿意或乐意接受，没有什么负面的影响，都可以视为得体。

老王要调动工作了。图书馆管理人员老丁特地找到他：“老王，明天要走了吧？您有两本图书还没还，麻烦您找找看。”老王说：“好，好，好，我正要去还呢。老丁啊，说起调动，真不容易，要求了这么多年，夫妻总算团圆了。我儿子还舍不得与你家小虎子分开呢。怎么样，晚上聚一聚好吗?”

图书馆管理人员找老王，目的、话题明确，要求对方在调走之前将书归还。老王的答话开始是有针对性的，提供了老丁需要的信息，但到后边就说到别的事情上去了，调动“真不容易”，感情上难舍，“晚上聚一聚”，信息发生了转移，却又是合情合理的。

倪萍的《日子》一书写到她的姥姥：“姥姥还真花上了我挣的钱了。在济南上学的第一年，我们是26块生活费，我就先给姥姥寄了10块钱……今年过年回家，我一次给姥姥2 000块，还特意请朋友从银行换了新钱，50元一张，厚厚的一沓，姥姥嘴上说：‘我一个老婆子，又不出门，要这么多钱干嘛?’可转身就对邻居夸耀说：‘小萍给我这么多新钱……’”“阿姨告诉我，姥姥也常常对着电视里的我叹气：‘三十好几的人了，老这么一个人，孩子也不要，到什么时候才算个头……’可是，每回姥姥见了我，又说：‘萍儿，你干这个工作挺光荣，连我都受到人们的格外尊重。’真怪了，姥姥从来没问起过我个人生活，内心是不是真正的痛苦，莫非她是最理解我的?”姥姥的两处话语，前处不是姥姥口是心非，后处并非姥姥不关心倪萍的个人生活，前者是将内心的高兴隐藏在心底，后者是担心触动倪萍的心境，出于可以理解的原因，语到嘴边走了样，唯其如此，倒是实实在在的普通人的真心话。

日常交际语言的得体性标准比较宽松。相比较而言，它侧重于对语言环境中听读者的适应。无论是信息的缺失、信息的增加，还是信息的转移，只要听读者能够了解、理解、谅解，可以接受并乐于接受，那么一般情况下都可以视为得体。当然，说写主体、语境的其他要素并非没有制约、影响作用，但居次要地位。因此，说话的对与错、真与假不能作为评判日常交际语言得体与否的固定的必备标准。

1997年第11期《读者》上有一篇《时乐濛趣事》：

时乐濛正在编配乐曲，眼前的电话铃响了。

“请问，您是哪里?”电话里问。

“我是三和弦，大三和弦!”时乐濛答。

“您怎么称呼?”

“我叫到米扫，唱名叫到米扫!”

“请麻烦到米扫同志喊一下时乐濛接电话。”

“不客气。”时乐濛走到楼道里，高声喊将起来：“时乐濛！时乐濛接电话!”

人们从各个屋里探出头来向走廊上看——怎么听着好像是时乐濛的声音在喊时乐濛?

“时乐濛，听见了么？有你的电话!”时乐濛继续喊。

楼道里立刻响起一片笑声：“您就是时乐濛，您还喊谁?”

“哦!”时乐濛一怔，才从音乐里醒过来，连忙跑回屋里，拿起话筒：“对!我就是时乐濛!”

对方礼貌请问“您是哪里”，时乐濛竟然回答：“我是三和弦，大三和弦!”报说自己的名字，竟然自称“我叫到米扫”，将音乐专业词语当作了单位名称、自己名字。而且当众高喊：“时乐濛！时乐濛接电话!”不见回音，还很负责地不断追叫：“听见了么？有你的电话!”从语言表达来看，岂不是天大笑话？但这是情有可原的，他对音乐专心沉迷到如此程度，对打电话来的同志负责热情到如此程度，谁又能责备他说错了话，很不得体呢？

黄宏的《从头说起》一书中写到在总政歌舞团工作期间，一次春节之前，团里在中国剧院举办大型游艺会，连家属带孩子四五百人，很是热闹。台上摆着各式各样的奖品，最有趣的是大家还要拿出自己的东西作为奖品。黄宏买了一对木棉枕头，将枕头装进一个大号冰箱盒子里，大家以为里面是一台冰箱。黄宏的奖品成为最抢手的，最终被一位干部抓到了。这位干部兴奋地上台领奖时，主持人按黄宏的要求请干部先当众宣读黄宏的一封信：

朋友你好！请接纳我的奖品！礼轻情谊重，冰箱盒子里装的是一对枕头！如果这对枕头被未婚者抓到了，希望你把另外一只留给你的梦中情人；如果被已婚者抓到了，希望你们夫妻共枕，千万不要同床异梦；如果被领导抓到了，希望你多为大家排忧解难，任重道远，千万不能高枕无忧！不管是被谁抓到，过年了，我在这儿给您拜个早年，祝您吃好！睡好！

台下笑声一片。黄宏以冰箱大盒子装一对木棉枕头，再来一封信，未免带有很大的开玩笑成分，但在此种游乐场合，赢得一片笑声，增加了热闹的气氛，我们不能由此责怪黄宏的振振有词的“欺骗”吧？

日常交际语言一般以口头形式表达。在快速的对话流程中，对说话者来说，无暇顾及方方面面的因素并一一正确把握；对听话者来说，关注的是最主要的信息，通常没有很严格的要求。日常交际如果以书面语言形式出现，或牵涉到利害关系时，如写信、写便条、写借条、写启事等，其语言得体的标准则相对要提高。写借条就不能随随便便。张三借李四 1.6 万元，先还 1 万元，于是立字为据：“张三借李四人民币 1.6 万元，今还欠款 6 000 元。”那么李四就可能有意利用“还”的多音，故作歧义来理解，要求张三再还 1 万元。

第三节　社会交际语言层次

社会交际语言简称社交语言，包括谈判、演讲、接待、解说、调解、应酬、辩论、广告等语言。

社会交际语言使用的面也是非常广的。随着社会的发展进步，改革开放的深入，市场经济竞争的激烈，社交语言的研究越来越受到人们的重视。

社交语言的种类很多，不同的种类常常有一些特殊的得体性要求。从社交语言研究的现状来看，人们比较关注某些品种的特殊性，而对这一层面上共性的得体性要求则重视不够，很有必要从修辞学高度对其得体性进行正确定位。

社交语言有别于日常交际语言。它具有明确的目的；信息量不能任意减少或增加，信息也不能随意转移；它还讲究灵活应变的艺术，在特定的场合说出恰当的话语。社交语言的影响也较大，在某些重要场合，有时稍有不慎，有可能铸成大错。这些都说明，社交语言的得体性的程度及其标准都高于日常交际语言。

一、明确的目的

社会交际语言具有明确的交际目的，而且许多带有鲜明的功利性，特别是有一些关涉到经济利益的得失、职场工作的成败，所以绝不能漫无边际地闲扯，置达成目标于不顾，或者躲躲闪闪、含含糊糊，有意无意回避交际目的。任何偏离了中心、目的的社交语言都是不能称为得体的。具有明确的目的，并不是意味着必须在语言交际活动中都将目的交代得一清二楚。得体的社交语言，有的目的一目了然，清楚鲜明；有的表面上看起来似乎与社交目的关系不大，闲聊生活中的话题，但实际上往往暗寓了特定的目的，存在着各种各样的联系，其表露形式是多种多样的。

中国对外经济贸易合作部副部长、中国 WTO 首席代表龙永图透露，在中美就中国加入 WTO 双边谈判最困难的时刻，朱镕基总理亲自出马，在七个棘手问题上力挽狂澜，一举促成中美最终达成协议。

龙永图回忆说，当中美入世谈判几乎再次面临破裂之时，朱总理亲自出面，把最棘手的七个问题找了出来要亲自与美方谈。石广生部长担心总理出面谈，一旦谈不好没有回旋余地，不同意。总理说：“你们谈了这么多年，都没有谈下来，还不同意我出面谈吗？”最后，我方决定，由朱镕基、钱其琛、吴仪、石广生和龙永图与美方三位代表谈。

谈判刚开始，朱总理就把七个问题的第一个问题作了让步。当时，我有些担心，悄悄地给总理写条子。朱总理没有看条子，又把七个问题中的第二个问题拿出来，又作了让步。我又担心了，又给朱总理写了条子。朱总理回头对我说："不要再写条子了！"然后，总理对美方说："涉及的七个问题我已经有两个作了让步了，这是我们最大的让步！"美国代表对总理亲自出面参与谈判感到愕然，他们经过商量，终于同意与中方达成入世谈判协议。①

这一例，是事关中国能否加入 WTO 的双边谈判，面临的是七个棘手问题。朱镕基总理亲自出面与美方谈判，没有转弯抹角，而是开门见山："涉及的七个问题我已经有两个作了让步了，这是我们最大的让步！"换句话说，交代清楚己方的底线，"最大的让步"，表示已经没有任何再退让的余地了。朱总理话语虽然不多，但目的异常鲜明，就是为了解决这七个棘手问题，为此，还不顾部下的"面子"，直截了当发话，"不要再写条子了！"阻止龙永图写条子劝阻，确保发出的信息不走向。

1972 年 7 月 15 日，德意志联邦共和国的联邦议院外交委员会主席、基督教民主联盟副主席施罗德，应中国外交学会邀请到北京访问。施罗德同当时的外交部副部长兼外交协会会长乔冠华经过四次会谈，达成了一个文件。双方均认为中德两国应早日建立外交关系，并认为这方面不存在困难。7 月 19 日，周恩来总理在人民大会堂接见施罗德。当施罗德来到接见厅门口时，见周恩来正站在门外迎接，便一面趋前握手，一面说："我给您带来了联邦德国的最美好的祝愿！"周恩来含笑答道："我感谢您带来了好雨！"接着，主宾一同步入接见厅，开始正式交谈。周恩来的"我感谢您带来了好雨"一句礼节性的应酬语言说得巧妙得体，具有针对性。由于当时北京地区久旱不雨，恰恰在周恩来接见之前，刚下了场大雨，因此，这句话是对施罗德祝愿的最好答词。在这句话中，还可体会到另一层意思，即以"好雨"来暗指施罗德和乔冠华达成的文件，赞扬他为促进中德建交而作出的努力。

柯岩的报告文学《船长》，介绍了中国远洋公司上海分公司所属"汉川号"远洋货船船长贝汉廷的事迹。贝汉廷既是个热情洋溢的爱国者，又是个精通专业的行家。有次，贝汉廷率"汉川号"到荷兰鹿特丹港装货。货刚装好，装卸的工头便找到贝汉廷要加收"困难作业费"。贝汉廷客气地问："为什么要收困难作业费？""那是因为贵船的四号舱又小又矮又深，铲车不能走。按照我们这儿的惯例，要收'困难作业费'。""你们在我船其他舱装货时，加收'困难作业费'吗？"工头连连摇摇头："不收，不收。""先生，您说本船四号舱小，其实它有 601 立方米，而本船最小的舱只有 575 立方米……四号舱比较大，怎么要收'困难作业费'呢？这恐怕不符合逻辑吧。至于您说本船四号舱矮，您知道舱高究竟多少？"工头答不上来，贝汉廷顺口就告诉他："四号舱高 2.6 米。您如果不相信的话，可以用尺量一量。先生，据我观察，您手下的装卸工人身高没有超过 2 米的。身高不到 2 米的工人，在 2.6 米高的舱里工作，

① 报刊文摘，2001－09－06.

不会算是‘困难’的吧？至于舱深——舱的纵深长，四号舱比本船有的舱要浅，操作是方便的……应该向你们索取‘方便作业费’哩！”工头被惹得哈哈大笑。贝船长又进一步指出：“在四号舱里，完全可以走一吨半的铲车，……这一次在贵港，你们在四号舱里同样也使用了铲车。”

这是事关经济利益的谈判。贝汉廷说话的形式是随意的，交谈的气氛是宽松的，但是仔细斟酌贝汉廷的每一句话，或询问，或说明，或调侃，都有明确目的。“你们在我船其他舱装货时，加收‘困难作业费’吗?”虽然并没针对四号舱发问，但实际上在问题中设置了一个前提，假如其他船舱不收“困难作业费”，因为四号舱并非最小，所以加收费用的理由就不存在。接着，贝汉廷用一连串的数字，“601 立方米”、“2.6 米”，精确地说明了四号舱的容积、高度等，而且指出工人“身高不到 2 米”，对方工作时“使用了铲车”，以确凿的事实驳倒了工头提出加收“困难作业费”的理由，谈笑中不知不觉就妥善解决了问题。

二、适中的信息

社交语言对信息的控制比较严格，信息量要求做到恰到好处。信息量少了，言不能尽意，达不到实际的目的；多了，附加了废话，显得啰唆，影响语言表达效果，它要尽可能确保准确无误地向接受方输出需要传递的信息；信息还不能随意转移，确保本来面貌。信息是否对称也是衡量信息适中与否的一个重要尺度。所谓信息的对称，是指在市场条件下，要实现公平交易，交易双方掌握的信息必须对称。换句话说，倘若一方掌握的信息多，另一方掌握的信息少，二者不“对称”，这交易就可能做不成；或者即使做成了，也很可能是不公平交易。信息不对称，实际上也就是由于在语言交际活动中，说写者有意无意减少某些重要信息，而听读者则无法获取必须获得的信息。

苏联早已解体，但当年苏联《消息报》刊载过的一则征订广告却流传了下来。苏联报刊从 1991 年 1 月起拟大幅度提价，这使报刊面临失去大批读者的危险。《消息报》当年的征订启事独具匠心，全文如下：

亲爱的读者：

从 9 月 1 日（去年）起开始收订《消息报》。遗憾的是 1991 年的订户将不得不增加负担，全年订费为 22 卢布 56 戈比。订费是涨了，在纸张涨价、销售劳务费提高的新形势下我们的报纸将生存下去，我们别无出路。

而你们有办法。你们完全有权拒绝订阅《消息报》，将 22 卢布 56 戈比的订费用在急需的地方。《消息报》一年的订费可以用来：在莫斯科的市场上购买 924 克猪肉，或在列宁格勒买 1 102 克牛肉，或在车里亚宾斯克购买 1 500 克蜂蜜，或在各地购买一包美国香烟，或购买一瓶好的白兰地酒（五星牌）。

这样的“或者”还可以写上许多。但任何一种“或者”只有一次享用，而您选择《消息报》——将全年享用。事情就是这样，亲爱的读者。

据报道，《消息报》的订数结果不仅没有下降，反而大大上升。①

这一征订启事很讲究语言艺术，但向读者提供的信息却是适中的，实事求是的。一开始就交代清楚，报纸的“全年订费为22卢布56戈比”，“订费是涨了”，原因是“在纸张涨价、销售劳务费提高的新形势下我们的报纸将生存下去，我们别无出路”，实在是迫不得已，是非常遗憾的事情。从消费者角度考虑，“完全有权拒绝订阅《消息报》”，绝不勉强。巧妙引出了全年订款相当于“924克猪肉”、“1 102克牛肉”、“1 500克蜂蜜”、“一包美国香烟”、“一瓶好的白兰地酒（五星牌）”，不比不知道，一比给人以恍然大悟的感觉，区区“22卢布56戈比”，金额根本不能算高，消除了由涨价带来的心理障碍。“任何一种‘或者’只有一次享用，而您选择《消息报》——将全年享用。”道出了阅读报纸的好处，从而进一步强化了读者订报的欲求。

据星岛环球网（www. stnn. cc）2012年4月的一则报道，上海市工商行政管理局对商业购物、旅游、衣物清洗、预付卡消费等四个行业的合同格式条款开展了专项检查和清理，经审查叫停的“霸王条款”违反了《合同法》、《消费者权益保护法》、《合同违法行为监督处理办法》及《上海市合同格式条款监督条例》等规定的合同格式条款，构成免除经营者自身责任、加重消费者责任和排除消费者权利等侵害消费者合法权益行为。首批公布的消费领域20条“霸王条款”是：

店堂告示

1. 本寄物柜仅作物品保管，如有遗失概不负责。
2. 持本超市收银条在超市自有停车场停车免费，车辆盗损责任自负。
3. 特价商品，概不退换。
4. 促销商品，售出不退。
5. 打折商品，不退不换。
6. 超市购物付款后，出门须验票盖章，否则不予放行。
7. 退、换商品包装或外观必须完好，否则收取相关费用。

消费卡卡面

8. 本卡最终解释权归××公司所有。
9. 在法律许可范围内保留对本卡消费细则作最终修改之决定权。
10. 本公司有权随时修改使用须知或终止本卡效力。
11. 此卡务必在有效期内使用，卡内金额过期作废。

① 咬文嚼字，2007（3）.

旅游合同

12. 游客在游玩过程中造成个人伤亡的，自行承担相应责任。

13. （游玩者）违反操作程序而造成伤害的，本俱乐部不负责任。

14. 旅游行程仅供参考，变更恕不通知。

15. 在不减少景点的前提下，旅行社保留对行程进行调整的权利。

16. 因报名人数不足无法成团，旅行社在出发7天前通知旅游者延期或取消旅游，旅行社不承担违约责任。

17. 旅行社由于第三方（例如：航空公司、火车、轮船等客运公司）的原因造成本次出游行程变更或取消的，不承担责任。

干洗凭证

18. 本店承接一切送洗衣物，但对洗熨结果，如褪色、缩水，本店不负赔偿责任。

19. 请客人在本单开出之日起一个月内来本店提取衣物，逾期本店有权自行处理。

20. 超期一个月，衣服损坏丢失概不负责。

这些“霸王条款”之所以受到广大消费者的痛恨，是因为商家利用信息不对称、供求关系不平衡，将不平等的消费条款强加给消费者。例如：“特价商品，概不退换”，“促销商品，售出不退”，“打折商品，不退不换”，纯粹提供的是商家的态度信息，那么，如果商品质量存在严重问题，顾客受到严重损害，顾客怎么办？就只能忍气吞声，自认倒霉了吗？这显然是不公平的。又如：“本公司有权随时修改使用须知或终止本卡效力”，“此卡务必在有效期内使用，卡内金额过期作废”，传递的是公司的至高无上的权力，没有道理可讲，如果顾客不知晓业已修改、终止或作废，那么顾客的利益谁来维护呢？还有，干洗衣物，“本店……对洗熨结果，如褪色、缩水，本店不负赔偿责任”，“请客人在本单开出之日起一个月内来本店提取衣物，逾期本店有权自行处理”，不负任何“赔偿责任”，“本店有权自行处理”，岂不是将顾客的衣物当成店家自己的东西？简直是蛮不讲理。很多时候，由于消费者是以个人形式面对集体形式的商家，存在心理弱势，往往不得不自认倒霉，花了冤枉钱还得受窝囊气。

芝加哥银行总部注意到一位波士顿籍的年轻人颇有金融才干，便有心将其收到门下。为慎重起见，总部要求设在波士顿的分支机构——波士顿投资公司详细了解一下这位年轻人的具体情况；并尽快写一封推荐信邮寄过来。对于总部的命令，波士顿投资公司丝毫不敢怠慢，他们立即对年轻人进行了极为认真全面的调查和了解，并撰写了一封翔实的推荐信寄回总部。

这封推荐信对于年轻人的情况介绍得并不多，匆匆几笔带过之后，便转而开始详细介绍年轻人的父亲：他是当地一家规模巨大的商业机构的总裁，并担任波士顿商会金融主席，是波士顿最古老、最富有的卡伯特家族的后裔。他的母亲是名门望族洛厄尔氏的后裔。这些家族在波士顿，甚至在全美国都是声名显赫的。

几天后，总部的回复传到波士顿，推荐信因为完全不符合要求被原样退回。总部责令波士顿投资公司重新撰写推荐信。回复很简单："请注意！我们了解这位年轻人的目的，是为了工作，而不是为了领养。"①

波士顿投资公司虽然"进行了极为认真全面的调查和了解"，"撰写了一封翔实的推荐信"，但传递的信息重点是年轻人的家族情况，父亲"是当地一家规模巨大的商业机构的总裁……"母亲"是名门望族洛厄尔氏的后裔……"家族"在波士顿，甚至在全美国都是声名显赫的……"而对其本人却是"匆匆几笔带过"，不符合总部的要求，总部回复道："请注意！我们了解这位年轻人的目的，是为了工作，而不是为了领养。"用"是……而不是……"的对比句式，尖锐而深刻地批评推荐信没有提供必需的信息，却喧宾夺主，铺陈的多为无效信息。

有时候，即使仅仅多了几个字，只是增添了些许附加信息，给人的感觉、印象也会大不一样。

美国有个官员在被采访时说错了话，被大家骂得灰头土脸。事情是这样的：美国南部连日豪雨，造成淹水，于是有人问该政府官员该怎么帮助受灾的农民，那位官员回答："根据我们的统计，他们都没有达到所谓的天然灾害救助办法的标准。比如说经济损失要达到八千万，事实上，三个地区加起来，损失差不多两千万而已。"②

这位官员为什么被骂呢？就是话语中多了一个"而已"。如果他说"损失两千万没有达到天然灾害救助的标准"，中规中矩，客观表述，就没什么问题了。加了一个"而已"，听起来就好像他嫌雨灾造成的损失不够一样。或许在表达者主观上并没这样的意思，但在客观上附加信息却造成了这种后果。

某海滨城市的一则广告曾引起不少人的注意。广告词是这样的："老娘豆腐白又嫩，让人吃了就掉魂儿；老娘豆腐滑溜溜，保管吃了不想走；快来吃吃老娘的豆腐……"当工商管理人员闻讯前去取缔这家"老娘"豆腐店时，老板娘理直气壮地喊冤叫屈："给自己的豆腐店起名叫'老娘'有什么不对？广告词怎么不雅了？就有些人往歪里想，我有啥法子？"如果仔细琢磨一下，我们会发现广告的用意并不在于宣

① 环球时报，2006-09-06.
② 演讲与口才，2010（3）.

传自己的产品。要知道，“吃××的豆腐”，往往指占某某人的便宜，而“吃老娘的豆腐”，则指调戏、侮辱女性，占女性的便宜。这一含义已被人们广泛接受，用此作广告词，轻佻暧昧，“司马昭之心，路人皆知”。“老娘豆腐”并非广告词的个案。某地有种辣酱叫“勾魂儿媳妇”，广告用语在肉麻程度上比上例有过之而无不及，似乎不是在卖酱，而是在卖人。被取缔的“二房”酒，也有着与“老娘豆腐”近似的命名心理，借双关修辞将本无须出场的东西遮遮掩掩地表达出来，附带着将女性摆在不体面的位置上，仿佛不如此商品就无法热卖。这些广告词语从信息传递来看，不但没有传递应该传递的信息，而且打语言的“擦边球”，有意转移了信息焦点，是不得体的。

三、灵活的应变

这里说的社交语言灵活应变主要是相对语言规范准则而言的。无论哪一个层次的语言，都有相应的规范性，但社交语言的规范性更为突出，这一方面是由它的鲜明的目的性决定的，规范准则有助于保证社会交际的圆满成功。不遵守规范，就有可能影响交际任务的完成。人们常说，在社交活动中，必须遵守社交场合的游戏规则，其中就包含着语言规则。另一方面，规范准则是在长期的社会交际实践中形成的，有些是有明文规定，有许多则是约定俗成的，它们都具有不同程度的约束力，通常情况下不能违背。但是，社交语言又必须讲究灵活应变。规范总是存在程度不同的弹性空间，并不是死板僵化的教条；社交活动中突发、偶发的因素是很多的，机不可失，时不再来，需要及时处置，灵活应对，如果不能随机应变，交际目的的达成就有可能受到不同程度的影响。

服务性行业很讲究礼貌语言，有许多地方还对有关人员的用语进行规范，如“欢迎光临”、“欢迎您再来”、“谢谢”、“对不起”、“给您添麻烦了”、“这是我应该做的”等等。北京市、上海市、铁道部、国内贸易部、卫生部、邮电部、中国民航总局与光明日报社 1995 年共同提出了窗口行业普遍适用的 50 句“服务忌语”。例如：“1. 嘿”；“2. 老头儿”；“6. 你吃饱了撑的呀”；“9. 问别人去”；“10. 听见没有，长耳朵干吗使的”；“13. 我就这态度”；“14. 有能耐你告去，随便告哪都不怕”；“29. 有意见，找经理去”；“32. 不能换，就这规矩”；“33. 不买就别问”；“34. 你问我，我问谁”；“35. 瞎叫什么，没看见我在吃饭”。① 这些都是从反面细致地规范窗口行业的得体用语。

规范准则尽管可以制定得十分详尽，但总是会有局限性，这是因为社会交际语言的品类很多，情况也千差万别。2000 年第 3 期《语文建设》上刊有一组文章，是上海部分专家笔谈社会通称用语问题，观点各不相同。有的主张用“女士”、“先生”

---

① 邮电部关于在全国邮电部门开展不使用“服务忌语”活动的通知. 华律网法律法规库，http://laws.66law.cn.

作通用称呼语；有的认为以“老师”取代“同志”、“师傅”为好，词义谦逊、适应性较强；有反对以“老师”作为通用称呼的，“岂能全民皆师?”有的比较了“同志”、“师傅”、“老师”称呼之后，认为还是“同志”的流通范围广；还有的主张不宜强求一致，“现实社会各色人等，各行各业，千差万别。唯其有差别，才丰富多彩，又何必用一个语词硬把众人捆绑在一起?”从一个小小的通用称呼的讨论，可以看出社交语言得体性确实具有灵活性特点，规范不能绝对化，且处于不断的运动变化之中。

在社交活动中，一般情况下表达者会事先做好必要的准备，特别是一些重要的社交活动，准备得尤为充分，对可能在交际中出现的情况也常常尽可能作出预测，设计应答的方案。但是，在动态的、复杂的语言交际流程中，往往很难预测周全，难免疏漏。意料之外的各种因素，会打乱既定的设想和步骤，这就需要表达者应变的灵活性，用恰当的话语扭转方向，转化性质，解决问题。这种灵活应变的语言得体性色彩尤为鲜明。

倪萍的《日子》一书中，记载有这样一件事：

> 1990 年春节晚会，是我第一次参加这样重要的节目。晚会中的许多电报、电话都是临时交给主持人的。你基本上连看一眼的时间都没有就上场了。我记得，接近零时，我刚下场又被导演推上了台：“快，这是四封电报，马上宣读，时间要占满 1 分 20 秒。”我接过电报一扭头就神采飞扬地走向了主持台，为了把即将到来的零点高潮推上去，我边走边用激昂的语调说：
>
> “亲爱的朋友们，我手里拿的是刚刚收到的四封电报，第一封是侨居马尼拉的……第二封是……第三封是……第……”当我要读第四封电报时，才发现我的手里已经空了。坏了，少了一封电报。我这时已经用余光看见了导演在台下拿着这封电报向我示意。此时的我既不能下台拿，导演也没这个胆量给我送上来，但观众已经听得清清楚楚，我说的是四封电报，瞬间，大概也就是两秒钟吧，我就作出了决定，我合起手中的电报说：“今天晚上，打到直播现场的电报不计其数，特别是海外华人，他们都想在这个阖家团聚的夜晚为祖国亲人送上他们的祝福，由于时间的关系，在这里我就不一一宣读了。海外侨胞们，你们的问候，祖国人民都接受了，也请允许我代表祖国人民，向远离亲人的海外侨胞祝福，祝全世界的中华儿女万事如意!”台下的导演拥抱了我，她手里还举着那封忘了交给我的电报。

中央电视台的春节联欢晚会影响巨大，理所当然要求完美，在临近新年钟声敲响的时刻，时间的空白是不能原谅的失误。倪萍临场应变，在瞬间弥补了可能发生的失误。以电报、电话“不计其数”巧妙掩饰导演少给的一份电报；以“时间关系”为由，避免了按照常规必须读完四封电报的尴尬；以“也请允许我代表祖国人民，向远离亲人的海外侨胞祝福”为话题展开，弥补了时间的空缺，同时表现出应有的礼貌，看不出丝毫破绽，恰到好处收住，殊为得体。

某公司招聘了一批新员工，总经理在欢迎新员工会上念新员工的名单，当念到“张晔”这个名字时，总经理读为“张华”。张晔马上站了起来，当场给予纠正：“经理，我的名字不叫张华，那个字读做‘晔’，我叫张晔。”全场愕然。就在此时，总经理的秘书站了起来，对总经理说：“经理，不是您读错了，是我在打字的时候把‘日’字旁丢掉了。”回头对那位新员工：“张晔同志，对不起，这事儿责任在我。”①

这一例中，总经理在大会上将一位新员工的名字读错了，且当事人当面指出，场面颇为尴尬。秘书即刻将责任揽到自己身上，“经理，不是您读错了，是我在打字的时候把‘日’字旁丢掉了。”接着向张晔道歉，说“打不起”，安抚对方，再次将责任归于自己。秘书的揽责语言就很得体。一个小小的失误处理，反映出秘书善于随机应变，准确把握自己的身份，在大庭广众之下维护了总经理的尊严。

社交语言的得体性侧重于对语言环境的适应。当然，这并不是说不要重视对说写主体的适应，而是相对而言的。有人说，身处官场、职场，有时候是身不由己，该说什么，不该说什么，怎么说，并不完全是由个人意愿所能够决定的，这是有一定道理的。

“公务语言”，一般是指一个人在扮演“公务人员”角色中所作的讲话，是他在履行公务职责、实施管理过程中的言语表达行为。公务员语言的得体性至关重要。因为公务员是国家和政府的代表，他们的语言行为在许多场合，已不仅仅是个人的行为，而是事关国家或政府的公务活动。国家公务员大多握有一定的行政权力。这些人所言，其分量非比寻常。特别是那些承担着重要领导责任的公务员，其语言行为更具有重要的影响。当然，大多数公务员的语言行为虽不能达到如此举足轻重的地位，但由于他们都是代表国家、政府来执行公务的，其语言的影响比起常人毕竟要广泛得多。如果公务员用语不得体，不切合语言环境，以为只要自己是在执行公务，就可以不加斟酌地使用语言，甚至对人民群众指手画脚、发号施令，那么势必会引起群众的反感，也必然损害国家和政府在人民心目中的威信。

江西宜黄的2010年9月10日强拆自焚悲剧，触痛了全社会的良知，当地党政一把手亦为此双双落马。不料却有一名极不服气的宜黄官员投书媒体，理直气

① 公关世界，2003（9）.

壮地喊出："没有强拆就没有中国的城市化，没有强拆就没有新中国！"

2010年5月19日，兰州市一位骑摩托车的市民与一辆小汽车发生摩擦。坐在汽车中的兰州市城关区旅游局局长张德礼勃然大怒，放言："你知道我是谁吗？我是局长！"并手持长约50厘米的方向盘锁，下车准备打斗。待民警到达现场后，张德礼仍一再强调自己的局长身份，并拒绝接受处理。

2010年10月，重庆市江津区委书记王银峰以"影响政府办公楼的风水"为由，勒令当地一个合法楼盘停建。在媒体公布的录音材料中，王银峰竟如此威胁拒绝服从的开发商："你知道重庆为什么打击黑恶势力不？你知道什么叫恶不？跟政府作对就是恶！"①

例一，能够将拆迁问题上升到"没有强拆就没有新中国"的层次，无论是"理论高度"还是雷人程度，恐怕都无出其右者。例二，原本只是一起普通的交通纠纷，却因一句"我是局长"而成天下笑谈。网民们嘲笑其为"兰州史上最牛局长"。"局长"之类的官员，原来更应成为遵守法纪、谦卑自律的模范，如今却成了盛气凌人、恃权骄横的特权群体。"我是局长"，折射的是一些为官者堕落的做人底线，是特权绑架道德的可怕现实。例三，明明是打着政府的招牌违法侵犯民权，却将不愿从命者打入"跟政府作对就是恶"之列。一个党员干部迷信"风水"已经够雷人了，这样的无理霸道更是雷人到令人恐惧的程度。与其说是试图维护政府的权威，不如说是为了加固个人的权势。正因为将"本官"与"政府"画上等号，将公共权力当作自家的后花园，才会动辄将民众树为政府的敌人，肆无忌惮地以政府名义侵犯公民合法权益。这些官员的雷人语言都是极其错误的、不得体的，完全背离了公务语境。

在谈判、公关等场合，利益需求是核心因素，这是说写主体绝对不能忽视的。对语境的适应，尤为注重目的、话题、事件、规章制度等客观因素以及各种突发因素等。要讲究艺术，但不能耍手腕，对错是非、实事求是就显得十分重要了。

红星服装厂接了个大订单，三个月内一定要交货，这下可急坏了文厂长，没有非常措施，无论如何都完不成任务。为此，文厂长召开了一次诸葛亮会议，让大家建言献策。通过讨论研究，最后制订了三套方案，文厂长进行反复比较推敲后，这样向董事长请示：

"乔总，这个订单是块大肥肉，我们非吃下它不可！"

"那当然，你想到好的法子了吗？"

"为这事，我们草拟了三个方案，有利有弊，权衡再三，拿不定主意，请您来定夺。"

① 民主与法制，2011（2）.

“是吗？说说看。”

“一是全员每天加班两小时，就能顺利完成任务，弊端是加班时间长，管理风险大；二是招工100名，经培训后上岗，可完工后裁员又成了问题……”文厂长很焦虑地说。

“那第三呢？”乔总很感兴趣地问道。

“三是既招工又加班，两者折中，这么一来的话，二者的缺点都存在，不好处理，我个人认为第二种方案比较好，您觉得采取哪种方案更妥当呢？”

乔总想了想，说：“现在熟练工好招吗？”

“比较好招，附近几个厂子正在裁员，很多人都想到我们这里来。”

乔总果断地说：“那就招工吧，这批工人以后由总公司内部消化，不用你们操心。”

“好，明天就开始招工！”①

这是在职场上发生的事情。面对大订单带来的困难，文厂长在“大家建言献策”的基础上已经有了比较成熟的解决方案，但他没有擅自做主，而是“草拟了三个方案”（话中可见实际上已经是深思熟虑过了），说自己“拿不定主意，请您来定夺”，让乔总“三选一”，最后“定夺”。在职场中，职位有高低，权力有大小，任何人不能超越自己的职权拍板定论。文厂长对此把握得很好，对乔总表示出应有的尊重。而且，文厂长既然位居厂长，那就敢于负责，对每种方案都进行了利弊分析，不推卸责任，亮出自己的观点主张，“我个人认为第二种方案比较好”。文厂长的语言得体性很大程度上取决于切合职场的语言环境，能够正确处理上下级关系，透彻了解面临的形势。

刘晓莉有篇文章《我的老外上司》，其中一个片断梗概如下：

我的德国上司邓飞克接手分部的第一个月底，我做好了工资册，送去给他签字。

“请你告诉我，员工的工资为什么有扣款？”

“先生，根据分部规定，员工上班迟到是要被罚款的……”

他一脸严肃地说：“员工手册上没有关于迟到罚款的条款，员工的合同上也没有。”

“并不是所有规定都在员工手册上。这是我们自己制定的考勤管理制度，这种临时制度再常见不过了。”

邓飞克的脸色变得难看起来。“不！”他提高了嗓音，“难道总部授权分部制

---

① 演讲与口才，2008（4）.

定规章制度了？我在公司十几年，没有一家分部得到过这样的授权！”

“这样的规定还要总部授权？这难道不是为了有效地管理公司？”

邓飞克对我的置疑没有兴趣，一再强调分部没有权力发布任何规定，不能超越权限。

“好吧，那您认为应该怎么办？这是前任总经理批准的。”

“立即废止，同时清理其他类似的制度！”

快下班时，邮箱里传来了他的解决方案：

员工初次迟到，由部门主管和他谈话，了解迟到原因。

员工再次迟到，由分管部门的副总与他谈话。

员工第三次迟到，由你与他谈话，指出他的行为已经违约，给予口头警告。

员工第四次迟到，由分部总经理与他谈话，给予最后一次改正机会。

员工第五次迟到，表示已经无可救药，直接到你的部门，解除劳动合同。

邓飞克的第二封邮件又到了：

亲爱的丽达：

作为人事经理，你应该了解公司承诺给员工的工资是受法律保护的。你没有权力扣发员工的劳动报酬，也不能违规代表公司错误地行使你的权力，这样做公司有可能要承担法律上的责任。

员工迟到有两种可能：一是由于客观原因导致他们意外迟到，这是可以谅解的，不应该扣发他们的工资。二是员工刻意地迟到，这意味着员工没有履行他的职责，违背了合约承诺。这必须向他指出，并且记录在案，给予警告。

如果员工迟到就扣发工资，意味着他可以用钱买回他的工作时间，而这些时间是他同意由公司支配并支付给他报酬的。那么，是否合约规定的双方承诺都可以用钱做交易呢？约定的事情就不可以改变，这是原则！如果你不能正确地理解并按照公司希望的方式工作，那么，你就失职了。

邓飞克①

这一例中，邓飞克在处理工作中迟到罚款问题时，严格遵循诚信原则、契约精神。严肃责问“员工的工资为什么有扣款?”一再强调分部没有权力发布任何规定，不能超越权限。“立即废止，同时清理其他类似的制度!”“立即”、“同时”，态度鲜明，令行禁止，不容置疑。不要误以为邓飞克是不重视迟到问题，他提出的解决方案，从初次到第五次，既给予“改正机会”，又指出可能导致的严重后果是“解除劳动合同”。而且，邓飞克还详尽地解释了之所以这样处理的道理。一方面明确说明，“公司承诺给员工的工资是受法律保护的”，“没有权力扣发员工的劳动报酬”，“也不

① 商界，2009（6）.

能违规代表公司错误地行使”权力，如果这样做，“公司有可能要承担法律上的责任”；另一方面深刻指出，如果员工迟到就扣发工资，意味着他可以用钱买回他的工作时间，合约规定的双方承诺都可以用钱做交易了。想想，也确实是这个道理。这个例子，从社交语言适应的角度看，明显是注重公司业已制定的契约、规章制度，换句话说，侧重于语言环境。

第四节　艺术交际语言层次

艺术交际语言是指具有审美意义的语言。这一层次的交际语言，对语言得体性的要求最高，不但十分讲究语言信息的量和质，而且具有审美的意义和情感，让听读者在接受信息的同时获得丰富多样的语言美享受。

艺术交际语言与现实生活息息相关，是人们丰富多彩的精神生活不可或缺的重要组成部分。文学艺术作品、影视艺术作品之所以受到人们的欢迎与赞赏，其中艺术交际语言的魅力是一个重要的因素。

艺术交际语言通常见诸书面语言，包括由书面语言转化成的口头有声语言，如朗诵、小品、相声、影视、戏剧中的语言。之所以通常见诸书面语言，主要原因是因为书面语言写作，可以字斟句酌，反复修改，从各方面严格要求，有条件达到高度的得体性。如语言的谐韵美、节奏美、平仄美等在口语中常常是跟着感觉走，在书面语言中则可以刻意构造。而在口头语言之中，由于交际流程的快速、多变，往往不容许说话者过多思考，必须即时作出反应，语言美的创造更需要扎实的综合修养。

一、达意之美

所谓达意，是指语言确切地表达出意思和感情。换句话说，也就是艺术交际语言特别注重语言的准确严谨。与一般的现实语言交际活动不同之处，在于其包括了艺术作品创作的语言，创作语言的准确严谨讲究艺术的真实性，与通常的准确严谨既有共同性，又有特殊要求。艺术交际语言准确严谨的特色，从“质”的方面看，准确严谨的程度远远超出了日常交际语言，也胜过社交语言；从“量”的方面看，覆盖面也较广，也就是说不仅仅局限于几个字几个句，而是要求整体上、主导倾向上能达到准确严谨的要求。

余世诚的《邓小平与毛泽东》（中央党校出版社，1995）一书中有这样的表达：

> 邓小平1962年关于“黄猫、黑猫”的讲话，总共三百来字，且是在很小范围里讲的，但其影响之广泛深远是令人惊奇的。人们已普遍把这句话与“实事求是”、“从实际出发”、“实践是检查真理的惟一标准”、“生产力标准”乃至务实、

求实、求是精神联系，成为邓小平的至理名言。学者们把邓小平的这些观点概括为“猫论”。顺便说说，“猫论”的提法在文化大革命中就有，那时是作为批判的“靶子”使用的，而现在则是用来表述邓小平的务实思想。有的学者还从巴蜀文化角度，论证了“猫论”与邓的故乡巴蜀文化的务实性之间的联系。其实，“务实”不只是巴蜀文化的特点，也是我们中华民族文化的传统。“黄猫、黑猫，只要捉住老鼠就是好猫”这个务实、求实的通俗说法，在中国老百姓中几乎是尽人皆知的。邓小平的“猫论”所以深入人心，所以如此迅速广泛流传，是因为它确实说到了人们的心坎里。

……

邓小平用“猫论”对“包产到户”、“责任田”做法的支持，实际上是对自苏联30年代和中国50年代以来，认为社会主义农业必须是“一大二公”、高集中管理模式的根本性突破。它是中国社会主义农业经济体制改革的先导。

当然，“黄猫、黑猫”是一种比喻，邓小平使用这种比喻是针对当时的具体情况而言。如果不加分析地滥用，那就会使之庸俗化，甚至与提出者的原意大相径庭。80年代初期，薄一波曾就“黄猫、黑猫”问题直接请教邓小平本人：对“黄猫黑猫”这个说法现在怎么看？邓小平答：第一，不收回；第二，我是针对当时的情况说的。

以邓小平为题材的文章、专著众多，在我们所见者之中，余世诚的这本专著无论是记叙或分析，在平实的语言中显现出准确严谨之美。就以引文而言，流行的是“白猫、黑猫”之说，作者遵照历史事实，指出是“黄猫、黑猫”，提出的时间是1962年（该书前边还指出了某月某日）。客观列述了学者们的观点，“学者们把邓小平的这些观点概括为‘猫论’”，“有的学者还从巴蜀文化角度”论证。又摆出自己的看法，点出其实质就是务实、求实、求是的精神，是“中华民族文化的传统”。对“猫论”的历史意义，精当概括为“对‘包产到户’、‘责任田’做法的支持”、“对……高度集中管理模式的根本性突破”、“是中国社会主义农业经济体制改革的先导”，极具分寸，极有分量。同时，引用确凿史料——80年代初期邓小平本人所言，“第一，不收回；第二，我是针对当时的情况说的”，说明“黄猫、黑猫”是种比喻，是针对当时具体情况来说的，不能滥用，不能庸俗化。读了这样的文字，我们感觉到毫无夸饰，实事求是，有说服力。这就是达意之美的魅力。

在文学语言中，达意之美在状物写景、抒发感情、刻画人物等方面均有出色的表现，其准确性、贴切性不仅仅表现在表层，而且常常力透纸背、深入底蕴，显示出高度的艺术真实性。艺术真实是创作主体根据自己的美学观点和审美情趣，对现实生活进行选择、提炼、改造、加工、集中、概括以及典型化而创造的艺术化的人及其生活，充分体现出人及其生活的审美属性和审美价值，同时渗透了创作主体的真挚感情、理想情趣和对事物的本质认识，因此，比自然形态的人及其生活更典型、更强烈、更理想、更有集中性、更带普遍性，因而也就更具真实性。从语言的角度通俗地来说，艺术真实就是语言的高度合理性、合情性。“合理”是指艺术真实性的客观方面，是有客观标准的。创作中假定情境中的“合理”，也是可以用现实生活的逻辑加以衡量的。因为“理”即生活的规律，是从现实生活中来的。语言之所以“合理”，是因为符合生活的规律。因此尽管面对虚拟的生活画面，我们仍然可以用自己在生活中领悟到的“理”来加以衡量。艺术真实性还有它的主观方面，除了要求“合理”之外，还要“合情”。在某种意义上，“合情”是更加重要的，因为艺术中的理不是直接说出的，主要以情感作为中介。“合理”必须与“合情”结合在一起，才能够真正达到艺术真实性的要求。

宋代诗人陈从易得到一本杜诗旧本，其中有首《送蔡都尉》，发现在“身轻一鸟□”处脱落一个字，于是请来了不少诗友共同揣摩。从全诗看，这行脱字句是上句，下句是“枪急万人呼”。上下两句连着看，显然是描写都尉纵跳敏捷如同飞鸟那样轻，下句是刻画都尉枪法是那样超然出众之快，因此可以断定，脱落的这个字，一定是用来形容纵跳能力的。座中有个人认为应补上“疾”字，理由是“疾”既轻又快，形容鸟飞恰当贴切。诗友们经一番议论，觉得添这个“疾”字固然有可取之处，但要是与下句结合起来看，“疾”字和“急”字相对，不仅意同韵同，且平淡无诗意，影响原诗风采，不足取。又一位老者提出补个“落”字来形容飞鸟般的动作，其中包含着敏捷感、轻疾意。陈从易摇头不以为然，认为以“落”形容轻捷矫健的动作还嫌单薄，“落”字只能说明这个动作结束，并不能概括它的全部，有起有落，有纵有跳，才能算作全貌。结果未能补出大家一致认可的字。此后一年多，陈从易借到了一本完整的杜甫诗集，翻开一看，原来脱落的是个“过”字，掩卷反复咀嚼，不禁拍案叫好，这个“过”字，既准确贴切，又生动形象，通过一闪一现的“过”字，把这刹那间的纵跳身影，恰到好处地描写了出来。①

老舍的《骆驼祥子》中这样描写祥子：“祥子的脸通红，手哆嗦着，拍出九十六块钱来：‘我要这辆车！’”一个“拍”字准确地写出了祥子第一次买车的激动，凝聚着他三年来的辛酸劳累和瞬间的决心自豪。《正红旗下》：“洋缎、洋布、洋粉、洋取灯儿、洋钟、洋表，还有洋枪，像潮水一般地涌进来……钱都随那个‘洋’字流到外洋去了！”动词“涌”和“流”，近义而不重复，形象深刻地反映出19世纪末帝国主义的经济侵略，掠夺中国财富的现实，准确有力，表现力非常强。《火葬》中写一个青年女子，“她有许多朋友，而哪一个是她真正的朋友却很难说”，用了一个比喻：“她好像拴在河岸柳树上的一只小艇，老有活水激荡她，但是谁也不能把她冲了走。”拴住的“一只小艇”与“老有活水激荡她”巧妙联系在一起，熨帖新颖的比喻，十

---

① 郑州日报（数字报），2011－02－01.

分准确、真实地表现出了她与那些朋友间的关系。几个小例子，老舍用语的达意之美可见一斑。

二、蕴含之美

艺术交际语言不但追求达意之美，而且常常表现出蕴含之美的特色。姜夔《白石诗说》说道："语贵含蓄。东坡云：'言有尽而意无穷者，天下之至言也。'山谷尤谨于此，清庙之瑟，一唱三叹，远矣哉！后之学诗者，可不务乎！若句中无余字，篇中无长语，非善之善者也；句中有余味，篇中有余意，善之善者也。"这里的"语贵含蓄"的"语"指的应是艺术语言，可见古人对艺术交际语言的含蓄之美何等推崇！传神写照，含蓄曲折，言有尽而意无穷，诱发人们产生丰富的联想，耐人寻味。这种特质并不与达意的准确严谨矛盾。一方面，语言艺术美的品类是丰富多样的；另一方面，在某种意义上说，蕴含之美也是建立在准确严谨用词造句的基础上的。

毛泽东的《菩萨蛮·黄鹤楼》词："茫茫九派流中国，沉沉一线穿南北。烟南莽苍苍，龟蛇锁大江。黄鹤知何去？剩有游人处。把酒酹滔滔，心潮逐浪高！"词作的语言形象含蓄，具有丰富生动的美感，其中的"锁"、"逐"两字极为传神。"锁"，如改用"连"、"对"等字，均通顺，但太直太白，不及"锁"字意满力足。一个"锁"字，尽显龟蛇两岸横锁长江之宏大气势，给画面添上了一种使人感到压抑的艺术意境之美。"逐"字，倘若"逐浪高"改说成"如浪高"、"比浪高"，均不及"逐"字来得有神有味。"逐"，我们仿佛看到了长江波浪高低起伏的景象，体会到作者心潮翻腾、久久不得平静的内心世界。1927 年春，正处第一次国内革命战争期间"四一二"事变前夕，党内由于陈独秀执行右倾机会主义错误路线，给革命带来严重危机。了解了这一背景，就能在更广阔的层面上领悟词作深层的意蕴了。

蕴含之美是艺术交际语言的重要审美特征，但并非仅仅局限于文学语言。精彩的日常交际语言、社会交际语言，其得体性同样可以表现出这种审美的魅力。当然，这是必须具备特定条件的，如说写者的文化等素养较高、交际目的允许、交际场合恰当等。

> 一位花贩说："几乎所有的白花都很香，愈是艳丽的花愈是缺乏芬芳。人也是一样，愈是朴素单纯的人，愈是有内在的芳香。"
>
> 一位花贩说："清晨买莲花一定要挑那些盛开的。早上是莲花开放最好的时间，如果一朵莲花早上不开，可能中午和晚上都不开了。我们看人也一样，一个人在年轻的时候没有志气，中年或晚年就更难有志气了。"
>
> 一位花贩说："愈是昂贵的花愈是容易凋谢。要珍惜青春，因为青春是最名贵的花，最容易谢。"
>
> 一位花贩说："每一株玫瑰都有刺。正如每一个人的性格中，都有你不能容

忍的部分。爱护一朵玫瑰，并不要非得努力把它的刺根除，只能学习如何不被它的刺刺伤；还有如何不让自己的刺，刺伤心爱的人。”①

这一例中，四个花贩在一起闲谈。他们十分熟悉花的品种，对不同品种的花的自然特性了如指掌，但他们的话语之中，分别以花为喻，都与人品、人生、性格联系起来。第一位说道：“几乎所有的白花都很香，愈是艳丽的花愈是缺乏芬芳。”再将花的色彩与人有无“内在的芳香”——内在美联结。第二位，告诉人们“清晨买莲花一定要挑那些盛开的”，将莲花开花的时间比喻要早早立志。第三位说，“愈是昂贵的花愈是容易凋谢”，将“昂贵的花”比作“青春”，引出“要珍惜青春”的道理。第四位，喻体是带刺的玫瑰，“爱护一朵玫瑰，并不要非得努力把它的刺根除”，寓意丰富，既要学会避免受到伤害，又要做到不去伤害他人。这些虽然是日常生活的语言，却具有深刻的意蕴，耐人寻味。这与花贩由于职业关系，对花的习性十分熟悉，以及谈论的指向、目的有着紧密的联系。

闻一多有次给学生上课，先在黑板上写了道算术题：2+5=？学生疑惑不解，闻一多执意要问。同学们于是回答：“等于7嘛！”闻先生说：“不错，在数学领域里，2+5=7，这是天经地义、颠扑不破的。但是，在艺术领域里，2+5=10 000也是可能的。”说到这里，他拿出一幅题为“万马驰骋”的国画叫学生欣赏。闻先生指着画说：“从整个画面的形象看，只有前后7匹马，然而，凡是看过这幅画的人，都会感到这里有万马奔腾，这难道不是2+5=10 000吗？”②

闻一多的这番话是教学语言，不是艺术语言。他让学生做一道极为简单的数学题：2+5=？导致学生大大地“疑惑不解”。接着，他将话题转入艺术领域，点出其中蕴含着耐人寻味的道理：文学作品的容量是不能像数学公式那样来计算的。文学作品贵在含蓄，重在塑造典型，以一当十，要能够给人们以广阔的想象余地。这里，闻一多对文学艺术见解的深刻、教学目的需要等铸成了蕴含语言艺术美。

三、动人之美

审美从本质上看是一种情感的活动。杜威曾说过：美“完全是种情感的术语，……表达了一种具有特点的情感”。唐代大诗人白居易也说过：“动人心者莫先乎情。”审美情感的显著特点是具有运用语言与他人进行思想交流的倾向或要求，并调动各种心理因素的功能，通过多种语言形式把说写主体的“情”和“意”生动形象

---

① 报刊文摘，2003-07-11.

② 阅读与鉴赏（高中版），2007（Z1）.

地表达出来。审美情感越强烈，这种“情”、“意”交流的倾向越鲜明，要求越迫切，语言的表现力也越动人。审美情感不是一般的人类情感，而是一种特殊的精神层面上的愉悦性动人情感，审美主体在理性的辅助下，在对客体的解读和审视过程中发生。在审美情感活动中，生命体能够从心理和生理上切身体验到一种高度自由愉悦的纯粹情感。美是抽象的概念，无法比较测量；但美感是具体的，是可以比较的。这就意味着美感既可以分类，又可以测量。如果用“美感指数”来表征美感的强度，一般来讲，美感指数可以用愉悦情感的动人强度来衡量，愉悦情感为正值，表示美感可以产生，数值越大美感也越强烈；愉悦情感为零或负值，即不能引发情感或只是引发不愉悦情感，在这种情况下，美感便不复存在。通常来说，自然客体引发的美感指数，要低于艺术作品客体引发的美感指数。在不同的话语领域中，自然领域的美感指数最低，趋近于零；人文领域的美感次之；艺术领域的美感最高，愉悦的动人程度最高。因此，艺术交际语言又完全可以说是一种情感语言，常常渗透着喜怒哀乐、刚柔雅俗诸种多样鲜明的感情，具有动人的力量。

例如峻青的散文《雄关赋》的结尾：

> 由此看来，古往今来的大量史实证明：那所谓“固若金汤”的雄关，是从来就不存在的；而真正坚固的雄关，只存在于人们的心中。
>
> ——这，就是信念！
>
> 对社会主义，对革命事业，对我们伟大的祖国的坚贞不渝的信念，就是最坚固最强大的雄关，是任凭什么现代化的武器都不能攻破的雄关！
>
> 千百万吨级的热核武器攻不破它，重型轰炸机和远程洲际导弹攻不破它，资本主义腐朽思想攻不破它，灯红酒绿金钱美女也攻不破它。它，永远巍然屹立于我们伟大辽阔的国土之上，亿万英雄儿女的丹心之中。
>
> 这才是真正的雄关！
>
> “固若金汤”的雄关！
>
> 啊，雄关！
>
> 无比坚固的雄关！

这段话语铿锵有力、激情澎湃，表现出鲜明的雄浑之美。围绕着“信念的雄关”，大量运用了雄浑壮丽的形容词以及相类性质的短语，如“坚固”、“伟大”、“坚贞不渝”、“强大”、“辽阔”、“巍然屹立”等；表示最高度的副词，如“从来”、“最”、“永远”等；数目巨大的数词，如“千百万”、“亿万”等。铺排了众多的感叹句、排比句。运用了6个感叹句：这，就是信念！/是任凭什么现代化的武器都不能攻破的雄关！/这才是真正的雄关！/“固若金汤”的雄关！/啊，雄关！/无比坚固的雄关！感叹句又构成排比，更是加强了语势力度。不长的文字，却表达出了满腔的壮志豪情及坚定的社会主义信念，读来令人荡气回肠，激动振奋。

再看冰心的散文《往事》中的几段文字：

> 父亲的朋友送给我们两缸莲花，一缸是红的，一缸是白的，都摆在院子里。
>
> ……
>
> 半夜听见繁杂的雨声，早起是浓阴的天，我觉得有些烦闷。从窗内往外看时，那一朵白莲已经谢了，白瓣儿小船般散漂在水面。梗上只留下小小的莲蓬，和几根淡黄色的花须，那一朵红莲，昨夜还是菡萏的，今晨却开满了，亭亭地在绿叶中间立着。
>
> 仍是不适意！——徘徊了一会子，窗外雷声作了，大雨接着就来，愈下愈大。那朵红莲，被那繁密的雨点，打得左右敧斜。在无遮蔽的天空之下，我不敢下阶去，也无法可想。
>
> 对屋里母亲唤着，我连忙走过去，坐在母亲旁边——一回头忽然看见红莲旁边的一个大荷叶，慢慢地倾侧了来，正覆盖在红莲上面……我不宁的心绪散尽了！
>
> 雨势并不减退，红莲却不摇动了。雨点不住的打着，只能在那勇敢慈怜的荷叶上面，聚了些流转无力的水珠。
>
> 我心中深深的受了感动——
>
> 母亲呵！你是荷叶，我是红莲。心中的雨点来了，除了你，谁是我在无遮拦天空下的荫蔽？

引文以描写雷雨中的红莲为主体，将紧密的雨点、左右敧斜的红莲、护卫红莲的大荷叶用细腻、洁净的笔墨极自然地状写出来。“红莲旁边的一个大荷叶，慢慢地倾侧了来，正覆盖在红莲上面……”“慢慢地倾侧”，似乎有灵有性，有情有义；“正覆盖”，是完全盖住，是动态的过程，是自然与人的巧合，但更是作者心灵的映照。作者结尾落笔写下了自己深深的感动：“母亲呵！你是荷叶，我是红莲。心中的雨点来了，除了你，谁是我在无遮拦天空下的荫蔽？”“母亲呵！”亲切地深情呼告。“你是荷叶，我是红莲。”将母亲比作“荷叶”，将自己比作“红莲”，承接前面的柔婉描写，用暗喻强化了相似点。反问句的主语设计见出匠心，不直接说“你”、“母亲”，而用泛指的“谁”，且用“除了”排除其他人，强调了母亲在女儿心目中地位的无可替代性。多种修辞方式，精心营构，情境交融，浑然一体。作为读者，品读上面的文字，会受到字里行间浸透着的真挚、深沉的母爱的感染。

艺术交际语言要求对说写主体的语言环境各要素全面、和谐地适应，这样才能表现出高度的得体性。如果说一定要与日常交际语言、社会交际语言有所区别的话，那么它特别要强调对说写主体的适应。文学艺术作品一旦发表，当然有阅读对象，但对象往往是模糊的、不确定的。对语言环境其他因素的适应不及社交等语言那么直截了当、立竿见影，而可以细细想来。强调对说写主体的适应，主要原因在于美是一种有个性的创造性活动的结果，离开了独特性，美也就不成其美了。

艺术语言美的创造是说写者从自己独特的情感思想和感受体验出发，通过无限地运用有限的修辞手段来实现的。艺术语言深入细致地传达说写者的思想情感，将某种美感发挥到极致，从而不断地激发读者的想象，唤起读者的情绪。说写者运用一切修辞手段，创造出内涵丰富、形式新颖的艺术语言，这就使扁平的、概念的词语在语境中变得感性生动、富有个性色彩，使语法意义上的句子产生个性化含义。有的精心创造出来的艺术语言以平凡的词语和普通的用法在整体秩序中见出神奇与魅力，修辞技巧不露痕迹、深藏其中，表面上是一种生活化的语言，实则是在平凡中见出奇崛，大有“道法自然”的浑然天成，这是一种“清水出芙蓉，天然去雕饰”的美。有的则采用陌生化的语言或语言组合，用心增强文学语言形式上的美感，创造出新鲜独特的语言形式，以语言形式本身的独特来冲击读者的惯性审美知觉，刺激读者跳出常规化的思维和审美习惯，被陌生而奇特的语言形式所吸引。

晏殊有首《浣溪沙》：

> 一曲新词酒一杯，去年天气旧亭台。夕阳西下几时回？　无可奈何花落去，似曾相识燕归来。小园香径独徘徊。

整首词选用的都是平常词语、普通句子，语气平淡自然，叙述波澜不惊。人们习以为常的天气、夕阳、落花、燕子等景物，日常生活中的喝酒、唱歌、散步这类事情，却引发了诗人独特的心绪，并经过诗人创造性的安排，在语言形式中表露出来：对时光流逝、岁月轮回、沧海桑田的无限惆怅与伤感。这种对自然和人生的敏锐感觉与体验在看似普通，实则是精心创造出来的语言形式中得到体现。这首词的魅力源于词与词组合在一起所产生的张力以及诗句之间彼此的启发和映照。作家深刻的体验在创作中生成一股灵动而流畅的文气并灌注在语言中，从而使扁平的概念获得生命力、普通的词语变得灿烂夺目。

杜甫《古柏行》中有这样几句诗：“孔明庙前有老柏，柯如青铜根如石。霜皮溜雨四十围，黛色参天二千尺。”诗人极尽夸张，用“四十围”和“二千尺”来形容老柏树形象的高大，十分生动形象。而北宋的沈括，却以科学家的严谨对这棵古柏的粗和长作了精确的计算。他在《梦溪笔谈》中说道：“武侯庙柏诗：‘霜皮溜雨四十围，黛色参天二千尺。’四十围乃是径七尺，无乃太细乎？”意思是说，如果按这个数字，则这棵古柏树干太细而树身太高，比例失调，很不相称。显然，沈括的出发点太过拘泥死板，没有考虑到诗歌中数字夸张的艺术性，闹出了诗歌鉴赏的笑话。

杜牧的《江南春》：“千里莺啼绿映红，水村山郭酒旗风。南朝四百八十寺，多少楼台烟雨中?”这是一首脍炙人口、极富想象力的好诗。“著述之富,明代第一”的杨慎,在他的《升庵诗话》中却说:“千里莺啼,谁人听得?千里绿映红,谁人见得?若作十里,则莺啼绿红之景,村郭、楼台、僧寺、酒旗,皆在其中矣。”这几句批评,很不近“诗情”,没有考虑诗人正是紧扣题目,着眼于整个江南来写的。“千里”,本是形象地概括江南一带到处都是赏心悦目的春色,若改为“十里”,则既不切诗题,又极大地削弱了诗的意蕴。所以,何文焕在《历代诗话考索》中就反驳说:“即作十里,亦未必尽听得着,看得见。题云《江南春》,江南方广千里,千里之中,莺啼而绿映红焉,水村山郭无处无酒旗,四百八十寺、楼台多在烟雨中也。此诗之意既广,不得专指一处,故总而命曰《江南春》,诗家善立题者也。”

上面所举的杜甫《古柏行》、杜牧的《江南春》两首诗,作者都运用了独特的夸张修辞方法,给人丰富的想象空间,具有浓郁的审美魅力,不愧是名作。但沈括和杨慎却拘泥于数字的客观准确,对诗歌作出了错误的解读。由此可见,艺术交际语言的得体与否是不能完全按照适应所谓的“客观”、“科学”语言环境来衡量的。

艺术交际语言具有高度的得体性,这个“高度”也是相对的,实际上同样存在弹性空间。审美的标准既有感性一面,又有理性一面,因而审美标准的把握也是颇为复杂的,既有客观性,又有主观性。特定的艺术交际语言是美的,但未必每一字每一句都是无懈可击的。所谓追求“一字不易”的至高得体境界,是一种追求的理想,从严格的科学意义上来说,永远不可能达到。唐代的贾岛写一首《题李凝幽居》的诗,为其中的一句“僧敲月下门”的“敲”字好还是“推”字好,苦思难定,结果撞到长安府尹韩愈的仪仗队里去了。韩愈认为“敲”比“推”好,因为诗题是《题李凝幽居》,月下找人,应该敲门,才能与幽居相应。幽居谢绝外人,大门必然常关;门关则推不开,门虚掩却推门直入,岂不成了莽撞和尚?另外,“敲”字响亮,响声优美。贾岛连连称是,于是留下了一段千古佳话。但是,难道用“推”字就不得体么?就不美了么?夜深人静,鸟宿池边树,明月普照,僧人轻轻推门而进,或者与主人有约在先,或者要给主人一个小小的惊喜,用“推”字不同样与周围环境协调得很吗?不同样是具有美的魅力吗?朱光潜先生的《咬文嚼字》一文,曾被选为多种大中专语文教材,作者在该文中作过细致分析:“很怀疑韩愈的修改是否真如古今所称赏的那么妥当”,“‘推’固然显得鲁莽一点,但是它表示孤僧步月归寺,门原来是他自己掩的,于是他‘推’。他须自掩自推,足见寺里只有他孤零零的一个和尚。在这冷寂的场合,他有兴致出来步月,兴尽而返,独往独来,自在无碍,他也自有一副胸襟气度。‘敲’就显得他拘礼些,也就显得寺里有人应门。他仿佛是乘月夜访友,他自己不甘寂寞,那寺里假如不是热闹场合,至少也有一些温暖的人情。比较起来,‘敲’的空气没有‘推’的那么冷寂。就上句‘鸟宿池边树’看来,‘推’似乎比‘敲’要调和些。‘推’可以无声,‘敲’就不免剥啄有声,惊起了宿鸟,打破了岑寂,也似乎平添了搅扰”。朱先生是以为“推”比“敲”用得更贴切、恰当的。此外,我还看到有人发表意见，“我认为无论是‘推’还是‘敲’都是以丧失质朴为代价的。而质朴比推敲要显得大气，因为它更接近‘自然’或语言的原初状态”。至于用什么字才不丧失质朴，却未提出。

第四章

语言得体的文化性

第一节　得体文化性概述

关于“文化”一词的含义，众说纷纭。

广义上的“文化”是指人们创造的物质财富和精神财富的总和。从这一意义上来理解，“文化”的内涵异常丰富，外延异常广阔。

英国语言学家罗宾斯指出：“在人类学中，文化指的是社会共同体的一个成员受全体成员制约的全部生活方式，很明显，按照文化的这种概念来看，语言就是文化的一个部分，而实际上是最重要的部分之一，是惟一的凭其符号作用而跟文化相联系的一部分的。”① 从这一角度考察，语言自身就是一种独特的文化现象。

语言是文化的一个组成部分，但“又在本质上区别于其他文化，这表现为它同时又是文化的载体，它记录了人类文化，它本身就是一个人类的文化世界，语言和文化是相互影响和制约的。一方面，文化影响制约着语言的产生和发展；另一方面语言也影响着文化的产生、发展和传播”②。

为了论述角度的集中和讨论的方便，我们在这里将语言视为一种特殊的文化现象，是文化的载体，与文化是对立统一的关系，虽然涉及，但不是主要考察语言文字本身的文化性质。同时，对“文化”内涵的界定主要侧重于精神方面。

我们在前边曾经指出，语言的外部环境可以区分出物理语境、心理语境和文化语境三大类别。因而，讨论语言得体的文化性，实际上就是探讨、研究语言材料适应文化语境的问题。

鉴于“文化”内涵的丰富性和外延的广阔性，致使语言适应文化语境的问题成为一个庞大的课题，难以述说周详。从整体上看，语言得体的文化性具有如下三个特点：

一、渗透性

文化所涵盖的范围很广，它的意义不仅在于不同的衣着饮食，更在于一个人在他所生长的社会环境中形成的处世哲学、价值取向、道德观念、宗教信仰以及思维方式等，这些都是文化的重要组成部分。语言行为绝不可能脱离上述诸因素，只能是其显露的外在形式。美国人类学家鲁思·本尼迪克特（Ruth Benedict）指出：“个体生活的历史中，首要的就是对他所属的那个社群传统上手把手传下来的那个模式和准则的适应。落地伊始，社群的习俗便开始塑造他的经验和行为。到咿呀学语时，他已经是

---

① ［英］罗宾斯．普通语言学概论．李振麟，胡伟民译．上海：上海译文出版社，1986.43.

② 王希杰．修辞学新论．北京：北京语言学院出版社，1993.15.

所属文化的造物。而到他长大成人并能参加该文化的活动时，社群的习惯便已是他的习惯，社群的信仰便已是他的信仰，社群的戒律亦已是他的戒律。出生于他那个群体的儿童都将与他共享这个群体的习俗。”① 由此可见，语言是在文化中习得的，语言作为人类特有的符号系统，它是文化信息的载体和容器。

语言既是文化的一个有机组成部分，又是文化的载体，两者紧密交织在一起。任何语言表达都是文化现象的折射与反映，任何文化现象又都离不开语言的表达。立足于语言考察其得体的文化性，两者的关系是相互渗透、紧密交融，只是在具体探讨中可以侧重于文化怎样渗透进语言表达这一方面。

文化语境的适应涉及政治、经济、教育、生活等各个领域，可以说哪里有语言表达，哪里就有文化的踪迹。

1979 年邓小平访问美国时，有位美国记者故意向邓小平提出了一个挑衅性问题：“你们当初决定实现关系正常化时，你在国内有没有遇到政治上的反对势力?”只见邓小平笑容可掬、不紧不慢地回答：“有!”在场人无不瞠目结舌。邓小平顿了顿，然后字字掷地有声：“在中国的一个省——台湾——遇到了激烈的反对。”②

语惊四座，全场顿时爆发出暴风雨般的掌声。美国记者口中的“国内”是别有用心设置的一个政治圈套。如果回答说“没有”，那就是遗忘了“台湾”，这必然是引起政治上轰动的特大新闻。邓小平的话既出乎意料，又在情理之中。他居高临下，以深邃的政治家目光，正确判断出问话者的居心所在，基于中国特定的政治文化背景，台湾是中华人民共和国神圣领土的不可分割的组成部分的坚定立场，实事求是、得体地作了回答。他先极简练地回答一个“有”，让听众产生误解，误以为是中国大陆对中美实现关系正常化存在不同意见，然后说明“在中国的一个省——台湾——遇到了激烈的反对”，显示出丰富的政治斗争经验。

有个“退货之争”的故事：

一次例会上。某外国公司中国分区新任总经理 D 听完大家的汇报后突然宣布：“今后，准许顾客对食品类商品退货。”

两个食品部经理几乎跳了起来，他们大声反对：“不，不行！这样我们将接到大量无理的退货要求。”

“先生们!”D 摆摆手，示意大家安静，“我常常在食品部发现员工和顾客在

---

① ［美］鲁思·本尼迪克特. 文化模式. 王炜等译. 北京：生活·读书·新知三联书店，1988.

② 党史纵横，2001（3）.

争执。顾客对这些食品有异议，他们认为这些食品质量值得怀疑。或者，有其他的问题。他们不想要这些食品，特别是他们事先并不了解这些食品，是第一次购买。为什么我们要强迫他们接受呢？”

“总经理先生，虽然您讲的是合理的，可是，这将成为顾客随意退货的理由。若是很多顾客仿效这种行为，将给公司带来巨大的损失！”

这些经理对这个提议的惊慌和拒绝不无道理。信任，是件成本很高的事情。

但 D 依然不依不饶，不解地质问：“难道顾客必须接受他们认为有问题的食品？如果有人强迫我们接受不想要的食品，我们会乐意吗？”

“这是两码事，总经理。我们无法辨别顾客退货的动机……”

“先生们，我提醒你们，这是人要吃下去的东西，这是很严重和很危险的事情！我不相信顾客会毫无理由地要求退回已经购买的商品！”D 依然不依不饶。

这下子，经理们全体表示反对，几乎要抗议了。他们搬出公司的销售管理原则及各项规定，说明自己的坚持是在履行职责和维护公司的规定和利益。

D 没有再争执，他作了让步。但他还是宣布：“今后，凡生鲜食品，顾客有疑义要求退货的，必须无条件退货！我将对此负完全责任，并且，我不认为这会损害公司利益。”最后，他补充道：“我再不要看见有为食品退货而争吵的事情发生！”

有关食品是否可以退货的争议算是告一段落了。

过了一段时间，有人突然想起这件事，顺口问食品部经理，是否按老总的决定执行了？顾客退货多吗？

经理笑了：“傻老外，按他说的退货，我们的损耗谁承担？我们能做吗？我们能做的就是不让他发现有想退货的顾客。”①

这场关于经济领域的争执，鲜明地反映出中西文化的差异，语言的深层是价值观念、思维方式的差异。老总认为应该“准许顾客对食品类商品退货”，理由是“这是人要吃下去的东西，这是很严重和很危险的事情！”连续运用反问句强调：“为什么我们要强迫他们接受呢？”“难道顾客必须接受他们认为有问题的食品？如果有人强迫我们接受不想要的食品，我们会乐意吗？”在老总看来，顾客要求退货完全是天经地义的事情，非常不理解中国经理的想法。而中国经理的态度、意见则完全一致，“全体表示反对”、“抗议”、“不，不行！”反复坚决否定，指出这样做的话，其后果极其严重，“将给公司带来巨大的损失！”在他们看来，D 是“傻老外”，事后采用的是阳奉阴违的对策。“按他说的退货，我们的损耗谁承担？我们能做吗？我们能做的就是不让他发现有想退货的顾客。”同样运用反问句表达自己的鲜明态度，限于老总的身份

---

① 商界，2009（6）．文字略有改动。

地位，别无选择，“能做的”只有瞒过老总。

“东西”一词，在汉语中是最为普通的词之一，中国人不用专门学习就自然会懂会用。但外国人学“东西”，真是不胜其烦，作为教者，则需要十二分的耐心，循循善诱。王德春先生在1991年第2期《读者文摘》上有篇《学“东西”》的文章：

> 汉语教师告诉外国留学生：“东西”泛指事物，凡物质和精神各种因素均可指“东西”，有时可指人。这一解释相当明确、规范。但一进入会话，问题就接连不断了。老师问：“什么是‘东西’？”学生答：“桌子是东西，椅子是东西，我是东西，你是东西。”老师提醒：“不对，不对。”学生连忙纠正：“啊，对不起，你不是东西。”老师再次提醒：“更不对了，不能说‘你不是东西’，这是骂人的话。”学生愕然：“那么你到底是不是东西？如果是东西的话，你是个什么东西？”老师连忙耐心解释：“不行，不行，‘你是个什么东西？’也是骂人的话。”“‘东西’这个词一般指非人的事物，指人时有严格的语用和修辞限制，一般不说肯定句‘张三是东西’；否定句和疑问句则带有贬斥、责骂的意味。……如果再加感情修饰词语，则修辞色彩更为丰富。如‘你这狗东西！’‘你这老东西活得不耐烦了。’‘你这个鬼东西，尽跟我捣蛋。’‘你真是个笨东西，我讲了三句话，你有两句听不懂。’”老师语重心长地说：“所以语言这东西不是随便可以学好的，非下苦功不可。”学生更惊奇了：“语言也是东西？”老师说：“语言也可称为‘东西’，前加个‘这’，表示强调。”最后，学生若有所悟，感叹道：“‘东西’这东西真是个怪东西！”

“东西”对汉民族的人来说，是一个极为普通的常用词。“‘东西’泛指事物，凡物质和精神各种因素均可指‘东西’，有时可指人。”这一解释高度概括，确实明确而规范，无懈可击。问题在于一旦进入语用场合，“东西”的运用就十分灵活。外国留学生学习汉语中一个非常普通的词“东西”，如此艰难不易，就是因为“东西”一词渗透进了丰富的奇妙的文化内容，充满了特殊性。例如，“指人时有严格的语用和修辞限制”，叠加“感情修饰词语”，有约定俗成的文化规则，只抓其中的一端，就无法得体表达。而指物，要在前边加一个“这”，表示强调，也是文化规则在起着制约和影响作用。

之所以用“渗透性”一词，是因为由此可以见出文化语境因素强有力的制约和影响作用。报刊上有“泡沫文化”的提法，“泡沫文化”是伴随主流文化而产生的消极文化现象，在人类社会生活中，歪曲、颠倒反映其本质的现象，虚幻不实，常常是短命的。如果“泡沫”与“文化”联系到了一起，那么可以断言：这不是真正意义上的文化。文化对个人来说，对集体来说，对民族来说，是长时期的积累，有潜移默化的影响。事实上，语言表达是无法挣脱其制约与影响的，虽有明显、不明显，自觉、不自觉等之分，但无法改变这种事实。

黄宏的《从头说起》一书中写到在台北拜访张学良，其中有两个片断：

鼓了鼓勇气，我终于忍不住说出了见到张学良以来一直想说的一句话：“不知道您老什么时候能回家乡去看看？大帅府已经粉刷了好几次了！家乡人在等着你哪！”

张学良沉默了，所有的人都安静下来等着张学良的回答。半晌，张学良缓缓地说道：“我老伴（指赵四小姐）在美国做手术，她的身体一直不太好……”

要走了。一次原本只安排了二十分钟的会面最后持续了两个多小时。临别之时，我拿出了一张纸，恳求地说：“张伯伯，能不能给东北老乡写句话呀？”

张学良抬眼望了望我，半天没有说话。过了一会，他终于提起笔问道：“是写汉字，还是写英文？”

“汉字。”

少帅在纸的一角工工整整地写下了张学良三个字。他没有抬头，用缓缓的声调告诉我：“我的眼睛不太好使，我就光写名字了。剩下的话，你就替我写了吧！”

对作者所提问题、要求的回答，张学良显然有难言之隐，而这些都与中国历史上发生的著名“西安事变”密切相关，个人在历史浪涛的冲刷下、在现实条件的制约下，说出了颇特殊却又不失得体的话语。对前一个问题用的是委婉的托词，要说离开家乡这么多年不想回去，是不真实的；与客人面对面以自己的身体作托词，又不妥当，因而，以远在美国的夫人身体欠佳作为婉拒理由最为恰当。从张学良说话的口吻来体味，并没明确、坚决地回绝。对后一个“给东北老乡写句话”的要求，无法当面拒绝，只写名字，借口“眼睛不太好使”，“剩下的话”让作者代写了吧！可以说，既答应了又没答应，既写了又没写，回应十分巧妙，不使客人感到难堪。也许张学良的身份太特殊了，历史的遗痕、现实的处境仍然不允许他直抒胸臆，也许多年的软禁生活已使他养成不轻易表达自己喜怒哀乐的习惯，也许这小小的纸片无法承载少帅对家乡父老的丰富真情……仅仅几句话，追根溯源，联结着多少深广的文化因素！

二、复杂性

语言得体的文化性是很复杂的。究其原因，一是文化语境构成的因素错综繁多，包罗万象，而且文化并非凭空产生，而是历史积淀，代代传承，现实创新，弘扬光大，彼此相互交织，难以述说周详。二是文化语境的构成因素既有物质的，又有精神的，特别是精神性因素，比较抽象，这种制约、影响作用人们可以深刻地感受到，但看不见、摸不着，难以把握，科学论析本身需要相当高的文化修养。三是文化的构成具有多元性。多元文化是相对于单一文化概念而言的。单一文化是指在一定的区域、社会、群体和阶层中存在的一种文化，而多元文化则是指在一个区域、社会共同体等系统内共存的、相互联系且各自具有独立文化特征的几种文化。在现实生活中，纯粹的单一文化并不存在。在改革开放的今天，文化发展的多元化趋势也日益突出。四是文化性质有不同，良莠并存，需要仔细、慎重鉴别。即使是传统文化，有精华也糟粕，即使是传统文化的精华，也必须顺应社会生活的变迁。

1999 年第 4 期《读者》上有篇佚名的《城市的性格魅力》，历述了中国 17 座城市的性格特征。且看对几座城市的描述：

> 上海最奢华。如果考虑到中国大部分戏剧艺术都诞生在上海的话，你会意识到这是一种已经养成的传统，它是由奢侈品、舶来品促成的，跟唐代的长安类似。
>
> 大连最男性化。当许多城市煞费苦心设计自己的城市标志物的时候，大连人毫不犹豫地选择了足球，随着大大小小的足球在这座城市的广场、公园被塑起来，这个城市男子汉的魅力也被张扬到了一种无以复加的程度。
>
> 杭州最女性化。在心理感觉上，杭州只是一座小城，在这里至多只会发生一些琼瑶式的缠绵故事。
>
> 南京最伤感。虽然南京有了马达轰鸣的巨型工厂、昼夜繁忙的空港车站、五彩缤纷的街市霓虹、行色匆匆的人流车流，但是留在人们脑海中南京的气质却仍是那么历史而又感伤的。
>
> 苏州最精致。苏州是一座建筑密度很高的城市，但是它的建筑物的高度却可能是全国最低的。因为苏州人看重的不是高度而是精致。
>
> 重庆最火爆。重庆人最常吃的一种东西是火锅，说是以毒攻毒，连毒辣辣的太阳都不怕，重庆人还怕什么。
>
> 广州最说不清，它什么都有，又什么都无。孙中山在此风起云涌；改革开放之初模范带头，但往往来势凶猛，却虎头蛇尾，无法成为城市的样板。

引文是在描述不同城市的文化特征，是有那么一点与人们的印象相似，却又很难说这描述非常准确，说“大连最男性化”，是因为“大大小小的足球在这座城市的广场、公园被塑起来”，大连的足球文化氛围确实引人注目。说“杭州最女性化”，是一种“心理感觉”，大概与西湖的盆景式的秀美有关，令人联想到苏轼的《饮湖上初晴后雨》：“水光潋滟晴方好，山色空濛雨亦奇。欲把西湖比西子，淡妆浓抹总相宜。”说“南京最伤感”，“南京的气质却仍是那么历史而又感伤的”。这或许是由于南京是六朝故都，很容易使人想到唐诗人刘禹锡的怀古名篇《乌衣巷》诗：“朱雀桥边野草花，乌衣巷口夕阳斜。旧时王谢堂前燕，飞入寻常百姓家。”说“苏州最精致”，与其建筑文化有关，“苏州人看重的不是高度而是精致”。苏州园林以意境见长，以独具匠心的艺术手法在有限的空间内点缀安排，移步换景，变化无穷。说“重庆最火爆”，明显是体现在饮食文化上。重庆人最爱吃火锅，“以毒攻毒”。“广州最说不清”，大概是因为广州的地理环境、历史文化很特殊。广州是国家中心城市，国务院定位的国家三大综合性门户城市和国际大都市，世界著名港口城市，改革开放的先锋，社会经济文化辐射力直指东南亚。

作者概括列述的理由，却也很难令人完全信服。城市的性格特征实际上就是文化形象特征，要论述清楚实非易事。大致可分为三个层次：第一层次为物质文化层，主要作用于人们的视觉系统，也叫视觉识别体系。它包括城市的公共设施、主要标志、基本建设项目。第二层次为行为文化层。它是人的行为在城市文化中的体现，承载着城市特有的文化信息，是文化通过一定的主体行为体现出来，也叫行为识别体系。它包括城市社会秩序、人际关系、治安状况以及管理模式等。第三层次为观念文化层。它是城市文化的一种升华，是城市文化形象的最高境界，最能体现城市文化形象的特征，也叫观念识别体系。它包括城市经济文化发展战略、城市精神、城市人的价值观念、城市法律法规等。物质文化层是城市的“皮肤”，行为文化层是城市的“肌肉”，观念文化层是城市的“血液”。物质文化为基本层，是城市文化形象的基础；行为文化为中间层，是城市文化形象的中坚；观念文化层为最上层，是城市文化形象的灵魂。作者自己感叹“说不清”，情有可原。一个城市的性格特色，是长期城市文化的沉淀积累，世世代代、方方面面、牵牵扯扯，确实无法穷尽。

王朔曾在报上开骂金庸和一批名人，又推出了包含自己一揽子思想的《无知者无畏》一书，引起各界人士的关注和争鸣，赞同者认为一扫文艺批评的陋病，敢说敢写，值得倡导，为之叫好；反对者也不在少数。

这本随笔集，王朔“批评了相当多的文学、文化现象，辑一‘我看’基本上是文化批判专辑，从他自己到著名作家老舍、金庸，从大众文化到港台文化，他都置于同一的平面进行不留情的批评。他看着不顺眼的，不管对象是谁，他都不留情、不手软，在他那里压根没有为尊者避，为贤者讳的礼数。用一个粗俗的比喻，王朔就如同一个冷酷无情的屠夫，不管剖解的是谁，拉过来都放在同一个砧板上，手里所持的也是同一把屠刀。尽管这可能会使一些人感到不习惯，但你不能不承认，他这种人人平等、直截了当的批评，在很大程度上正切近着批评的本义”（《无知者无畏》编者序）。虽然未涉及批评的具体内容正确与否，但从“你不能不承认，他这种人人平等、直截了当的批评，在很大程度上正切近着批评的本义”等措辞来看，该书的编者基本上是持肯定态度的。

徐晋如先生在2000年5月17日《中华读书报》上发表了《痞儿走运悲王朔》，分析深刻，抨击有力。“这部新书（指《无知者无畏》）被当下许多媒体评为‘最近最受争议的书’，而书名本身完全验证了我对于王朔的初始判断。值得我警觉的是，

‘无知者无畏’本是个极为荒谬的命题，任何稍具常识的人都应当蔑视之、嘲笑之，而这个无知者的命题却没有受到天下共诛的景况，甚至有人在明里或暗里为之叫好：以此，《无知者无畏》的作者是否王朔已不重要，重要的是今天这个时代仍有无数的人沾沾自喜于自己的无知，这是最可怕的。王朔的赤膊上阵是我们民族病弱的国民性的一次大暴露，使得我加倍警醒，我感到生活在这样的人群当中如履薄冰。”“他的学养、禀赋、环境等诸多方面都决定了他不曾也不可能建构新的社会价值体系，他的作品不可能提出独具超越性的问题。王朔只是那个时代的‘顽主’，对于这样一个角色，他无能超越。”“王朔处在的时代使得他没有好好地受到过教育，这是整整一代人的悲剧。”“到了‘文化大革命’中，非知识阶层对于知识分子的仇视则演变为血淋淋的暴力。‘文化大革命’后期的‘尊法批儒’运动给仇视知识分子的人以新的学理上的支持，谬种流传，至今不绝。王朔是深受这种思潮影响的，他对于自身的阶层有着阿Q式的良好的自我感觉，而对于知识分子则抱有强烈的排斥感。关于这一点，在他的小说中很多处都有明显体现。而他指称金庸用‘死文字’写作，最是暴露出他的狭隘、无知。金庸的文字风格是刘勰在《文心雕龙》里说的‘宗经’的风格，是传统与现代的完美结合，只有具备深厚学养而又未曾遭受大众语言污染的人才可能写出那样的文字。”

徐晋如先生对王朔的《无知者无畏》提出了尖锐、严厉的批评，称其“极为荒谬”，“任何稍具常识的人都应当蔑视之、嘲笑之”，贬抑的程度已经很高很高了。没有例外，无须高深知识，只要“稍具常识”，“都应当蔑视之、嘲笑之”，渗透着鲜明的否定感情色彩。指出王朔“有着阿Q式的良好的自我感觉”，就是不思进取，以谩骂为荣，直言王朔“狭隘、无知”，甚至提高到“‘文化大革命’后期的‘尊法批儒’运动”谬种流传的高度来抨击。在批评的同时提出了自己对“金庸的文字风格”的褒扬意见、看法。金庸的文字风格是“传统与现代的完美结合”，反映出金庸的“深厚学养”。我们虽然赞成徐先生的意见，但这里并不是要来辨清王朔的是非，而是要指出，要辨清王朔的批评语言的得体与否，是很复杂的问题，牵涉到许多深层的文化因素。所引徐先生的论述，就涉及国民性、价值观念、时代背景、学校教育、传统风格等等。这些精神性因素比较抽象，既有广度，又有深度，因而正确把握并非易事。

美国学者费雷德里克·杰姆逊有一篇关于“第三世界文学”的演讲。他谈到东西方文化观念的差异时，举了鲁迅《狂人日记》的例子。西方研究者会认为这是一个心理学称为精神崩溃的记录，会从精神幻觉、人的安全感、力比多萎缩等方面来理解。按照弗洛伊德的观点，幻觉是康复的尝试、重建的过程，而被重建的是一个恐怖现实世界。于是构成对现实的揭露，戳穿了我们对日常生活和生存的一般幻想和理想化。在西方文学思维中，这是一个非常个人化的“心境”，是一种由疾病外壳标志出来、用审美方法体现出来的难以名状的内心感情。杰姆逊认为，西方的这种解读，很难适当欣赏鲁迅文本的表达力量。因为在鲁迅笔下，吃人不止是一种对外界恐惧的精神幻觉，是一个社会和历史的梦魇，也是历史本身掌握的对生活的恐惧。这种恐惧的后果远远超出了较为局部的西方现实主义或自然主义对残酷无情的资本家和市场竞争的描写。① 文学思维的差异非常具体地反映出文化的差异，而文化的差异则是根深蒂固的。由此可见，讨论语言得体的文化性时必须注意到文化的差异和性质的不同，否则无法作出正确的描述。

中国人比较倾向于使用具体称呼来表达人际关系的细腻区分。造成这一现象的原因一方面要追溯到以维护社会等级制度为目的的“礼”。根据“礼”，人际的交往首先要正名，即要求每个人明确自己的身份地位，如官衔、职衔、师徒（生）、辈分、血缘称呼等，使用时必须具体而精确。另一方面，中国漫长而等级森严的封建社会是建立在家长制基础上的。社会的基础是家庭，家庭之上是家族，各家族的大家长是皇帝。再加上华夏民族均自认为是炎黄的共同子孙，进一步强化了中国人是一家人的观点，导致了人际关系中普遍使用血缘性称呼。对这类文化语境的适应，就需要具体鉴别与分析。称呼的具体性、精确性有好的一面，在许多场合下有助于我们准确分辨身份，加强感情联系，是得体的。但是也有消极的、不值得倡导的一面，而今称人“官职”成风，“×市长”、“×局长”、“×科长”、“×书记”、“×主任”等等，副职有意略去了一个“副”字。笔者曾在某县级市办事几天，所接触的教育工作者几乎都称校长（无论正副）为“王校”、“李校”、“沙校”、“方校”……貌似尊重，实质上也可以看出封建等级观念的某些折射和影响，在一定环境中会人为造成人际关系的一些隔阂。1993 年 4 月 21 日《新民晚报》上有篇毛炳甫《姓氏冤案》的文章，因作者文化大革命前领导有意调他去当工会副主席，别人就称呼他为“毛主席”，在文化大革命中就成为作者的一大罪状，说其妄想代替毛主席。批斗时，一个造反派领喊“打倒毛炳甫”的口号，说溜了嘴，喊成了“毛主席”，结果被罚跪陪斗。过分看重称呼头衔，竟然上演出如此闹剧，真是可笑又可悲。而西方人却没有这样的文化习俗，人们往往不习惯把职务同个人姓名连在一起。

三、变异性

语言得体文化性的变异性有两方面的含义，一方面指文化语境因素既有相对稳定的一面，又有变化运动的一面。文化是厚重的积淀，但也处在不断发展运动之中，新的文化现象是层出不穷的。任何语言都服务于文化并折射出文化的需求，因而，严格地说，社会和文化的任何细微变化都会牵扯到语言这根神经。语言及时地、迅速地、能动地反映并传播这些文化的变迁，同时，透过语言各个层面的变化，也可以窥见文化本身变化的特点和轨迹。语言适应文化语境必须充分注意到新的制约、影响因素，

---

① ［美］雷德里克·杰姆逊. 处于跨国资本主义时代中的第三世界文学. 道客巴巴，http://www.doc88.com/p-740823444822.html.

否则就有可能落伍，转向不得体。另一方面，语言是人类文化的重要组成部分，是种独特的文化现象。人类的文化创造实际上是一个不断创造符号的活动过程，在人类所创造的文化符号中，语言符号是最重要的一种，是文化世界和语言世界最重要的部分。语言受到文化因素强有力的制约与影响，自身必然出现丰富多彩的变异形式。

香港和澳门先后回归了，首任的最高行政首脑董建华、何厚铧被称为“最高行政长官”，以后也延续了下来。这一名称很特殊，是“一国两制”政策的产物，不是专门的官称。内地的各级各类行政区划，都有自己的最高行政长官，各有相应的称呼，如“省长、市长、区长、乡长”等，而不用“省最高行政长官”、“县最高行政长官”等去统称。按说香港、澳门都是城市，城市的最高行政长官一般称“市长”，而如这样称呼，就体现不出特区的特色。既是特区，就称为“区长”吧，可不但称不出特色，还可能人为“降低”了特区行政首脑的权力，因内地市、县辖区也有“区长”之称。区长有多种类别，级别也各不一样。县处级单位的区长相当于县长，低于市长（地级市）而高于乡长（镇长）。至于英属、葡属时代的旧称“总督”，当然是不能沿用的了。特殊的政治文化产生了这一特别的称呼，既新鲜又大气，已普遍为人们接受。

有篇《与妈妈的八次通话》的文章，其中的5次是这样的：

2001 年

儿子：妈妈，我们厂子今年要加班赶一批活儿，我没法回去和您一起过春节了。爸爸10年前就去世了，您的身体也不好，想到您孤孤单单地一个人过春节，我心里很难过。

妈妈：妈妈的身体很好，你别挂念！倒是你自己一定要注意身体呀，千万别为了多赚一点钱而累着自己。

儿子：您别担心，我们的工作很轻松，比咱的庄稼活儿轻松很多，待遇也很高，而且过年加班期间，厂里还管饭呢！大鱼大肉的管饱，工友们都说我胖了许多呢！

妈妈：那我就放心了。不过，大鱼大肉也不可以多吃，你从小肠胃就不太好，吃多了油腻要闹肚子……

儿子：告诉您一个好消息，我们节前多发了一个月的工资，800 块呢！今天我给您寄去了500块，我特地问了邮局的人，他们说节前您一定能收到。您辛苦了一辈子，平日里舍不得吃舍不得穿的，现在儿子赚钱了，您一定要用这钱给自己买一身合体的衣服，再买几样可口的小菜。

妈妈：……

……

2004 年

儿子：妈妈，我升为车间主任，要带工人加班，所以不回去过年了！

妈妈：你向厂里请一个假吧，妈都4年没见你了！妈想你！

儿子：可我真的没空！就这样吧，我昨天给您寄去了1 500块钱，您查收一下。再见！

妈妈：……

2005年

儿子：妈，我业务繁忙，今年就不回家过年了！

妈妈：儿呀，妈想你想得都病了，你回来看一下妈吧，就看一眼，就当可怜可怜妈！

儿子：我给您寄去了1 800块钱，您自个儿去医院看一下病吧！不够我再寄，我真的没空！

妈妈：你……我……

儿子：再见！

妈妈：……

……

2007年

儿子：妈，2 500块钱寄回家了，请查收！

妈妈：我……

儿子：再见。

妈妈：……

2008年

儿子的秘书：大娘，李经理叫我给您说一声，他要去谈一笔大生意，就不回去了。他叫我给您寄了3 000块钱！请您查收一下！

妈妈：……①

2001年的第一次电话最有感情、最为感人。儿子没法回家和母亲一起过春节，提到"爸爸10年前就去世了"，母亲"身体也不好"，"想到您孤孤单单地一个人过春节"，"心里很难过"，思念之情溢于言表。寄了500元给母亲——占了一个月工资的大部分，一定要让母亲在春节前收到，再三叮嘱母亲，"一定要用这钱给自己买一身合体的衣服，再买几样可口的小菜"。2004年的电话，没有家常话问候，只是告知不能回家的原因，"我升为车间主任，要带工人加班，所以不回去过年了！"寄的钱增加到1 500元。2005年的电话，笼统推说"业务繁忙，今年就不回家过年了！"寄的钱增加到1 800元。母亲近似苦苦哀求，"妈想你想得都病了"，回来"就看一眼，就当

① 杂文月刊，2009（10）.

可怜可怜妈”，而儿子毫不动心，叫母亲“自个儿去医院看一下病”，钱不成问题。2007年的电话，不回家的理由都懒得说了，“2 500块钱寄回家了，请查收!”母亲连话都不能讲了，被一声“再见”打断。2008年的电话，随着儿子的高升，连亲自打个电话都做不到，叫秘书代寄3 000元钱了事。纵观跨越近10年的电话内容，儿子的钱越寄越多，话语却越来越少，亲情越来越淡薄，究其原因，儿子的思想变化自然是内因，但社会的变迁、工作的压力、文化观念的异化不能不说也是重要的因素。

文化语境改变、催生的力量是强大的，有时成为时尚、风气，刷新语言得体的面貌。从文化意义上来说，在历经了“黄”的神圣威严和“红”的躁动喧嚣之后，汉语词汇开始步入了一个充满生机的“绿色”时代：绿卡、绿十字、绿色食品、绿色包装、绿色冰箱、绿色汽车、绿色电脑、绿色办公、绿色希望、绿色服饰、绿色电视机等等。“绿”在1996年版的《现代汉语词典》中，依旧只有一个义项：“像草和树叶茂盛时的颜色，蓝颜料和黄颜料混合即呈现这种颜色。”曾几何时，“绿色”词义快速升华、大力扩张，在许多场合，似无更切当的词语代替。究其原因，主要是受环境文化的影响。高度发达的工业文明，让人类付出了高昂的环境代价：资源面临枯竭，污染日益严重，生态破坏严重，人与自然的矛盾空前尖锐。“绿”越来越受到人们的重视，乃至成为全社会的共同追求。

汉语的量词真可以说是独特的文化现象，其多彩多姿的变异形式令西方人学起来颇为困难。汉语量词除了具有表示数量的意义外，还蕴含着文化意义，即社会赋予量词的引申义、比喻义、联想义、象征义、感情色彩等特有的含义，具有形象性、灵活性、模糊性等特点，表现出个人的创新，反映着时代的发展。汉语量词的这些特点，与汉族人的思维方式有密切关系。思维方式是社会文化的产物，受到生产方式、历史传统、哲学思想、语言文字等方面的综合影响。在思维方式上，中国人偏好形象思维，汉语量词的特点与汉族人的思维习惯相吻合。人们突破了量词仅仅表示数量的意义的限制，赋予了量词创造性运用的巨大空间。特别是在文学创作中，量词往往是不确定的、变异的、临时性的，着意展现含蓄、模糊、虚幻、独特的意境。

“遥望齐州九点烟，一泓海水杯中泻。”（李贺《梦天》）从天上看，九州像九点烟尘，大海波涛，也不过是装在杯中的一泓水而已。李贺用“九点”、“一泓”数量词来描写尘世渺小以及沧海桑田速变的情景，描绘的是幻想的境界。“一声梧桐一声秋，一点芭蕉一点愁。”（徐再思《水仙子·夜雨》）“九曲黄河万里沙。”（刘禹锡《浪淘沙九首》）“白发三千丈，缘愁似个长。”（李白《秋浦歌十七首》）诸如此类，都是用量词来表达一种情感、一种心情、一种意境，用定量表示不定量，意义深远。

再如，“假如真能痛痛快快去哭去笑/何必揽一杯残水剩水”（梁如云《画师》）；“寄你一笺幽情/请听呦呦鹿鸣”（乔延风《问候》）；“悄悄走下山岗/依依眷恋是半岭夕阳”（白马《红土壤》）；“看见岸上歪过来的一株柳树上，一瓣黄月朦胧”（贾平凹《浮躁》）；“码头上泊着小小的渔船，透过船篷是红红的灯，看得见古铜色的脊梁护卫着一窝甜甜的梦”（舒婷《到石码去》）；“一掬温存，几朵吻，留心那几炷笑”（闻一多《收回》）。这样的量词用法，词典上是查不到的，是使用者的创新，遵循的是艺术创作的规律，形成了汉语得体性的一道别致的亮丽风景线。

量词的用法是随着时代的变迁而不断发展变化的。人体词语本是名词，但现代汉语中，很多人体名词都可用作量词。这些丰富多彩的人体词量词，计量与其本义密切相关的事物或动作，使得语言表达更加形象生动。“股”，本指大腿，作名量词，可计量条状固体或液体物，如“一股绳/泉水”等；可计量气体、气味和力气，如“一股热气/香味/劲”等；也可计量成批的人，如“两股敌人”等；现在还可计量公司股份，如“流通盘3 000万股”等。“脚”，可作动量词，计量脚踢或蹬的次数，如“蹬/踹了几脚”等。“跤”，本写作“交”，指小腿，作动量词，可计量摔倒次数，如“跌/摔了几跤”等。“顶”，本义为头顶，作名量词，计量一些有顶之物，如“一顶帽子/帐子”。“领”，本为脖子，作名量词，可计量上衣，如“几领长袍/披风”等；也可计量床上用品等，如“三领夹被/竹席/草帘”等。“颗”，本义为“小头”（《说文·页部》：“颗，小头也”），用于称量小而圆的身上之物或身外之物，如“一颗心/几颗牙齿/几颗子弹”等。“口”，作名量词，可计量人或牲畜（多用于猪、羊），如“三口之家”、“三口猪”；可计量有口的物件，如“两口井/锅”等；可计量与口腔有关的东西，如“几口鲜血/一口牙齿”等；可计量语言，如“一口流利的英语”等。“口”作动量词时，可计量吃、喝等口腔动作，如“一口吞下/咬掉”、“喝/啃/吐了几口”等。从以上引例中也可以看出量词随着社会的变化而不断产生了新的用法。

毫不夸张地说，任何社会现象都是文化现象，所以无论在宏观上还是微观上，语言得体的研究都绝对不能脱离文化语境，语言得体的文化课题带有极大的普遍性。由于人们语言表达的目的、趋向不同，语言交际需要的不同，语言适应文化语境应该而且可以从不同角度、不同层面来考察、探讨、研究。本章从符合文化背景主调、顺应民俗事象特征、遵循审美观念传统三个层面，有重点地具体论述语言得体的文化性。

第二节　符合文化背景的主调

不管个人是否自觉意识到，每个人都置身于特定的文化背景之中。文化背景一般是指对人的生活、工作等方面产生影响的物质文化和精神文化环境。从大的方面来说，人们的文化背景有可能相同；但是在严格的科学意义上来说，人们的文化背景又不可能绝对相同，只能说大体相同或相类似。这就是说，人们文化背景的差异是普遍的客观存在。

语言适应文化背景，也就是在语言交际中要尽可能缩小文化背景的差异，向同化方向努力。相同、相似处愈多，语言交际愈是顺利；差异可能永远存在，但这些差异不应妨碍语言交际的顺利进行。

我们提出语言得体必须符合文化背景的主调的标准，一方面是指出语言适应文化背景最主要的要求、基本的准则，这是必须遵循的，否则就会转向不得体；另一方面，语言适应文化背景的标准不宜制定得过高过死，而应该存在弹性空间，既要达到起码的要求，又不排斥向更高的适应程度努力。

符合文化背景的主调虽然侧重于主要因素、主要倾向，但在语言交际中真正做到也并不容易。中外文化差异比较明显，同是中国文化背景，落实到具体个人，其实同样存在各种差异，有的比较隐蔽，更需要深入考察，仔细分辨。

一、达到沟通的主要目的

符合文化背景的主调，首要的是尽力消除文化上的障碍，能够相互沟通，达到语言顺利交际的目的。人际语言的沟通具有不同的层次，最基本的要求是能够相互传递主要的信息，说得清楚，听得明白，不至于云笼雾罩，令人稀里糊涂。

由于文化背景的不同而影响语言交际的例子是很多的，差异愈大，交际愈困难。1997 年第 5 期《青年文摘》上有篇文章《冰岛中文》，写一对冰岛青年夫妻按照一本学中文的小册子和一本《汉英辞典》自学中文的故事。他们自学达 5 年之久，可惜没有机会与中国人交谈过。小伙子取了个中国名字“王老龙”，姑娘取名“张小凤”。作者的前往，使得他们有机会与中国人对话。下面是文中的片断：

> 王老龙先开口了：“先生李，请你欢我们的迎!”
>
> 我睁大眼睛，半天没眨一下。——他说的是什么呀。正在这时，张小凤也开口了：“我们真愿意见你到高兴，非非常。”
>
> 我还愣着，王老龙更来了精神：“一个人的中国相当奇怪在冰岛，所有人的冰岛欢多多的迎对中国。”
>
> ……他们告诉我，来一段“爱情对话”，就绘声绘色地说开了。
>
> “啊，王老龙。”
>
> “呀，张小凤!”
>
> “请你被我爱。”
>
> “请你被我爱也。”
>
> “你是一个甜心我的，非常。”
>
> “你是更一个甜心我的，非非常。”
>
> “天涯海角，那感情的我们万水千山。”
>
> “天涯海角，万水千山。”
>
> 他们说得如醉如痴，我却听得稀里糊涂。这天涯海角的冰岛中文，真的把我抛进了万水千山。我还在发呆，他们又要讲一个关于冰岛的美丽传说。

“一个时代以前的长长，”王老龙先开始了，“很多冰是冰岛的未来。这里是一个太阳火，燃烧七条光线给地球。一个父母属于十个儿童，鱼的生活从天到夜幸福很。各孩子发现一甜心，你被爱我每个别人……”

王老龙洋洋洒洒，把我抛入云雾之中。终于，张小凤兴奋地做了收尾：“冰变化了大海，人变化了冰，冰里的房子房子上的人，接太阳的受来生活燃烧，……一个时代以前的长长，很多冰是冰岛的未来。”

作者被这一对青年夫妻对中文的热爱深深地感动了，但是他们所说的中文，只能说有那么一点点中国味儿，用英语的语法规则来说汉语，既不通，又不顺，很大程度上偏离了汉文化的主调。例如：“你是更一个甜心我的，非非常。”“甜心”这个词，在一般的汉语词典中查不到，在年轻人中较为流行；定语“我的”后置，副词“更”用来修饰名词，状语“非常”后置，而且“非常”的“非”重叠使用，完全不符合汉文化语法规则，实在难懂。“很多冰是冰岛的未来。”主语和宾语搭配不妥当，导致逻辑上混乱。“鱼的生活从天到夜幸福很。”按照汉文化习惯，“黑夜”应该与“白天”对应，这里的“天”意义含糊，形容词“幸福”后边带补语，中间应该加上一个助词“得”，不加“得”，非常拗口别扭，再加上是用来描述主语“鱼的生活”的，更是不明白其要表达的真实意思。“你被爱我每个别人”，涉及“你”、“我”、“别人”，以被动句式联结三者关系，令人搞不清究竟是谁爱谁。再者，“别人”是另外的人的泛称，不能用“每个”来修饰、限制的。虽然冰岛青年夫妻讲得“绘声绘色”，作者却“听得稀里糊涂”，没有达到双方相互沟通的目的。如此的“冰岛中文”是不得体的。

前些年，通俗歌曲中出现了一些令人匪夷所思的现象，词作得怪怪的，既不通，更不俗，例如“太阳横断，踢开碍事的葫芦”；“夜深沉依托起，柴米油盐是生计”；“赶路的脚没有心情，喝水的碗刮起轻风”；“难过小雨下个不停，痛楚犹豫何时越山峰”；“树叶发光不是新装，云朵飘忽惊悸心房”；“大饼卷洋蜡”；“寂寞男孩的苍蝇拍，左拍拍右拍拍，为什么还是没人来爱，苍蝇怎么还不飞过来”等等。所谓通俗歌曲，它的歌词应是浅显通俗、贴近生活，为大众所喜闻乐见的；它的旋律应是音域较窄，演唱难度较低，为大众所易于接受、掌握、歌唱的。缺少以上任何一个方面，就难以被称作通俗歌曲。但歌词不管怎样浅显通俗，歌曲究竟是文化，而歌词则应是语言的精华，这一类的歌词语言完全是反汉文化的，中国人看不懂，外国人也不明白，又谈何符合文化背景的主调呢！

文化背景的差异缩小到一定程度，虽然还有不合拍之处，但只要不妨碍信息的交流，那么语言表达仍可视为得体。

《文汇报》上刊登过一篇美国人玛丽写的文章《飞嫁到中国》。她跟随中国丈夫乘坐中国民航班机飞往中国去见公婆。玛丽的汉语水平不差，途中，空中小姐问她：

“小姐，您喝什么吗?”玛丽用汉语脱口而出：“我不是小姐，是媳妇。”这话引得周围的中国乘客哈哈大笑。空姐并没生气，莞尔一笑：“您的汉语讲得真好!”还很快端来一块小蛋糕，祝贺玛丽新婚愉快，许多乘客还热情地站了起来表示祝贺。查“小姐”一词词义，《现代汉语词典》解释为：“对未出嫁的女子的尊称。”玛丽严格按照“小姐”的词典义进行交际，按常理并不错。但是，汉文化相当复杂，在各种因素的影响下，“小姐”已泛用为对年轻女性的一种习惯尊称，空姐使用“小姐”来称呼玛丽是不错的。再者，在这种无关紧要的交际场合，玛丽的辩解是不必要的，她严格澄清自己的“媳妇身份”反而让人感觉到别扭。不过，玛丽缩小文化背景的努力值得肯定，从沟通的目的来看，并无大的障碍。空姐和其他中国乘客都懂得了玛丽所要表达的意思，已经结过婚了，而且悟出了玛丽是新婚的一层言外之意。空姐夸奖玛丽“您的汉语讲得真好!”还很快端来蛋糕祝贺，“许多乘客还热情地站了起来表示祝贺”。因此，我们就不能将玛丽的语言视为不得体。

受文化背景的制约和影响，语言的形式和意义有可能产生变异。有的是不同文化之间的相互交流、相互作用引起的。从大处看，现代社会是开放的社会，政治、经济等各个方面的交往越来越频繁，致使词汇、语法、修辞出现借用、套用、混用、化用等现象。从小处看，即使是同一文化大背景，具体的文化小背景相互之间也会有相互影响和作用，借用、套用、混用、化用等现象同样存在。对不同程度、不同情况的变异应该辩证对待，是否得体的一个重要标尺，就是要看对沟通有无影响。

“爱滋病”一词来源于英语，当最初出现时，北京中央电视台在新闻广播中译成“获得性免疫缺陷综合征”（1984 年），这个词不但长而且不好懂，但大概没有办法，只能照字面译。后来，人们接受了香港的译法“爱滋病”。这个外来词译得音意兼顾，可谓一举两得。现在又有人将“爱”改为“艾”，以“艾滋病”来代替“爱滋病”，其原因恐怕是有些人谈“爱”色变，怕这个词染上“黄色”，所以委屈香草（艾）来做替罪羊了。“金利来”这一著名品牌名，是金利来国际有限公司的命名，原来叫“金狮”（英语 GOLDLION），但“金狮”在粤语中与“金输”谐音，港澳的许多消费者对此很忌讳。该公司老板曾宪梓经过一番苦思冥想，决定用意译与音译相结合的方法，将汉名定为“金利来”，迎合消费者求吉利的心理，很快被公众接受。“卡拉OK”在国内已风靡城乡，在迄今为止的借词中，它是一个十分独特的词，半音译（卡拉），半原文（OK）。“卡拉 OK”是日语的音译，先被借到英语中，为 KALAROKE，后又进入汉语。当这个词漂洋过海刚踏上中国大陆的时候，即刻招来了许多人的非议，生怕这个不中不洋的东西会给汉语词汇带来混乱，甚至官方也出来干预，试图以其他名称来代替。然而这个词还是以它顽强的生命力生存下来，时至今日，大家已经接受，很少有人再歧视它了。

新时期的外来词各种形式并存，但直接使用原文的多了，形成这种局面的原因是多种的。一是人们外语水平的提高，对外语，特别是最流行的英语，并不陌生。二是出于简约的原则。现代生活节奏加快，要求人们长话短说，外语中的大量缩略语正好适应这种需要。如："CT"就比"计算机X射线断层摄影"要简洁得多。MTV、VCD、DVD、UFO、ISO、DOS等都是这种情况。三是有些外来词难以音译或意译。大量的科技术语借入汉语时，汉语不好翻译，往往找不到能互相对应的词，因此就直接使用原文，如"CPU"、"DNA"等。四是出于修辞的需要。汉语中有些"不雅"或带有某种"敏感性"的词，用外语原文可以淡化它们这种"不雅"的色彩。如用"WC"代替"厕所"，可以淡化人们熟悉的"厕所"的"不雅"的色彩。五是受港台影响。港台由于它特殊的身份和地理位置，与外界交往较多，因此出现了大量的外语词，大陆又从港台直接搬用过来，如"MTV"、"卡拉OK"等就是这种情况。

在汉语中，"中"的用法也出现了新的变化。例如："正营业中"、"正开放中"、"正休息中"等。这种用法，其实是受到日本文化的影响。日本文化的最大特点在于改进而不在于发明，在使用汉字时也是如此。在日本，"中"字的活用更邪乎。例如马路正在挖开，重新铺设管线，把路一拦，挂个牌子，写着"工事中"；在机场候机，告示牌写着"出国手续中"。即使邪乎，中国人还是很容易猜出其意思是表示正在施工、正在办理出国手续。由此可见，"中"的泛化活用并未影响交际沟通，还是符合文化背景主调的。

据报上一篇文章的统计调查，1998年最流行的全国性口头流行语是电视剧《水浒传》中刘欢唱的《好汉歌》中"该出手时就出手"。歌词表达的"出手"是针对宋朝的贪官污吏，但是，社会上广泛运用这句歌词，对象、场合都不同，原句的意义也发生了鲜明的变异。有人工作中胆子不大，怯怯缩缩，领导批评、鼓励："该出手时就出手"；消费者勇于向商家索赔，报刊赞扬他"该出手时就出手"；有人办事耽误了宝贵的时机，别人也会说一句"该出手时就出手"；青年男女谈恋爱，迟迟没有进展，朋友传授经验："该出手时就出手"；民警勇战持枪歹徒而负伤，报上的标题就是"该出手时就出手"等等。因为电视剧的广泛传播，人们接触到各种各样的新用法，有新鲜之感，无不懂之虞。

相互沟通，当然包括感情信息的沟通。感情复杂而微妙，不同文化背景的人们表达感情的语言方式不同，论定得体与否，必须从文化背景上抓住主导倾向进行考察。

2000年3月12日《文摘报》上有篇卢秋田的《东西方思维方式冲突》，写到一个典型例子。作者担任卢森堡大使时，为来宾放映《梁山伯与祝英台》电影。他怕来宾看不懂，便把梗概译成外文，预先发给他们看，放映前又请人介绍了一下。电影结束了，问来宾们看懂了没有。来宾们说，看懂了，但看得很累，用那么多的暗示来表达祝英台对梁山伯的爱，相送十八里，为什么不直接说一句"I love you!"呢。故事的年代、情节同《傲慢与偏见》基本一样，而伊丽莎白和达西可不是这种表达方式。由这一例可以看出，中国人男女之间受传统文化影响，表达爱慕之情用含蓄语言是得体的，很正常的；西方人受他们文化的影响，以直露为美、为得体。倘若东西方男女之间表达彼此的情爱，那就不能不正视、尽力缩小文化背景的差异。

相类文化背景中的情感交流同样要注意克服文化的障碍。下面摘引的是《秘书的“情书”》一文的片断：

亲爱的 L：

我们的感情，在组织的亲切关怀下、在领导的亲自过问下，并在我们双方的共同努力下，一年来正沿着健康的道路蓬勃发展。这主要表现在：

（一）我们共通信 121 封，平均 3.01 天 1 封。其中你给我的信 51 封，占 42.1%；我给你的信 70 封，占 57.9%。每封信平均 1 502 字，最长的达 5 315 字，最短的也有 624 字。

（二）约会共 98 次，平均 3.7 天 1 次。其中你主动约我 38 次，占 38.7%；我主动约你 60 次，占 61.3%。每次约会平均 3.8 小时，最长达 6.4 小时，最短的也有 1.6 小时。

（三）我到你家看望你父母 38 次，平均每 9.6 天 1 次；你到我家看望我父母 36 次，平均 10 天 1 次。

以上事实充分证明经过一年来的交往，我们已形成了恋爱的共识，我们爱情的主流是互相了解、互相关心、互相帮助，是平等互利的。当然，任何事物都是一分为二的，缺点的存在是不可避免的。我们二人虽然都是积极的，但从以上的数据看，发展还不太平衡，积极性方面还存在一定的差距，这是前进中的问题。

相信在新的一年里，我们一定会发扬成绩，克服缺点，携手前进，开创我们爱情的新局面。因此，我提出三点意见供你参考：

（一）要围绕一个“爱”字，（二）要狠抓一个“情”字，（三）要落实一个“合”字。让我们弘扬团结拼搏的精神，共同振兴我们的爱情，争取达到一个新高度，登上一个新台阶。本着“我们的婚事我们办，办好婚事为我们”的精神，共创辉煌。

你的 m①

“在组织的亲切关怀下、在领导的亲自过问下”，“这主要表现在”，“以上事实充分证明”，“发扬成绩，克服缺点”，“弘扬团结拼搏的精神”，“达到一个新高度，登上一个新台阶”，“共创辉煌”等等，这些用语都是工作报告惯用的套话。（一）、（二）、（三）的序数，精确的数字统计与恋爱的氛围格格不入。“一分为二”、“发展还不太平衡”等是议论语言。当然，这是夸张的例子。这封情书带着浓厚的总结报告

① 温州都市报，2007－10－24.

色彩，套用的是秘书写作格式，语体偏离已经大大超出了正常的范围。用此种文化笔墨去表达感情，很不得体，必然导致失败。

二、符合正常的发展趋向

一个社会内部和外部的变动都会促使其文化系统发生适应性变化，从而引发新的需要。创新、传播、涵化是文化变迁的过程和途径。在一般意义上来理解，涵化是由两个或多个自立的文化系统相连接而发生的文化变迁。涵化可能出现的几种情况是接受、适应（同化或融合）、抗拒。文化背景不断发展变化，新的因素层出不穷，这种发展变化丰富而复杂，有的由于事关重大，易于引人注目，但许多常常是可以感受到但难以有清晰的理性认识。还有的，人们受到惯习的影响，嗅觉不灵敏，语言表达就可能出现失误。语言实践的逻辑并非都是理性的逻辑，并非都受理性的支配，人们在进行语言表达的那一瞬间在不少场合是模糊的，是没有清晰的理性根据的，而是惯习起着重要的作用。因此，语言符合文化背景主调的又一个重要方面，是紧紧追随时代潮流，无论是面对文化变迁的哪一种情况，都要努力适应文化背景正常的主导发展趋向。

政治、经济等方面的变革往往引起人们思想价值等方面观念的更新。如果人们无视这些变革，依然停留在陈旧观念上面，就会落后于形势，说写不得体。

改革开放以来，中国的个体、私营经济从无到有、从小到大，靠的是国家政策的引导与扶持。怎样正确认识、对待、表述个体、私营经济在国民经济中的地位，人们却未必清楚。1978 年，党的十一届三中全会提出："社员自留地、家庭副业和集市贸易是社会主义经济的必要补充部分。"1981 年党的十一届六中全会通过的《中共中央关于建国以来党的若干历史问题的决议》指出："国营经济和集体经济是我国基本的经济形式，一定范围的劳动者个体经济是公有经济的必要补充。"1982 年，党的十二大提出："在农村和城市，都要鼓励劳动者个体经济在国家规定的范围内和工商行政管理下适当发展，作为公有制经济的必要的、有益的补充。"1987 年，党的十三大提出："对于城乡合作经济、个体经济和私营经济，都要继续鼓励它们发展。""实践证明，私营经济一定程度的发展，有利于促进生产，活跃市场，扩大就业，更好地满足人民多方面的生活需求，是公有制经济必要的和有益的补充。"1992 年，党的十四大提出："在所有制结构上，以公有制包括全民所有制和集体所有制为主体，个体经济、私营经济、外资经济为补充，多种经济成分长期共同发展。"1997 年，党的十五大提出："公有制为主体、多种所有制经济共同发展，是我国社会主义初级阶段的一项基本经济制度。""非公有经济是我国社会主义市场经济的重要组成部分。对个体、私营等非公有制经济要继续鼓励、引导，使之健康发展。"从以上引述中可以清晰地看到我国个体、私营经济从"必要补充"到"组成部分"的发展轨迹，我们不能因为党的十五大提出了"重要组成部分"而一概否定了前边的提法。事实上，每一发展阶段的表述都是适应了那个时代的文化背景。

适应文化背景的发展变化趋向，从某种意义上来理解，就是语言表达贴近现实生活的努力。这是因为现实生活本身就是一个色彩斑斓、变幻无穷的文化世界，文化背景在这一过程中起着潜移默化的制约和影响作用。

张纯辉先生指出："现实生活中的立法、司法活动是动态的、具体的，也是更为复杂的。因此，应该以一种更为动态化、开放化、多元化的视角去看待立法、司法过程中法律语言的运用。这就需要我们从更多的角度，用不同的方法，从不同的途径，对动态的法律语言进行新的研究和探讨。""法律语言的研究领域在过去三十年中不断地拓展。……合同的语言首先进入了讨论的范围。法律合同文件的起草者之所以使用错综复杂的句法结构，一方面是为了避免误解，另一方面是为了尽量做到覆盖全面而无需外在证据来解读文件。合同中句子的条件式、如何处理紧挨着被修饰短语或词汇的修饰成分、非限定性定语从句作后置修饰语、句子之间缺乏明确的连词、词汇的重复使用和对代词使用的吝啬等方面得以关注。在对合同语言的研究之后，涌现了大量关于法律文本语言的著作。这些著作着眼于法律语言的语法，特别是句法和词汇。"① 这些意见虽然论述的是法律语言研究的范围在扩大、方法在更新，但我们也可从中得到启迪：任何语言的得体是离不开社会时代的发展的，合同语言的复杂独特结构符合人们日趋频繁的经济方面的交往的需要。

1999 年第 3 期《语文建设》上有篇高万云先生的《农民的"文话"和农村的变化》，文章说道："综观五十年农民语言的发展，我们发现，其根本原因在于以下几个方面：一是整个社会的发展，出现了多得令人目眩的新事物新概念，造成了新的社会语境，如经济文化的繁荣、科学技术的发展、思想观念的变化、义务教育的普及、生活方式的改变等。而这一切又通过广播电视、报纸、书籍等媒体辐射到各个角落，从而影响了农民语言。二是农村本身的变化，构建了新的农村文化生态，如科技文化医疗下乡，城乡广泛的双向接触，大批闲散劳动力的外出打工等，这样就给农民带来不少新信息、新观念，进而影响了农民语言的变异。所有这些，都说明农村物质文明和精神文明的重建提高了农民文化修养，进而促进了语言修养的变化。不过，更重要的是，农民们的语言表达能力也迅速提高，有时简直令人吃惊。"作者举出打工农民的语言一例。问："你们外出打工，老板和你们的感情还好吧？"答："都商品经济了，还讲什么感情不感情的，劳资双方一切按合同办事，他们用票子买我们的力气，我们用力气换他们的票子，白纸黑字，买卖自愿，愿打愿挨，合理合法，这和感情没有关系。""你是记者吧？你要想知道感情方面的事，就采访采访我们的'飞毛腿'和'爱国者'吧。""他是和你开玩笑，今年我媳妇——哦，我爱人闹病，我就在廊坊扒火车急着赶回去，回去后她已经没什么事，我第二天就又赶到北京，这样他们就给我

① 张纯辉．法律文本的语言转向探析．东北师大学报（哲学社会科学版），2012（1）．

起了个‘飞毛腿’。这个小李子正在和一个姓郭的姑娘谈恋爱，于是他们就给他起了个‘爱国者’。你看，我们俩就成了最先进的导弹了。”“这叫甚？这叫领导世界新潮流！”民工的语言挺新潮，“劳资双方”、“都商品经济了”、“飞毛腿”、“爱国者”等，从中都可以看出那个时代文化的影响。

广告语言是紧跟时代文化发展潮流的一种比较特殊的语言。广告语言蕴含、反映了社会文化，从侧面揭示出一个民族的思维方式、社会心理、价值取向、道德观念、生活方式、消费观念和风俗习惯等。这些文化因素都是处于不断的运动变化之中，并会在广告语言中折射、显露出来。

房地产广告策划随着社会居住文化的发展、变迁而变化，这种变化显露得颇为鲜明。房地产广告从过去单一的卖房地产，发展到后来的卖概念、卖文化。房地产商抓住了新时期人们的文化、生活等特性，引导了一个又一个新的消费理念。其一，随着生活水平的提高，人们对居住环境和健康生活有了越来越高的要求，生活在一个环境优美的社区里成为人们倡导的健康生活的一部分。所以，许多广告以小区绿化带面积、小区周围环境等作为其为健康社区的宣传点。例如，“金都华庭——市中心生态庭院”、“富春山居——把家轻轻放在大自然中”、“东方金座——西湖给你的机会”、“南湖丽景——纯山、纯水、纯粹”、“翠海花园——把花园搬回家”、“蔚蓝海岸——蔚蓝色美丽的泛滥”，① 让消费者感觉住在这样一个绿色无污染的环境里才是健康生活的保障。其二，今天的父母们为了让孩子能够赢在起跑线上，往往尽其最大努力来为孩子选择一所好的学校，为孩子创造一个良好的文化氛围。在这样的背景下，教育因素在购房因素中所占的比例越来越大，而国家、地区一些新的教育政策的颁布更是成为这些父母购房时首要关注的焦点。并且，这一现象在就业竞争越来越激烈的中国社会只增不减，成为房地产商们售房时不得不考虑的一个重要因素，也成为房地产广告策划的一个新的热点。例如，“名利只是贝壳，孩子才是贝壳里的珍珠”，这句楼盘广告语被一些业内人士称为2012年“南京楼市最意味深长的广告语”，出自河西一家五月份上市的新盘。而该楼盘打出这句广告的意图也就是为了标榜其“纯正学区房”的概念。“团鼓楼学区房，抢孩子的未来！”天玺国际广场上市销售的口号是“龙江绝版拉小分校学区房”。②“孩子的起步就与优越同步”③，将学区房与孩子的优秀等同。苏宁悦城楼盘开盘的广告：“太湖新城核心，锡师附小学区！”④ 锡师附小是无锡市最为著名的小学之一，分校办到哪里，房地产开发商的广告就跟到哪里，上面的广告就是指新办的第二所分校所在地。

---

① http：//www. doc88. com/p－996971408233. html.

② 南京晨报，2012－06－01.

③ http：//www. zhengjicn. com/zy/ggy/200706/3113_ 2. html.

④ 江南晚报，2013－05－24.

如果拉长时间考察，广告语言与不同时代文化的适应性更为明显，倘若易换，则极有可能会转向不得体。

鲁迅曾为自己主编的《乌合丛书》写过广告："大志向是丝毫也没有。所愿的，无非第一在自己，是希望那印完的从速卖完，可以收回钱再印第二种；其二，对于读者，是希望看了以后，不至于以为太受欺骗。"（《集外集拾遗补编》）1934 年 12 月，老舍在《论语》半月刊介绍自己的作品："《老舍幽默诗文集》不是本小说，什么也不是；《离婚》是本小说，不提倡离婚；《小坡的生日》是本童话，又不大像童话；《二马》又是本小说，而且没有马；《老张的哲学》是本小说，不是哲学。"1946 年，剧作家陈白尘的讽刺喜剧《升官图》上演了，著名文学史家丁易为该剧写广告，赋诗一首登于报上："魑魅魍魉作人声，妖镜显来尽现形。如此官场如此戏，是真是梦问诸君。"①

鲁迅的广告诚实，只是希望书"从速卖完"，"收回钱再印第二种"；读者"不至于以为太受欺骗"。老舍的广告幽默，巧妙地利用书名提示小说的内容，《离婚》"不提倡离婚"，《二马》"没有马"，《老张的哲学》"不是哲学"，三个否定句，纠正了读者可能产生的误解。戏剧《升官图》以夸张的手法，刻画了假县长、假秘书长、各局局长等形形色色的官僚的丑恶嘴脸，他们为了金钱，营私舞弊、巧取豪夺、互相倾轧，构成了一幅官僚群丑图。《升官图》的广告用诗歌的形式极简练地概括了剧作的内容，好似一幅讽刺漫画。这类文人广告在当时或者无可厚非，也能获得一定经济收益，但如用在今日，则不合时宜，缺少强大的鼓动力，难有显著经济效应。

"娃哈哈，心中有娃娃"，定位于娃娃，朗朗上口，亲切有加。"海澜之家，男人的衣柜"，定位于男性，贴切的比喻拉近与顾客的距离。某化妆品广告："趁早下'斑'，请勿'痘'留。"巧妙利用同音字，风趣幽默。同样是化妆品："大宝明天见，大宝天天见。"运用拟人修辞方法，平易亲切。柯尼卡相机："他傻瓜、你聪明"，对偶形式，语言简练，既点明产品特点，又夸赞了顾客的眼光，吸引消费者。凉茶是广东、广西地区的一种由中草药熬制，具有清热去湿等功效的"药茶"。在众多老字号凉茶中，又以王老吉最为著名。为更好地唤起消费者的需求，其电视广告选用了消费者认为日常生活中最易上火的五个场景：吃火锅、通宵看球、吃油炸食品薯条、烧烤和夏日阳光浴，画面中的人们在开心享受上述活动的同时，纷纷畅饮红罐王老吉。结合时尚、动感十足的广告歌反复吟唱"不用害怕什么，尽情享受生活，怕上火，喝王老吉"，促使消费者在吃火锅、烧烤时，自然联想到红罐王老吉，从而促成购买。这些现代广告语，针对性特强，时代气息浓郁，语言生动活泼，得体而富有创意、富有吸引力，非旧时代的广告所能比。

符合文化背景的正常发展趋向，我们之所以冠以"正常"限定，是因为文化背景

① 人民戏剧，1981（5）.

的发展变化过程中，同时伴随着反文化的不正常现象。反文化是亚文化的一种表现形式，是主流文化的对立面，对主流的价值观和思维方式坚持挑战与反抗的态度。改革开放以后，特别是20世纪90年代以来，由于受西方社会思潮的冲击，青年中反文化现象尤为明显，主要表现在人生价值取向上的功利主义、拜金主义、利己主义倾向，思想政治观念上的消极模糊认识，工作学习上的功利与造假行为，行为方式上的腐朽怪异现象，人际交往的“世故”倾向等方面，这些表现在语言上都有所反映。语言符合文化背景的主调，就必须进行科学鉴别，避免走“调”。

例如“酷”字，是英文Cool的汉语音译。Cool本来是冷的意思，60年代开始成为美国青少年的街头流行语，初期是指一种冷峻的、反主流的行为或态度，后来泛指能够让懂得使用“Cool”这个词的人来赞美的一切人和事物。这一用语20世纪70年代传入台湾，词义陡然丰富起来。台湾“教育部”已正式将该词收入《国语辞典》，释为“潇洒中带点冷漠”。据零点公司的网上调查显示，“酷”与“下岗”、“房改”、“再就业”等词，并列1998年中国十大流行语排行榜。对“酷”字的运用值得分析、研究。“酷”在中国，先是从影视歌三栖舞台中出现，歌星影后的英俊、潇洒、冷面、反叛……成为很好的注释。模特出身的瞿颖在《有话好好说》中塑造的城市少女的“酷”样，让人们确实有一种冰冷的感觉。歌手陈琳《你的柔情我永远不懂》盒带的封面是她站在黑色背景旁惊恐扫视你的照片，“酷”样清纯。一般如此运用倒也罢了，但而今的用法大大泛化了，披头散发的模样为“酷”；头发成“红海洋”、“蓝海洋”、“黄海洋”为“酷”；夸张浮躁的姿势为“酷”；高消费、模仿明星的动作为“酷”；穿名牌为“酷”；忧郁、孤傲的表情为“酷”；吃国家保护的珍稀野生动物为“酷”……滥用“酷”字，走向极端，是种反文化倾向，是对美学的亵渎，应该坚决反对。

三、负载必要的礼貌信息

人们不论拥有何种文化背景，都必须讲究必要的礼貌。所以，礼貌可以视作文化背景的主调之一。语言负载必要的礼貌信息，也就是从一个特定的方面去适应文化背景的主调。礼貌是种丰富多彩的文化现象，尽管也有发展变化，但在特定的社会历史时期，具有相对的稳定性。语言得体地负载礼貌信息，表示出对交际对象的尊重，有助于交际双方顺利沟通，融洽感情，以取得良好的表达效果。

钱厚生先生指出：“布朗和莱文森从剖析人们的面子（face）意识入手，指出礼貌语言实际上是人们维护他人及自身面子的一种手段。他们认为面子可分为两种：消极面子（即希望不受他人侵犯或左右）和积极面子（即希望受到恭维和赞扬）。因为现实生活中存在着不少难以避免的威胁面子的行为（face - threatening - acts，简称FTA），在交际过程中，为了实现既定目的而又保全双方的面子，人们往往根据FTA

对面子的威胁程度来选择合适的礼貌语言手段。”① 按照这样的观点来理解，语言的礼貌性覆盖的面确实很广。

汉语拥有非常丰富的礼貌语言手段，在各种场合被人们自觉或不自觉地运用着，有许多使用频率很高，以至于人们并不觉得是在刻意追求“礼貌”表达。

1997年第4期《青年文摘》上有篇美国马霞·马尔克斯的文章《从容跨越文化沟》，写出了一位外国人对中国礼貌文化语言的感受。“为什么我们学外语的时候总也学不会那些简单的词语，使你能不知不觉地进入另一种文化，而又丝毫不露出外国人的痕迹来呢？所有的汉语课本都从怎么跟人打招呼开始；可是一到门口送客的时候，我这个老美就张口结舌不知说什么好了。生硬地说句再见，不行，可是课本上就学到这么一句。于是我微笑、点头，像日本人似的弯腰鞠躬，搜索枯肠想找些话来说，尽量做到得体，让客人觉得我确实欢迎他们再来。对此我总感到不知所措，常常躲在我那彬彬有礼的中国丈夫身后，由他去支应一切。”“中国人送别时有一套繁琐的程序，彼此要来回推让以表示殷勤。”“分手时该说什么呢？说‘慢走’。不说再见，不说祝你平安，而说‘慢走’。对中国人来说，这其实是‘保重’、‘脚下小心’之类关照的话，直译的意思是‘悠着点’。”“同一个‘慢’字也用在另一句客气话中。那就是在吃完了一顿极其丰盛可口的饭之后，主人要对客人说声‘怠慢’，说自己不会招待，主人当得不像样。”“美国主妇听人赞扬她的烹调技术时，会说：‘哦，你喜欢，我很高兴。我是专为你做的。’中国的男、女主人都不会这么说，相反，他们总要说‘没有一点’可吃的菜肴，因未能盛情款待，而再三表示歉意。”“对待子女也是如此。美国父母会得意地谈论自己孩子的成就，告诉人家乔尼如何加入了学校的球队或玛丽如何上了光荣榜。中国父母可不是这样。他们的孩子哪怕在班上名列前茅，也还是说他们只会‘淘气’，从来不爱学习，不听大人的话，等等。”

这位美国人由于有了中外对比，文化感受尤为鲜明。马霞·马尔克斯所举的“慢走”、“怠慢”等例子，是汉语中常用常见的待客的礼貌语言。“慢走”，实际上就是小心谨慎地走，不要粗心大意，表示关心、爱护对方。“怠慢”，字面意思表示招待不周到，实际上是对宾客的谦辞，表示出对对方的尊敬。

其实，礼貌语言的使用在一般场合下并不是那么刻板划一，只要附加了必要的礼貌信息即可。中国人见面打招呼，说“您（你）好！”中规中矩，可以。“饭吃过了吗？”“你到什么地方去？”“最近忙吗？”“你精神不错啊！”随和亲切，也可以。明知对方在做什么，很自然地将事儿重复一下：“去买菜呀！”“忙着打扫卫生哪！”“读小说？”借事问候，同样是得体的。

礼貌是对他人尊重的表现，除了特定的、约定俗成的礼貌语言形式外，礼貌的信息更多、更主要的是渗透在交际的话语之中，这从话题、角度、用词、句式、口吻等

① 钱厚生．汉语礼貌语言手段论略．汉语修辞和汉文化论集．南京：河海大学出版社，1996.309.

方面都能体现出来，让人感受得到。

世界著名哲学大师黑格尔受家庭的影响考入了神学院，原打算毕业后去从事当时颇受人尊敬的牧师工作，但大学老师为他写的一段短短的评语却改变了他的一生。这段评语是：

> 你记忆力强，判断力健全，文字通顺，作风正派；神学成绩平平，但语言知识丰富，在哲学方面有天赋且十分努力。①

老师的评语用第二人称代词“你”来代替“该生”，直接面对学生，用学生的语言、朋友的口吻、长辈的爱抚来评价学生，虽然“神学成绩平平”，但“语言知识丰富”，“在哲学方面有天赋”。黑格尔“神学成绩平平”的缺陷是事实，但教师对其总体评价不能说不高。评语亲切、温和，全面审视黑格尔的各个方面，发现突出点，抓住主流，充分尊重学生，实事求是，给予鼓励，寓含了希望和信心。这段评语就是渗透进了丰富的礼貌信息，深深打动了黑格尔的心。他反复诵读、推敲，经过慎重考虑，毅然决定扬长避短，改行从事哲学研究。

谦虚是种美德，谦虚的语言必然负载着礼貌的信息。谦虚常常在与他人的交际中表现出来，正确对待自己，也就是尊重对方。谦虚不仅仅表现为称呼之类的形式，更重要的是在实际话题的交流中能得当地坚持真理，修正错误。

> 1983年6月1日中共中央召开的民主协商会议上，时任总书记的胡耀邦在发言中说：“有一句话提出来同大家共勉，毋忘团结奋斗，致力振兴中华！”参加会议的记者李尚志赶紧记下来，想写到新闻消息中，为核对无误，他把记这句话的纸条递给胡耀邦看。胡耀邦开玩笑地说：“哈，你给我写对了11个字，有一个字写得不对。”“哪个字不对?”“不是勿忘，是‘毋’忘。”边说边在日记本上改：“是‘母’字撇出尾巴的‘毋’，不是‘忽然’的‘忽’字没有‘心’的‘勿’。”记者解释道：“‘勿’、‘毋’通用。”“啊，错了还不承认。你们这些同志是解放后上学的吧?”“是的。”“我上学时这两个字可是不一样，现在也不能说两字完全一样了。”指着笔记本又说：“还是用这个‘毋’字吧。”当记者答应后转身离去时，胡耀邦又叫住他说：“我想了一下，这两句话我改两个字好不好?”“改哪两个字?”“把‘致力’振兴中华，改为‘务期’振兴中华好不好?”记者说：“不好。”胡耀邦便开玩笑地说：“你这个记者这么厉害呀？我讲的是顺口溜，我自己要改都不行吗？版权是我的嘛。”记者说：“这两句话中，第一句‘毋’字打头，第二句‘务’字在先，‘毋、务’字音重复，放在一起念起来不

---

① 黄金时代（学生族），2011（2）.

如原来的好听，还是不改为好。”后来，胡耀邦笑着答应了。①

这一例中，涉及一个“毋”字的书写、一个“致力”词的改用。总书记胡耀邦对前者坚持自己的意见，“还是用这个‘毋’字吧。”原因是“这两个字可是不一样”，即使“现在也不能说两字完全一样”。“勿”和“毋”虽然基本意义相同，但除了声调不同，还有两点区别：一是“毋”表示“不要”，带有劝勉口气，比较缓和，如“毋庸讳言”、“宁缺毋滥”；“勿”表示“不要”，带有强制意味，口气强硬，如“切勿倒置”、“请勿吸烟”、“请勿入内”。二是“毋”多用于书面语；“勿”既用于书面语，也用于口语。胡耀邦同志的意见是对的。对后者则听从了记者的意见。因为记者所言“‘毋、务’字音重复，放在一起念起来不如原来的好听”，确实是有道理的，所以胡耀邦“笑着答应了”。无论坚持或听从，都平易近人，绝无架子，乃至用开玩笑的口吻，这是谦虚态度的两个方面的体现。

语言如果缺少起码的礼貌信息，就是违背了文化背景的主调，那么即使表述的内容是对的，或者存有一定的合理因素，也可能会导致语言的不得体。

2006雅虎中国搜索创意盛典新闻发布会现场，当记者问冯小刚：“在几部贺岁片里，听说你首先选择看《千里走单骑》，看片总得有先后呀，为什么你首选这部片子呢？”冯小刚怒吼道：“我说你这问题提得有点操蛋啊！我觉得你这是在挑拨离间，有点居心不良啊！”记者听后十分尴尬，对冯导的好感大打折扣。

2009年“十一届全运会”开幕前夕，关于跳水比赛“金牌内定”的新闻报道沸沸扬扬，国家体育总局副局长肖天在新闻发布会上咆哮道：“没有证据，就不能乱说内定。”过后，比较率性的他越说越激动，竟然爆了三次粗口：“你不能因为输了，不服气，就说是‘他×的’内定，就是‘他×的’猫腻。比方说跳水，有人入水水花小，就说应该是他夺冠。跳水能只看水花大小吗？‘他×的’就是老百姓去跳，他在空中就翻一周，水花也会小啊，能因为他水花小，把冠军给他吗？”骂完之后，令在场所有人愕然。②

第一例中，不排除记者的提问可能有他的特定指向，但毕竟只是询问，而且是用“听说”借用第三者角度提出问题的，接受提问者有权回避作答，或选择艺术性的委婉回答。但作为名人的冯小刚，竟然用粗话责骂：“这问题提得有点操蛋啊！”而且上纲上线，认为记者是在“挑拨离间”、“居心不良”，主观武断，连起码的礼貌都没有。第二例中，相信副局长所言是对的，没有内定之说，却连续三次爆粗口，一口认

① 党建文汇（下半月版），2000（6）.
② 演讲与口才，2010（3）.

定对方是“因为输了，不服气”，严词责问“跳水能只看水花大小吗?”“能因为他水花小，把冠军给他吗?”反问句显示出不容置辩的口吻，居高临下，态度生硬。“爆粗口”是情感宣泄的独特方式，但它不仅不是解决问题的方式，反而是一种语言垃圾，“爆粗口”者在宣泄情绪的过程中，也对他人实施了语言暴力，因而是极不得体的。

第三节　适应民俗事象的特征

斯大林在《马克思主义与语言学问题》中指出：民族是“人们在历史上形成的一个有共同语言、共同地域、共同经济生活以及表现于共同文化上的共同心理素质的稳定的共同体”。其中的“共同文化”，在某种意义上说，就是指各民族在历史上形成，并演变流传至今的民俗事象。具体来说，民俗事象是关于生产、生活、文娱、制度、信仰等方面的民俗活动和民俗现象的总称，也可指单一的民俗活动。民俗事象是人类文化的重要构成因素，是历代相沿、积久而形成的风尚，反映人类在长期的生产实践和社会生活中稳定传承的历史文化现象。

民俗事象是具有非常鲜明特色的文化风俗现象，普遍存在于社会生活之中，几乎到处有其足迹和烙印。因此，民俗学被人们称作“历史之学”、“文化之学”、“百科之学”等。

民俗事象的鲜明个性特征是一种悠久的历史文化传承与积淀，具有相对稳定性和顽强的生命力，不是能够随意改变的。新的民俗事象特征的出现，也必须在社会实践中得到人们的广泛认可。

民俗事象是文化语境的重要组成部分，适应文化语境必须高度重视民俗事象的特征。语言是民俗的一面镜子，语言符号系统都烙有民族民俗的印记。在现代理性引导下对民俗事象的审美开发，某种意义上改变了人们对风俗传统的肤浅认识，而将民俗事象当作某种实实在在的、有着丰富历史内容和自身变化规律的文化现象。语言行为不仅构成对具体风俗的动态说明，同时也是风俗事象的一种载体。语言在适应民俗事象特征的过程中，形成了多彩多姿、不同类型的形式，同时受民俗事象的变革影响，不断创新、改造、丰富自身。

一、适应民俗事象的社会性

民族事象的社会性，指民俗事象的习惯、特征是在人们共同的社会生活中逐步形成和约定的，即所谓约定俗成。正由于此，民俗事象就有地域性、民族性、时代性等分别。语言适应民俗事象的社会性，也就是要求入乡随俗，一般情况下不能违背约定俗成的风俗习惯。适应民俗事象的社会性非常丰富复杂，下面略举几个方面予以说明。

称谓、名称的适应。适应民俗事象的社会性在对人的称谓和事物名称的说法上有明显的反映。“一个地方的称谓语系统可以鲜明地反映出此地的社会文化，包括传统习俗、伦理观、价值观、政治背景等。”① 事象，也包括事物，对事物的说法上也反映出民俗事象的习惯、特征的影响。

新加坡有个图书城，人们都称其为“百胜楼”，原因是“书”和“输”同音，是个忌讳；反过来说，就是胜利。香港人忌讳称丈夫或妻子为“爱人”。因为“爱人”在英语中是指“情人”，俗称“相好的”，所以香港人介绍自己的丈夫或妻子与别人相识时，总是说：“他是我的先生”或“她是我的太太”，称别人的丈夫或妻子时，也是说“您的先生”或“您的太太”。对中老年人忌讳称“伯父”、“伯母”，因为“伯父”、“伯母”与“百无”谐音，就是“一无所有”的意思，所以一般改称“伯伯”、“伯娘”。酒家、饭馆的伙计及掌勺师傅最忌讳说“炒菜”、“炒饭”，因为“炒”字在香港有“炒鱿鱼”（解雇）的意思，不吉利。香港的菜馆、酒家带“炒”的菜、饭，在菜谱上写的都是“爆××”、“炸××”、“干煎××”、“滑××”或“肉饭”、“叉烧饭”等。香港人过年从来不说“新年快乐”，平时写信也不用“祝您快乐”祝颂词。因为“快乐”与“快落”（失败、破产的意思）听、说起来都容易混淆，所以，香港人过年通常说“恭喜发财”、“新年发财”、“万事如意”等。内地人并不忌讳称自己的丈夫或妻子为“爱人”。内地人口中的“爱人”专指已结婚男女，而未结婚恋爱中的男女叫“对象”。“爱人”主要用于口头语言，在法律文书、人事档案及表格中，则采用“配偶”、“丈夫”、“妻子”的称谓。“伯父”、“伯母”、“炒”之类没有忌讳，而有些事物另有习惯称呼。例如“舌”与“折本”的“折”在很多方言中是同音或近音，故不少地方都忌讳这个“舌”字。北京叫“口条”，广州叫“脷”，南昌称“招财”，无锡喊“赚头”，上海、苏州一带叫“门枪”。又如“洗”，上海方言中同“死”同音，于是上海人把“洗”改说成“汏”，洗衣服叫“汏衣裳”，洗澡叫“汏浴”，洗头叫“汏头”。趋好求吉的文化心理导致了选择词语的变化。

交际话题的适应。在日常交际中，除了见面时互相打招呼，说些应酬寒暄的话以外，不管是正式谈话还是聊天，都是有实质内容的，也就是话题。人们想要表达的思想通常都是以话题的形式展开的，所以话题是人们交际的核心。人们常常会根据双方的关系，在不同的场合随意选择和转移话题。然而，话题的选择也有适应民俗事象的社会性问题。在与来自不同国家或文化背景的人们进行跨文化交际时，话题选择不当，交际有可能受挫或失败、产生误解，甚至造成人际关系恶化的情况。还有一些话题，因为与社会公德背离，不同民族、地域的民俗事象都有禁忌。

东西方风俗习惯不同，与西方人打交道，通常有七个问题是不可以随便询问的。一是年龄。西方人大多希望自己在对方眼里显得年轻，对自己的实际年龄讳莫如深，

---

① 钟敬文. 民俗学概论. 上海：上海文艺出版社，1998. 312.

妇女更是如此，她们过了24岁之后就不太愿意告诉他人自己的年龄了。二是婚姻。西方人认为婚姻纯属个人隐私，向他人询问是不礼貌的。若是向异性打听婚否，则有对对方关心过甚之嫌。三是收入。西方人将此视为个人脸面，因为它与个人的能力和地位有关。不仅收入不宜谈论，住宅财产、服饰等体现个人收入状况的问题也应回避。四是地址。西方人认为，留给他人自己的地址，就该邀请其上门做客，而他们通常是不喜欢随便请人去家里做客的。五是经历。西方人视个人经历为自己的底牌，是不会轻易让别人摸去的。六是工作。中国人爱问别人“你正忙什么呢?”“到哪儿去?”其实是一种问候，回答与否无关紧要。而在外国人看来，问这类问题，不是闲得无聊，就是有意窥探他人隐私。七是信仰。宗教信仰和政治见解在西方人看来非常严肃，所以不能信口开河。而在中国人看来，这七个问题在交际中一般并不忌讳。

隐私在语言交际中是一个敏感话题。隐私是一种与公共利益、群体利益无关，当事人不愿他人知道或他人不便知道的个人信息，当事人不愿他人干涉或他人不便干涉的个人私事，以及当事人不愿他人侵入或他人不便侵入的个人领域。社会越开放，禁忌避讳也就越少，属于个人隐私的空间也会越狭小。但不论怎样开放，隐私自有它的存在空间，健康的社会文化是不能不保留个人的隐私空间的，侵害隐私的行为往往带来的是人格尊严和人格自治受到伤害。如果对隐私的触及、获取和公开超过必要限度或主观上存在明显故意，即使在公共场合仍可能构成隐私侵权。把不可示人或不必示人的隐私用语言曝光，那么，这些隐私语言就很有可能成为特定社会环境中“有碍观瞻”的秽物。据一家权威大报报道，《绝对隐私》火爆，《非常隐私》、《单身隐私》、《婚内婚外》也相继上市，并且，成系列的“隐私”类图书还将陆续登场，书市涌动着一股“隐私”潮。而某些隐私书，无非是些秘闻绯闻、长短是非、风言风语，不过以此作为卖点而已，毫不足取。

杨振宁和翁帆的婚姻，本来是两人的私事，他人无权置喙，只是因为杨振宁是第一个获得诺贝尔奖的华人，在国人眼里是具有崇高地位的，是公众人物，所以他的婚姻受到关注也是在情理之中，但热衷于指手画脚、说长道短就有侵犯隐私之嫌了。网上的各种各样的评论多得是，例如：“‘杨翁恋’最大的可议之处就在于，虽然声称没有违反爱情的逻辑，但却违反了自然的逻辑。”“这事发生在名人身上就叫风流佳话，发生在普通人身上就叫老不正经。”“翁、杨之间相差半个多世纪，你真的相信他们可达到琴瑟和谐的境界吗?”“就连翁父也说女儿作出了牺牲，只不过这种牺牲‘既是一种美德，也是光荣’罢了。”“民众会用什么理论来解读‘杨翁恋’呢？最合理的当然就是‘成本—收益’理论了。”“‘杨翁恋’是一处‘人造景观’。”① 两相情愿的爱情，被提高到“违反了自然的逻辑”高度，贬斥为“老不正经”，说成为“作出了牺牲”，比作“人造景观”，认为最合理的解读“当然就是‘成本—收益’理论”，不但

① http：//news. sina. com. cn/c/2004 - 12 - 20/07194570678s. html.

是否定，而且损害了当事人的人格尊严，这是很不得体的。

表达方式的适应。语言表达的方式也深深打上了民俗事象特征的印记。这在礼貌语言和委婉语言中表现得尤为突出，如果不重视，信息交流会出现障碍，甚至闹出误会、笑话。

一位外国朋友不知道中国人的“哪里！哪里!”是自谦的表达方式。一次，他参加一对年轻华侨的婚礼时，很有礼貌地赞美新娘非常漂亮，一旁的新郎代替新娘说了声“哪里！哪里!”不料这位外国朋友却吓了一大跳！想不到笼统的赞美，中国人还不过瘾，需举例说明。于是，便用生硬的中国话说：“头发、眉毛、眼睛、耳朵、鼻子、嘴都漂亮!”结果引起全场哄堂大笑。[①]

“哪里！哪里!”是中国人惯用的自谦表达方式，表示“一般”、“并不怎么样”、“过奖”的意思。外国朋友不知道中国人的这种自谦表达方式，仅按照字面的意思理解，以为是具体询问，所以将“头发、眉毛、眼睛、耳朵、鼻子、嘴”一一说了个遍，闹出了笑话。这是不了解汉文化的礼貌习俗所致。

即使同是西方人，各个国家也都有自己的风俗习惯，不能粗线条地认为只有中西之别。1998 年第 1 期《海外文摘》上有篇美国人阿尔特·布赫瓦尔德的《改日我们喝一杯》，下面是该文的节选：

在美国的外国人总爱按照美国人说话的字面意思来理解对方的意思。我有一个法国朋友叫米歇尔·贝恩海姆。前些日子我在街道上遇见他，像往常一样，闲聊了一会儿后我对他说：“改日给我来个电话。”

第二天他打来了电话。

“早安，”他问候道，“我是米歇尔·贝恩海姆，你说过让我给你打个电话。”

“是吗?”

“是的，你忘了吗？昨天在宾夕法尼亚大街我与你聊过天。”

“我并没有让你马上打电话，我那样只是为了同你委婉地告别。”

“那么你不想说点什么了?”

“老实说我想不起要对你说什么。”

“但是你说过打个电话给你。”

“你说得对，米歇尔，瞧，我现在忙得要命，改天我们吃一顿便餐吧。”

(两天后，米歇尔找上门邀“我”吃一顿便餐。)

“假若你实在很忙，那为什么还要让我想吃便餐的时候来招呼你一声呢?”

---

① 课外阅读，2010（22）.

“米歇尔，你在美国待得够长的了，为什么还不知道当一个美国人说‘改日让我们一起吃便餐’时实际上也并不是这个意思，这是个委婉说法。你们法国人说‘再见’，就相当于美国人说‘让我们吃顿便餐’，而在我们国家则意味着：‘不要来找我，我会找你的。’”

米歇尔说：“我不是有意打扰你。”

“你没打扰我，让我来告诉你怎么办。改日让我们相互找对方喝一杯。”

（第二天，米歇尔找上门去“喝一杯”。）

“米歇尔，你简直让我发疯。你不能如此教条地理解我们美国人所说的一切。我说‘改日我们喝一杯’，这仅仅是个托辞，因为我想阻止你在我窗下喊叫。”

“那你只要告诉我你不想再见我就行了，”米歇尔伤心地说，“但不要请我来约你然后又失约。”

我感到很难受：“的确，用这种方法对待你我心里很不安。问题是我们美国人习惯于用不久再相聚的许诺来相互道再见，在这个国家里没有人会认为对方要实现这个许诺。如果我们把大量的时间花在与街头偶尔碰到的每个人去吃便餐的话，那我们什么也干不成。”

这一引例颇为典型，美国式的“委婉”一再让法国朋友“上当受骗”。在街上偶遇，告别时“我”随口说了句“改日给我来个电话”，竟然是“委婉地告别”。米歇尔按照邀请找上门邀“我”吃一顿便餐，却给“我”责怪了一顿，原来“改天我们吃一顿便餐吧”的意思相当于法国人的“再见”。而“改日让我们相互找对方喝一杯”，则“仅仅是个托辞”，“我”只是想“阻止你在我窗下喊叫”。这些话听起来具体而实在，背后隐藏的潜台词却丰富得很，不谙熟此种风俗习惯，势必产生误解，令人“伤心”，达不到顺利交际的目的。

文化效应的适应。在社会交际中，语言所承载的文化信息和产生的反响效果叫作文化效应。文化效应分为正负两面，能得体地传递信息并取得良好预期效果的是正面文化效应。与之相反的是负面文化效应。适应民俗事象的社会性有时候还表现为对切合风俗习惯的良好文化效应的追求上。如果说前边指出的对用语的选择、对交际方式特点的关注，相对来说侧重于个别、局部范围，那么，对文化效应的追求则注重群体、全局的适应。跨文化的文化效应适应特别要注意不同民族风俗事象的特殊性，重视不重视，适应程度如何，对文化效应的有无、大小影响颇大。

一个有文化内涵的品牌要比具体的产品更能满足消费者精神文化需求。企业常常把产品作为一种载体并赋予它独特的民俗事象文化内涵，来满足消费者的精神文化需求，以求取得理想的文化效应。

江苏红豆实业股份有限公司以租用一间旧祠堂、8台棉纺车起家，资产与效益迅速扩大、提高，在短时期内发展成为江苏第一家省级乡镇企业集团。红豆股份于2001

年1月8日在上海证交所挂牌上市，成为引人注目的明星企业。当然，红豆公司成功的原因是多方面的，但“红豆”的商标名称得体功不可没。具有丰富感情色彩、文化色彩的商标名称，不只是动人的广告，而且有宝贵的无形价值，是构成名牌的要素之一。红豆在中国是美好情感的象征物，在英语中译为“爱的种子”。红豆集团之所以用“红豆”为注册商标，就是钟情于“红豆”的潜在文化价值，隐喻吉祥，以情招客，融感情因素于商品交换之中。“红”，象征忠诚、美好、吉祥、如意；“豆”，是种子，能生根、开花、结果，充满着生机，有生命力、生存力、竞争力。“红”是精神，“豆”是物质，“红豆”的极佳组合意味着物质文明和精神文明的协调、和谐。果然，“红豆”产品刚一问世，立即以其丰富的文化内涵吸引了广大消费者。老年人把“红豆”衣视为吉祥物，青年人以向情侣赠送“红豆”衣为时尚，知识分子由“红豆”衣想到王维的“红豆”诗而激发了购买欲，侨胞以“红豆”衣寄托思乡之情。精明的日本客商看中了“红豆”衣的文化价值，曾经宁愿提价20%前往订货。“红豆”创造了其特有的巨大的商标文化效应。

索尼公司如何费尽心力取名Sony是脍炙人口的故事。索尼公司原来的名称是“东京通信工业公司”，创始人盛田昭夫出国考察后，察觉到“东京通信工业公司”放在产品上不大好看，读起来像绕口令，发现根本没有人知道怎么发音。为此，盛田昭夫考虑，应该想出一个独特的品牌名称，让别人一眼就认出他们的产品。他们研究很久，决定只要一个简短的四五个字母的名字，不要另外设计商标，因为大部分消费者记不住设计不良的商标，所以，名字就是商标。新名字必须让全世界每个人都能认出来，让使用不同语言的人都能读出来。有一天，他们翻到一个拉丁字Sonus，意为“声音”，听起来很有音感，刚好同该公司从事的行业关系密切，于是他们开始在这个字上琢磨。当时，日本已使用许多外来的英语了，有很多人叫可爱的小男孩Sonny。这个拉丁字相关其他字，不管是Sonny或者Sunny（阳光普照），都有乐观、光明、积极的含义，这点非常符合他们的自我形象。美中不足的是，Sonny读起来与日本字“输钱”谐音，有些“触霉头”，后来盛田昭夫灵机一动，去掉一个“n”，拼成“Sony”。这就是Sony的由来。①

反观我国的品牌，这方面就考虑较少。有一些基本上就是把汉字转为拼音，“春兰”便是Chunlan，“长虹”就是Changhong，“恒源祥”就是Hengyuanxiang，“中华汽车”就是Zhonghua。凡此种种，一个共同的问题是这样的字在不懂汉语的外国人看来没有意义。另外，一些名称我们自己会读，但是，像Hengyuanxiang或者Zhonghua这样的词，找些老外来读，十有八九是读不出来的。读音都困难，又如何能够成为人们口耳相传的驰名商标呢？当然，还有不少商标是意译法，但是也存在不顾外国人感觉硬译一气的现象。一个经典的误译是把“飞鸽”商标译成Flying Pigeon（pigeon是

① 参见吴柏林．商标战略从取名开始．知识产权，1995（1）．

那种不能高飞、只供人吃的肉鸽），这样的产品如果能在西方飞得高飞得远，成为畅销产品，那肯定是个奇迹。

追求良好的文化效应，必须严格把握社会民俗事象的基调，避免进入崇洋媚外、标新立异、陈腐庸俗的误区。

有人曾在报上撰文批评这样的语言现象：明明是我们的城市，却偏偏要称作"中国的巴黎"、"中国的华尔街"、"中国的威尼斯"；明明是东方之子，却偏偏被称为"中国的爱因斯坦"、"中国的托尔斯泰"、"中国的达·芬奇"、"中国的牛顿"；明明是中国的精品服装，却偏偏要以"中国的皮尔·卡丹"相称；明明是中国的电影城，却偏偏被称为"东方的好莱坞"等等。似乎我们不敢独树一帜，似乎属于我们自己的一切优秀的东西如果不借用外国的帽子装扮就无法说明它的优秀。仔细想想，这种批评确有道理，发人深省。

菜名只是菜肴的外在表现形式，除了要真实反映菜品的内质之外，也体现主人的经营观念和文化修养，有的菜名还蕴含历史故事。那些脍炙人口、传承久远的菜名，如"松鼠桂鱼"，就是经过厨师精湛刀功的演绎，使鱼似跳跃的松鼠一般栩栩如生。一边品尝美味佳肴，一边联想着贴切的菜名，自然顿生名副其实之感。再如"水淹七军"，在一个火锅里用浓郁鲜美的高汤煮着蟹肉、海米、墨鱼、海参、蛏子、毛蚶和鱿鱼，由于都是海鲜类，加之在火锅里翻煮，故称"水淹七军"，既形象又生动，给人以情思遐想。东坡肉，杭州名菜，用猪肉炖制而成。一般是一块约二寸许的方正形猪肉，一半为肥肉，一半为瘦肉，入口肥而不腻，带有酒香，十分美味，相传为北宋诗人苏东坡所创制。东坡肉的最早发源地是湖北黄冈。1080 年苏东坡谪居黄冈，因当地猪多肉贱，才想出这种吃肉的方法。

餐馆的菜名起得好，能吸引、招徕顾客。中国的菜肴有许多美丽的名称，成为餐饮业的一道亮丽风景线。可是，也有一些餐馆为了追求所谓的"文化效应"，以达到谋取利润目的，起的菜名庸俗不堪。还有的餐馆起菜名起得低级下流，将一种去皮的黄瓜段叫作"玉女脱衣"，将辣子鸡丁叫作"红灯区"，将烧青蛙叫作"花花公子"，将一雄一雌两只河蟹叫作"男欢女爱"，将黄豆芽炒绿豆芽叫作"勾勾搭搭"，将插了刘德华的一张照片的豆腐叫作"白马王子"，还有什么"风流寡妇"、"小蜜傍大款"等，这简直是"文化垃圾"，谈何得体？

二、适应民俗事象的类型性

民俗事象的类型，是指民俗事象表现形式上的特点，是民俗事象中带有支配力的主流部分，为一定范围内的社会成员共同遵守。语言适应民俗事象的类型性，常常表现出规律性的特征，包括一些特定的模式。

就词语来说，从文化意义上是可以区分出类型的，形式的规律也能从文化性角度得到合理解释。

刘云泉先生在《语言的色彩美》（安徽教育出版社，1990）一书中对色彩词与社会文化心理的关系作过细致的分析，揭示了其中的一些类型规律。黄色在封建社会中是法定的尊色，它有崇高、尊严和辉煌的意义。“天子”是最高统治者，是中国的代表，因此黄色便也成了古老中国的象征。我国古代以紫色为贵，南北朝以来，紫衣为贵官公服，唐代朝廷命官三品以上服紫，五品以上服朱。朱紫代表了封建官僚的最高层。白居易《歌舞》诗中有这样的句子：“雪中退朝者，朱紫尽公侯”，“朱轮车马客，红烛歌舞楼”。青、绿则是中下层官吏的服饰标志。唐制：六品、七品以绿，八品、九品以青。明制：五品至七品青（深蓝）袍，八品、九品绿袍。“青”和“绿”的地位不相上下。在官场中，青、绿虽说低微，却是踏上了仕途的高门槛。在脱白挂绿的竞争中，多少士人学子数尽白发，青云未达。“玉堂金马隔青云，墨客儒生皆白首”（钱起《送褚大落第东归》），一旦中举，春风得意。“青袍美少年，黄绶一神仙。”（岑参《送楚丘麹少府赴官》）“蓝绶乍称新学士，白衫初脱旧神仙。”（齐己《送司空学士赴京》）锦绣前程，始于青衫。然而仕途的坎坷、官场的角逐，又给一些人带来屈身青衫绿袍的苦闷。“座中泣下谁最多，江州司马青衫湿。”（白居易《琵琶行》）诗人在元和十年被贬官，任九江郡司马，官列九品，着青衫。唐诗中因“青袍绿衫”而感到压抑、怨恨，发牢骚的作品不胜枚举，如“黄帽映青袍，非供折腰具”（杜甫《有怀台州郑十八司户》），“分手各抛沧海畔，折腰俱老绿衫中”（白居易《忆微之》），“君去若逢相识问，青袍今已误儒生”（刘长卿《送严士元》），“自堪成白首，何事一青袍”（高适《使青夷军入居庸三首》）。白色则是平民之色。古代平民的衣服不能施彩，故称平民为“白衣”。古汉语中“白丁”、“白身”、“白屋”这些词中的“白”都与“白衣”的词义有关。没有功名的人称“白丁”、“白身”，没有功名的读书人住的屋子叫“白屋”。

典故词语，就是形成于典故并逐渐固定下来进入人们语言交际的一类特殊词语，其文化色彩尤为浓重。典故语言符号形式多样，结构复杂，有三种基本形式：①词的形式。既包括来自于典故的本来就是词的语言符号，如“无妄”、“杜康”等，又包括从典故中组合而成的词，如“鱼书”等。②内在结构形式和意义都比较复杂的组合结构，如“惭邓禹”、“阳城笑”等。③形式固定、意义固定的句子形式，包括单句和复句两种，如“临时抱佛脚”、“千里送鹅毛”、“城门失火，殃及池鱼”、“蜀中无大将，廖化作先锋”等。凡是有来历、有出处，被后人引用并固定化，具有典型意义的词语都可以看作典故词语。根据典故词语来源的不同，一般分为事典词语、语典词语两种类型。事典词语乃引用前人的故事而成，如“孟嘉落帽”、“卧冰求鲤”、“文通残锦”等。语典词语乃引用前人的言语而成，如“李下无蹊”、“兵不厌诈”、“腹载五车”等。

汉语缩略词有两种形式。一种缩略形式中的每一个成分都与它的原形式相应，具有良好的表意性，例如“关爱”（关心爱护）、“环保”（环境保护）、“安理会”（安全理事会)、“奥运会”（奥林匹克运动会）等。另一种是从原词语中选取部分语音形式来代替全形式，不具备良好的表意性。在缩略语的研究中存在着一种令人困惑的现象：一些专家强烈要求采用前一种缩略形式，即缩略形式应该具有良好的表意性，可是他们认为不恰当、不应该使用的缩略形式在公众的语言实践中却得到了广泛认可。例如在“邮政编码”缩略成“邮编”的同时，还有一个受到专家好评的“邮码”，但是“邮码”在实践中被淘汰了，而受到批评的“邮编”占了上风。按理来说，“编”是不能表意的成分，只有“码”才是合适的选用对象。类似的还有许多例子。人们把“委员”说成“委”，如“政委”（政治委员）、“支委”（支部委员）、“常委”（常务委员）。方言俗语“像煞有介事”（很像有那么回事），常常被人缩略成“煞有介事”作成语使用，其中“煞”本是“像”的补语，“有介事”是它的宾语，而略去了“像”，“煞”看起来成了“有”的状语，这种变化，完全破坏了原形式的内部结构，招来了众多批评，但还是被人们广泛采用，并且载入了不少词典。怎样来对待这种“不科学”的缩略形式类型呢？只能在文化性的层面上作出合理的解释。词语的缩略依托于它的特定范围，依赖于这一范围内人们的集体文化语言经验。尽管缩略用字在表意上有缺陷，或者是不表意的，但人们使用时习惯上把它们与原形式中的相应成分看待，认为它们是表意的。这就是民俗事象约定俗成的强大力量的表现。

适应民俗的类型性也表现在句子的式样上。

有的句子打上了深深的民族文化个性的烙印。对偶句式是汉语特有的一种景观，在汉语史上源远流长。《修辞学发凡》指出：“这种辞格曾经有过畸形发达的时期，如刘知几所谓‘其为文也，大抵编字不只，捶句皆双，修短取均，奇偶相配。故应以一言蔽之者辄足为二言，应以三句成文者必为四句’（《史通·叙事》）。就是‘五四’前后也还有人硬用对偶辞来下判决，打电报……”汉民族之所以乐用、常用对偶句式，与汉民族文化密切相关。汉民族以偶为吉，以偶为美。新春来临，写副对联贴在门上即是春联，不仅表示驱邪避鬼，也表示喜庆吉利。到明代题写春联的风气大盛，对联已不仅仅限于春节，还扩大到了朋友交往、状景抒情、婚庆丧吊、自勉自励等各种场合。大凡好事、喜事都讲究成双：红喜字要成双，送礼要成双，喜酒要成双等等。汉民族的这种习俗反映到语言上，对偶句式的盛行不衰也就是很自然的了。

“不要太潇洒”的句式最早出现于1993年前后的上海电视台服装广告。这一句式比较特别。通常用的“不要太……”的句式，是表示告诫语气的。如“不要太大”，得其反是要小一点；“不要太狠”，得其反是要和善一点。如果按照这样的思路来理解，“不要太潇洒”就会理解成要朴实一点或庄重一点。难怪有个外地人到上海买衣服，营业员举起手里的毛衣夸口说：“不要太潇洒噢！”那人迷惘不解，转身就走了。其实，在上海人的口语中，“不要太……”的句式已与“老（很）……”、“好（很）……”说法相当，“不要太潇洒”就是“已经够潇洒”的意思。这一句式是上海青年的口语创造，与时时翻新的上海时装潮流很合拍，否定的句式用肯定的内容相映衬，告诫的语气同赞美的语意形成了反差，巧妙顺应了当时上海青年的幽默情趣。

诗文的体式也可以看作对文化习俗不同类型适应的模式。汉语中的四言诗、杂言诗、格律诗以及词、曲的出现、发展就都有其文化渊源。以“词”为例。“词”是“曲子词”的简称，“曲子”是燕乐曲调，“词”则是这些曲调相谐和的唱词。“词”的体式多样，句子长短不一，有了比四言、五言、七言诗更为灵活、更富有弹性的特点，“能一调之中长短互节，数句之内奇偶相生，调各有宜，杂而能理，或整若雁阵，或变若游龙，或碎若明珠之走盘，或畅若流泉之赴谷，莫不因情以吐字，准气以位辞，可谓极‘织综’之能事者矣”（刘永济《词论·名谊》）。写“词”被人们称作“填词”，足见其有固定的模式，否则就不能称为“词”了，毋论其他。而词的模式种种特点，虽然部分是从诗体演化而来的，但主要是由它作为燕乐曲辞的性质所决定的。例如，每首词都有一个表示音乐性的调名，如《菩萨蛮》、《水调歌头》、《沁园春》等，称为词调。词调之名本是曲调之名。每个词调“调有定句，句有定字，字有定声”，各不相同，这是因曲调的节奏旋律各不相同而来的。一首词大多分为数片，每片作一段，以分两片的为最多。片，也就是“遍”，“遍”是音乐名词。唐宋时词调的分片，即依乐曲的分段而来。词的押韵韵位要依据曲度，大多是音乐上停顿的地方。每个词调的音乐节奏不同，停顿之处不同，它们的韵位也就跟着不同。

三、适应民俗事象的变异性

变异性是指民俗事象在流传的过程中，由于受社会的、政治的、生活的种种因素的影响而产生的内容和形式上的变化。因此，语言对民俗事象的适应也就不可能是一成不变的，从整体上看，只能是一种动态的得体适应。

同样的语言材料在不同时期、不同时代，其含义可能不尽相同，主要是民俗事象使其然。在语言交际中，就要充分注意到这种变异性。

例如，“先生”一词是古今运用很普遍的一个称呼语，其语义因对象不同、时代变迁而发生了变化，运用的得体性就具有鲜明的动态印记。

最早，“先生”一词用来表示敬意。“学士年长者故谓之先生。”（《孟子·告子下》注）春秋战国之后，“先生”用来指称师长或德高望重之士。再后，“先生”一词专指教学授徒之士，即老师。他们往往被称或自谓“先生”，如“河东先生”、“五柳先生”、“颍川先生”等。因为医术、医药可以起死回生，医德对世人有示范作用，故时人又将医家冠以“先生”雅号。宋代始用“老先生”称呼，以表示对对方的尊重。朱熹就称刘元城为老先生。后世沿袭使用，对耄耋者且饱学或有声望之人，均可尊称为“老先生”。隔辈人对长辈人书面语称呼“老先生”也贴切得体。如廖承志致函与其父辈有交情的蒋介石为“老先生”，称蒋经国为“先生”。“先生”多为含有褒义的尊称，毛泽东称年长的徐特立、李鼎铭为“先生”，是比“同志”称呼格外含有亲近、尊敬意味的。在某些特殊的语境中，又可作贬义词用，如南郭先生、东郭先生、道学先生、算命先生等。解放以后直到文化大革命结束，“先生”的称谓虽不能说全成贬义，但一度大大缩小了使用的范围，而以“同志”代之。而改革开放以来，“先生”这一称呼再次走俏，成为一种比较庄重文雅、表示尊敬的称呼语，又常常被用来指称女性的丈夫。简单的一个“先生”称谓，包含着丰富的、变动的文化内涵。

相类似的语言表达，在不同社会时期的内容、形式上的差异，从中可以寻觅到民俗事象发展变化的踪迹。

“三大纪律，八项注意”的前身是“三大纪律，六项注意”。毛泽东在率领工农革命军上井冈山之前提出了最早的三条：“第一，行动听指挥；第二，打土豪筹款要归公；第三，不拿农民一个红薯。”后来，1928 年毛泽东又向部队提出了六个要注意的问题：“一、上门板；二、捆铺草；三、说话要和气；四、买卖要公平；五、借东西要还；六、损坏东西要赔。”几年之后，当红军到了中央苏区开辟出一块更大的根据地时，在六项注意中又加了两条：“洗澡避女人，大便找厕所。”成了八项注意。早期的“三大纪律，八项注意”是针对当时部队纪律状况和老百姓的生活习俗提出的。再到后来，随着人民革命的不断发展和胜利，面对全军、全国的实际情况，又进行了补充、修改，最后确定为现在的文字。三大纪律：“一切行动听指挥，不拿群众一针一线，一切缴获要归公。”八项注意：“说话和气，买卖公平，借东西要还，损坏东西要赔，不打人骂人，不损坏庄稼，不调戏妇女，不虐待俘虏。”名称还是那个名称，有的表述保留了，有的删掉了，总的倾向是更加概括、明确、得体。

流行语是某一特定时期使用频率很高、使用面很广的语言。作为一种词汇现象，它反映了一个国家、一个地区在一个时期内人们普遍关注的问题和事物。不同的流行语鲜明地反映出社会时代的变化、人民群众文化心理的变化、民俗事象特点的变化。不同时期有不同的流行语，而不同的流行语则作为社会一根敏感的神经，反映出社会的变化。伴随着改革开放，中国出现了很多新思想、新事物，而“流行语”正是这些新思想、新事物最好的见证。可以说，在中国社会发展的进程中，还没有哪一个时期能够涌现出这么多的流行语，那么集中、大量地丰富汉语的词汇。每一个经过改革开放岁月的中国人，几乎随口都能说出几句改革开放的流行语。

有人概括了 1978—1998 年 20 年间最具影响力的 10 句流行口号：①实践是检验真理的唯一标准。②让一部分人先富起来。③只生一个好。④时间就是金钱。⑤理解万岁。⑥贫穷不是社会主义。⑦科学技术是第一生产力。⑧发展是硬道理。⑨与国际接轨。⑩科教兴国。[①] 其中每一条流行口号，都可以讲出一番与之适应的文化语境。

例如，“实践是检验真理的唯一标准”。1978 年 5 月 11 日，《光明日报》刊登题为“实践是检验真理的唯一标准”的特约评论员文章。文章论述了马克思列宁主义的实践第一的观点，指出任何理论都要接受实践的考验。马克思主义的理论并不是一堆

① 语文学习，1999（5）.

僵死不变的教条，它要在实践中不断增加新的内容。当时存在着“圣经上载了的才是对的”错误倾向，这是“四人帮”强加在人们身上的精神枷锁，必须坚决打碎。这篇文章引发了关于实践是检验真理的唯一标准问题的讨论。党内外绝大多数人支持和拥护文章的观点。坚持实践是检验真理的唯一标准这一马克思主义的原则，具有重大的现实意义。这一讨论为党的十一届三中全会的召开准备了思想条件。又如“让一部分人先富起来”，对于贫困了几十年的中国人来说，是一句传递最快、最广的口号。相对于过去“以阶级斗争为纲”而言，“让一部分人先富起来”是“以经济建设为中心”的最通俗表达，深刻反映了人们文化观念的深刻变化。再如“科学技术是第一生产力”。1988 年 9 月，邓小平同志根据当代科学技术发展的趋势和现状，提出了“科学技术是第一生产力”的论断。邓小平同志的这一论断，体现了马克思主义的生产力理论和科学观，这既是现代科学技术发展的重要特点，也是科学技术发展的必然结果，对当时中国科学技术的发展、繁荣起到了极为重要的作用。

《大学生》杂志社曾举办过“评选 93 大众流行语”活动，大学生们评出了 1993 年大众十大流行语：①下海；②申办奥运；③发；④大哥大；⑤第二职业；⑥电脑；⑦没商量；⑧说法；⑨发烧友；⑩学雷锋。这十大流行语是 1993 年现实的一面镜子，可以让我们了解到千百万老百姓的文化心态。

20 世纪 80 年代末 90 年代初流行“下海”。改革开放时期，随着市场经济的繁荣，许多在工厂、学校工作的人，不满于现状，转而经商干个体，称为“下海”，“下海”就是放弃在单位的工作自己去闯荡。改革开放语境中的“下海”，隐藏着巨大的风险和可观的回报，带有敢于拼搏、勇于创新的意味。从 1991 年 2 月 26 日中国奥委会讨论通过北京承办 2000 年奥运会的申请，到 1993 年 9 月 23 日国际奥委会在蒙特卡洛投票决定 2000 年奥运会主办城市，历时两年零七个月时间，北京的申办走过了一条艰苦而又漫长的道路。敞开的大门、潜在的市场、热情的人民、东方的文化吸引着全世界。虽然申办失败了，但是“申办奥运”体现了众望所归，这一壮举将与 1993 年一同载入史册。“第二职业”指在职人员在业余时间从事的有经济收入的活动，是改革开放后开始流行的词语。当时人们都是干一种工作，“第二职业”是除了工作之外，还从事另外一种赚钱的事。如经营服装百货、蔬菜、水产品，在城市集体企业小厂或乡镇企业兼职，白领利用业余时间做会计、开商铺等也在之列。《爱你没商量》是一部电视剧的名字，由于电视和报纸大力宣扬，收视率高，这句话便成为人们耳熟能详的话语。人们还突破了这一格式，保留“没商量”，前边可以填补进各种事件，“炒你没商量”、“逗你没商量”、“打你没商量”、“骗你没商量”等等。“说法”表明了人们对法制、规则和社会公正的呼唤。“学雷锋”的入选，说明人们并未忘记平凡的英雄，并没有在经济大潮中如某些舆论认为的那样泯灭了理想。

20 世纪最后的二十多年，汉语中一直流行着一个“ ×热”，如“文凭热”、“出国热”、“收藏热”、“考研热”、“旅游热”、“健身热”、“庄子热”、“培训热”等等。

2002年8月25日《文汇报》上，有一版图片的标题是：《申城的热中“热”》。编者按语中，前说天气炎热，然后说：“本期摄影专刊所要表现的，则是申城盛暑的热中‘热’。”主题定下后，记者们很快交来了作品——科研热、培训热、展览热、购房热、健身热、施工建设热、看动漫画热、健儿备战亚运热——夏日里涌动的热潮还真不少。……从这些熟悉的画面中，不难品味到时代的变化、生活的变化甚至是夏日的变化。王希杰先生对此评论道：“这一按语揭示了‘×热’之类流行词语的文化价值，这一摄影专刊就是21世纪初上海的夏天的一个民俗文化的缩影。而‘鸡血治疗热、红茶菌热、甩手健身热、钟山手表热、喇叭裤热、迪斯科热’等是属于20世纪的，是那个时代的文化化石了。”① 与这类流行词语类似的还有“×风”、“×潮”等等，都与民俗事象的变迁密不可分。

第四节　遵循审美观念的传统

审美是一种高层次的追求，不同文化背景的人们具有不同的审美观念、追求目标。一个民族的审美观念，是民族文化的深厚积淀、精粹结晶，为同文化背景的人们所认同。语言适应文化语境的又一个重要方面就是要求遵循审美观念的文化传统。只有这样，人们才能惯于接受，易于理解，乐于欣赏，语言才会具有独特的情趣和魅力，达到较高程度的得体性。这在文学语言中表现尤为突出。

审美观念的传统是很难述说清楚的，它的内涵十分丰富、十分深奥、十分复杂，这里以汉民族语言为主，略举几端作些论述。

一、追求有序、适度、协调之美

有序、适度、协调之美，三者紧密联系，总起来说，也就是一种自然之美。

南朝刘勰的《文心雕龙》对修辞美提出的基本要求是“道之文”，即符合自然美的原则。他主张的自然之美的精神是符合事物的自然规律。《附会》中说道：“凡大体文章，类多枝派，整派者依源，理枝者循干。是以附辞会义，务总纲领，驱万涂于同归，贞百虑于一致，使众理虽繁，而无倒置之乖，群言虽多，而无棼丝之乱；扶阳而出条，顺阴而藏迹；首尾周密，表里一体：此附会之术也。夫画者谨发而易貌，射者仪毫而失墙，锐精细巧，必疏体统。”刘勰将文章大体比作树木的分枝、江河的多支流，整理支流要靠源头，理清分枝要遵从本干。因此，修辞练意，务必要抓住全篇纲领，使得段落大意虽然极繁多，却没有前后倒置的错乱；全篇语言虽极丰富，却不像乱丝那样纠结；明显的像向着太阳而抽出枝条，含蓄的像顺着暗处而隐藏踪迹；首尾

① 王希杰．语海扬帆．北京：光明日报出版社，2009. 84—85.

周密，内外一致。过于注重微细的地方，反会失却整体的完美。从刘勰的论述中，可以比较明显地体会出有序、适度、协调的美学思想。

我们不妨举一些古诗词名句来感知、认识这种美学思想。“前不见古人，后不见来者，念天地之悠悠，独怆然而涕下。”（陈子昂《登幽州台歌》）“欲穷千里目，更上一层楼。”（王之涣《登鹳雀楼》）“野火烧不尽，春风吹又生。”（白居易《赋得古原草送别》）“山重水复疑无路，柳暗花明又一村。”（陆游《游山西村》）“无可奈何花落去，似曾相识燕归来。”（晏殊《浣溪沙》）“采得百花成蜜后，不知辛苦为谁甜。”（罗隐《蜂》）“春色满园关不住，一枝红杏出墙来。”（叶绍翁《游园不值》）“忽如一夜春风来，千树万树梨花开。”（岑参《白雪歌送武判官归京》）“人生自古谁无死，留取丹心照汗青。”（文天祥《过零丁洋》）“莫愁前路无知己，天下谁人不识君。”（高适《别董大二首》之一）“剪不断，理还乱，是离愁。别是一番滋味在心头。”（李煜《相见欢》）这些脍炙人口的名句，自然、晓畅，前后承接紧密，可谓朗朗上口，为古今人们喜闻乐见，流传非常之广。

现代作家赵树理的小说语言，具有非常鲜明的汉民族风格特色。例如《登记》中有这样一段文字：

> 有一个农村叫张家庄。张家庄有个张木匠。张木匠有个好老婆，外号叫小飞娥。小飞娥生了个女儿叫“艾艾”，算到一九五〇年阴历正月十五元宵节，虚岁二十，周岁十九。庄上有个青年叫“小晚”正和艾艾搞恋爱。故事就出在他们两个身上。

引文由村庄说到张木匠，由张木匠说到他老婆“小飞娥”，由“小飞娥”说到她女儿“艾艾”，再由“艾艾”说到她对象“小晚”，最后总结故事就出在“他们两个身上”。顶真辞格在小说中一般是用得比较少的，引文中顶真辞格的运用，进一步加强了句子之间的紧密联系。“故事就出在他们两个身上”，又十分自然地开启了下文。这样的语言真可说是顺序井然、一气呵成、流转自如，有序之美颇为典型。

再看赵树理的《李有才板话》中的一段李有才板话：

> 张得贵，真好汉，
> 跟着恒元舌头转；
> 恒元说个“长”，
> 得贵说“不短”；
> 恒元说个“方”，
> 得贵说“不圆”；
> 恒元说“砂锅能捣蒜”，

得贵就说“打不烂”；
恒元说“公鸡能下蛋”，
得贵就说“亲眼见”。
要干啥，就能干，
只要恒元嘴动弹！

“跟着恒元舌头转”，“只要恒元嘴动弹”，意思相同，首尾呼应，而且中间一呼一应，“恒元说个‘长’，得贵说‘不短’”；“恒元说个‘方’，得贵说‘不圆’”等等，同义修辞手段成组使用，层次分明，一目了然，朗朗上口。其音节的和谐协调与一般的诗歌又不完全相同，是具有汉民族民间特色的快板快节奏形式。

追求适度的美学理念，从某种意义上来说，也可以看作力求语言的适切。“咬文嚼字”历来是汉民族的优良传统。宋玉《登徒子好色赋》中说道：“东家之子，增之一分则太长，减之一分则太短，著粉则太白，施朱则太赤，眉如翠羽，肌若白雪，腰如束素，齿如含贝，嫣然一笑，惑阳城，迷下蔡。”用来指说语言表达也是恰当的，语言的使用就是要达到“增之一分则太长，减之一分则太短”的境界。

俞平伯先生在《读＜红楼梦＞随笔》一文中举到的两个例子颇为典型。

《红楼梦》第二十一回脂砚斋庚辰本有这样一段：

袭人冷笑道：我那里敢动气，只是从今以后别进这屋子了。横竖有人伏侍你，再别来支使我。我仍旧还伏侍老太太去。

通行本，包括有的正本“只是从今以后别进这屋子了”一句中多了个“你”，即“只是你从今以后别进这屋子了……”加了个“你”，补上了主语，意思似乎更清楚了。但是，仔细斟酌一下，依袭人的丫鬟地位，如何能叫宝玉别进他自己的屋子呢？岂非把和尚赶出庙么？“你”倘若改成“我”，说成“只是我从今别进这屋子了”，也不通。袭人本在这屋里，只可出去，无所谓进，同时也不合袭人的地位、身份。其实，没有“你”、“我”主语最适切。袭人这句话，确是冲着宝玉说的。宝玉黑天白日跑到黛玉、湘云的屋里去，所以袭人说“从今以后别进这屋子了”，是气话也是反话，原当有“你”的，但限于她的身份、地位，却不能说出这个“你”。说出了“你”，便不是袭人告退，而是她撵宝玉了，因此含糊其辞，并不道出。这一例可说“增之一分则太长”。

第十回中有这样一段：

旁边有一个贴身伏侍的婆子道：何尝不是这样呢，真正先生说得如神，倒不用我们说的了。如今我们家里有好几位太医老爷瞧着呢，都不能说得这样真切；

有的说道是喜，有的说道是病，这位说不相干，这位又说怕冬至前后，总没有个真着话儿。求老爷明白指示。那先生说：大奶奶这个症候，可是众位耽搁了。要在初次行经的时候就用药治起，只怕此时已痊愈了。

程甲本、程乙本、道光本均是如此。那位先生说："大奶奶这个症候，可是众位耽搁了。"是紧接着婆子们的话的，"众位"当然指婆子。那先生如何能把秦氏患病给耽搁的责任都推到婆子身上呢？她们能管这个吗？正本、脂庚本这句话中多了一个"那"字："可是那众位给耽搁了。"这一添，就十分适切了。"那众位"，指的是太医院的大夫们，言外大有不满之意，切合医生的口气。这一例可说"减之一分则太短"。

前边已经论及对偶句式，不过是从民俗事象特征方面来说的。从审美角度来考察，对偶集中反映了汉民族以对称、和谐为美的传统审美观念。

狭义的楹联是指挂在或贴在堂屋前部柱子上的对联，必须是工整的对偶句式。张崇高先生在《中国楹联大辞典》"前言"中指出：楹联"汲取《诗经》的对偶规范，诸子百家的渊博学说，辞赋的修辞文采，骈文的对仗声律，唐诗的风范格韵，民间的桃符形式，以及书法的造型艺术，融于一体，集情意形之美，收雅俗共赏之效"。此话高度概括了楹联的美学特质。楹联不但自身的语言形式整齐、连贯、协调，而且因时、因地、因景而设，绘景抒情，叙事写意，与湖光山色、胜地佳境、寺观祠塔、名泉古井、亭台楼阁融为一体，从而无论在形式还是内容上都集中展现了汉民族独特的审美观念。

苏轼在杭州西湖孤山"西湖天下景"亭上，题有一副对联："水水山山处处明明秀秀，晴晴雨雨时时好好奇奇。"这副叠字对联将千奇百态、变幻多姿、淡妆浓抹、广阔深邃的西湖景色描绘得淋漓尽致。广东潮州的"景韩亭"（寓景仰韩愈之意）亭前有副对联："景山秀色怀燕市，韩水瑶光人孟亭。"巧妙地将"景"、"韩"两字分别嵌入上下联中，寓"景韩"之意，抒山水之情。四川乐山凌云寺里有副对联："笑古笑今，笑东笑西，笑南笑北，笑来笑去，笑自己，原来无知无识；观事观物，观天观地，观日观月，观上观下，观他人，总是有高有低。"上联的"笑"、下联的"观"各反复了9次，赞赏了人贵有自知之明，责己严，待人宽，阐发出深刻的人生哲理。清代书法篆刻家邓石如的书斋碧山书屋有一副对联："沧海日，赤城霞，峨嵋雪，巫峡云，洞庭月，彭蠡烟，潇湘雨，武彝峰，庐山瀑布，合宇宙奇观，绘吾斋壁；少陵诗，摩诘画，左传文，马迁史，薛涛笺，右军帖，南华经，相如赋，屈子离骚，收古今绝笔，置我山窗。"上联排列自然界的奇观胜景，气势浩浩荡荡，不同凡响；下联历数古今才人绝艺，诗词歌赋，书画经史，无不尽收其中，珠玉熠熠闪光。上面列举的几副楹联，语言技巧精湛，内容或写景抒情，或说理言志，真不愧为对称和谐联语里绚丽多姿的奇葩。

汉语对对称和谐之美的追求，留下了诸多传说佳话，成为汉语独特的一种文化景观。

梁启超年轻时聪颖过人，康有为荐他到两江总督张之洞那里去任职。为试一试梁启超的才学，张之洞和他的幕僚想出了一个上联求对："四水江第一，四时夏第二，老夫居江夏，谁是第一，谁是第二?"梁启超看后，深知此联之妙。江、淮、河、汉乃中华四大名川，确实要数长江第一；春、夏、秋、冬四季，夏季确居第二。武昌旧称江夏，张之洞当时镇守武昌，以"南帅"自居，欲与"北帅"袁世凯比高低，口出大言，将"江夏"二字嵌在其中，故极难对。梁启超略一沉吟，立即挥毫写出下联："三教儒在前，三才人在后，小子本儒人，岂敢在后？岂敢在前?"张之洞一看，暗暗称奇，深为钦佩梁启超的过人才华。自古儒、佛、道统称"三教"，儒教居首；又有天、地、人合称"三才"，人又居末。儒人旧指一般书生，嵌于此处，恰到好处，非常得体，滴水不漏。梁启超之对堪称绝对。

相传清代乾隆时的纪晓岚曾经狂称天下无不可对之对，其妻就出了个上联诘之："月照纱窗，个个孔明诸葛亮。"这联难倒了才思敏捷的丈夫。后来有人在"月"前加一"明"字，更增添了答对的难度。难就难在"个个孔明诸葛亮"7个字上。"个个孔明"全等于"诸葛（楼阁的'阁'谐音）亮"，而"诸葛亮"系人名，"孔明"是"亮"的表字。"明"与"亮"同义呼应。另外，还有严格的平仄等要求。20世纪90年代，澳门楹联界曾开展了为这一孤联征偶活动，悬奖3万元。神州大地、五大洲华裔都纷纷投寄应征稿，组织者共收到征联7万余比。最终仍未能选出大家公认的"佳偶"，只推出了11比鼓励奖作品。由此可以看出汉民族对对联这种独特民族形式的热爱，折射出悠久、深厚的审美传统。

对偶形式比较特殊、典型，汉民族对一般散文形式的语言同样讲究协调性，只是要求要放宽一些。刘大櫆《论文偶记》中说道："文章最要节奏，譬之管弦繁奏中，必有希声窈渺处。"曹靖华说过："不但诗讲节奏，散文也该讲这些，讲音调的和谐。也应下字如珠落玉盘，流转自如，令人听来悦耳，读来顺口，不至佶屈聱牙，闻之刺耳，给人以不快之感。"① 秦牧说得更具体："不但写作诗歌之类的韵文，是应当注意音乐美的，就是写作散文、小说、随笔之类的东西，也应当注意一定程度的音乐美。如果一句长长的句子中，尽是平声字或者尽是仄声字，或者一段文章七八句话当中，结句的字一律都是平声字或者仄声字，那样的文句和段落，读起来就没有什么抑扬顿挫、节奏和谐的美感了。试举一个例子，如果有一篇描写云南傣族竹楼风光的文章，它的题目，是叫作'竹屋月色'好呢，还是叫作'竹楼月光'好呢，我以为，当然是叫作'竹楼月光'好。前一个题目，四个字都是仄声字，后一个题目，则是两个仄声字和两个平声字交错运用。诵读起来，要比前者和谐动听得多了。一个题目是这

① 曹靖华．谈散文．飞花集．上海：上海文艺出版社，1978.293.

样，对一句话，一整段文章，自然都得适当注意它的音调之美，道理是清楚不过的。”① 上面所引论述，都是语言的音乐性方面的。节奏、声调等的讲究是汉语协调性的一个重要方面，但并不是全部，还包括句子的选择、层次的安排等等的特点。

高晓声的小说《陈奂生上城》中有这一样段文字：

> 陈奂生想罢，心头暖烘烘，眼泪热辣辣，在被口试了试，便睁开来细细打量这住的地方，却又吃了一惊。原来这房里的一切，都新堂堂、亮澄澄，平顶（天花板）白得耀眼，四周的墙，用青漆漆了一人高，再往上就刷刷白，地板暗闪红光，照出人影来；紫檀色五斗橱，嫩黄色写字台，更有两张出奇的矮凳，比太师椅还大，里外包着皮，也叫不出它的名字来。再看床上，垫的花床单，盖的是新被子，雪白的被底，崭新的绸面，呱呱叫三层新。

读上面的描写文字，给人的总体感觉是流畅上口，具有协调的美感。作者顺应的是汉民族农民口语的节奏，句式长短错落，以短句为主；整散结合，整齐句式自然融合在散句之中；音节安排妥帖顺口，三音节词语不但多，而且成对成串使用，如“暖烘烘”、“热辣辣”、“新堂堂”、“亮澄澄”、“刷刷白”、“呱呱叫”等。以陈奂生的眼光有条不紊一一写来，顺理顺眼。汉民族的一般群众就喜爱读这样的作品。

一个民族的审美观念当然不是一成不变的，而是处于不断的发展、变化之中，汉民族也不例外。例如，现代意识流的创作方法刷新了语言的表达形式，促使了人们传统审美观念的转变。在今天，如果我们全用赵树理式、高晓声式的语言写作，未必会受到人人欢迎。但是，我们又应该看到，审美传统的力量是根深蒂固、十分强大的，如果在很大程度上违背脱离了有序、适度、协调的群众审美习惯，那语言就会不得体，导致不受群众欢迎的不良结果。

王蒙的小说语言对传统有很大的革新，但其中也有不少并不成功的例子。《布礼》中：“钟亦成有时觉得纳闷，不管领导运动的‘五人小组’、‘三人小组’、‘运动办公室’也好，整个机关和全体同志也好，以及他个人也好……难道费了这么多时间，这么多力量，这么多唇舌（其中除了义正词严的批判以外也确确实实还有许多苦口婆心的劝诫、真心实意的开导与精辟绝伦的分析）只是为了事后把他扔在一边不再过问吗?”长达359个字才有一个大停顿。类似的欧化句式过多，写得庞杂、拗口。《失态的季节》中写这些右派分子第一次得到回家休假通知时的心理活动：“他们必须注意不要给人家得意忘形的印象或者想家想城市——意味着不安心在农村劳动改造也就是意味着没有改造好也就是意味着更亟须让他回家不能让他进城只让他在农村劳动改造直到改造好了那一天也就是等到他根本不想进城不想回家只想在农村里劳动为了改造

① 秦牧. 语林采英. 广州：花城出版社，1983. 146—147.

为了更好地劳动的时候才让他进城回家为止。”无标点文字的修辞作用可以进一步展开讨论，在这里大段文字不加标点，既无必要，又着实叫人难以一两遍就读懂。可以肯定，大多数人并不欣赏。类似的被称为“浩浩荡荡披头散发拖泥带水”式的句子在王蒙的小说语言中是较多的。

残雪的小说《一个人和他的邻居及另外两三个人》，标题读来就很拗口。其中有这样的文字：“啊，尊敬的首长同志，我现在到哪里啦？……我要向你报告一个无人知晓的秘密，……我就开始：在一片渺无人迹的山坡上，一个似人非人的影子飘然而下，这个影子像是朝一个目标飘，又像是漫无目的。……只能将那隐隐约约的叫声当做头脑里的幻觉。它就这么犹犹豫豫地往下飘去，很可能往上飘吧，山坡不过是个设想的东西。”残雪刻意追求挖掘人的潜意识，表现梦幻、荒诞的“世界”，旨在消除理智世界与欲望世界的距离，其小说语言是典型的梦话呓语，与传统审美习惯相去甚远，从上面的引文即可看出。我们认为，这类缺少井然层次、不确定性的语言适应的读者面是相当狭窄的，是否得体，值得商榷。

二、追求本色、神似之美

汉民族十分推崇本色之美。本色之美，就是以力求真实、朴素地展现客观事物的本来面貌为美。对此，古人有许多精辟的论述。《庄子·天道》说：“朴素而天下莫能与之争美。”《淮南子·说林训》说：“白玉不琢，美珠不文，质有余也。”《论语·卫灵公》有名言：“辞，达而已矣。”三国时何晏在《论语集解》中解释道：“凡事莫过于实，辞，达则足矣，不烦文艳之辞。”

古代的这种审美传统为现当代人们继承和发展。老舍有一个很形象、生动的比喻：“论味道，英国菜——就是所谓英法大菜的菜——可以算天下最难吃的了；什么几乎都是白水煮或愣烧，可是英国人有个说法——记得好像 George Gissing（乔治·吉辛）也这么说过——英国人烹调的主旨是不加其他材料的帮助，而是把肉与蔬菜的原味，真正的香味烧出来。我以为，用白话著作倒须用这个方法，把白话的真正香味烧出来；文言中的现成字与辞虽一时无法一概弃斥，可是用在白话文里究竟有些像酱油与味之素什么的；放上去能使菜的色味俱佳，但不是真正的原味儿。”① 鲁迅、孙犁等著名作家对此也有许多精辟的论述。

适应本色之美，语言就务求准确、朴实。不但如此，还要求同时表现出浓浓的“滋味”。当然，“滋味”的品类尽可不同。

王维有首诗《山居秋暝》：

空山新雨后，天气晚来秋。

---

① 老舍. 老舍论创作. 上海：上海文艺出版社，1980. 13—14.

明月松间照，清泉石上流。
竹喧归浣女，莲动下渔舟。
随意春芳歇，王孙自可留。

语言非常平朴、自然，景色清丽如画，绝无渲染铺张，着力于描摹客观事物的本色。有声有色，有动有静，有景有人，读后令人叹服。仔细品味词句，滋味醇厚。举其中的一个“明”字为例。对月色的描写，古往今来，可供遣用的词语不知有多少：“银色的月光”、“流动的光辉”、“雪净的月色”、“丹砂一般红”、“疏淡的一片白色”、“远胜珠玉”、“清亮而温柔的软光儿”、“月光如流水一般”、“似乎降了霜”、“橙黄色的闪光”、“缠缠绵绵的月光”等等。但诗中对月色的描写仅仅用了一个普通得不能再普通的“明”字！这个“明”字深深地扎根于立意的土壤之中。寂静的山林、凉爽的秋意、密密的松林、清冽的泉水、夜归的浣女、轻快的渔舟，都融进了作者怡然自得的闲情雅趣，构成一幅优美、动人的山居秋暝图，因而只需加上一个“明”字，月亮的魅力就足以动人了。从前后联系中来看，“明”字地位举足轻重。如果没有了明亮的月光，那就是一片黑暗的世界，绝无优美意境可言，何见松林、泉水？哪来浣女、渔舟？“明”月，又偏偏不让它直接将月光倾泻到大地上，而是“松间照”。这样一来，效果就不同凡响了。地上定然是深浅不一的黑影和亮度各异的光点，松林间的清泉定然闪耀着动荡不定的波光，在荷莲中穿行的渔舟定然轻巧、快速。一个字却能品出如此丰富的滋味，这也就是古人所说“朴字见色”、“平中见奇”的笔法。

再看老舍的《我这一辈子》中的一段文字：

我一辈子只看见了这么一回大热闹：男女老幼喊着叫着，狂跑着，拥挤着，争吵着，砸门的砸门，喊叫的喊叫，喳喳！门板倒下去，一窝蜂似的跑进去，乱挤乱抓，压倒在地的狂号，身体利落的往柜台上蹿，全红着眼，全拼着命，全奋勇前进，挤成一团，倒成一片，散走全街。背着，抱着，扛着，曳着，像一片战胜的蚂蚁，昂首疾走，去而复归，呼妻唤子，前呼后应。

这是描写失火后人们抢铺户的一个场面。作者全是写实，绝无虚夸之笔。“喊”、“跑”、“拥挤”、“砸门”、“抓”、“蹿”、“倒”、“背”、“抱”、“扛”、“曳”、“唤”等20多个不同的动词准确、生动地状写出了“大热闹”中的人们的动作，朴实而滋味浓郁。

与本色之美紧密关联的是神似之美，神似的结果常常是在深层次上表现了本色之美。

“形”和“神”相对，这是中国古代美学中的两个重要概念，至今仍有强大的影响力、生命力。“形”和“神”是辩证统一的关系，神不能独立于形外，必须依附于形之上，没有形，也就没有神；而从另一方面看，神主宰着形，无神之形，行尸走肉而已。相比较而言，中国古代美学理论一般认为“神”的重要性要胜于“形”。《淮南子·原道训》说：“以神为主者，形从而利；以形为制者，神从而害。”《淮南子·说山训》还涉及了艺术美的创造问题：“画西施之面，美而不可说；规孟贲之目，大而不可畏：君形亡焉。”这里以画西施美女、画孟贲战国勇士为例，说明画人物乃至其他艺术创造，不能只注意其外在的形貌，更重要的是应表现其主宰形的神情心态。东晋的大画家顾恺之开创了绘画的传神美学。他在《魏晋胜流画赞》中明确提出了“以形写神”而不失“传神之趋”的美学主张。他认为，画人物肢体，美一些丑一些都和妙处关系不大，最重要的是传神写照，而关键在于“阿堵”之中。《世说新语·巧艺》记载了顾恺之一则绘画小故事。“顾长康画人，或数年不点目精。人问其故，顾曰：‘四肢妍蚩，本无关妙处；传神写照，正在阿堵中。’”“阿堵”，就是今人说的“那个”，指代人的眼睛。现代著名画家潘天寿称赞顾恺之是“千古传神第一人”（潘天寿《论画绝句》）。

苏轼将这“形神”理论与诗歌创作联系起来。他在《书鄢陵王主簿所画折枝二首》之一中说道：“论画以形似，见与儿童邻。赋诗必此诗，定知非诗人。”前两句说，评论绘画如果以“形似”作为标准，那么这种见解只是接近于不太懂事的儿童；后两句说，写诗如果只拘泥于诗的题目，停留在对事物外形的描写上，那么他也不一定是真正的诗人。

诗歌是文学作品中最纯粹的艺术。诗歌语言精练含蓄，韵律分明，句式整齐。诗歌含有鲜明的语言文化特征，内容和形式紧密结合，难以分割。英国诗人雪莱曾经在《诗辩》中说诗歌不能翻译，译诗“犹如把一朵紫罗兰投入坩埚，企图由此探索它的色泽和香味的构造原理”。古典诗歌意境内涵具有复杂性，诗歌翻译的意境移植是翻译中的难中之难。换句话说，诗歌中“神”的翻译是极其困难的。

明代的李贽、叶昼等，继承了古人的优秀传统，总结出了历代著名小说中形神统一的经验，评点《水浒传》时，贯穿了“传神写照”论。他们盛赞作者不论是描写主角鲁智深、李逵、武松，还是描写配角洪教头、差拨、王婆、武大、郓哥等，都能将人物刻画得惟妙惟肖，“千古若活”，充分显示出各种各样人物的性格、身份、“派头”、“光景”，真是“传神妙手”！胡应麟在《少室山房笔丛》中对《世说新语》描写人物，也有类似的赞赏：“刘义庆《世说》十卷，读其语言，晋人面目气韵，恍然生动，而简约玄谈，真致不穷，古今绝唱也。”

古希腊从柏拉图、亚里士多德开始，就强调艺术是对现实的模仿，是现实的一面镜子，强调的是“形似”。柏拉图在《理想国》第十卷中认为，这现实世界之上还有一个理念世界。理念世界是神创造的，是真实世界，现实世界是模仿理念世界而来，是理念世界的“影子”。而艺术是对现实世界的模仿，是“影子的影子”。亚里士多德的“模仿说”集中体现在《诗学》中，他认为艺术是对于实物的模仿，但因模仿的对象、媒介、方式的不同而产生不同种类的艺术。他还认为模仿是人的本性，模仿的艺术不仅可以给人们带来快感，还可以帮助人们“求知”。这个论点一直延续到现在。这是与汉民族的“形神”观有明显区别的。

中国传统修辞学十分重视炼字炼句，恐怕也与追求神似之美的审美观念大有关系。

王维有首《送梓州李使君》诗，为赠别诗佳篇，千古传唱，其中前四句是这样的：

万壑树参天，千山响杜鹃。
山中一夜雨，树杪百重泉。

头两句是在送李使君上任之际，先遥想赴任地梓州的自然风光。万壑千山到处是参天大树，到处是杜鹃鸟的啼声。这两句气势宏大，有声有色，神韵俊迈，简直把风光写活了。后两句写一夜透雨过后，山中飞泉百道，远远看去好像挂在树梢上一样，写得气象万千，充分表现出山势的高峻和山泉的雄奇。总之，四句诗写得自然奇妙，挺拔流动，神韵毕出。怪不得王士禛在《古夫于亭杂录》中评论道：“兴来神来，天然人妙，不可凑泊。”可是，这首诗在有的本子中作了改动。《诗林振秀》中，将“山中一夜雨”改为“山中一丈雨”。《潼川志》中，将“千山响杜鹃”改为“春声响杜鹃”，《方舆胜览》中改为“乡音响杜鹃”等。与原诗相比，准确与否姑且不说，在气势与神韵上便差多了。

鲁迅的小说语言，具有汉民族的风格美特色。他追求的是本色之美、神似之美，力戒粉饰、铺张，高度重视真意、神韵。他在《我怎么做起小说来》中曾经说过：“忘了是谁说的了，总之是，要极省俭的画出一个人的特点，最好是画他的眼睛。我以为这话是极对的，倘若画了全副的头发，即使细得逼真，也毫无意思。”鲁迅说得极对，因为眼睛是心灵的窗户，与顾恺之等人“以目传神”的美学观点是相通的。

鲁迅的这一理论在文学创作的实践中有鲜明的体现。他的小说《祝福》对祥林嫂形象的刻画，就是实践“画眼睛”理论的范例。祥林嫂第一次到鲁四老爷家，“顺着眼”，这是一个农村劳动妇女朴实安分、善良厚道的模样。第二次到鲁四老爷家，不但“顺着眼”，而且“眼角上带些泪痕，眼也没有先前那样精神了”。这时的祥林嫂，已失去了第二个丈夫以及儿子，内心深处伤痕累累，遭到了沉重的打击。投奔鲁家，原想像从前一样安分守己生活，但鲁家却认为她败坏风俗，不准她碰祭祀用具。她变得“只是直着眼睛”，一个“直”字传神地表现出了祥林嫂灵魂所受到的严重侮辱和打击，怅然若失，形同木偶。当柳妈讲述再嫁寡妇死后要去阴司被锯成两半时，祥林嫂立刻“旋转眼光，自去看雪花”，这是强作平静，埋藏着深深的矛盾、忧虑。第二天，“两眼都围上大黑圈”，可以揣摸出祥林嫂彻夜未眠，备受惊恐、痛苦的折磨。她听从柳妈的话，到土地庙捐了门槛，眼睛“分外有神”，标志着精神重压的解脱，面前又出现了一丝希望。但是，鲁家仍然认为她是“不干不净”的“谬种”，仍然不准她接触祭具，她第二天“眼睛窈陷下去”了，从此一直丧失了神采。当祥林嫂在鲁镇祝福的前夕濒临死亡之时，那木刻似的脸上，“只有那眼珠间或一轮”，才可以看出她是个活物。这不是眼睛“直”的问题了，而是滞呆木然，没有一点点生机了，这正是祥林嫂完全绝望的心理传神写照，由此还深刻反映了世间的冷漠。祥林嫂一生的异常悲惨遭遇以及她的鲜明性格特点，都在其“眼睛”里得到真实、生动、传神的反映。

其实，大而言之，本色、神似之美的追求，并不仅仅限于对“眼睛”的描写，可以泛指一般的叙述、描写语言。例如，鲁迅的《孔乙已》：

> 孔乙已是站着喝酒而穿长衫的惟一的人。他身材很高大；青白脸色，皱纹间时常夹着些伤痕；一部乱蓬蓬的花白的胡子。穿的虽然是长衫，可是又脏又破，似乎十多年没有补，也没有洗。

这幅肖像图没有写及眼睛，但非常贴切地、深刻地刻画出了孔乙已的思想性格等特点。“站着喝酒而穿长衫的惟一的人”，说明了孔乙已的特殊身份，既不是有钱有势的长衫客，又不是穷苦勤劳的短衣帮，他是经济地位和思想行为的矛盾统一体。他的“身材很高大”与无能无力形成鲜明的对比。“皱纹间时常夹着些伤痕”是因穷困有时“偷窃”留下的印记。“一部乱蓬蓬的花白的胡子”，点出了年龄特征。长衫“又脏又破，似乎十多年没有补，也没有洗”，加上乱蓬蓬的花白胡子，凸显了一个穷困潦倒又死死维护读书人脸面的封建社会知识分子的典型形象。

三、追求委婉、含蓄之美

委婉、含蓄之美也是汉民族十分推崇的重要的审美观念。

吴礼权先生在江苏省修辞学会主办的第二届汉语修辞和汉文化国际学术研讨会上，提交了论文《委婉修辞与中国文化》，对委婉修辞与中国文化的关系作了细致、深刻的分析。他指出了委婉修辞的 8 种表现形态及其表达效应：用典的伏采潜发、折绕的余味曲包、讳饰的秀外实中、藏词的珠玉潜水、析字的含蓄蕴藉、双关的秘响旁通、讽喻的深文隐蔚、起兴的缓步渐进。他还进一步指出了委婉修辞生成与发展的文化根由：政治环境的制约、民族心理的导引、文学传统的推崇。其中就包含了汉民族独特的审美传统。

中国的许多思想家、文学家、文学批评家、史学家都十分崇尚委婉、含蓄之美，有关的论述很多。

孔颖达《毛诗正义》指出：“其作诗也，本心主意使合于宫商相应之文，播之于乐。而依违谲谏，不直言君之过失；故言之者无罪，人君不怒其作主而罪戮之，闻之者足以自戒，人君自知其过而悔之。”认为不论是“风化下”还是“风刺上”都应采取委婉、曲折的表达方式，以使对方易于接受。尤其是以诗劝讽封建统治者时，更不能切直浅露，必须维护他们的面子。刘勰《文心雕龙·隐秀》论及委婉：“隐也者，文化之重旨也。……夫隐之为体，义生文外，秘响旁通，伏采潜发，譬爻象之变互体，川渎之韫珠玉也。故互体变爻，而化成四象；珠玉潜水，而澜表方圆。始正而末奇，内明而外润，使玩之者无穷，味之者不厌矣。”委婉的后面，蕴藏着重要的意义、精彩的内容、缤纷的变化，这里，刘勰对委婉的价值和作用阐发得淋漓尽致，精辟的论述对中国历代文学创作产生了深远的影响。白居易的《金针诗格》则具体概括出婉曲的七种义例：说见不得言见，说闻不得言闻，说远不得言远，说静不得言静，说苦不得言苦，说乐不得言乐，说恨不得言恨。如诗曰：“孤舟行一日，万水与千山”，是说远，却未出现“远”字。

司空图《诗品》有名言：“不着一字，尽得风流。”严羽的《沧浪诗话·诗辨》中说道：“盛唐诗人，惟在兴趣。羚羊挂角，无迹可求。故其妙处，透彻玲珑，不可凑泊。如空中之音，相中之色，水中之月，镜中之象，言有尽而意无穷。”欧阳修《六一诗话》曾记梅圣俞观点云：“圣俞尝语余曰：‘诗家虽率意，而造语亦难。若意新语工，得前人所未道者，斯为善也。必能状难写之景，如在目前；含不尽之意，见于言外，然后为至矣。’”从上面所引论述中，大略可以看出古人对含蓄之美的重视程度，甚至提到了文学创作的最高境界。

委婉之美和含蓄之美是相通的，不过侧重点有所不同。委婉侧重在婉转，不直截了当；含蓄则重在含而不露，耐人寻味。

语言在对委婉之美的追求、适应的同时，也美化了自身。委婉语言的使用绝不是盲目随意的，除了顺应民俗的特点之外，还有深层的美学基础。

粗俗语言除了在一些特殊场合适量使用外，一般情况下，人们总是尽量改用比较委婉的说法。例如，中药药科中有不少品种倘若照其本名开入药方之中，恐怕病人见了会大倒胃口的。要真正弄清药料究竟为何物，切不能仅看其名称。兔子屎叫作“明目砂”，人的胎盘叫作“紫河车”，脐带叫作“坎”，指甲叫作“筋退”，人的头发叫作“血余”，雄虎的生殖器叫作“虎鞭”，橘子皮叫作“陈皮”，西瓜皮叫作“翠衣”等等。这些名称掩盖了东西的真相，换个美名利于服药。关于性器官和两性关系，汉民族最忌讳直接说出口，所以委婉用语特别多。男女性器官常用“私处”、“下边”、“下部”、“下身”、“下体”、“羞处”等代替。女性的乳房有称“酥胸”的，如周邦彦《浣溪沙》词：“强整罗衣抬皓腕，更将纨扇掩酥胸。”两性关系也有许多不同说法，“房事”、“夫妻生活”、“待月西厢”、“合欢”、“枕席之欢”、“做爱”等等。怀孕本不必忌讳的，大约因为肚子大了，生理上起了变化，故有说成“有喜了”、“身子重了”，也有说成“身怀六甲”、“快做妈妈了”、“有了身子了”等等。骂人的话一般是比较粗俗的，但反映到书面文章作品中，未免添上文雅的色彩。鲁迅在一篇《女吊》文章中斥责那些行同禽兽的人，却回避了使用“禽兽”一词，而斥为“人面东西”，虽然委婉了，却仍然很有力量，入木三分。中国摄制的以当代重大历史事件为主题的影片，如《西安事变》、《开国大典》和《大决战》等，都出现蒋介石的形象，在蒋介石的口中，时见吐出“娘希匹”一语。“娘希匹”什么意思？是与“他妈的”、“妈那巴子”、“他娘的”一样骂人的话。不过用“希匹”代替了那个实在上不得口的、丑不可言的词儿，至于“希匹”何以写成如此，那是无关紧要的。这样表达，多少降低了粗俗程度，显得“雅”了些。

再从大处说，语言的委婉美还常常包含着对他人的尊重和理解。娓娓道来，给人启发、帮助，使对方乐于接受自己的意见、观点，取得“直截了当”不能替代的效果。作家刘绍棠有一次在南开大学作报告，讲到文学创作要坚持党性原则时说：“每一个阶级的作家都是有所为有所不为，……即使是真实的东西，也是有所写，有所不写的，无产阶级的文学更是如此。”这时，一位同学从台下递上一张条子，上面写着：“刘老师，您说作家要有所为有所不为，我觉得不应该这样。既然是真实的，就是存在着的，存在着的，就应该给予表现，就可以写。”刘问：“这是哪位同学写的？”台下站起来一位女同学。刘绍棠开玩笑说：“你把你的学生证拿给我看看好吗？”女同学迷惑不解。刘绍棠说：“我要看看你的学生证是不是贴着脸上长疮的照片。”“我为什么要把长疮的照片贴在学生证上啊？”刘绍棠：“长疮时你怎么不拍张照片呢？”“长疮时，谁拍照片啊，怪难看的。”刘绍棠说：“你不在长疮时拍照片，更不会把长疮的照片贴在学生证上，这说明你对自己是看本质的，因为你是漂亮的，长疮时的不漂亮是暂时的，它不是你最真实面目，所以你不想照相留念，更不想照这样的照片贴在学生证上。共产党的某些缺点是需要批评的，但有些事情是有其特殊原因的，是涉及到许多方面问题的，应由党内采取措施去改正。”接下来又讲了要有公正的态度，不能把共产党长疮的照片贴在共产党的工作证上。[①] 刘绍棠的一番话没有直来直去讲大道理，而是凭借一张学生证上的照片设喻，委婉地批评了这位青年学生思想观念的错误，很得体，是美的语言。

严重违背了委婉审美传统，必然导致语言的不得体，甚至有可能成为语言垃圾。前些年，有位西北当红作家写了部长篇小说，书中除了数不胜数的“此处删去多少字”之外，几乎隔几页就有露骨的肉欲描写和肮脏话语扑面而来，令人躲不胜躲，结果大大影响了这位当红作家原本很不错的声誉。报上曾有一条新闻叫人惊骇不已：一位在国内有些名气的音乐人在国外搞了场现代音乐会，演出了一个作品，题目几乎叫人无法读出声来，叫《十九种“操”》，就是把最典型的脏话、“国骂”集中起来，用极清楚伶俐的口齿骂出来，作为一种“艺术”表现。中国的“国骂”自然首当其冲。当时观众的各色人中，不乏懂中文知“国骂”的“老外”，这些西方人居然也被这种

① 中华魂，1997（7）.

"大胆"、"开放"给"震"住了，只剩摊手耸肩表示惊愕的份儿，更别谈中国人的感受了。而这位音乐人坦然自若地解释道：现代人活得太累、太压抑，需要"发泄"。这是荒谬的理论，"国骂"在日常口头语中一般也是不得体的，当作"艺术"来堂而皇之歌唱，更何谈得体呢？

对语言含蓄美的高度重视、着意追求，在文学创作上留下了众多以含蓄美见长的精品佳作，广为传播，被人们津津乐道。

唐代诗人崔郊，写有一首《赠婢》诗：

公子王孙逐后尘，绿珠垂泪滴罗巾。
侯门一入深如海，从此萧郎是路人。

这首诗看似平淡实奇曲，含而不露，怨而不怒。第一句用"公子王孙逐后尘"的形象语言烘托这位女子的才貌出众、可爱美丽。第二句用了个"绿珠"的典故，意思更深一层。绿珠原来是西晋石崇的爱妾，后来被权贵孙秀看上了，石崇下狱，绿珠跳楼自杀。典故用在这里，暗寓了诗中女子也有绿珠那样的才貌，遭遇同样不幸的意思。"垂泪滴罗巾"的细节状写出了女子内心的深深痛苦。第三句"侯门一入深似海"，用比喻暗写出女子所遭遇的苦难和诗人两相分离的绝望心情。第四句蕴含了诗人深沉的哀思。"萧郎"是唐代的习惯用语，泛指女子所爱恋的男子。"从此萧郎是路人"，细细体会，"萧郎"是何等的痛苦哀伤，女子是何等的悲苦愁怨！四句联起来品读，内中的深情真是感人肺腑。不单如此，崔郊实际上还以此诗曲折写出自己爱情上的不幸遭遇，吐露了内心深处的真实感情。原来，崔郊姑母家有个婢女，长得貌美还天生有副好歌喉。有一次，崔郊在姑母家遇到了她，两人一见钟情。崔郊虽然常常思念却又担心门不当户不对，父母不会同意，只得耐心等待时机。而婢女被姑母卖给显贵于頔了。待崔郊知道后，虽心痛如绞，却无法挽回。直到一年后的清明节，崔郊在街上的一株柳树下，看到了心上人手里拿着一条绣花手巾含情脉脉望着他，像用手巾向他招手，又像害怕似的擦自己的前额。在感情的折磨下，崔郊一回去，便写下了这首诗。诗不胫而走，不几天于頔也读到了，并受到诗中蕴含的真情感染，便让崔郊将婢女领了回去。这事便成了诗坛的一段佳话。

语言的含蓄美并不仅仅限于文学作品，在今日语言交际的各种场合都可以追寻到其踪迹，品味到其魅力，即使在庄重、务实的外交场合也不例外。

在九届人大三次会议的中外记者招待会上，朱镕基总理就《一个中国的原则与台湾问题》白皮书发表后的反响答记者问："为什么反响这么大呢？就是因为在某个国家，有一些从来就是反对中国的人士，他们从来就是把中国当作潜在的敌人，要利用台湾这个不沉的'航空母舰'来反对中国。他们就是愿意或者主张台湾问题要无限期地拖下去，今天你说不能无限期拖下去，那不就翻了天了嘛。因此，种种的威胁也就出来了，就说如果中国要解决台湾问题，那某某国家就要用武力来干预。”“3 月 12 日，克林顿总统在霍普金斯大学发表了演说。他讲了这样一段话，就是必须要实现一个由威胁转成海峡两岸对话的这样一种转变。我觉得克林顿总统这句话应该改两个字才比较确切，就是必须要实现在太平洋两岸之间的由威胁转为对话的这样一种转变。”明眼人都可以看出，话中的“某个国家”指的就是美国，“太平洋两岸之间”指的是中美之间，话语在含蓄中见鲜明。当有记者问“台湾问题的无限期是指几个月、几年、几十年还是几个世纪的时间”时，朱总理答：“关于无限期的问题，我不知道英文该怎么翻译，有人告诉我 indefinitely，还有人告诉我拉丁文的原文是 sinedie。我看反正你我都知道什么意思，我就不再讲下去了。”这话答得非常含蓄巧妙，“无限期”本是个模糊概念，倘若直截了当划定了期限，反而失却主动权；倘若不回答，又显得被动，“你我都知道什么意思”，叫人意会，难题迎刃而解，无可挑剔。

各民族文化都有委婉、含蓄的讲究。汉语对委婉、含蓄之美的崇尚、追求是相对而言的，只是格外突出而已。另外，语言适应委婉、含蓄之美，要注意贯穿适度原则，一切以达到语言交际目的、符合艺术美的规律为准则。一味讲究委婉、含蓄，语言不能正确表情达意，那就转化成不得体了。

例如，1996 年 6 月 29 日《服务导报》上有篇《“那个”到底是什么》的文章，写黄君借调到单位“房改办”，各项政策下达之后，他不亦忙乎，群众纷纷向他咨询。

> 晚上，黄君接到快要退休的老王打来的电话：“你估摸我这情况买好？租好?”“当然买啦!”黄君快人快语：“一来你工龄长，二来你那房子位置好，三是……再说等你死了以后这房子还可以转让和继承呢，多好!”电话那头却闷声不响，接着被重重挂断了。妻嗤笑道：“和老师傅讲话别张口闭口死呀活的，人家忌讳，要说得婉转、艺术，知道吗?”30 秒钟后，办公室毕主任打电话来了：“小黄啊，你看我这房子是买啊还是……我想听听你的意见。”黄君的语气比刚才低缓了许多：“毕主任，依我看，买！虽说房子新，面积大，我想用不着东借西凑您也能拿出这么多钱，还是买了以后住得舒心，等到以后你……你……”小黄突然刹住口，显然牢记着对老王“出言不逊”的教训。毕主任疑惑地追问：“等到我什么？嗯？——是不是说我快从这主任位子上退下来了就会……”“不、不!我是说等您……等您……那个……以后，这房子毕竟还是一笔财产呀!”毕主任声音愈加不耐烦了：“小黄，你怎么变个人似的，吞吞吐吐，‘那个’什么？‘那个’什么？到底是指什么呀?”

从上面的语言交际中可以看出，黄君与老王通电话时，说“等你死了以后这房子还可以转让和继承”，这个“死”字，对一个即将退休的老人来说是很忌讳的，说得太“直”，不委婉，引起对方的不快、反感，确有不得体之处。黄君与毕主任的说话，吸取了与老王通话的教训，又委婉过了头，“等到以后你……你……”、“那个……”欲言又止，吞吞吐吐、断断续续的情态，令对方摸不准“那个”究竟是何意思，信息通道出现堵塞，同样是不得体的。引例虽是趣谈性质，但用来说明委婉要适度却是颇有启发的。

第五章

语言得体的主体性

第一节　得体主体性概述

语言得体的主体性指的是语言材料对说写主体的适应问题。

说写主体在语言得体性中的地位非常重要。我们在给语言得体性下定义时说过：语言的得体性是指语言材料对说写主体和语言环境的适应程度。从表述上看，说写主体和语言环境处在平列的位置，而从实际的语言交际活动来考察，情况却并非如此。语言既要适应说写主体，又要适应语言环境，这没错。但语言怎样才能适应语言环境呢？必须通过说写者去认识、把握、驾驭。如果从说写者角度来看，一方面要正确处理与语言的关系，做到自身与语言材料保持一致，换句话说，就是正确保持、把握自我。倘若失却了自我，语言世界将会变得枯燥、乏味。另一方面，说写者在输出话语的过程中又要与语言环境尽可能保持和谐统一，顺应语言环境。由此看来，说写主体在语言得体性中的地位确实很特殊、很重要，在语言得体各要素的动态平衡中起着举足轻重的作用，直接影响到语言得体与否、得体程度如何、得体的色彩怎样。

我们先看两个例子：

《论语·先进》中记述了一件事。有一次，孔子的学生子路问孔子："闻斯行诸?"（听到了是不是马上采取行动?）孔子回答道："有父兄在，如之何其闻斯行之?"（有父亲兄长在，怎么能不向他们请求一下就贸然行动呢?）过了些日子，孔子的另一个学生冉有也问孔子："闻斯行诸?"孔子答道："闻斯行之。"（听到要马上采取行动。）在上面两次谈话时，孔子的另一位学生公西华也在场。对同一个问题，孔子作了截然相反的回答。公西华不解地问："子路问您'闻斯行诸'，您回答说：'有父兄在。'冉有问您'闻斯行诸'，先生却答曰：'闻斯行之。'我实在疑惑，请问这是什么道理?"孔子说："冉有做事畏畏缩缩，不肯向前，所以我告诉他'一听见就去做'，教他上紧些。子路的性格，是一点也不顾利害，遇事勇往直前，往往人家要两个人才能做的事，子路则凭自己勇猛，要一个人去做。这种行为方式，是很危险的，所以我告诉他'要先请示父兄'，教他退一步做事。"孔子对同一问题作了不同的回答，都是得体的。为什么呢？最通常的分析就是因为接受话语的对象不同，孔子的回答适应了语境中的交际对象因素。但是，如果孔子没有因人施教的科学教育思想，不能深刻认识到冉有、子路的不同思想性格特点，他能说出这样得体的话语么？这里，说写者的主体因素起着十分重要的作用。

后汉的司马徽从来不说别人的短处，与人交谈时，不管什么事情都乐意称好。有人向他请安问好，他说："好，好。"有人向他诉说儿子死了，他也说："很好，很好。"老婆责怪他道："人家把你当作个有德之士，所以来把自己的痛苦告诉你，你怎么听到人家死了儿子也说很好很好呢?!"司马徽说："夫人，你这番话也很好，很好!”这是《善诱文》中的一则小故事。“好好”先生司马徽，以一个不变的“好”字对答不同的话语，甚至连他人“死了儿子也说很好很好”，就必然出现不得体的情况。他的思想和个性与孔子迥然不同，不看对象，不论场合，滥用“好”字，首先应该从他自身寻找说话不得体的原因。

说写主体是活生生的人，千人千面，千人千心，构成的要素异常错综复杂、生动活跃。考察适应说写主体问题，需要对说写主体与语言表达的关系从总体方面作一考察，明确其特点。

一、综合性

说话说得好，文章写得好，在有些人看来，是说写的语言表达技巧高，其实不然，得体的语言是说写主体各种因素的综合体现。这些因素包括身份、地位、经历、个性、修养、年龄等等。得体的语言形式仅是表象、结果，主体的制约、影响因素潜藏在深层语言交际过程之中。短短的一两句精彩得体的话，为什么他能说出写出，你却说写不出？或者即使说出写出类似的话语，得体的程度却存有差异。这里就关涉到说写者综合素养水平，主体各种因素的不平衡性。

有一则内涵深刻、丰富的故事：

> 一家美国工厂的电机坏了，每停产一天就得损失10万美元，修来修去总修不好。情急之下，求救于一位德国电机专家。这位专家检查完电机，用粉笔在某处画了一条线，说：“把画线地方拆开重新绕一圈。”就这样画一条线，电机就奇迹般起死回生。专家开价索要3万美元报酬。厂方提出要专家开个明细清单。专家提笔写道：“画一条线1美元，知道在什么地方画线29 999美元。”①

专家的开价清单确有合理性，画粉笔线是人人都会的简单劳动，1美元报酬绰绰有余，而知道在什么地方画这条线就不是一般人所能为的了。它是复杂劳动的结果，或者说是专家积累的丰富理论知识和实践经验的自然产物。精彩、得体的语言不也是这样吗？所用的词句人人都会说会写，普普通通，但在特定场合用得恰到好处却不是一般人都能做到的。

言为心声。说话写文，说彻底一些，是用思想来说写，以心灵来表达。法国的雨果曾说过：“思想是一片肥沃的处女地，上面的庄稼可以说是听其自然。”“诗人只应该有一个模范，那就是自然；只应该有一个领导，那就是真理。他不应该用已经写过的东西来写作，而应该用他的灵魂和心灵，……”② 语言也可以看作在思想上面“听

---

① 经营与管理，2000（6）.

② ［法］雨果.《短曲与民谣集》序．外国名作家创作经验谈．杭州：浙江人民出版社，1981.254，257.

其自然”长出来的庄稼，从“灵魂、心灵”中倾泻出来的音符，至于说这“庄稼”长得如何，“音符”是否动听，那就要具体情况具体分析了，不能一概而论。

古希腊大哲学家、雄辩家苏格拉底与欧西德曾经有过下面一段辩论：

欧：我所做的事，没有不正的。

苏：那么，你能举例说明什么是“正”，什么是“不正”吗？

欧：能。

苏：虚伪是“正”还是“不正”？

欧：不正。

苏：偷盗呢？

欧：不正。

苏：侮辱他人呢？

欧：不正。

苏：克敌而侮辱敌人，是“正”还是“不正”？

欧：正。

苏：诱敌而窃敌物，是“正”还是“不正”？

欧：正。

苏：你方才说侮辱他人和偷盗都是“不正”，现在为何又言“正”？

欧：以前是对友，现在是对敌。

苏：假如有一将军见其军队士气低落，不能作战，他便欺骗士兵说：“救兵将到，勇往直前吧！”因此大获全胜。这是“正”还是“不正”？

欧：正。

苏：小孩生病不肯吃药，父亲骗他说：“药味很甜。”小孩吃了，救了性命。这是“正”还是“不正”？

欧：正。

苏：你的朋友因神经痛欲取刀自杀，你将他的刀偷去了。这是“正”还是“不正”？

欧：正。

苏：你说“不正”只可对敌，不可对友，何以现在又可以对友呢？

欧：苏格拉底，我不能回答你了。①

苏格拉底在与欧西德的这一段辩论中几乎并没有正面阐述对“正”与“不正”的看法，先是询问对方：“虚伪是‘正’还是‘不正’？”“偷盗呢？”“侮辱他人呢？”

---

① 语文建设，2010（4）.

然后不断提出了一个又一个的实例，让对方来检验自己的答案。几个回合下来，欧西德表示服输，“不能回答”了。“正”与“不正”的问题貌似简单，但其中包含着丰富的哲学思想，从理论上说，不能一概而论；从实践上来说，需要具体情况具体分析。对这一问题的透彻、正确认识，首要的是对“正”与“不正”的内涵进行科学界定，其次是在辩证联系中考察、把握，再次还有语言辩论技巧等问题。苏格拉底不多的话语好似冰山浮在大海中的一角，让人深深体会到潜藏在大海深处的巨大冰山的整体厚重、深沉，深深感受到他的睿智、机敏、深邃。

《红楼梦》是中国古典小说艺术的高峰、人类文明史上光辉灿烂的伟大杰作之一，是中国封建社会末世的百科全书。通过这部巨著，我们可以了解、认识当时的政治、经济、文学、艺术、医学、建筑、宗教、饮食、习俗等方面的学问和知识，而这一切都是通过作者精湛的语言艺术表现出来的。《红楼梦》的语言艺术成就是举世公认的，这并不单单取决于作者的语言修辞修养，还与作者的综合修养密不可分。曹雪芹是以小说家著名的，可他的朋友都称赞他工诗善画。敦敏的《懋斋诗钞》说他“醉余奋扫如椽笔，写出胸中礧石时”。张宜泉的《春柳堂诗稿》说他“门外山川供绘画，堂前花鸟人吟讴”。清代的诸联在其《红楼评梦》一书中说：《红楼梦》“作者无所不知，上自诗词文赋，琴理画趣，下至医卜星相，弹棋唱曲，叶戏陆博诸杂技，言来悉中肯綮。想八斗之才，又被曹家独得”。曹雪芹的祖辈父辈，相继承任了64年的“江宁织造”的官职。康熙皇帝五次南巡，有四次到南京时都是住在他承继祖父曹寅的织造府中。后来雍正皇帝派人抄他们的家，抄家的单子上显示他家有田19顷多，房屋483间。曹雪芹就是从这样一个极富贵的大官僚贵族之家，而跌落到“满径蓬蒿老不华，举家食粥酒常赊”的困境，使他“历尽离合悲欢，炎凉世态”。鲁迅说得好：《红楼梦》“盖叙述皆存本真，闻见悉所亲历，正因写实，转成新鲜”。[①] 由此可见，讨论《红楼梦》的语言表达艺术技巧，是不能脱离曹雪芹的独特生活经历的。

《红楼梦》第四十二回中，惜春画大观园，需要画画的材料，薛宝钗说道：“今儿替你开个单子，照着单子和老太太要去。”于是，贾宝玉准备笔录：

> 宝钗说：“头号排笔四支，二号排笔四支，大染四支，中染四支，小染四支，大南蟹爪十支，须眉十支，大著色二十支，小著色二十支，开面十支，柳条二十支，箭头朱四两，石黄四两，石青四两，石绿四两，管黄四两，广花八两，蛤粉四匣，胭脂十二片，大赤飞金二百帖，青金二百贴，广匀胶四两，净矾四两——矾绢的胶矾在外，别管他们，你只把绢交出去叫他们矾去。这些颜色，咱们淘澄飞跌着，又玩了，又使了，包你一辈子都够使了。再要顶细绢箩四个，粗绢箩四个，担笔四支，大小乳钵四个，大粗碗二十个，五寸醋碟十个，三寸粗白碟二十

① 鲁迅．中国小说史略．鲁迅全集（第八卷）．北京：人民文学出版社，1957.196.

个，风炉两个，沙锅大小四个，新磁罐二口，新木桶四只，一尺长白口袋四条，桴炭二十斤，柳木炭一斤，三屉木箱一个，实地纱一丈，生姜二两，酱半斤。”

曹雪芹如此细致、繁丰地列举、状写各种各样的绘画材料，笔具就分十余种，颜料也有十余种，碗、钵、碟、罐、锅、桶等项目一一具体清楚列述，如果曹雪芹没有丰富的中国绘画知识和修养，岂能写出这样的文字？

海岩有篇《有了感觉就幸福》的文章，下面是文章的片断：

家里曾经来过一位保姆，快40岁了，是亲戚从老家的农村介绍过来的，当她第一次见识到大城市的风貌时，兴奋得不得了，犹如刘姥姥进了大观园。

那天晚上，保姆拘谨地告诉我想给家里挂个电话，我赶忙告诉她没问题。

保姆对她老公说：“你知道我今天看到什么了？”“我看到了小汽车排队，好长好长的，望不到尾……”“嘿嘿，就是啊，人还是要出来哩，大城市里很多东西，家里都没见过的。”“等有钱了，你也来见识见识……”

我看着保姆那满足的神态，听着那近乎小孩子欢欣雀跃的语气，仿佛分享了她的幸福一样开心起来。

“那在家乡，是不是过得不开心啊？”

“不是啊！”她想了一会儿，很肯定地说。

“家里那么穷，有什么值得开心的啊？”我疑惑地问。

“穷是穷，但也会穷开心啊！”她很快就回答了我，这勾起了我的好奇：“比如说呢？”

“你看吧，我们家里四姐妹，就我能小学毕业，一是我读得辛苦，二是父母疼我，愿意供；还有就是我和我老公打小就认识，你知道农村自由恋爱多不容易啊，不过他还是把我给娶回家啦；生了第一个孩子就是儿子，公婆对我也高看一眼；种的东西收成好啦；和老公打完架后他千方百计哄回我啦；儿子暑假帮我做买卖赚钱啦……说起来高兴的事情很多很多哦，哪能一下子都说得完呢？”①

这位保姆文化程度肯定不高，见识不广，城市里普普通通的汽车在她眼里，非常新鲜惊讶，“你知道我今天看到什么了”以设问句加以突出，作为一个重要信息向丈夫报告。“等有钱了，你也来见识见识”，可见她在农村的生活环境是多么闭塞，她的愿望是何等的平凡。那么，她感到幸福吗？从她的话语中我们感受到非常幸福。读书能够“小学毕业”，与“自由恋爱”的老公结婚，生了个儿子，公婆缘此“对我也高看一眼”，儿子能够“帮我做买卖赚钱”等等。她的幸福对于一般人来说是这么简单

---

① 爱人品位，2007（9）.

和不可思议，其语言的得体性就必须联系保姆的主体因素来判别，如文化修养、阅历、幸福观等。幸福的临界点本来是很多的，而我们总是从不同的起点去试图接近它。不是吗？谁能说清楚，小时候吃一块红烧肉的快乐和现在吃到一顿满汉全席得到的幸福感，哪种更强烈呢？

总之，研究语言的得体性，如求彻底，不应仅仅重视语言表达的技巧，而且还必须关注说写主体方方面面的因素。诸多因素相互关联，是一个有机的整体，得体的语言不过是这一有机整体萌发出来的艳丽花朵而已。

二、独特性

说写主体作为个人来说，身份、地位、思想、性格、修养等方面具有独特性，也就是说，人与人之间的主体综合因素只可能在某些方面相类相近，但绝不会完全相同。有许多语言得体性的问题在这一根基上才能得到合理的、正确的解释。得体的语言世界可谓千姿百态、缤纷灿烂、奇幻无穷，这是从整体上看的。之所以会有如此的世界，正是由于说写主体综合因素的鲜明特点造成的。每一种得体语言都是得体语言世界的一个绚丽品种。

一般人都具有独特的语言表达习惯，只是在独特的程度上有差异而已。语言表达习惯是指个人逐渐养成而不易改变的语言行为。这种习惯带有综合性，与思维方式、文化背景、个性特点等都有密切的关系，表现在语言材料的选择以及运用方式各个方面。诸方面的差异越是大，语言的独特性越是鲜明。

毛泽东与别人见面，有一个习惯特点，即常常借对方姓名发挥，幽默成趣，巧妙得体。1950 年 6 月，在北京玉泉山，毛泽东遇到去山下拎水的小通讯员张木奇。毛泽东问他姓名，小战士紧张得答不出来，旁人介绍说是警卫连的小通讯员张木奇。毛泽东让小通讯员将名字写在他的大手上，然后边看边念道："弓长张，木头的木，大可奇。噢，张木奇，对不对？"又笑着逗他："说话么，会说话的木头才叫木奇。对不对？"大家都轰然笑了，张木奇的紧张也不知不觉地消失了。1971 年，有次毛泽东批评了在他身边工作的张玉凤，张玉凤不服，为自己辩解。毛泽东发脾气了："你要是不高兴就给我走！"张玉凤二话没说，打起包袱就回了家，一走就是 20 天。后来回到了中南海见到毛泽东仍然没认错。看到这种情况，毛泽东便给她写了个评语："办事认真，工作尽职，张飞的后代，一触即跳。"张玉凤情不自禁地哭了。1975 年，北京著名的中西医眼科专家为毛泽东会诊白内障。其中有位叫唐由之的大夫，毛泽东边同他握手边问他叫什么名字。唐大夫以洪亮声音回答："唐由之。"话音刚落，毛泽东的兴致就来了："你这个名字好，你的父亲一定是位读书人，他可能读了鲁迅先生的诗为你取了这个'由之'的名字。"随后，毛泽东便背起了鲁迅悼念杨铨的诗："岂有豪情似旧时，花开花落两由之。”① 毛泽东的借名发挥的习惯是不能从科学性上来评论的，这是拉近双方心理距离，或消除紧张顾虑，或婉转批评的一种独特的得体语言形式。

对同一个话题，不同人往往以不同的语言来表达。例如，在“珍视人生的价值”问题上，名人们留下了许多精彩的名言。毛泽东号召：“为人民服务。”瞿秋白说：“本来，生命只有一次，对于谁都是宝贵的。但是，假使他的生命溶化在大众的里面，假使他天天在为这世界干些什么，那么，他总在生长，虽然衰老病死仍旧是逃避不了，然而他的事业——大众的事业是不死的，他会领略到‘永久的青年’。”雷锋说：“人的生命是有限的，可是，为人民服务是无限的，我要把有限的生命，投入到无限的为人民服务之中去。”克雷洛夫说：“至于我，生来就为公众利益而劳动，从来不想去表明自己的功绩，唯一的慰藉，就是希望在我们的蜂巢里，能够看到我自己的一滴蜜。”歌德说：“你若要喜爱你自己的价值，你就得给世界创造价值。”巴尔扎克说：“真正的学者真正了不起的地方，是暗暗做了许多伟大的工作而生前并不因此出名。”列夫·托尔斯泰说：“人生不是一种享乐，而是一桩十分沉重的工作。”奥斯特洛夫斯基说：“人的一生应当这样度过——当回忆往事的时候：他不会因为虚度年华而痛悔，也不会因为过去的碌碌无为而羞愧；在临死的时候，他能够说：‘我的整个生命和全部精力，都已经献给世界上最壮丽的事业——为人类的解放而斗争。’”诸如此类的论述很多，有的比较概括，有的比较具体；有的比较直露，有的比较含蓄；有的比较质朴，有的富有文采，但都以得体的语言表达了同一话题和思想。

相类或相同的场合，得体的语言形式也往往表现出个性的特点。

贝多芬去世前已耳聋了 20 多年，平时，他总是迫切希望自己的耳朵能复聪。到了生命的最后一刻，他断断续续地说道：“到了天堂，我就能听得见了。”这是一位有着特殊曲折经历的音乐家的临终遗愿。鲁迅先生生前论敌如云，遭受四面围攻，却愈斗愈勇，毫不手软，临终时还意犹未尽，留下铮铮遗言“一个也不宽恕”，颇有来生再战的意思。这是最不客气的遗言。著名作家夏衍晚年病重住院，一天上午，突然感到十分难受，咳嗽不停，呼吸困难。秘书见状赶忙说：“我去叫大夫。”正当他开门欲出时，夏衍突然睁开眼睛，极其艰难地说：“不是叫，是请。”随后就昏迷过去，再也没有醒来。这是最有礼貌的遗言。清初文学批评家金圣叹，因“哭庙”案被判斩刑。刑场上，刚逾知天命之年的金圣叹，泰然自若，临刑不惧，昂然地向监斩索酒酣然畅饮，边酌边说：“割头，痛事也，饮酒，快事也；割头而先饮酒，痛快痛快！”这是最洒脱的遗言。幽默了一辈子的美国作家马克·吐温，临死也不改本色，向床边一群与他告别的人说了一句：“再见，我们很快还会相逢呀！”就与世长辞了。此话让他的亲朋好友目瞪口呆，哭笑不得。因为“再见”虽然无法逃过，但谁也不想和他很快“相

① 王漫宇. 毛泽东谈话艺术. 天津：天津人民出版社，1993. 209－213.

逢”。这是最为幽默的遗言。希腊大哲学家苏格拉底，被宣布死刑。喝下毒药前，向他的好友克利顿说了最后一句话：“克利顿，我还欠阿斯克勒比奥斯一只鸡，请别忘了还给他。”这是最富责任心的遗言。美国著名科学家、医生乔治·比尔德在生命的最后时刻说道：“我想把人临死时的想法记录下来，这对科学或许有好处，但这是不可能的。”至去世也念念不忘自己的科学工作。法国资产阶级革命领袖乔治·雅克·丹东在就义前大声喊道：“你们把我的头拿去示众吧，我的头是值得让众人一看的！”美国民族英雄内森·黑尔就义前大声说道：“我唯一的遗憾是我只能为我的国家献出一次生命！”两位革命者都有大无畏的牺牲精神，但前者直截了当高呼，后者以遗憾形式表达。

上面所引话语处于相类似的场合，由于各人的身份、经历和个性均不相同，虽然都是得体的，但表达形式都相异分别具有不同的色调。

即使是一模一样的语言形式，其含义、情味、色彩等也不可能完全相同。这里，不同接受对象、不同场合等语言环境因素起着十分重要的作用。出自不同人的心口，得体不得体有别，得体的程度有别，得体的色彩也有别。

假如有这样三句话：

“你这个人不错，是个好人。”
“你真坏，是个坏蛋，大坏蛋，”
“你真傻，是个大傻瓜，找不出的大傻瓜！”

这三句话孤立看，很普通、寻常，说别人好、坏、傻常见常听，定然不可能绝无仅有，只是个别人的话语。但是，这三句话由不同人在特定的语言环境中表达，就不能简单下个得体与否的结论了。首先有个评判的标准问题。各人心目中的“好人”、“坏蛋”、“傻瓜”标准未必相同，这牵涉到思想水平、分析能力等。即使标准大体一致，其中的弹性空间也是相当大的。其次，有个感情色彩问题。用什么样的声音、语调来表达，直接关涉到是否得体和得体的程度。赞扬、批评、恼怒、敷衍、规劝等等情味均可包蕴其间。再次，还得看是否有言外之意，即有无潜台词。有人曾经说过，青年男女谈恋爱的发展成功常常表现为三部曲：开始往往是姑娘对小伙子说第一句话，并不仅仅是客观评价，而是寓含了“有点意思，可以谈下去”的潜信息。第二步双方交往了一段时间，姑娘改变了说法，称对方为“坏蛋”，标志着两人的关系有了进一步密切发展。第三步，姑娘改说第三句话，骂小伙子“傻”，标志着这时两人的关系已非同寻常了，已经接近成熟阶段，离瓜熟蒂落不远了。同样三句得体的话，在这里含义、情味则完全不同了。

高层次的语言得体性不是仅仅用对错、正误就能衡量的，其高度的得体性和浓郁的审美魅力与语言表达的独特性是紧密联系在一起的。独特的语言是说写者的特殊性表现。在文学语言中，具体表现为个性化的得体程度，人物的话语确确实实只能是“这一个”所说，而不能是“那一个”所言。

《红楼梦》第三十四回写宝玉挨贾政一顿痛打之后，袭人看了伤情，说道：“我的娘，怎么下这般的狠手！你但凡听我一句话，也不到这个分儿。幸而没动筋骨，倘或打出个残疾来，可叫人怎么样呢！”袭人所处地位是未被明确的妾，她早已把自己的命运同宝玉的前程联系在一起，又限于知识水平较低，所以一见宝玉被打成这样，禁不住叫出了“我的娘”，焦虑、关切之情溢于言表。薛宝钗去探望，手里托着一丸药，一见面便点头叹道：“早听人一句话，也不至今日。别说老太太、太太心疼，就是我们看着，心里也——”刚说了半句又忙咽住，自悔说的话急了，不觉就红了脸，低下头来。薛宝钗一进贾府，很快就把自己的命运与宝玉拴在一起了，向往的是“夫贵妻荣”，一个“我们”不由自主地流露，正是这种心态的反映。她从小受过封建正统文化的熏陶，殷切希望宝玉走所谓正道，所以一开始就责备“早听人一句话，也不至今日”。而责备又是轻责，加上体贴，话说得温文尔雅，非袭人所能比。而黛玉去探望，“心中虽然有万句言词，只是不能说得，半日，方抽抽噎噎的说道：‘你从此可都改了罢！’”黛玉的语言是彼时彼景中复杂心理的流露，是呕心沥血的语言。当自己的心上人无辜遭到封建家长的残酷迫害和无情鞭笞时，黛玉用无比真挚、深沉的爱支持、关怀宝玉，话的意思是仅仅希望他不至于受到封建势力的摧残。所以，对此宝玉不会理解成对他的劝诫，相反，反封建的意志会更坚强。宝玉的回答是：“你放心，别说这样话，就便为这些人死了，也是情愿的！”以上所引三人话语，都可见出对宝玉的关爱、体贴，但由于各人思想、感情、地位、经历、文化等方面的差异，因此各有自己独特的表达形式。从思想倾向上来说，黛玉话虽不多，但要高于薛宝钗和袭人；从审美意义上来说，她们的高度性格化的语言均有高度的得体性，都是很美的语言。

三、创造性

说写主体充满着生机活力。语言材料对说写主体的适应，换个角度，实际上就是说写者凭借自己的主观条件尽可能精心遣词造句，使之符合自己的要求，表达出自己的心声。语言材料对语言环境的适应必须通过说写主体的中介，经过说写者思想心灵的铸造。在上述紧密融合在一起的两个过程中，说写主体绝不是处于被动输送语言符号状态，而是充满着能动性、主动性和创造性。

在说写主体与语言材料这一对矛盾中，说写主体的能动性、主动性和创造性集中表现在对语言材料的创造性运用上。常规语言形式当然也可以显示出创造性，哪怕是常用的语言形式，但当常规的语言形式不足以表达自己的心声时，说写者往往会逸出常规，在更高的层次上追求语言的得体。

有个人喜欢收藏，老来跟我聊。说故官举办青花班讲永乐青花，5天课，一节课800元，很贵，中国的五大巨头都给讲了课。他去学，学完后跟我说："马先生，别的我不敢说，永乐青花我彻底明白了。"说完这话不到一个星期，我就在昆仑饭店咖啡厅遇见他。一个人送我一个永乐年间的盘子，我给他看。我说："您看这个，现在30万块钱，你要买，10分钟之内给个价。盘子要是对了，值500万元；错了，30万元就扔了。"他拿着盘子看了半天，回过头来跟我说了一句话，把我给说乐了。他说："我这会儿技术归零了"。"你以为你明白了，那是故宫的人给你端出来让你看时你明白了。人家故宫里搁了多少年了，让你看，这是永乐的盘子，又跟老师讲的对得上，你心里干干净净，没有压力，又不用掏钱，但一实战，彻底歇菜。"①

有个人花高价听"永乐青花"的专题讲座，自以为对"永乐青花我彻底明白了"。"我"并没有正面给那人讲一番鉴别正伪的大道理，而是凑着一个机会，给他看一个永乐年间的盘子，出了一个"选择题"：开价30万元，"你要买，10分钟之内给个价"，如果确实是真货，"值500万元"，则可以净赚470万；如果错了，"30万元就扔了"。"我"一下子就将那人的自信心完全击溃了，"这会儿技术归零了"。然后"我"讲出了原因：之所以原来以为"彻底明白"，是因为缺少实战，没有压力，理论与实践脱节。像"我"这样的启发教育对方的语言，是普普通通、实实在在的常规形式，其创造性主要表现在以丰富的经验为基础，吃准对方的心理，出了一道牵涉到切身利害关系的十分严峻的选择题。

1972年的中美谈判，关于台湾问题的讨论陷入了僵局。周恩来一开始就表明了严正立场："台湾问题是中美之间的老问题了。华沙条约谈了15年也一直僵在台湾问题上。我们声明：中华人民共和国是中国唯一的政府；解放台湾是中国的内政；美国军队必须撤出台湾。这三条立场是不会变的。"基辛格也提高嗓门，亮明观点："由于众所周知的原因，我们不能在开始我们新关系的时候背弃我们的老朋友。我们绝不能放弃对台湾的义务，我们决不会背弃我们的老朋友。"双方立场的鲜明差异导致《中美联合公报》一反国际协议的一般惯例，既写进了双方达成协议的成果，同时又以"美国认为"、"中方认为"的方式写进了双方的分歧。公报在写到双方观点时是这样表达的：

双方回顾了中美两国之间长期存在的严重争端。中国方面重申自己的立场：台湾问题是阻碍中美两国关系正常化的关键问题；中华人民共和国政府是中国的唯一合法政府；台湾是中国的一个省，早日归还祖国，解放台湾是中国内政，别国无权干涉；全部美国武装力量和军事设施必须从台湾撤走。中国政府坚决反对

① 马未都．啥都是个社会学．读者，2010（22）．

任何旨在制造“一中一台”、“一个中国、两个政府”、“两个中国”、“台湾独立”和鼓吹“台湾地位未定”的活动。

美国方面声明：美国认识到，在台湾海峡两边的所有中国人都认为只有一个中国，台湾是中国的一部分。美国政府对这一立场不提出异议。它重申它对由中国人自己和平解决台湾问题的关心。考虑到这一前景，它确认从台湾撤出全部美国武装力量和军事设施的最终目标。在此期间，它将随着这个地区紧张局势的缓和逐步减少它在台湾的武装力量和军事设施。①

这一种“你讲你的，我讲我的”语言表达形式，打破了国际协议的语言表达惯例，具有独创性，准确地表述了双方的立场、观点。在当时特定的社会背景下，这是打破僵局、开启两国正常化大门的殊为得体的语言形式。

张若虚的《春江花月夜》有这样的诗句：

春江潮水连海平，海上明月共潮生。滟滟随波千万里，何处春江无月明。

诗句语言超越常规的用法，突出表现在一个“生”字的创造性运用。我们平时常说“月亮升起来了”，用的“升”字。而张若虚用“生”，传达出他对月亮从浩浩荡荡的海潮中慢慢涌起时的独特感受：他把月亮想象成大海所生的孩子，她湿漉漉地从咆哮的海潮中诞生、慢慢涌起，光灿灿地浮荡在海面上，被海水亲吻、抚慰。“生”写活了月亮与大海相分离的过程，而不是仅仅把大海作为月亮升起的背景。诗人的独特感受和想象，创造出了“生”的独特用法。

杨运宏有组《北京短章》诗：

圆明园
断柱上——
一个倾斜的中国
一块燃烧的天空
残阳比血还红……
故宫
抓住门环提上高空
故宫就是一口
令人惊心动魄的
巨钟！

---

① http：//baike. soso. com/v601490. htm.

北海白塔
一根苍白失血的
断指
立在香案上！
颐和园
昆明湖畔 一支中国舰队
被改编成：一支孤零零的
石船……

这四则短诗的语言并不是照实描写客体。有时，作者站在历史的高空去看，于是圆明园是“断柱上——/一个倾斜的中国/一块燃烧的天空/残阳比血还红”。有时，他拉开远远的距离去看，于是北海白塔成为“一根苍白失血的/断指/立在香案上”！有时，他站在今天的高空去看，“抓住门环提上高空/故宫就是一口/令人惊心动魄的/巨钟”！诗的语言全用修辞方式，喻体奇特，跨越时空巨大，超逸了常规，作者是用精神的眼睛去观照景物，独特的语言是作者的历史意识、文化意识和心灵意识的创造性结晶。

在说写主体与语言环境这一对矛盾中，说写主体的创造性一方面表现在能在语言交际活动中改变、控制语言环境；另一方面表现在为了切合语境，甚至可以促使语言“变形”。

语言环境诸因素中，有一些是难以改变、控制的，如时间、地点、文化背景、历史传统等；有些则是说写者可以参与改变、控制的。或许可以说，正确认识、适应语境的过程，也就是改变、控制语境的过程。例如，话题、前提、上下文、心情、氛围等，由于说写者的参与，随时都可能发生变化。调控语境是语言交际的高深艺术，说写者的语言也由此显示出较高层次的得体性。

《红楼梦》第四十六回写到贾母因贾赦要娶自己的贴身丫鬟鸳鸯为妾，气得“浑身打战”，胡乱地将在场的王夫人责怪一通，后来明白自己错怪了人不好下台，又责怪宝玉、凤姐不提醒她。不料凤姐回答道：“我倒不派老太太的不是，老太太倒寻上我了？”贾母听了，和众人都笑道：“这可奇了！倒要听听这个‘不是’。”凤姐道：“谁叫老太太会调理人？调理得水葱儿似的，怎么怨得人要？我幸亏是孙子媳妇，我若是孙子，我早要了，还等这会子呢！”凤姐用内含对比意思的疑问句责问贾母：“我倒不派老太太的不是，老太太倒寻上我了？”貌似严厉，但凤姐自然不是真的在责怪贾母，也不是同意纳鸳鸯为妾。“谁叫老太太会调理人？调理得水葱儿似的，怎么怨得人要？”这个理由其实是在拍贾母的马屁，一席话化解了老祖宗与小辈之间的矛盾，讨得了贾母的欢心。王熙凤能说会道，见机行事，话语极贴合她的个性，十分得体。同时，这番话又改变了语言环境，创造了良好的气氛。

在莎士比亚的剧作《麦克伯斯》中，麦克伯斯夫人怂恿她丈夫下午杀国王的话说得非常坚决狠毒，她丈夫称赞她有男子汉大丈夫的气概，所以说道："你只该生男孩子，因为你那副坚决不挠的勇气，只该生男的。"歌德对此评论道："再拿麦克伯斯所说的'你只该生男孩子'那番话来说，如果根据那番话就断定麦克伯斯夫人年纪还很轻，还没有生过儿女，或是更进一步推论说，在舞台上麦克伯斯夫人应该表现成为一个很年轻的妇人，那就都是很愚蠢的想法了。""莎士比亚让麦克伯斯说这番话，并非要说明他的夫人年轻，像上面引过的麦克伯斯夫人和麦克伯斯的那些话一样，这番话也只是为着修辞的目的，也不过说明诗人要让剧中人物所说的话对于当时场合是恰当的，有力的，好的。他并不太考虑和计较这些话是否和剧中某一处另外一句话显然互相矛盾。"① 其时，麦克伯斯夫人已过生育孩子的年纪。从实际情况来看，麦克伯斯的话是"失真变形"了的，但从艺术角度来看，却是很必要、很得体的。莎士比亚宁可"失真变形"，也极力追求话语对语言环境的适切性。

以上所述，大体说明了语言得体主体性的内涵、性质以及在语言交际中的功能、作用。在以下的几节中，我们分别探讨语言得体主体性的三个重要问题：适应交际者的角色、适应交际者的个性、适应交际者的修养。

第二节　适应交际者的角色

这里所说的交际者的角色，是指说写者在语言交际活动中所处的地位。

交际者的角色，大体上可以区分成三种不同的类型：控制型角色、受制型角色、自由型角色。语言材料对三者的适应情况各有不同。得体的语言反映了说写主体对自我在语言交际中地位的正确把握。

对交际角色的适应是语言得体主体性的一个重要方面，也是语言得体理论中的一个重要却又被忽视的问题。论及语言表达，人们常常联系说写者的个性、经历、修养、年龄等因素，这当然是应该高度重视的，必须着重讨论的。但如果在运动状态下，在有机联系中考察，就会发现，说写者在语言交际中所处的地位对主体的各种因素作用的发挥有重要的制约和影响作用，是各种主体因素作用不平衡性的主要原因之一。

一、适应控制型角色

控制型角色，是指说写者在语言交际中占据主导地位。例如演讲、报告语言，教学中的教师语言，会议、节目的主持人语言，在特定场合的中心发言、讲话语言，传

① 歌德谈话录．外国名作家创作经验谈．杭州：浙江人民出版社，1981．282．

达指示、命令的语言等等。在这类语言交际活动中，说写者通常占据主导地位，在某种意义上来说，决定着语言交际的成败得失。控制型角色的极端，就是书面单向的语言交流，全凭作者自由把握语言表达，这是因为接收对象是潜在的、难以确定的。

必须指出的是，控制型角色的区分是就其在语言交际中的地位比较而言的，并不是领导和被领导、长辈和小辈等职务、地位、身份等高低的问题，同时也不能单凭说写的篇幅长短来论定。在具体考察时，以控制型角色为主，但也不能截然排斥接受者的应答、反响语言。

（一）需要较高的明事达理素养

适应控制型角色首先需要明事达理的素养。明事达理，就是明白事情、通达道理。换句话说，语言表达要讲究正确性。这是由控制型角色在语言交际中的重要地位决定的。信口开河、不辨是非、言不中的的语言不但不能令人信服，而且往往会带来负面影响。有时候，话语虽然不多，但有着导向作用，方向一旦有误，语言交际就难以保证圆满成功。明事达理侧重在说写主体的思想水平、思想方法和分析、判断能力等方面。要善于洞察真相，发现总结规律，辨别是非，切中要害。

> 2010年3月24日，在山西省安全生产工作会议上，当王君省长看到现场参会人员迟到、早退现象比较严重时，当即怒斥道："山西的安全生产形势依然严峻，安全生产还没有把握。这是事关全省一年安全工作的重要会议，可有些部门参会人都不见了，拿着发言材料就跑了！如果把部队带到这个程度，还打什么仗啊，我看什么都搞不成！"会议进行中，常务副省长李小鹏不仅对中途"溜号"人员一一进行了点名批评，还说："个别的部门、单位负责人表现很不好，迟到、中途退场严重影响了秩序。这样的态度怎么能够抓好安全生产？这样的作风怎么能够做好政府工作？这样的素质怎么能够更好地为人民服务？"说罢，全场鸦雀无声，干部们思想上无不受到震动。①

安全生产是一场硬得不能再硬的硬仗，可是分掌各方安全的某些"大员"们却率先"掉链子"，可见"安全隐患"有多大。面对安全会议秩序问题和会议上的逃兵，是可忍，孰不可忍？省长王君居于事实怒斥道："如果把部队带到这个程度，还打什么仗啊，我看什么都搞不成！"从反面严肃指出了问题极其严重，连用两个"什么"，任指用法，表示周遍性意义，没有例外，切中要害。常务副省长李小鹏的"三个反问"，构成排比，分别从"态度"、"作风"、"素质"三个方面斥问；"怎么能够抓好安全生产?""怎么能够做好政府工作?""怎么能够更好地为人民服务?"外延逐步扩大，高度逐渐提升，措辞严厉，毫不留情，振聋发聩，极具警示意义，看谁今后还敢

① 演讲与口才，2010（6）.

这样糊弄上级、糊弄工作!

现实生活中，有一些处于控制型角色地位的干部不大会说话，或说话不慎重。诸如“你是准备为党说话，还是为老百姓说话”、“为了稳定干部队伍，才发文招录领导子女”、“你必须报道正面新闻，否则我可以不接待”、“老百姓就是事儿多，是吃饱了撑的”……这些干部的“雷人”话语，伤害了群众，激起了民怨，有的还造成极坏的社会影响。

一位教师为根治课堂发言消极被动的顽症，在高中任课班级中多次发表《“课堂发言敢死队”宣言》:

课堂发言好处甚多：一利激发兴趣，二利开动脑筋，三利锻炼勇气，四利检验见解，五利训练口才，六利培养自信，七利促进参与，八利激励教师，九利增进友谊，十利提高效率。

然而，如此有利之美事竟被学生视为畏途，不敢问津。病根何在？一曰懒，二曰怕，三曰浮。

懒者，学习之奴隶：师问我等，师讲我听，师写我抄，一切被动。如疲牛耕地，驽马驾车，非鞭策再三不肯稍动。如此甘当“厅长”，乐为“抄公”，虚度三秋，岂能有成?

怕者，一怕答对，别人说“显”；二怕答错，人前丢脸。前者全无“自我推销”的现代意识，实乃思想之落伍；后者太多“打肿脸充胖子”的虚荣，确为人格之倒退。试问：如此前怕狼后怕虎，为何不怕学习不进步?

浮者，心如雄鹰，翱翔云天；体如乌龟，匍匐沙滩。“举手”则不屑一顾，“发言”则不屑一谈。岂不知“积土成山，积水成渊”？莫妄想：一蹴而就，一步登天!

发言事小，实践颇难。病根虽明，救治实艰。非有热血之躯者不能力行，非有阳刚之气者不能力行，非有勇于斩尽怯懦不怕牺牲面子的“敢死队”精神者不能力行。

特此约法三章：一曰有问必思，二曰有思必答，三曰有答必勇。

敬请立志守法者报名入伍，正告有信君子者驷马难追![1]

教师的语言对适应控制型角色的要求比较严格，直接影响到学生的健康成长，应该在正确的基础上力求准确。这位老师的“宣言”，指出发言的好处十条，病根三条，逐条剖析，并提出纠正的办法。这确为经验之谈，切中肯綮。凡有经验的教师，都有体会，随着年级的提高，课堂发言越来越不积极，一个“懒”字，一个“怕”字，

① 演讲与口才，1997（3）.

一个“浮”字，足以概括学生不愿发言的原因了。文章还写到学生雷鸣般的掌声，一个不落地郑重签字，足以说明语言表达效果之好。这种近似演讲的教学语言的得体性在很大程度上取决于教师的明诊确断，善于发掘、驾驭规律。

（二）需要较高的调控语境素养

适应控制型角色又需要较强的调控、驾驭语言环境的能力，这是由控制型角色所占主导性地位决定的。如果不是单向的书面交际，控制型角色常常面临着一个现实的群体，不懂得、不善于调控、驾驭语境，语言就有可能失去吸引力，出现不同程度的偏差，影响到语言表达效果。即使面对的是个人，控制型角色倘要达到预期目的，也不能不重视语境因素，注意选择、运用恰当的语言交际方式、策略等。

调控、驾驭语言环境的一个最基本的要求是把话说清楚，说得中听，倘若连这一点都做不到，何谈其他呢？有先生在报上撰文谈看话剧的感受。作者说，最近看话剧，常常竖直了耳朵也听不清演员的台词，当你正琢磨着他刚才说的关键词是什么来着，他已经又说下一句了。语言是话剧演员的第一功夫，如果“话”都不能说清，那就谈不上体现人物的状态、心理、年代感和职业特征了。法国19世纪的表演大师老哥格兰这样要求演员：“你必须这样刻画和描绘你的角色，以至连盲人也能够通过你的声音、念词和音调的变化而看见他。”① 这是话剧演员中较高的艺术境界，不仅中看，更要中听。说清、中听的基本要求貌似简单，实为重要，绝不能忽视。

控制型角色由于占据语言交际中的主导地位，所以可以控制的因素相对比较多，比较复杂，调控、驾驭语言环境空间较大，在口语交际中特别要求自觉紧紧抓住临场突变因素，化解症结，促使语言交际顺利、圆满进行。

1998年2月12日《文摘报》上有篇《明星面对尴尬》的文章，其中写到袁鸣曾在海口主持一个京剧团建团庆典，因时间紧，事先未与来宾见面。庆典开始了，袁鸣介绍道：“光临庆典的，有海南师范学院党委书记南新燕小姐！”不曾想，座席中慢腾腾地站起来一位花白头发的老汉——南新燕！全场哗然。富有经验的袁鸣随即致歉说道：“对不起，我是望文生义了，不过——您的名字太有诗意了，它使我想起了古诗‘旧时王谢堂前燕，飞入寻常百姓家’的美妙图画。今天这里出现了类似的情景。作为清末宫廷艺术，京剧一度是流行在北方的戏曲，而今，它跨过琼州海峡，飞到了海南，并在这里安家落户，这又是一幅多么美妙的图画呀！”这里，袁鸣施展出超群的口才得体地扭转了尴尬的哗然场面，先以“对不起”表示歉意，接着归咎于“您的名字太有诗意了”，大大赞赏对方，化被动为主动；再引用了唐朝刘禹锡《乌衣巷》一诗中的名句“旧时王谢堂前燕，飞入寻常百姓家”加以发挥，形象描述了京剧艺术的传播，又紧紧扣住了“南新燕”的名字，好像“燕子”“飞”到“海南”。这种对角色的适应能力非旦夕之功。

---

① 中看不中听的话剧. 生活时报，1998-10-07.

电视节目主持人，尤其是谈话节目主持人，应该不是自己说，而是让别人说，让别人畅所欲言地说。嘉宾、观众形形色色，其思维能力与语言能力不尽相同，语言卡壳是大有可能出现的。如果主持人不能随机应变、因势利导，不但会使对方陷于尴尬之境，还可能影响其他人的情绪，使现场气氛陷于紧张沉闷。崔永元就曾有过失误的例子，在《实话实说》节目之初，节目中问一个小女孩喜欢什么鸟，小女孩初次登场很紧张，一直低头捻衣角，一言不发。崔永元为避免冷场解嘲地说："她连见这么多人都是第一次。"这话虽然化解了自己问话得不到回答的尴尬，却使对方陷入尴尬。话语中隐含的"没见过世面"的讽刺可能伤及小女孩和家长的心，给人尖刻的感觉。① 崔永元很快注意到这个问题，在以后的节目中就十分注意对嘉宾、观众心态的把握，对幽默分寸的把握。

调控、驾驭的能力还表现在对适度、恰当原则的追求上。语言的适度、恰当衡量的重要标准就是考察是否切合语言环境。控制型角色胸中应自有标尺，不能"目中无人"、"眼中无物"，任凭主观情性的发挥，滥用手中的控制权力，过瘟过火都是不得体的。换句话说，自控能力要强。

姜昆是著名相声演员，言谈机敏幽默。他在1996年出版了《笑面人生》一书。苏叔阳在该书的"序言"中说道："要是非得挑毛病的话，那就是姜昆想说的话太多，想告诉人们的体会太多，情与理，话与事一齐奔腾翻滚，在胸中搅起波浪，一齐冲向笔端，又要想着不能丢掉了幽默，于是多少忘了点收敛与简约。而文章与相声毕竟不是一回事，简约与质朴必须反复咀嚼与锤炼。"此书的不足正是由于作者未能正确把握书面表达与口头表达的区别，对读者与听者的不同要求，缺少必要的控制所致。

直到今天，回想起那一段经历，我仍心存余悸。

那时候，她教古汉语，那是我们中文系一门很枯燥的科目。几堂课下来，我就在感觉索然无味之后，开始赶写自己的稿子。

一次，她突然叫我起来，提了几个很费解的问题，在我的一阵沉默后，她铁青着脸说："潘同学，请你到讲台边上站着听课。"几个同学露出幸灾乐祸的"笑脸"，我感到莫大的耻辱。

我抬起脸，硬邦邦地说："请问老师，有没有更好的解决办法？"

"有！"她的脸更红了，一字一句地说，"那就是，你走出教室，这学期我的课你不用上了。"

那几张"笑脸"不见了，他们一定也开始为我担忧。在他们的注视下，我不假思索地推门而去。②

---

① 修辞学习，2006（1）.

② 潘炫. 最后一堂课. 读者，2010（10）.

这位古汉语教师遇到了一个不专心听课的学生，她是怎么处置的呢？先是“突然叫我起来，提了几个很费解的问题”，这是有意刁难；接着说道：“请你到讲台边上站着听课。”虽然用了个“请”，但由于是“铁青着脸”，且是要求一个年轻大学生这样做，无疑是下达命令，给予惩罚。“我感到莫大的耻辱”自在情理之中。“我”回应：“请问老师，有没有更好的解决办法?”表面上也用了个“请”字，但“硬邦邦”的语气，表明并非是真的是在与老师商量，提出请求，而是一种特殊的抗拒、反击形式。教师更是恼火，针对学生的“请求”，回答了一个“有”，貌似认可，实际上却是进一步加强接下来驱逐学生的命令的语势，不但是这节课“走出教室”，而且“这学期我的课你不用上了”。学生对上课不感兴趣，教师自然有权利批评教育，但作为控制型角色，不能过度利用手中的权力。师道尊严走向了极端，就不得体了。

（三）需要较高的审美综合素养

审美素养指审美经验、审美情趣、审美能力和审美理想等各种因素的总和。审美素养既体现为对美的接收和欣赏的能力，又转化为对审美文化的鉴别能力和美的创造能力，两者紧密结合，没有前者的基础，就不可能具备美的创造能力。适应控制型角色需要审美的综合素养，比较注重美的创造，其主要原因在于：一方面，控制型角色由于其所处地位的重要性，对角色的要求比较高；另一方面，从某种意义上来说，控制型角色所受到的限制较少，有条件也有可能比较充分地展现语言美的风采。特别是在有准备的语言交际活动中，控制型角色的语言常常具有感人的魅力，表现出简练美、朴素美、通俗美、含蓄美、华丽美、幽默美、音乐美、哲理美等等。

海明威在诺贝尔文学奖授奖仪式上有篇书面发言稿：

> 我不善辞令，缺乏演说的才能，只想感谢阿弗雷德·诺贝尔评奖委员会的委员们慷慨授予我这项奖金。
>
> 没有一个作家，当他知道在他以前不少伟大的作家并没有获得此项奖金的时候，能够心安理得领奖而不感到受之有愧。这里无须一一列举这些作家的名字。在座的每个人都可以根据他的学识和良心提出自己的名单来。
>
> 要求我国的大使在这儿宣读一篇演说，把一个作家心中所感觉到的一切都说尽是不可能的。一个人作品中的一些东西可能不会马上被人理解，在这点上，他有时是幸运的；但是它们终究会十分清晰起来，根据它们以及作家所具有的点石成金本领的大小，他将青史留名不被人遗忘。
>
> 写作，在最成功的时候，是一种孤寂的生涯。作家的组织固然可以排遣他们的孤独，但是我怀疑它们未必能够促进作家的创作。一个在稠人广众之中成长起来的作家，自然可以免除痛苦寂寥之虑，但他的作品往往流于平庸。而一个在沉寂中独立工作的作家，假若他确实不同凡响，就必须天天面对永恒的东西，或者

面对缺乏永恒的状况。

对于一个作家来说，每一本书都应该成为他继续探索那些尚未到达的领域的一个新起点。他应该永远尝试去做那些从来没有人做过或者他人没有做成的事。这样他就有幸会获得成功。

如果已经写好的作品，仅仅按一种方法又可以重新写出来，那么文学创作就显得太轻而易举了。我们的前辈大师们留下了伟大的业绩，正因为如此，一个普通作家常被他们逼人的光辉驱赶到远离他可能到达的地方，陷入孤立无助的境地。

作为一个作家，我讲的已经太多了。作家应当把自己要说的话写下来，而不是讲出来。再一次谢谢大家。①

这篇演讲稿的语言真诚、质朴、深沉。作者以独特的语言方式向诺贝尔评奖委员会表示真诚的感谢。“没有一个作家，当他知道在他以前不少伟大的作家并没有获得此项奖金的时候，能够心安理得领奖而不感到受之有愧。”指出并非客套，而是事实，毫无例外，发自肺腑。接下来以自己的亲身经历阐述对文学创作的深刻感受，言简意明，饱含写作的艰辛甘苦，将“在稠人广众之中成长起来的作家”与“在沉寂中独立工作的作家”对比，作家必须“天天面对永恒的东西，或者面对缺乏永恒的状况”。老实说，这些话语的含义，没有艰苦写作经历的人是没法真正体会到的。耐人思考，具有撼人心魄的独特魅力。结尾说道：“作为一个作家，我讲的已经太多了。作家应当把自己要说的话写下来，而不是讲出来。”应当“写下来”，不是“讲出来”，切不要误解为发言之类的讲话，实际上是指作家应该脚踏实地努力写作，创作出好作品贡献给社会，平朴的语言不同凡响，给人深刻的启迪。

听报告、讲话，往往觉得乏味、枯燥。但精彩的报告、讲话却是引人入胜，富有感染力，绝不会令人厌倦的。1999年4月7日《新民晚报》报道，在武汉市中小学德育工作会议上，武汉市教委主任罗友松在讲话中不断插入事例，其中讲了一个教师教育学生的小故事：有个成绩不太好的学生，上课特别爱举手回答问题，甚至有时候老师的问题还没说完，他便把手高高举起来，点他起来回答时，他又不会。老师私下和这名学生聊天，问他原因。该学生说：“班上的同学总笑我成绩不好，说我傻，我不服气，所以老师提问时我总是举手，是想给大家看看，证明我不笨。”老师了解原委后，并没有批评这个学生，而是和他订下君子协议：“以后老师再提问时，如果真会回答，你举左手；如果不会，就举右手。”老师心中有底，这名同学再没遇上站起来又回答不出问题的难堪了。在以后的课上，老师抓住该生举左手的机会，点他回答问题，并好好表扬了他一次，从那以后，这个学生在学习上大有起色。这样的故事，语

① 世界中学生文摘，2004（7）.

言貌似平淡，但其吸引力却能超过长篇大道理。新鲜的材料给语言注入了新鲜的活力。听者从中可以悟出教师应该尊重学生的自尊心，多肯定、多表扬，实施素质教育的大道理。

二、适应受制型角色

受制型角色，也就是说写者在语言交际活动中处于受控制的非主导地位。例如演讲、解说、调解、谈心、辩论等交际活动中，处于接受地位一方的语言表达者。在教学活动中，由于学生地位的特殊性，是受教育者，因而是比较典型的受制型角色。书面的单向交流，作为读者，实际上也是受制型角色。正确理解受制型角色，同样要避免误解，不能混同于职位高低、辈分大小、年龄长幼等，也不能以篇幅长短论定。相比较而言，受制型角色所受到的制约条件要比控制型角色多一些，但个中的情况也不尽相同。

（一）需要细致、耐心的心理素质

适应受制型角色首先需要细致、耐心的心理素质。因为在许多情况下，受制型角色的语言表达是对对方语言的一种回响。对方发出的信息可能众多而复杂，性质也不同，联结着难以辨识的深层因素。受制型角色首先要准确地接收语言信息，注意分析哪些内容是主要的，哪些是次要的，以便抓住事实背后的主要意思，避免造成误解。其次要积极、全面地理解对方的话语，理解能力的强弱直接影响到如何作出回应。再次，需要仔细辨别、判断，能听出讲者的言外之意，迅速准确地捕捉要点。如果缺乏细致、耐心的心理素质，那么回响语言往往会出现言不及题、错解曲解，甚至蛮不讲理的情况，导致语言不得体。

1999年2月15日《报刊文摘》上有篇《忠告》短文：

> 一位管理专家给学生讲课，先拿出一个宽口瓶，然后把一堆拳头大小的石头一块块放进去，直到一块也放不下。他问："瓶子满了吗？"每个学生都说："满了！"专家拎出一桶小石子，将石子倒进瓶里，摇动瓶子时，石子一个个挤进石头中间的空位，他再问："瓶子满了吗？"这回学生提高了警惕，有的说："可能还没满吧！"他又拎出一桶沙倒进瓶子里，塞满空隙，再问："瓶子满了吗？""没有！"这次全班响亮地回答。"很好！"这时专家拿出一罐水倒进瓶子里，直到溢满瓶口。他问："这个例子说明了什么？"一个性急的学生连忙回答："说明不管你的计划排得多满，只要你努一把力，就能再塞进东西。""不对，"专家说，"这个例子告诉我们：如果不是先把大石头放进瓶子，以后再努力也放不进去的！生活中的大石头是什么呢？与所爱的人共度时光？你的信仰、你的教育，还是你的梦想？一项值得为之奋斗的事业？甚至做一名良师益友？无论是什么，记得要先挑大石头放进去。当你们回想起这个小插曲时，问问自己：什么是我生活和工

作中的大石头呢？优先放进你的瓶子里吧！”

专家的话语包含着丰富的潜信息和深邃的哲理思想。专家只是做了个貌似普通的演示，三次询问的是同一个简单问题，“瓶子满了吗?”而学生先是异口同声回答“满了”，再到迟疑不决“可能还没满吧”，最后一致认为：“没有!”于是专家请大家作发散性思考，发掘其中包含的道理。有的学生认为：“说明不管你的计划排得多满，只要你努一把力，就能再塞进东西。”可以断定的是，各人肯定都有各自的思路和想法，但学生的回答均与专家的思想有差距。“如果不是先把大石头放进瓶子，以后再努力也放不进去的!”“生活中的大石头是什么呢?”管理专家实际上是在告诫学生首先必须树立理想，要有强烈的事业心。如不仔细、不耐心倾听，不作深入思考，回答确实难以接近、吻合专家的思想。

1997 年 12 月 14 日《中国青年报》有篇文章，写有一次某剧组到广东工业大学，与广州地区部分高校青年学生交流、座谈。不曾想剧组一行 6 人，因从驻地出发时“晚了几分钟”，加上堵车，姗姗来迟。一位女同学在会议即将结束时不客气地质问剧组成员：“你们是否觉得我们的时间不值钱?”这时端坐在台上的著名演员李保田回答道：“我觉得这位同学有点像《有话好好说》里的张秋生，把小事夸大了。”“我还觉得你像记者，记者就是这样的，喜欢猜测，猜测别人心里想什么。”此时这位演员处于被质询的受制型地位，他的答问明显缺乏耐心，并不是细致倾听对方的说话，体谅学生的情绪，据实相告，而是将自己放在明星高人一头的地位，以自命不凡的口气贬损他人，将学生比作张艺谋导演的电影《有话好好说》里的主人公，比作他心目中的“记者”，答语不讲道理，很不得体。

（二）需要灵活、得当的顺应能力

适应受制型角色需要较强的认识、顺应语言环境的能力。通常情况下，受制型角色的话语在很大程度上受到控制型角色话题的制约，话题成为语境中的一个突出的至关重要的因素。这就要求受制型角色的话语要有针对性，不能随意脱离特定的话题。偏差的出现有时是难免的，有的是可以忽略不计的细微偏差；有的是出于某些特殊原因的有意偏差，即正偏差；偏离话题的负偏差则是应该力求避免的。这就需要受制型角色在紧扣话题的前提下灵活承应。当然，语言环境的其他诸因素，如现场环境、文化背景等同样是必须高度重视的。

抗日战争时期，艺术大师徐悲鸿为抗日募捐，特地在重庆举办个人画展。画展之日，一群画迷团团围住徐悲鸿，向他提出同一个问题：“在您的这些传世大作中，您最喜欢的是哪一幅?”徐悲鸿认真地回答道：“我最喜欢的是大家都喜欢的。”[①] 实际上，徐悲鸿既回答了问题又没有回答问题，模棱两可，将“球”踢给了提问者。1999

---

① 江门日报，2011－12－11.

年春节文艺晚会节目彩排场上，有记者问赵本山："往年你的节目都受到观众的好评，今年你的小品还能获得国人的喜欢吗?"赵本山指着在场的宋丹丹说："这个问题得让我'老伴'来回答。"一句话逗笑了在场的人们。

这两例都巧妙地将话题避开了正面作答，或推给对方，或推给别人。这种偏离是正偏离，反而收到了生动风趣的表达效果，是得体的。

凌志军（人民日报社记者）写的《追随智慧——中国人在微软》一书中有一段记录微软公司在中国招聘面试的情况。其中有一位应届研究生，学计算机软件的，在前几轮面试中都顺利过关，最后一轮面试，此人心态发生变化，过于自信加上面试官对他的专业知识水平大加赞赏，使他开始有点得意忘形了。这时。面试官提出一个问题："当你与你的老师和同学发生矛盾、冲突时，你怎么办?"没想到这个问题正好触动了这位学生的痛神经——他和导师之间搞得不愉快。于是，他当着几位面试官的面开始数落起老师如何亏待他，直到发出"我他妈的这一辈子最后悔的事就是跟这位老师读书"的怨言，连脏话也带出来了。他的"失态"被面试官尽收眼底。最后，大家合议写出评语："此人一定不能录用。"这位研究生是处于应聘地位的受制型角色，考官的问题是："当你与你的老师和同学发生矛盾、冲突时，你怎么办?"按照常理，就应该扣住"怎么办"表达自己的看法，但他却大谈自己的"不幸"遭遇，数落老师如何亏待他，贬损导师，连起码的礼貌也不讲了。如此应答，在很大程度上偏离了话题，痛失了被录取的大好机会。这是负偏离。

巴基斯坦著名主持人穆哈米在一台晚会上主持节目，鬓发斑白的影坛老将雷利拄着拐杖，步履蹒跚地走上台来，很艰难地在台上就座。这样一个老人，让人很自然地为他的身体担心。所以穆哈米开口问道："你还经常去看医生?""是的，常去看。""为什么?""因为病人必须去看医生，这样医生才能活下去。"穆哈米接着问："你常去医药店买药吗?""是的，常去，这是因为药店老板也得活下去。""你常吃药吗?""不。我常把药扔掉，因为我也要活下去。"穆哈米转而问另一个问题："嫂子最近好吗?""啊，还是那一个，没有换。"①

这一例中，雷利作为嘉宾，接受主持人的提问，自然是受制型角色。主持人出于关心，问了几个生活上的小问题，按照常情常理，雷利照实回答也没大碍，但或许雷利考虑到这是做节目，需要生动活跃的气氛，所以选用了幽默的别开生面的回答，调换了病人与医生、顾客和老板的位置，一切都是为了"活下去"。精彩的答语与语言环境高度吻合。

① 广州日报，2008-02-14.

（三）需要突破、超越的创新发挥

受制型角色的适应又需要个性的创造性发挥，主要原因在于两方面：一是个性相异，素养有别，面临同样的语境，无论你如何仔细、耐心倾听，深入思考，其语言的反响绝不可能完全相同，必然显露出特殊的色彩，当然，这里有自觉或不自觉之分。二是由于受制型角色所受制约的条件较多，且大多比较具体，有些条件还比较苛刻，难以应对，迫使角色以自己的心力、智慧去驾驭、突破和超越，精彩的回响就是在“镣铐”的束缚中闪光的。

1995年11月的一天，来自北京科研单位、大学、出版社的学者数十人，汇聚在北京师范大学讨论启功先生的新著《汉语现象论丛》。大家对这部别开生面的著作给予高度肯定。临结束时，启功先生表情认真地讲了这样一段话：“我内侄的孩子小的时候，他的一个同学常跟他一块上家里来玩。有时我嫌他们闹，就跟他们说，你们出去玩吧，乖，啊！如此几次，终于有一天，我听见他俩出去，那个孩子边下楼边很有些不解地问，那个老头儿老说我们乖，我们哪儿乖啊？今天上午听了各位的发言，给我的感觉我就像那小孩，我不禁要问一声，我哪儿乖啊？”听完这“卒章显其志”的最后一句，静静的会场里突然爆发出一阵欢笑，热烈的掌声。①

按惯例，别人对你肯定、赞扬，你总得表示谦虚、感谢，免不了使用一些习用的客套话，而启功的答谢话别具一格。先讲了一个小孩的很普通的真实小故事，启功“嫌他们闹”，就戴“高帽子”，骗说他们“乖”，要他们“出去玩”。语言表达活灵活现。我们都有这类对付顽皮孩子的体会经验。接着一个小孩“很有些不解地问，那个老头儿老说我们乖，我们哪儿乖啊？”童言无忌，令人忍俊不禁。再出乎意料一转，联系到与会者“对这部别开生面的著作给予高度肯定”，说：“今天上午听了各位的发言，给我的感觉我就像那小孩，我不禁要问一声，我哪儿乖啊？”这是比喻，并不明言本体，在座的却都明白启功要表达的自谦意思。一个小孩的故事、一段比兴，绘声绘色地生动描述，表情、口吻又是十分“认真”，传达出此种情意，风趣幽默，令人拍案叫绝。

乾隆微服私访下江南时，路遇一农夫扛锄而过，便问左右：“这是何人？”一向善于拍马的文华殿大学士和珅立即抢前一步答道：“是个农夫。”乾隆又问：“这农夫的夫字怎么写？”和珅一愣，不知皇帝是何用意，但未及细想，就开口答道：“农夫之夫，即两横一撇一捺，与轿夫的夫，孔夫子的夫，夫妻的夫和匹夫

① 腾讯网，http：//book. qq. com/a/20070615/000098_2. htm.

的夫同一写法。”乾隆大摇其头，说道：“你身为大学士，纵无经天纬地之才，却如何连一个夫字都不能解？”和珅一见龙颜不悦，吓得汗如雨下，惶恐不已，赶紧退到一边。

乾隆转脸问道：“刘墉，你来说说看，农夫的夫字该当何解？”刘墉不紧不慢地上前应声答道：“农夫是刨土之人，故而上为土字，下加人字；轿夫为肩扛竹竿之人，应先写人字，再加两根竹竿；孔夫子上知天文，下通地理，当作天字出头之夫；夫妻是两个人，二字加人可也；匹夫乃天下百姓之谓也，可载舟亦可覆舟，是为巍巍然大丈夫，理应作大字之上加一才对。用法不同，写法自当有别，岂可混为一谈？”

乾隆听罢，拊掌大笑，赞道：“真不愧大学士也！”就连对刘墉恨得咬牙切齿的和珅也不得不佩服刘墉的才智，连声附和说：“刘中堂解得有趣，实在有趣。”①

乾隆是皇上，在这一例中，处于控制地位，和珅、刘墉则明显是受制型角色。路遇一农夫，乾隆问：“这是何人？”“这农夫的夫字怎么写？”两个问题似乎简单至极，其实，乾隆的目的是在考查臣子的才华究竟如何。和珅是一般的照实回答，遭到乾隆的呵斥、“大摇其头”、“龙颜不悦”，皇帝哪有不知农夫及其写法的？刘墉则是分别联系农夫、轿夫、孔夫子、匹夫的不同身份，一一道明不同的写法。农夫因为与“土”打交道，所以是“土”加“人”；轿夫以两根“竹竿”为工具，所以是“人”加“二”；孔子是圣人，所以是“天字出头”；“匹夫”虽是普通百姓，却是“大丈夫”，所以是“大”加“一”。“用法不同，写法自当有别”，根据特定对象，灵活拆字组合，别出心裁地解释，虽然并不符合科学实际，却是得体的，刘墉以自己的聪明才智迎合了乾隆的心意，赢得乾隆“拊掌大笑”，连连称赞。

作为对书面作品的评价反响，那可谓仁者见仁，智者见智，更能显示出个性的诸般特点，更能发挥个人的创新见解。一部《红楼梦》，问世以来，多少研究者倾注了毕生的心血，至今仍然存有众多分歧意见，研究《红楼梦》的学问称为“红学”。从接受者角度来看，评价书面作品从表面上看似乎所受条件制约较少，实际上不然，客观、公正评价绝非易事，其间的制约因素有许多是处于潜在状态，当评价转化成语言文字时，便会明显感受到这些制约因素的强有力。

三、适应自由型角色

自由型角色在语言交际中的地位比较自由，说写者、听读者并无控制和受制之分。这种角色在语言交际活动中，减少了许多限制、束缚因素，必然比较宽松、灵活。但是，减少限制、束缚，并不意味着没有限制、束缚。从语言得体的角度来看，

① 陈燕华，高乐田．中外说辩艺术博览．上海：上海文化出版社，1999. 327—328.

自由型角色的适应也必须具备必要的素质条件。

（一）需要合作态度

美国著名语言哲学家格赖斯曾提出大家熟悉的交际双方必须遵守四条合作原则进行沟通的观点：①量的准则，指所提供的信息量；②质的准则，所说的话力求真实；③相关准则，在关系范畴下，只提出一个准则，即所说的话是相关的；④方式准则，清楚明白地说出要说的话。这里说的需要合作的态度，并不是说必须严格遵守上面的四条原则，可以宽松得多，主要是指自由型角色在语言交际中态度诚恳、坦率，这就可以看作具有合作精神，至于话语的质与量不作过高要求。正因为交际双方地位相对自由、平等，一般情况下并无强制性条件，所以要保证语言交际的得体、成功尤其要注重这种诚恳、坦率的合作精神。

有一对婚龄已过60年的上海老夫妇，多年来坚持在同一间餐厅（他们第一次约会的那家在法国公园附近的餐厅）吃晚餐，就餐发票已积了厚厚一沓。我曾打趣地问老先生："这么多年来都是您埋单的？"他眯眯一笑，瞟了一眼已有老年痴呆的95岁的太太，说："能为一个女人埋单埋到九十几岁，也是一种福分呢！"

听到过的最浪漫的女人为男人埋单的故事，是香港一位享誉华人文坛的大作家的故事。

20世纪60年代，他受恶势力胁迫，又面临婚姻危机，那晚与家人一番激烈争吵后愤而出走，徘徊街头，突然风雨大作，他信步躲入一家小餐厅。年轻的女侍者看他一副失魂落魄、淋得落汤鸡的模样，柔声劝他："再怎么着也得吃顿热饭呀！"他走得匆忙，钱包也没带。女侍者让他用干毛巾擦干头发，笑盈盈地说："这餐我给你埋单。过了今天又是新的一天，一切都会好起来的。"她当然不认得这个目光呆滞、神情落寞的男人是驰骋文坛的大作家。她更不会想到，次日她收到一大束鲜花、一个半人高的洋娃娃和持续到现在的40多年的幸福婚姻！①

这一例中的两件小事，都是发生在餐厅里。第一件事，是完全陌生的两位顾客交谈。"我"因为觉得奇怪，打趣地询问老先生："这么多年来都是您埋单的？"吃饭谁埋单纯属私人问题，在有些人看来可能是狗拿耗子——多管闲事，但老先生却"眯眯一笑"，充满感情地说道："能为一个女人埋单埋到九十几岁，也是一种福分呢！"既友好地回答了"我"的疑问，又表达了对"老年痴呆"的"95岁的太太"的真挚感情。第二件事，是女侍者与陌生顾客之间的交谈，话题已经超出了买卖关系。顾客"一副失魂落魄、淋得落汤鸡的模样"，没带钱包，而女侍者柔声劝他："再怎么着也得吃顿热饭呀！"并且主动表示"这餐我给你埋单"，鼓励对方"一切都会好起来

① 程乃珊．谁来埋单．读者，2011（9）．

的”，并非虚情假意，关心之情溢于言表。“自由型角色”最后竟然变成了幸福的夫妻。

《新民晚报》上有篇文章，说有位女士在上海淮海路一家大商场买了件外衣，售货员的热情赞美、劝说起了决定性作用。回家仔细一看，做工太差，当天即去退衣。售货员一听，脸色马上一冷：“为啥要退?”“衣服的做工太差了。”售货员讥讽道：“你几岁啦?”随后又劈头盖脸一顿训斥：“你又不是三岁小孩，这么大的人白吃饭了?买了衣服又要退。好白相啊……”顾客说：“按道理，像你们这样的名店，应该允许顾客在一个月内退货的。”只见售货员竖眉瞪眼，提高嗓门喊道：“退衣服还这么有理，侬素质勿要太差！我就不让你退，看你怎么办……”顾客因购买的商品质量差要求退货，按理来说天经地义，可这位售货员给予顾客的是训斥、讽刺和蛮横。“你又不是三岁的小孩，这么大的人白吃饭了?”售货员蛮横无理，将一件小小的买衣服事件，提高到与三岁孩童一样不谙事理的高度，加上反问句的使用，讽刺刻薄。“好白相”，就是“闹着玩”意思，这完全是诬蔑。“侬素质勿要太差！我就不让你退，看你怎么办”，反而倒打一耙，斥骂顾客素质太差，这用于说话者倒是非常适合的。缺乏诚恳的态度，当然说不出得体的话语来了。

> 一天，某婚姻联谊中心，负责接待的小李迎来了一位中年女性。尽管她华年已逝，但仍有一种动人的风采。小李热情招呼：“请坐。”妇女神情冷漠：“我一定得坐下吗?”小李一愣，笑笑：“请问您的职业?”“非说不可?”小李仍在笑，但心里已有几分尴尬：“咱们好像在哪里见过面?”“怎么着，想取笑我?”

这位妇女的话语既不诚恳又不坦率，小李礼貌地“请坐”，按照常理，应该以礼貌语言回应，但女士却反问对方：“我一定得坐下吗?”将客气当作了无理要求。小李询问职业，这是采集有关婚姻的必要信息，女士还是以反问句：“非说不可?”拒绝提供。“咱们好像在哪里见过面?”是不难懂得的拉近距离的客套话，而女士认定对方是“取笑”她。连续三次反诘回应，没有起码的礼貌，如此交谈，论及婚嫁自然难以成功，心中的篱笆墙非得拆除不可。

（二）需要真情实感

适应自由型角色需要真情实感，也就是说需要感情的润滑剂。真情实感是真挚的感情，实在的感受。自由交谈要求感情一定要有多深厚，显然不切合实际，但可贵的在于真实。这一类的交际并非全然没有目的，也有考虑有没有达到目的时候，但不可能也不必要苛求句句话都正确得体，并不以成败作为唯一标尺来衡量，其中的一个重要尺度即看是否融入了真情实感。

1996年1月16日《每周文摘》有篇文章《陈香梅寡居后的感情历程》：

陈香梅33岁成了寡妇，发誓今后不再改嫁他人。丈夫陈纳德临终前曾拜托刎颈之交、华盛顿红得发紫的大律师葛柯伦陪伴、保护陈香梅。1962年仲夏，她生日那天，葛柯伦请她到纽约逛首饰店，他说："今天你随心所欲，挑一件你最喜爱的。"她摇摇头，他惊愕了："为什么？不喜欢？"她说："喜欢。可我已经有了，就够了。"他明白了陈香梅的意思，沉默了。中午，他们在饭店相对而坐。葛柯伦的手伸过来握住她的手说："你今天真美。3年过去了，一切该重新开始了。"这是极其含蓄的求婚词！她坚决地抽出了手，摇了摇头。

葛柯伦的求婚并没有成功，但语言中饱含着真挚的感情，很是得体。葛柯伦希望对方"挑一件你最喜爱的"首饰，借物传递爱慕之情，而陈香梅一方面表示"喜欢"，另一方面又说"我已经有了，就够了"，既尊重对方的情意，又委婉地拒绝了对方的馈赠。葛柯伦说："3年过去了，一切该重新开始了。"虽然是求婚，但用模糊的"一切该重新开始"来表达，是泛指的"一切"，按照通常的推理确实是"该重新开始了"，但不是直言希望对方嫁给自己，给对方留有选择的余地。所以双方的交谈并没有影响以后他们之间的亲密交往。

1995年第2期《读者》上有篇《宇航员之死》的文章。苏联著名宇航员弗拉迪米尔·科马洛夫，1967年8月23日单人驾驶联盟一号宇宙飞船，经过一天一夜太空飞行之后，胜利返航，但返回大气层后，用以减缓飞船速度的降落伞突然打不开了。死神一分一秒接近科马洛夫。在飞船爆炸之前，科马洛夫与亲人们有几段对话：

满头白发的母亲像刀扎似的疼痛："儿子，我的儿子，你……"她有太多的话要说，却不知先说什么好。"妈，您的图像我在这里看得非常清楚，每一根白发都能看清，你能看清我吗？""能。看得很清，儿啊，妈妈一切都很好，你放心吧！"泪水把她的双眼蒙住了。妻子抱着话筒则说："亲爱的，我好想你！"就泪如雨下，再也说不出话来。科马洛夫脱下宇航服，拿出一枝金笔动情地对妻子说："亲爱的，这支金笔随我飞入太空，是我珍贵的东西，我用宇航服把它包好，待会儿的大爆炸，不会对它造成损伤的。请你把它转赠给你未来的丈夫，我想我不会下地狱，我会在天堂里祝你们幸福。"如泣如诉的话语，饱含了科马洛夫对妻子的爱，对生活的爱，屏幕前的人全落泪了。科马洛夫的女儿接过话筒："爸爸！我的好爸爸！"一开口已泣不成声。看到12岁的女儿，科马洛夫眼睛里骤然飘过一层阴云："女儿，你不要哭。""我不哭，爸爸。你是苏联英雄。我只想告诉你，英雄的女儿，是会像英雄那样生活的！"坚强的科马洛夫这时禁不住落泪了："好孩子，记住这一天，以后每年的这个日子，到坟前献一朵花，和爸爸谈谈学习情况。好女儿，爸爸就要走了，告诉爸爸你长大了干什么？""像爸爸一样，当宇航员！"科马洛夫又一次落泪了："你真好，可是我要告诉你，也告诉全国的小朋友，请你们学习时，认真对待每一个小数点，每一个标点符号。联盟一号今天发生的一切，就因为地面检查时，忽略了一个小数点，这场悲剧，也可以叫作对一个小数点的疏忽。同学们记住它吧！”

这一例中的对白语言处于生离死别的非常特殊的场合。母亲有太多的话要说，却不知先说什么好：“儿子，我的儿子，你……”妻子只说了一句“亲爱的，我好想你”就泪如雨下，再也说不出话来。女儿说：“爸爸！我的好爸爸！”反复呼唤，一开口已泣不成声。科马洛夫对母亲也是有无数的话要说，但所有的话都集中到了见上最后一面，妈妈的“每一根白发都能看清”，询问母亲：“你能看清我吗？”一支金笔随科马洛夫“飞入太空”，是他最“珍贵的东西”，科马洛夫用宇航服包裹金笔，请妻子“把它转赠给”她“未来的丈夫”，还“会在天堂里祝你们幸福”。跟女儿深情诀别：“好女儿，爸爸就要走了。”嘱咐女儿“以后每年的这个日子，到坟前献一朵花，和爸爸谈谈学习情况”，一定要引以为训，“认真对待每一个小数点”。设身处地想想吧！这些诀别的语言，撼人心魄，即使“情真意深”也难以状写，此时此境，完全可以说感情决定一切。

（三）需要宽容品格

适应自由型角色还需要宽容的品格。正由于交谈的自由，一般情况下，个人的观点可以随口而出，个人的喜怒哀乐感情可以不加掩饰，个人的习惯可以不加约束。你说你的，我说我的，未必要趋同一律，苛求对方必须怎样怎样，如果这样要求的话，自由交际就可能变成不自由了，效果反而不佳。

上海东方电视台著名节目主持人曹可凡，主持《可凡倾听》节目，广受好评。其中很重要的一个原因就是包括主持人在内的节目参与人几乎都坐在同一个位置，彼此平等，说得错也罢对也罢，都讲老实话，没有严肃的一本正经的批评和大道理，给人的印象是“宽容”得很。曹可凡说：“我们希望就某些问题和嘉宾做一下探讨，也许这些探讨有些尖锐，也许这些探讨对受访者来说有些尴尬，但是，为了弄清事实的本体，可以通过谈话把真实还原出来。我们采访过一些争议人物，……我们做节目时，并不是为了贬他们，也不是为了褒他们，只是想把事实呈现出来。”例如，采访余秋雨先生那次，当时媒体、学术界对余先生有很多指责、批评，大家对他的著作产生怀疑，他的自传体散文《借我一生》争议很大，但曹可凡在采访时，不是直接问他，“你的自传是真的还是假的啊”？因为这是很不礼貌的，是责问的口气。曹可凡这样和他探讨道：“钱钟书先生曾经说过，传记不是太靠得住，你的《借我一生》可信度是多少？”余先生回答：“百分之一百。”曹可凡继续问道：“为什么以前和你共事过的人会对同样的事有不同的记忆？”这样提问就比较含蓄，不是批评，而是“求证”。采访白先勇先生时，也有些特别，因为白先生的性取向有点与众不同，曹可凡不能直截了当地切入这个话题。于是，曹可凡就从他的长篇小说《孽子》入题，问道：“是不是这部小说反映了你自己性价值的取向?”这样就有一个铺垫了，免得对方尴尬，下不了台。①

黄宏的《从头说起》一书中写到妻子在医院刚生下一个女儿，有这样的记叙：

以前听民间有个说法：除了医生和护士，谁第一眼看到孩子，这孩子将来长得就像谁。

于是我看看身边的张振彬。振彬是我多年好友，不仅女儿出生时来为我帮忙，我结婚典礼的时候，他也曾经是我的伴郎。一般找伴郎都找个形象差点的，这样会显得新郎更加精神。在这一点上，张振彬是当之无愧的。振彬人好，但长相实在不敢恭维……

孩子要真的让他看了第一眼……于是我跟他商量：

“振彬啊，等会儿我女儿要抱出来，你可千万别看第一眼，因为……”

“别说了，我懂！你放心，我绝不看第一眼，尤其是女孩，我要看了第一眼，不把孩子给耽误了吗?”

女儿抱出来了。那是一个神圣的时刻。

我和张振彬一人推开一扇走廊的大门，振彬把脸紧紧地贴在墙上。

女儿闭着眼睛，我幸福地看了她第一眼，心醉了。

女儿被抱走了，振彬还紧闭着眼睛贴墙站着：“黄宏，过去没有？我可回头啦!”

我幸福地和振彬拥抱在一起。

“谁第一眼看到孩子，这孩子将来长得就像谁”的民间说法并无什么科学依据，黄宏宁可信其真，对张振彬提出了“千万别看第一眼”的要求，用“千万”以强调必须这样做，似乎有些过分了。但张振彬则宽容大度得很，“你放心，我绝不看第一眼”，以反问句斩钉截铁表示；“我要看了第一眼，不把孩子给耽误了吗”，完全当真的了；“紧闭着眼睛贴墙站着”，一丝不苟照办；“过去没有？我可回头啦”，询问、提醒，要等到有确确实实的消息后才睁眼，真诚体谅对方，所说话语令人感动。

再看一对夫妻在公交车上的对话：

丈夫：哎，你少说一句行吗？只要少说一句，好不好？

妻子：不好，为什么叫我少说一句，你不会叫她少说一句？你倒帮起她来了。难道是我不好，车子这么挤，我也没碰着她……

丈夫：你是没有不对……

① 曹可凡．倾听，一种文化姿态．图书馆杂志，2006（1）．

妻子：这话是什么意思，倒是她对了？

丈夫：她也没有不对，是车子不对，如果车子没这么挤，你和她都离得老远，就不会碰着了吧。哦，也不是车子不对，人家售票员有意见了，这车子天天拉着我们这么多的人，风里来雨里去，任劳任怨勤勤恳恳，很不容易了，车子可没不对，那么……是我不对，我不对，我不该让你走在我的前头，造成了人民内部矛盾。

（全车人哄堂大笑。丈夫搔搔脑袋，憨厚一笑。）

全车上的女人心里都一动：今天看见大丈夫了！①

汽车上拥挤，难免乘客身体有接触、碰撞，妻子缘此与乘客发生争执。丈夫劝说妻子："你少说一句行吗？只要少说一句，好不好？"征询、恳求的语气，不同语言形式重复，以"只要"将要求降到最低。妻子寸步不让，以"不好"明确反对丈夫要求，用的是反诘疑问句："你不会叫她少说一句？""难道是我不好？"责怪丈夫不帮自己反而"帮起她"来了。丈夫退让了："你是没有不对……"妻子根本没听进去，没弄清意思，话还没说完，就断言丈夫认为对方是对的。最后，丈夫一一排除了所有的其他"不对"，实在无法找出合适的原因，就索性将责任揽到自己的身上："那么……是我不对，我不对，我不该让你走在我的前头。"全车人的哄堂大笑，是对他的憨厚、宽容的赞美。

第三节　适应交际者的个性

交际者的个性也就是说写者的思想性格特点。

思想性格特点是构成说写主体的核心要素，其在语言得体中的地位、作用在本章概述部分已经论及。

应该辩证看待语言适应交际者个性的问题。历来的语言研究者不能不说是十分重视语言的个性化问题的，但是存在着片面的倾向，大多侧重于肯定、赞扬、要求个性化的语言，然后举一些范例说明，而例证大多采集自文学作品，视野比较狭窄。另外，比较注重静态的研究，相对来说，比较忽略将个性问题放到语言交际动态的流程中去考察，对说写者个性的多面性、复杂性关注不够，认识不深。我们则认为，一个人的思想性格是各项素质的凝聚、体现，非常复杂，应该从语言交际的整个过程中，多个环节的有机联系中全面探究，实现交际语言和文学作品并重，分清主次，区别良莠，具体情况具体分析，评说要恰如其分，强调不能走极端。

---

① http：//news. sina. com. cn/richtalk/news/society/9902/021109. html.

一、保持和控制个性的本色

得体的语言，应该是说写者个性本色的表现和反映。在语言交际中要求保持个性的本色，实际上也就是要求自然地、贴切地说话和写作。在一般的现实语言交际活动中，保持个性的本色，不必时时处处注意，刻意追求，制约的条件比较宽松。在艺术交际活动中，保持个性本色的要求较高，常常表现为自觉追求、努力适应。但还是应该以自然、贴切为本，不过层次更高而已。

有一位媳妇，人送外号“馋媳妇”。她除非不说话，一说话，张口就得说吃的东西。

有一天，丈夫准备外出做买卖，就让“馋媳妇”出门看看天气怎么样。“馋媳妇”开门看了看，一进屋就说：

“哎呀，天正下大雪呢，那雪白得就像白面似的。”

“雪下得有多厚?”

“有锅饼那么厚。”

丈夫一看，“馋媳妇”的老毛病又犯了，就上去打了她一个耳光。“馋媳妇”摸着被丈夫打肿的脸，说：

“你好狠心呐，把我这脸打得像发面馒头似的。”

儿子一看妈妈挨了打，就哭了。“馋媳妇”一把搂过孩子，边给儿子擦眼泪边说：

“好宝宝，别哭了。你哭得‘抽答、抽答’的，就像吃面包的声音。”①

这位媳妇，个性特点非常特别，话语形象生动，句句运用比喻。报告天气在下雪，说雪“就像白面似的”；描述雪的厚度，说“有锅饼那么厚”；挨了丈夫的打，抱怨丈夫把她的脸“打得像发面馒头似的”；劝慰儿子不要哭，形容哭声“就像吃面包的声音”，喻体都是日常生活中吃的东西。看来这种语言习惯是根深蒂固的了，但无关大碍，由她说就是了。

老舍有篇散文《我的母亲》，其中有这样的记写：

七七抗战后，我由济南出来。北平又像庚子那年似的被鬼子占据了，可是母亲日夜惦念的幼子却跑到西南来。母亲怎样想念我，我可以想象得到，可是我不能回去。每逢接到家信，总不敢马上拆看，我怕，怕，怕有那不祥的消息。人，即使活到八九十岁，有母亲便可以多少还有点孩子气。失了慈母便像花插在瓶子

---

① 旧病难改．读者，2001（1）．

里，虽然还有色有香，却失去了根。有母亲的人，心里是安定的。我怕，怕，怕家信带来不好的消息，告诉我已是失了根的花草。

去年一年，我在家信中找不到关于老母的起居情况，我疑虑，害怕。我想象得到，如有不幸，家中念我流亡孤苦，或不愿相告。母亲的生日是在九月，我在八月半写去祝寿的信，算计着会在寿日之前到达。信中嘱咐千万把寿日的详情写来，使我不再疑虑。十二月二十六日，由文化劳军的大会上回来，我接到家信。我不敢拆读。就寝前，我拆开信，母亲已去世一年了！

生命是母亲给我的。我之能长大成人，是母亲的血汗灌养的。我之能成为一个不十分坏的人，是母亲感化的。我的性格、习惯，是母亲传给的。她一世未曾享过一天福，临死还吃的是粗粮。唉，还说什么呢？心痛！心痛！

引文中老舍抒写了儿子对母亲的真挚、深厚的感情，极为自然，是心灵的真实写照。回忆、悼念母亲的文章并不少见，而老舍的语言是深深打上个性的印记的。多次写到“怕”拆读家信。“每逢接到家信，总不敢马上拆看，我怕，怕，怕有那不祥的消息。”“每逢”、“总不敢”，说明次次如此，没有例外，“怕，怕，怕”，反复了三次，其实并不能以次数来衡量，作者是要表达极度害怕、担心的心理状态。“失了慈母便像花插在瓶子里，虽然还有色有香，却失去了根。”这种深切的体验或许是共同的，但比喻却是老舍独创的，带有素养深厚的知识分子的鲜明印记。“唉，还说什么呢？心痛！心痛！”一声长叹胜过千言万语，于无语中透出老舍极度悲痛的内心世界。

语言如果不注意保持个性本色，甚至存在很大的反差，那就会走向自然的反面：千篇一律，矫揉造作。千篇一律、矫揉造作的语言以各种形式在不同程度上掩盖了个性的特点，读之无味，如同嚼蜡，应该坚决反对。

有一种语病叫“机关话语病”。在机关的话语系统中，“放诸四海而皆准”的废话俯拾皆是。作为掌握话语主导权的人员，如果面对公众却废话连篇、空耗时间，不免令人厌烦和憎恶。机关话语病比较常见的有：正确的废话、漂亮的空话、严谨的套话、违心的假话等。

在网上看到“指导”为官者公务交际的“万能句型”，略举如下：

1. 领导重视，提高认识。实行一把手负责制，建立和完善引咎辞职制度。建立健全领导问责制度。把……纳入议事日程，加强对问题的调查研究，从源头上理清……问题的来龙去脉。增强……的意识，倡导……的理念。

2. 加强宣传，营造氛围。电视、报纸、网络等媒体要通过各种形式宣传……提高广大人民群众对……的认识，舆论关注。实行典型示范、社会示范，在全社会营造关于……良好的文化氛围。

3. 教育培训，提高素质。通过……教育培训，提高广大领导干部、工作人员、人民群众的……素质。

4. 健全政策法规，完善制度。建立、健全各项制度（法律），做到有法可依，对……进行严厉的制裁和惩罚，严重者追究刑事责任。制订激励制度、分工制度、惩罚制度、决策制度……

5. 组织协调，形成机制。形成科学决策机制、预防应急机制、组织机制、协调机制、信息反馈机制，组织专家制定……领域的实施细则。

6. 增加投入，依靠科技。在……方面，大力增加财政投入。增加对……的财政和贷款支持，依靠……技术，解决……问题。

7. 加强监督，全面落实。加强社会监督（群众监督），设立举报热线（举报信箱）。媒体监督，或舆论监督，领导或上级监督。建立完善系统严格的评价、考核的指标体系，加大整顿力度。①

"领导重视"、"提高认识"、"建立健全"、"提高素质"、"有法可依"、"组织协调"、"形成机制"、"加强监督"、"全面落实"等词语不能不说是正确的，但没有翔实的内容，不看具体的场合，就只能说是"正确的废话"、"漂亮的空话"了。"把……纳入议事日程"，"增强……的意识，倡导……的理念"，"通过……教育培训，提高……素质"，"依靠……技术，解决……问题"之类的句式，从形式上看是规范的、严谨的，但将其固定化，变成公式，本应是生动的有针对性的话语，却成了僵化的填充题，一个模式的套话，毫无个性的特点，因而是不得体的。

2000年全国"两会"期间，朱镕基总理参加政协经济组讨论时插话道："老乡，你不要说那些套话了，请尽快进入实质内容吧！"2009年河南许昌市经济工作会议暨创建工作第52次新闻发布会上，该市一区委副书记在发言时突然被时任市委书记的毛万春打断："你的发言都是空话，你不要再念了，你下去吧。"被轰下主席台的区委副书记很尴尬。② 朱总理和那位市委书记的尖锐批评令人叫好，大得人心，我们绝不能再为"新党八股"所累，被"新党八股"所害。

有位小学青年教师感叹地说过："这些十一二岁的孩子，字还写得歪歪扭扭，却都懂得什么叫'重大题材'。我出个题目'一个难忘的人'，一半的人会写'我的表姐'或'我的舅舅'因为吸毒由好人变为坏人，结尾处通常是'我看着他（她）忍不住流下眼泪'。我出个题目'家乡的小河'，一半的人会写'小河由干净变得肮脏，末尾加一句口号：'我们只有一个地球。'尽管这是乡下，河水根本没被污染。最可怕的是自由作文，除了上面的'禁毒'、'环保'依然是'热门话题'外，'禁烟'、

---

① http：//wenku. baidu. com/view/b4af0a7b5acfa1c7aa00cce3. html.

② 今日早报，2009－12－29.

‘香港回归’、‘见义勇为’、‘反腐败’以及‘核武器’（核字多半写成‘黑’）等等都很抢手……”问他们：“为什么不写自己身边的事？”“这样写容易得高分。”“以前老师教的。”“作文书里的优秀作文就这么写的。”“抄一抄就行，很好写。”① 作为学生，无论年级高低，受到应试教育的负面影响，作文中的官话、套话绝非少数现象。学生要说自己的话，大人要说自己的话，社会要鼓励大家都说自己的话，保持本色，谈何容易！

个性是顽强的，在语言交际中总是会自觉或不自觉地表现出来，这是规律。但是又应认识到，个性本色的流露、表现也有条件的限制，在许多场合，是不能任凭个人的主观意愿去说写、渲染、宣泄的，否则极有可能导致语言不得体，或者降低了得体的程度。这就需要在保持个性本色的同时，加以必要的适度的控制。控制并非扼杀个性，而是要求个性本色与语言环境的矛盾尽可能达到和谐协调，这是在较高层次上保持个性本色。

萧乾有篇文章《“上”人回家》，文中的“上”人先生是位鼎鼎有名的语言艺术家，为人一向四平八稳，语言有两个特点：一是概括性，空洞啰唆；二是民主性，讲话不大看对象和场合。他主张首先要掌握的是马克思列宁主义语言，“原则上”、“基本上”这些本来很有内容的字眼儿，到他嘴里就成了口头禅，无论碰到什么，他都“上”它一下，外人就赠了他一个“上”人先生的绰号。傍晚回家，妻子问：“今儿个你怎么这样晚才回来？”“上”人答：“主观上我是希望早些回来的，但是由于客观上难以逆料、无法控制的原因，以致我实际上回来的时间跟正常的时间发生了距离。”“你干脆说吧，是会散晚啦，还是没挤上汽车？”“从质量上说，咱们这10路公共汽车的服务水平不能算低，可惜在数量上，它还远远跟不上今天现实的需要。”妞（女儿）说：“爸爸，咱们这个星期天去不去公园呀？”“上”人说：“原则上，爸爸是同意带你去的，因为公园是个公共文娱活动的地方。不过——不过近来气候变化很大，缺乏稳定性，等自然条件好转了，爸爸一定满足你这个愿望。”妻子：“吃吧，别转文啦。”妞：“爸爸，我要吃糖。”“上”人：“你热爱糖果，这是完全可以理解的。这种副食品要是不超过定量，对身体可以起良好的作用。不过，今天早晨妈妈不是分配两块糖果给你了吗？”妻子：“我来当翻译吧。小妞子，你爸爸是说，叫你先乖乖儿地吃饭，糖吃多了长虫牙！（温柔地转向‘上’人）今儿个合作社到了一批朝鲜的裙带菜，我称了半斤，用它烧汤试一试，你尝尝合不合口味？”“嗯，不能不说是还有一定的滋味。”“什么？倒是合不合口味呀？”“上”人（被逼得实在有些发窘）：“从味觉上说——如果我的味觉还有一定的准确性的话——下次如果再烧这个汤的话，那么我倾向于再多放一点液体。”

这位“上”人先生确确实实是以自己的“本色”进行语言交际，无不打上鲜明

① 雷金生．只要你照顾善良的虫．大学英语，2000（3）．

的个性印记，但迂腐得可以。一连串的“上”：“主观上”、“客观上”、“实际上”、“质量上”、“数量上”、“原则上”、“味觉上”，在与妻子、女儿的日常口语交际中显得格外刺耳，即使是知识分子之间的语言交际，也绝无必要如此频繁地使用这个“上”字。须知，一旦用“……上”，短语就概念化、抽象化了。一连串的理论色彩浓重的词语，“难以逆料”、“发生了距离”、“现实的需要”、“缺乏稳定性”、“定量”、“倾向于”等等，难以确切理解，连与妻子、女儿的沟通也带来了障碍，甚至妻子要翻译了以后女儿才能懂得父亲说话的意思，大有进行控制的必要。

语体对个性本色的显现有重要的制约、影响作用。同一个人，用不同的语体说写，个性本色显露的情况就有所不同。一般来说，口语语体个性本色的展现要比书面语体的限制来得少。在书面语体中，艺术语体个性本色的展现又要比科学语体、事务语体所受的限制要少。

法律语言中的检察语言有程式化的特点，在叙述案情时，不能随意增添个人色彩，要力求如实反映客观情况，对时间、地点、情节、手段等要素准确交代清楚。例如某检察院的一份起诉书：

> ……当夜11时10分，在被告人杨某某的带领下，熊某某、李某某、卢某某又翻墙进入某某旅社的院内。经杨到该社内窥探后，杨让李以派出所查夜为名喊门。熊让卢把门，先后由李、杨将该旅社的三号、二号、八号、十一号房间门喊开。杨、李持刀对着旅客的咽喉，熊持皮带殴打，卢持斧头把门，并以“挖眼”等语言相威胁，先后分别抢走三号房间的某某省某某县生产资料公司推销员宋某某的现金人民币一百六十三元和某某省某某的现金三百一十元。抢走住在二号房间的某某省某某县某某乡综合厂李某某的现金二百四十元、灰中山装一件和某某县某某乡某某村的农民王某某的现金四十元。抢走住在十一号房间的某某县某某乡某某村农民马某某的现金一千一百元和马的同村农民史某某的现金五元。还抢了住在八号房间的两个旅客的现金，该两旅客被抢后因恐惧当夜离店。

这一例中将被告人杨某某、熊某某等团伙抢劫犯罪的时间、地点、方式和抢劫的对象写得十分清楚、准确。时间是“当夜11时10分”；地点是“某某旅社”，分别指出四个房间号码；抢劫对象详细到省、县、乡、村，被抢的钱物连5元都表述清楚。貌似“烦琐”，却必须如此“烦琐”，否则会削弱说服力，无法量刑定罪，这不能任由个人喜恶随意增删。

个性的控制在有些场合下是一种语言艺术的策略。有一位班主任在谈批评学生的艺术时强调，绝不能凭自己的感情随意指斥：“在语言运用中，我遵循这样几条原则：一是尽量不使用‘但是’。学生对于先表扬，再由‘但是’转入批评的程式颇为反感，比较乐于接受类似这样的批评：‘你听课很认真，如果能进一步抓好课前预习与课后作业练习，你的学习会更轻松有效。’二是将问号变句号。我班上有两个学生在课上抢一支钢笔，任课老师点了其中一位同学的名，接着出现了以下争执：‘你为什么不好好听课?’‘他抢我的钢笔。’‘他为什么只抢你的钢笔?’‘你为什么只点我的名?’继而把问题交到了班主任面前。我采取变问号为句号的处理方式，对这位同学说：‘我了解你是不会有意破坏纪律的，要是你能克制住自己，不与任课老师顶撞，就不会出现像现在这样让老师认为你强词夺理，让同学认为你影响了大家学习的状况了。你只要想想自己的确也有错，就应该主动道歉，让同学们恢复上课。’班主任的尊重、信任、批评，促使他主动地承认了错误。”从这位班主任对批评语言的运用经验中，可以看出他是非常注重控制自己情绪的，得法而得体。

二、顺应和改善个性的特点

每一个人的思想性格都有自己的特点，这些特点相对稳定，是在长期的社会实践活动中逐渐形成的。特点不等于优点，有鲜明个性的人并不是十全十美的，个性的缺陷、弱点必然存在。客观环境的强力影响，往往会对原本优良的特点抑制、干扰，导致变形、扭曲。这些就需要说写主体在顺应个性特点的同时，不断自觉改善自己的思想性格特点，以保证在各种场合说写出得体的话语。

第二次世界大战时期的盟军名将巴顿，英勇善战，所向披靡，史有定评。每逢作战前夕他那些夹有粗话（诸如“掏出希特勒的心肺”、“叫德国那些狗娘养的在我们炮口下发抖”）的战斗动员，豪爽有力，言简意赅，极富煽动力。然而到了战后，在一些社交场合，巴顿将军讲话一仍其旧，且时有粗话脏话出现，这就大煞风景，还引起了一番外交风波。

> 德国投降了，在美、苏军队联欢会上，巴顿对苏军元帅朱可夫出言不逊，声称“希望对俄国开战”。这使艾森豪威尔大为恼火。不久，巴顿又因雇佣纳粹分子而遭到世界舆论的指责。美军总部向他发出警告，巴顿暴跳如雷地回答说：“战争根本不该结束!”“应该留下德军，和我们一起打布尔什维克!”这一次疯狂的举动终于葬送了巴顿的军事生涯。他被撤了职，奉令退休。巴顿心灰意冷，告别了手下的参谋人员和身边的侍从，离开了军队，成为一个无所事事的孤独的老人。①

美、苏军队是站在同一战线的友军，尽管国家之间、意识形态等方面存在各种矛盾，但在庆祝德国投降的联合会上，怎么能够“希望对俄国开战”呢？岂不是在制造外交纠纷吗？“战争根本不该结束”与世界人民的迫切愿望背道而驰；“应该留下德

① 电影评介，2008（5）.

军，和我们一起打布尔什维克!”颠倒是非，视友为敌，而且是在公开的场合，“暴跳如雷”，语言极不得体。巴顿的性格弱点其实早就存在，只是在战时特定场合被掩盖，未引人注目而已。

对个性的缺陷、弱点要有清醒的认识，这是正确把握自我的重要内容、环节。问题在于人们往往不能自觉地做到这一点，甚至津津乐道某些人的缺陷、弱点。有人说，名人和凡人的差别在哪里呢？名人做一点错事，写起来叫名人逸事，凡人呢，就是犯傻；名人强词夺理，叫作雄辩，凡人就是狡辩了；名人打扮得不修边幅，叫真有艺术家的气质，凡人呢，就是流里流气的；名人喝酒，叫豪饮，凡人叫贪杯；名人老了，称呼变成王老，凡人只能叫老王。生活中有没有对名人的片面“厚爱”呢？大有人在。我们从报刊上看到这样的名人轶事：

> 沈从文第一次登上讲坛，竟一句话也说不出。呆了十分钟，才径自念起讲稿来，仅十多分钟便“讲”完了原先预备讲一个多小时的内容，然后望着大家，再也无话可讲，只好在黑板上写道：“今天是第一次登台，人很多，我害怕了。”①

> 林语堂在东吴大学法学院兼英文课时，开学第一天，铃声打了好一会他还没到教室。终于到了，却带了一皮包带壳花生，分给学生享用，并大讲吃花生之道。他说：“吃花生必吃带壳的，一切味道与风趣，全在剥壳。剥壳愈有劲，花生米愈有味道。花生米又叫长生果。诸君第一天上课，请吃我的长生果。祝诸君长生不老！以后我上课不点名，愿诸君吃了长生果，更有长性子，不要逃学，则幸甚幸甚，三生有幸。”②

类似的语言何足称道？沈从文说道：“今天是第一次登台，人很多，我害怕了。”表现出刚刚走上讲台的新教师的一种胆怯心理，平心而论，要比现在的一般的新教师恐惧更甚。假如当今社会，有这样的应聘者，落聘自在情理之中。不过因为沈从文是名人，故而记入“名人轶事”。林语堂上课迟到，“带了一皮包带壳花生，分给学生享用”，有悖校规，做法本身就不妥。在课上大讲吃花生之道，“一切味道与风趣，全在剥壳”，偏离课堂教学目的，游离于教学内容。由此生发出的比喻，“祝诸君长生不老”，希望学生“更有长性子，不要逃学”，虽然有一定教育意义，但放在迟到、吃花生的语境中，难以叫人作出肯定、赞赏的评价。

言不由衷，就是话不是从心眼里说出来的，说的不是真心话，心口不一致。言不由衷并不等同于“口是心非”，两者意思还是有区别的。“言不由衷”多用来形容敷

① 中学生读写，2004（Z1）.

② 开心老年，2011（11）.

衍、应付，不坦率，语意较轻。“口是心非”多形容虚伪欺骗的言语，语意重得多。言不由衷的语言固然可能由于外部客观环境的制约、影响，身不由己，但从内因来分析，与个性的缺陷、弱点也是分不开的。

一篇题为“无花果”的报告文学（见《读者》200 期合订本），记述了国内一位地位颇高的名人与他的忘年交的一番对话。他说：“做人有两种，一种叫逢场作戏，那样，很快就能成功。另一种，叫自然流露，也很容易倒霉，甚至毁掉。我的诗，最早之所以写得好，是因为自然流露。譬如我写《××》，当时根本没有想到要靠写诗混稿费，更没有想到，要靠写诗去争地位。那时候，我在日本留学，时常穷得连吃饭的钱都没有。好在有几个好朋友，田汉、郁达夫，常在一起海阔天空地聊天。我写的《××》里面，有不少是和田汉交往过程中写出来的，陆续寄给了在上海的宗白华。宗白华是个好编辑，是他把《××》发表了出来。由此，我就成了名。北伐开始之后，我的地位渐渐高了，就免不了学会逢场作戏了。现在，我们两个人在一起谈话，是有什么谈什么，我不会做戏。可是一转眼，我跟别的人，往往就不得不逢场作戏了。这是很悲哀的。凡是逢场作戏的人，写出来的东西，都会遭到后人的嘲笑。”在 1963 年 5 月 5 日致这位忘年交的信中说：“至于我自己，有时我内心是很悲哀的。我常感到自己生活中缺乏诗意，因此也就不能写出好诗来。我的那些分行的散文，都是应景之作，根本就不配称为是什么‘诗’！别人出于客套应酬，从来不向我指出这个问题，但我是有自知之明的。”这位名人由于思想性格中的矛盾、弱点，受时势所制，如他自己所言，确实说过写过不少不得体的话语和文字。例如其写过一篇《红旗跃过汀江》的文章，文中这样写道：“主席并无心成为诗家或词家，但他的诗词却成了诗词的顶峰。主席更无心成为书法家，但他的墨迹却成了书法的顶峰。例如这首《清平乐》的墨迹而论，‘黄粱’写作‘黄梁’，无形中把粱字简化了。龙岩多写一个龙字。‘分田分地真忙’下没有句点。这就是随意挥洒的证据。然而这幅字写得多么生动，多么潇洒，多么磊落。每一个字和整个篇幅都充满了豪放不羁的革命气韵。在这里给我们从事文学艺术工作的人，乃至从事任何工作的人，一个深刻的启示。那就是人的因素第一，政治工作第一，思想工作第一，抓活的思想第一，‘四个第一’的原则，极其灵活地、极其具体地呈现在了我们的眼前。”

“梁”与“粱”是两个字，简化字是需要有关权威机构审定、颁布的，明明是一个错别字，怎么能够轻描淡写说成是“无形中把粱字简化了”呢？缺少了一个标点符号，应该是美中不足，作者却赞扬其“随意挥洒”、“多么生动”、“多么潇洒”、“多么磊落”。再提高到“人的因素第一，政治工作第一，思想工作第一，抓活的思想第一”的“四个第一”的高度，给从事任何工作的人都有深刻的启示。且不说“四个第一”的正误，就事论事，牵强附会，生搬硬套，与诗歌如何挂得起钩来呢？这话说得有吹捧之嫌。

纠正、克服个性的缺陷、弱点并不容易，在改造自己主观世界的同时要努力改变自己的语言世界。这一变革不是全盘推翻，顺应、改善两者常常紧密结合在一起。仍有特点，但层次和形式是新的。同时也要相对来看，追求和战胜个性缺陷、弱点的过程往往比结果更为重要。

黄维曾是国民党战犯，追随蒋介石，与共产党为敌，与人民为敌，在战场上被俘，后经特赦出狱。《最后的选择——国民党名将黄维特赦前后》（解放军出版社，1999）一书写到黄维1986年7月香港之行的情况。台湾当局派了四个说客带了金钱去策动黄维不要返回大陆。黄维对来人说了不少话，其中有两段是这样的：

“四位不远万里来港与黄某会面，本人深表谢意，并期望四位能将我此种谢意转告令上司。至于您所说我黄某在大陆遭受虐待，未免言不副实。这种罪行，无论在哪个国家，都是百死难赎、不可容忍的。可是共产党非但没有杀我，还把我改造好，并安排了极好的工作和生活，这种恩情是无法用钱来衡量与换取的……”

“我可以明确地告诉四位，也包括你的上司和有关人士：共产党对我不错也不薄，我不能辜负共产党对我的恩情与希望。当然，我也绝不做对不起蒋校长的事情，否则，知恩不报反成仇，我黄维岂不大逆不道？再说，我已八十有三，不堪颠沛之苦，俗话说叶落归根嘛！我的故乡，我的亲人都在大陆，我怎舍得离开呢？”为了给对方一个台阶，他又补充一句，说：“你们的好意和诚意我心领了，但是，对不起，我要让你们失望了！”

这是一位经过改造后的战犯所说的话。“四位不远万里来港……本人深表谢意”，路程上夸张，礼数上周全。“绝不做对不起蒋校长的事情”，“否则，知恩不报反成仇，我黄维岂不大逆不道？”“绝不”表示态度坚决；“否则”，从反面述说；“岂不大逆不道”以反问句形式，且提高到“大逆不道”的极高程度，表达不会与蒋介石为敌的鲜明态度，虽然存有客套成分，但其中仍然流露出对蒋介石的知遇之恩的深切感激，言下之意就是不去台湾并不意味着与蒋介石为敌。但话语中更多的是表达对共产党的感恩，对自己罪行的认识。自己的罪行“百死难赎、不可容忍”，“可是共产党非但没有杀我，还把我改造好，并安排了极好的工作和生活，这种恩情是无法用钱来衡量与换取的”，将共产党的恩情与自己的罪行对比，“极好”、“无法”，以表示最高程度的词语来形容生活、工作之好，恩情之深，这是心声的真实表露。黄维这样的思想性格与改造前已经有了莫大的转变。由此可见，得体的语言与思想性格的改善、转变存在内在的联系。

三、追求和创造个性的魅力

追求和创造个性的魅力，实际上是力求显现出语言表现风格的特点。语言表现风格是从语言形式的美学效果方面界定的，是一种高层次的美的创造。朴素、华丽、简练、繁丰、明朗、含蓄、庄重、幽默等都是奇异多彩的风格美的品种。个性的气质是形成表现风格美的极为重要的原因之一。王蒙指出：“风格是作品的外观，但这外观不是包装，而是作家的灵魂的显现。”① 老舍说道：“风格不是由字句的堆砌而来的，它是心灵的音乐。叔本华说：‘形容词是名词的仇敌。’是的，好的文字是由心中炼制出来的；多用些泛泛的形容词或生僻字去敷衍，不会有美好的风格。”“风格与其说是文字的特异，还不如说是思想的力量。”②

平淡无味的语言从某种意义上来说，也就是缺少个性或个性色彩不强的语言。例如高晓声的小说《陈奂生上城》中这样描写陈奂生：

> 他毫无办法，简直犯了死症毛病，他从来不会打听什么，上一趟街，回来只会说“今天街上人多”或“人少”、“猪行里有猪”、“青菜贱得卖不掉”……之类的话。他的经历又和村上大多数人一样，既不特别，又是别人一目了然的，讲起来无非是“小时候娘常打我的屁股，爹倒不凶”、“也算上了四年学，早忘光了”、“三九年大旱，断了河底，大家捉鱼吃”、“四九年改朝换代，共产党打败了国民党”、“成亲以后，养了一个儿子、一个小女”……索然无味，等于不说。他又看不懂书；看戏听故事，又记不牢。看了《三打白骨精》，老婆要他讲，他也只会说：“孙行者最凶，都是他打死的。”老婆不满足，又问白骨精是谁，他就说：“是妖怪变的。”还是儿子巧，声明“白骨精不是妖怪变的，是白骨精变成的妖怪。”才算没有错到底。他又想不出新鲜花样来，比如种田，只会讲：“种麦要用锄头抨碎泥块”、“莳秧一莸莳六棵”……谁也不要听。

陈奂生作为作者塑造的文学艺术形象无疑是成功的典型，但是，倘若在现实生活中，用陈奂生一类的语言与他人交谈，则会常常失败。话题非常狭窄，局限于养猪、种菜、个人经历；经常以同样的语言形式重复话语信息，没有新鲜的东西；难得的“看戏听故事”，发表的“意见”又是错讹百出。老一套的词语，一成不变的方式，干瘪无味，谁爱听呢？

个性的魅力表现在独特的富有审美意义的语言形式之中。说写者是以自己的心灵去观照、体验、领悟现实生活，以自己偏爱的、习惯的语言形式来达到与语言环境的较高程度的吻合，从而给人审美的享受。而这些语言形式不一定非是个人独有的，寻常词语、普通句式、习用修辞方式同样可以翻新出奇，关键全在于使之高度个性化。

“旗”是很普通的一个名词，“横”是很寻常的一个动词。且看毛泽东、李白是

① 王蒙．论风格．新时期作家谈创作．北京：人民文学出版社，1983. 436.
② 老舍．言语与风格．老舍论创作．上海：上海文艺出版社，1980. 80，100.

如何运用的。

《左传·闵公二年》写道："佩，衷之旗也。"西晋将军兼学者杜预注释道："旗，表也，所以表明其中心。"意思是说，旗是一种外在的标志，其作用就是把集团、个人的内心所想，对外表现为方向和形象。一代伟人毛泽东，精通中华民族优秀传统文化，深知旗帜在指引革命和建设中的巨大作用，所以，他对旗帜情有独钟，纵览他的诗词，好用"旗"字。"军叫工农革命，旗号镰刀斧头。"（毛泽东《西江月·秋收起义》）这旗是工农革命军的大旗。"红旗跃过汀江，直下龙岩上杭。"（毛泽东《清平乐·蒋桂战争》）将革命势力趁军阀混战时得以迅速发展的生动情景，描绘得红红火火，这是土地革命风起云涌的生动写照。"六盘山上高峰，红旗漫卷西风。"（毛泽东《清平乐·六盘山》）风中旗飘，寄寓着长征胜利的豪情。原稿为"旄头漫卷西风"，后改为"红旗"，使立意更显豁，即写的不是一般的战旗，而是红军的革命战旗。这是红军即将胜利的颂歌。"壁上红旗飘残照，西风漫卷孤城。"（毛泽东《临江仙·给丁玲同志》）这里写的是根据地之景，虽非作战情状，红旗仍引人注目，特别是与"残照"相映，极为绚丽。"红旗卷起农奴戟，黑手高悬霸主鞭。"（毛泽东《七律·到韶山》）以"红旗"象征革命，与"黑手"象征的反动势力相抗争，对比鲜明，寓意深刻。另外还有"山下旌旗在望，山头鼓角相闻"（毛泽东《西江月·井冈山》），"山下山下，风展红旗如画"（毛泽东《如梦令·元旦》），"头上高山，风卷红旗过大关"（毛泽东《减字花木兰·广昌路上》），"同心干，不周山下红旗乱"（毛泽东《渔家傲·反第一次大"围剿"》），"风雷动，旌旗奋，是人寰"（毛泽东《水调歌头·重上井冈山》）等等。

李白的"身世与经历本身就带有浓厚的神秘性或者说传奇性色彩（即使仅从某一说法，亦仍然可以归入传奇性范畴），而李白的思想、个性乃至诗歌艺术表现迥异于常人的强烈的奇异性特征，则显然可以在这里找到其成型的最初起点与构成因素"。"可以说，正是这种仙风道骨的气质、勇武豪侠的生性、天资早慧的才华诸般因素的作用，决定了李白'仗剑去国，辞亲远游'的人生走向以及诗歌创作'奇之又奇'的艺术特征。"[①] 李白的诗歌中好用一个"横"字，从一个微小的侧面折射出李白独特个性的创造性。"两岭抱东壑，一嶂横西天。"（李白《安陆自北山桃花岩寄刘侍御馆》）"长安大道横九天，峨眉山月照秦川。"（李白《峨眉山歌送蜀僧晏人中京》）"金羁络骏马，锦带横龙泉。"（李白《留别广陵诸公》）"横行负勇气，一战静妖氛。"（李白《塞下曲》）"手舞石上月，膝横花间琴。"（李白《独酌》）"高阁横秀气，清幽并在君。"（李白《过崔八丈水亭》）"开堂振白拂，高论横青云。"（李白《自梁园至敬亭山见会公谈陵阳山水兼期同游因有此赠》）众多的"横"字，虚实相生，奇特传神，或表现出开阖博大之美、细微轻巧之美，或表现出有形有色之美、无形无色之

---

① 许总．唐诗史（上）．南京：江苏教育出版社，1994．564，566．

美，或表现出豪放不羁之美、潇洒飘逸之美……真是美不胜收。

追求和创造个性的魅力，不是关起门来在语言范围里致力标新立异就能够达到目的的。正确的态度和方法是不断充实、丰富自我，不断否定、超越自我，勇于探索，善于总结，逐步趋向成熟，风格美的魅力就会自然而然显现出来。文学创作自不必说，即使现实的语言交际活动，按照这样的路子，同样可以表现出个性的魅力。

在公共汽车上如果发现窃贼偷盗财物，当场抓获，这是最干脆的事儿。如果发现形迹可疑的人，但尚未动手行窃，该如何有效防止偷盗的发生？有一位售票员是这样使用独特的语言给乘客提醒的：当她发现可疑人已盯上了目标，她会拨拉一下这位乘客："同志，您往里站站。"拉开了乘客和可疑人之间的距离。如售票员离那位可疑人惦着的乘客较远，她会用喇叭喊另一位售票员："前（后）门的售票员请注意，坐在某某座位上的乘客可能过站了，请提醒他。"那位售票员自然心领神会。有时，情况挺危险，售票员会突然打开顶灯："请大家准备好，现在查票了。"也可能直接对那个处于危险中的乘客说道："你的票呢？请拿出来看看。"——其实可能刚刚查过票。有时乘客会埋怨："不是刚查完票，怎么又查啦？"但当时这样一吵，人们的注意力都集中在了那位乘客身上，可疑人在众目睽睽之下，便不敢轻易下手。这是日常生活中的语言，我们在赞叹售票员如此巧妙得体的语言的同时，也不禁为她全心尽力为乘客着想的耐心细致的高尚品格而感动。

第四节　适应交际者的修养

交际者的修养是指交际者的理论、知识、思想及艺术等方面的水平。修养是一个人的底蕴，由长期的学习、实践积累而成，看不见摸不着，但对语言的得体性起着重要的制约和影响作用。在语言交际活动中，人们常常从语言表达来推断说写者语言背后的修养状况。讨论语言适应说写主体，不能不涉及交际者的修养问题。

修养问题同样十分丰富、复杂，这里我们着重讨论综合素质、审察辨识和语言艺术三个方面的修养。

一、综合素质修养

一个人的修养带有综合性，不可能单一到仅仅局限于一两个方面，如果果真如此，那就是僵化的平面人，而不是活生生的立体人了。但是，一个人的各项修养又不可能是完全平衡的，社会分工不同，个人经历、爱好、性格不同，修养必然有所侧重，这是正常现象。正确认识、处理重点和一般修养的关系是达到语言得体和提高语言得体程度的重要保证。

秦关根所著《爱因斯坦》一书（中国青年出版社，1979）中记载了不少爱因斯坦的话语。有次，爱因斯坦与居里夫人攀登阿尔卑斯山，登上了悬崖，随行的有三个小孩。爱因斯坦那双深邃、明亮的大眼睛向着远方，放出了一道异彩，仿佛得到了灵感，忽然他站住了，抓住居里夫人的手臂，指着脚下的千仞深谷说道："夫人，我想要知道假如吊索断了，一架升降机坠入深谷，里面的乘客会有什么感觉。"孩子们哄然大笑，以为爱因斯坦又在说笑话了。然而居里夫人知道，爱因斯坦不是在说笑话，他是在发展相对论，从事一项无与伦比的工作。还有一次，在美国的记者招待会上，有记者提问："能不能请你用几句话解释一下相对论？"爱因斯坦回答说："从前大家相信，要是宇宙中一切物质都消失了，那就留下了时间和空间。但是，根据相对论，物质消失了，时间和空间也就跟着一起消失。"这个回答引得哄堂大笑。又有人问："听说全世界只有十二个人懂相对论，是不是真的这样？"爱因斯坦回答："不，哪里！每一个学物理的人都能学懂相对论。"爱因斯坦在柏林大学讲课时，大教室里常常座无虚席，他走上讲台，先讲上几句开场白，然后大声地说："诸位，以下我们要讨论统一场论的发展近况，为了节省诸位的宝贵时间，对这个专门问题没有特别兴趣的听众，现在可以退场了。"哗啦啦，看客们一下子都走光了，大教室里只剩下十来个真正的听讲者，于是爱因斯坦开始讲课。以上引例，说明相对论这个话题、内容只有在特定范围内才能顺利沟通。爱因斯坦讲的话，居里夫人真正懂了，孩子们自然不会了解；记者们虽然听到的是关于相对论的通俗解释，却未必能够真正理解；敬仰爱因斯坦风采的人也不会懂，只有拥有专业的修养才能说写出专业的得体的话语。

人是社会的人，可以主要但不能永远生活在封闭的专业小圈子里，因而对绝大多数人来说，应该注意综合素质修养的提高，以适应较宽的交际层面。思想修养当然是必备的，其他哪怕是日常生活交际所需的修养也不能忽视。

王选教授是北大方正的开创者，被誉为"当代的毕昇"、"汉字激光照排系统之父"、"中国现代汉字印刷革命的奠基人"、"中国迎接知识经济挑战的先驱"，2001 年获国家最高科学技术奖。他在 1998 年 10 月为北京大学学生作过演讲，其中说道：

> 我发现，在人们认为我是权威这个事情上，我真正是权威的时候，不被承认，反而说我在玩弄骗人的数学游戏；可是我已经脱离第一线，高峰过去了，不干什么事情，已经堕落到了靠卖狗皮膏药为生的时候，（笑声）却说我是权威。……现在为了方正有些需要，事业需要，有时候就去卖狗皮膏药，做点招摇撞骗的事情。（笑声）但是我到 61 岁才这么干的，以前一直是奋斗过来，所以现在也是可以谅解的。……我觉得人们把我看成权威的错误在什么地方呢，是把时态给弄错了，明明是一个过去时态，大家误以为是现在时态，甚至误以为是能主导将来方向的一个将来时态。（笑声）院士者，就是他一生辛勤奋斗，作出了贡献，晚年给他一个肯定，这就是院士。（笑声，长时间的掌声）所以千万不要把

院士看成当前的学术权威。①

王先生是一流的专家，也堪称一流的演讲家，从他的演讲中，能够体会到他的见解的精辟，感受到语言的生动形象，笑声、掌声是对其语言得体性的有力肯定。对自己的调侃，“堕落”、“招摇撞骗”则是需要从反面理解的，意在表明自己已经“脱离第一线”，文学色彩浓重。人们对权威的认定错误，“是把时态给弄错了，明明是一个过去时态，大家误以为是现在时态，甚至误以为是能主导将来方向的一个将来时态”。以英语时态为喻，十分贴切，在现实生活中，一个人的价值和贡献往往不被当时的人们所认识，而是随着社会实践的推进逐渐得到公认。幽默的语言道出的是一个客观规律。“院士者，就是他一生辛勤奋斗，作出了贡献，晚年给他一个肯定，这就是院士。”对院士的诠释，别具一格，通俗易懂，体现出谦虚的态度，含有深刻的哲理思想。

一次，一个老鞋匠正和几个老人闲聊，一个穿戴入时的妇女走过来，拿着一只皮鞋问老鞋匠：“师傅，你看这鞋能修吗?”老鞋匠看了一眼，说道：“您看我有活正忙着呢，您如果着急，里面还有几个修鞋的。”妇女不愿等，就朝里走去了。有人不解地问：“为什么有活来了，你却给支走了呢?”老鞋匠笑着说：“你看那只鞋，做工精细，皮质又好，少说得上千元，如果修不好咱可赔不起。不过不是我夸口，我不敢接的活，别人也绝对不敢接，她一准儿回来。”果然，那妇女不大一会儿工夫又回来了，说：“老师傅，他们说只有您能接这活，麻烦您了。”老鞋匠左瞧右看了好大一会儿，才说：“您这鞋得认真仔细地修，很费时间的，如果您愿意，明天来取吧。”妇女虽然不太情愿，但也只好应允。

等她走后，老鞋匠三下五除二，一会儿就把鞋修好了。旁边的人感到奇怪，问：“你修得这么快，为什么非让人家明天来取?”老鞋匠笑了：“那么好的鞋，你当着她的面三下五除二就修好了，她会认为你修得不认真，没给她面子，弄不好双方都不愉快。你等着瞧吧，她肯定会多给钱的。”第二天，妇女来取鞋。老鞋匠拿出鞋：“您看修得怎么样?”那位妇女认真检查了一番，看见鞋修得很好，高兴地给了20元走了。②

老鞋匠修理高档女鞋，欲擒故纵，一波三折。先推托“有活正忙着”，让顾客第二次找自己。接过了活，又郑重其事地对顾客说“得认真仔细地修，很费时间的”，明天才能取鞋。而实际上他完全能够修理，而且一会儿就修好了。为什么呢？老鞋匠

① 杂文选刊（上旬刊），2007（4）.
② 交际与口才，2006（1）.

颇懂心理学知识，给足对方面子，消除顾客顾虑，自己也得到了较高报酬，这是生活的智慧。可见，与顾客谈生意也是学问，需要看似与业务不搭界的修养呢。

二、审察辨识修养

审察是仔细考察，辨识是辨认、识别。审察辨识既是种能力，也是种修养。审察辨识的修养虽与文化程度高低有关，但并不成正比例。文化程度高，审察辨识修养不一定高；文化程度低，审察辨识修养却有可能比较高。当然，文化程度高，审察辨识修养两者俱佳的情况也并不鲜见。个中的原因在于审察辨识的修养既有理论知识，又有实践经验，且提高了看，是一门高深的学问。

针对社会热点、焦点、卖点的话语、文字，如果缺少审察辨识的修养，如何能看得清、分得明、说得准，给人启发、受人欢迎？

1999 年 2 月 13 日《光明日报》上有篇文章《“官话”出现新模式》。文中说：“现在有些领导干部，经常露面，也经常讲话，但说的大都是老话、空话、套话、大话、废话，甚至是假话，很少说新话、掏心窝的话。群众称其为‘普通话’，‘大锅话’，千篇一律，处处适用，成了‘官话模式’……言必改革开放，言必经济发展，言必群众生活，但究竟如何改革，怎样发展，用什么办法改善群众生活，他们是不说具体意见的。粗听起来好像理论色彩很重，开放意识很浓，经济知识很多，群众观点很强，实际上却空洞无物，隔靴搔痒，无的放矢。群众评价这样的话‘没错，没味，没用’。缺少个性特色，缺少就地取材，缺少针对性，自然也就缺少魅力，缺少风格，缺少说服力和感染力，让人闻之生厌。”这样分析、概括“官话”新模式，切中时弊，道出了相当部分人有所感但尚未较深刻认识的心里话，这与作者的善于审察辨识有关。而从另一面看，成天到晚说着那些新官话的领导干部，不正是缺乏这种修养，抓不住实际情况，不善于分析、研究吗？

> 天安门上的毛主席像，是否要永远保留下去？法拉奇一开口就抓住毛主席像和语录一事提了个很尖锐的问题。
>
> 邓小平果断而又很干脆地答道：“永远要保留下去。过去毛主席像挂得太多，到处都挂，并不是一件很严肃的事情，也并不能表明对毛主席的尊重。”
>
> 他说：“尽管毛主席过去有段时间也犯了错误，但他终究是中国共产党、中华人民共和国的主要缔造者。拿他的功和过来说，错误毕竟是第二位的，他为中国人民做的事情是不能抹杀的。从我们中国人民的感情来说，我们永远把他作为我们党和国家的缔造者来纪念。”
>
> “毛泽东思想不仅过去引导我们取得革命胜利，现在和将来还应该是中国党和国家的宝贵财富。所以，我们不但要把毛主席的像永远挂在天安门前，作为我们国家的象征，要把毛主席作为我们党和国家的缔造者来纪念，而且还要坚持毛

泽东思想。我们不会像赫鲁晓夫对待斯大林那样对待毛主席。”①

1980 年 7 月，中共中央发出了一份引起轰动的指示，其中有一条是：毛主席像、语录和诗词在公共场所挂得太多，这是政治上不庄重的表现，有碍国际观瞻，今后要逐步减少到必要的限度。文件发出的当天，人民大会堂悬挂的巨幅毛泽东画像被取下，此后，全国各地采取一致行动，拆除了许许多多的毛主席塑像和语录牌。这个举动引起了国外舆论的密切关注。邓小平与意大利记者奥琳埃娜·法拉奇的谈话就是在这一背景下进行的。法拉奇问的是天安门上的毛主席像是否要永远保留下去的问题，邓小平很清楚这一问题的背景、敏感性，所以他的回答不是简单肯定或否定，先是明确表明“永远要保留下去”，然后对毛主席的功过一分为二，强调功是第一位的，无论从历史实际来论定，还是从感情上来说，“我们永远把他作为我们党和国家的缔造者来纪念”。紧接着又谈及毛泽东思想是中国党和国家的宝贵财富，不但要纪念毛主席，还要“坚持毛泽东思想”。也就是说，邓小平的回答不仅有鲜明的辩证观点，而且简明扼要地陈述了理由，借此使国内外对中共评价毛泽东和毛泽东思想的基本立场、观点有所了解，不使形式上拆除毛主席像和语录牌造成所谓“非毛化”的证据。对比较重大、政治敏感性强的话题语言，得体性贵在实事求是，其中包括了对当时政治形势、时代背景的洞悉、把握。

钱诗金，原中原油田厂办主任，被人称为“中国第一卖话人”。他始终遵循“很刺激、很活力、很压力、很新潮、很中国、很国际”的原则策划、设计、创作“话”。他卖得最好的是“事业是天，把天做大”，这句话被 20 多家企业和个人买走。一位外国人花了 8 美元买走了“活出好心情，快乐总是你”这句话。“金山银山，自己是靠山”，他自己最喜欢，卖得也不错。钱诗金第一次带了“中国第一卖话人”的胸牌到圆明园开始卖话生涯，与 5 位大学生比试。第一道题是将“数风流人物还看今朝”改成一句具有市场特色的话。大学生们想不出，钱诗金说：“‘数风流人物还看真招’如何？”大学生们竖起了大拇指。第二道题，改“把人当人看”这句话。他对答道：“把人当赢看。”大学生们信服了。据钱诗金说，他已同中国检察出版社签约，将自己创作的话集成一部 20 万字的书，书名为《新世纪震撼句式》。② 钱诗金的话为什么值钱？为什么有人愿出钱买？这与作者对社会、市场、人们心理的谙熟密切相关，也就是准确寻找到了“卖点”。

社会的复杂性常常表现为本质和现象交织、主流和次流纠缠，如果说写主体对此缺少审辨、区分的能力、修养，语言就会偏离正确的方向、轨道。从理论上来看，似乎是再明确不过的道理了，但是许许多多人，包括著名的政治家在对待、处理这些矛

① 邓小平智答法拉奇. 无锡日报，1998－12－26.

② 福州晚报（电子版），http://www.66163.com/Fujian_w/news/fzwb/990901/11_1.html.

盾上，往往判断失误，语言失当。

1998 年 7 月 27 日《报刊文摘》上刊有《袁庚与公开批评》一文，其中有这样的一段记述：

> 1985 年的一天，袁庚在一次新闻发布会上情绪激动地发表演讲，对工业区近期发生的几件丑闻和危险苗头进行了措辞严厉的批评，其中包括对深圳蛇口培训中心一位教师违法携带黄色刊物《龙虎豹》过境的错误。会后，培训中心召开职工大会，帮助那位教师。可是，有两位教师对袁庚的演讲和纪检会的通报提出了公开批评。一人在会上发言认为，袁庚和纪检会在新闻发布会上的做法，使人感到工业区党委又要搞一次政治运动了，袁庚要开始整人了。另一位在会上联系自己历史上受过的委屈说：袁庚和纪检会这种急风暴雨式的做法，容易出冤假错案，不要等到 10 年后再给人家平反。两位教师发言尖刻，与袁庚演讲相比，有过之而无不及。1985 年 9 月 10 日，袁庚在庆祝中国第一个教师节会上，以极长的篇幅高度评价这两位教师在公开场合鲜明表达自己的见解的做法。他说："前几天，培训中心开了一个会，在会上，有两位老师，能够鲜明表达他们自己的政治见解，肝胆照人，铁骨铮铮。我看了这个会议记录后，内心感到由衷的自豪和高兴。因为他们不是吞吞吐吐，在那些阳光照不到的地方三三两两去讲，而是在正式会议上、在讲台上表达了自己的政治见解。我说，知识分子就应有这种凌霜傲雪的精神。这里不是评价他们当时的讲话内容是否正确，而是在于他们的这种光明磊落、不畏'高官权贵'的精神，这是非常可贵的品质。"由此引申到推行政治上直接参与的民主，使每一个人都能畅所欲言，共同关心、办好工业区。后来，再度引申，演化出一句广为流行的格言："我不同意你的观点，但我誓死捍卫你发表不同意见的权利。"

教师违法携带黄色刊物《龙虎豹》过境，当然是错误的，按照常理，领导和同事对其进行批评、教育、帮助也是应该的，但两位教师对袁庚的演讲和纪检会的通报提出了尖锐批评，将袁庚等的做法提高到搞"政治运动"、"整人"的高度，认为这是"急风暴雨"，"容易出冤假错案"。而袁庚并没有给教师扣上抗拒批评、态度顽固等帽子，而是"高度评价这两位教师在公开场合鲜明表达自己的见解的做法"，赞赏他们"肝胆照人，铁骨铮铮"，褒誉程度极高，色彩极其鲜明。"内心感到由衷的自豪和高兴"，不是表面上的敷衍套话。再进一步提高到知识分子"凌霜傲雪的精神"高度，必须推行"政治上直接参与的民主"的制度建设。"我不同意你的观点，但我誓死捍卫你发表不同意见的权利。"通俗易懂地表述了改革开放的政策、精神和气魄。联系到之前"文革"的特殊历史背景，这种语言，非一般人敢说能言，反映出袁庚敏锐的目光、过人的胆识、坚实的修养，紧紧抓住了问题的本质和主流。

审察辨识的修养需要正确的思想和科学的方法，与见风使舵、鉴貌辨色的圆滑、世故迥然有别。

有个单位的头头大谈自己的“官场不败术”：

“什么知识分子不好管，我就会管。你懂业务，我就给你讲政治；你讲政治，我就给你讲实际，总有你不说的，你不说我说，说了就是见解独到。别人不爱听？不爱听怕什么，正因为你不爱听，我才讲，讲了你不听，说明你不关心政治，至少是个倾向问题。”

“什么群众有意见咋办？群众又不是你上司，上司还不是听我汇报？不要怕群众意见大，大了，我就反映说问题复杂。一复杂，上面就怕粘住，调谁来，谁也不来。这一下，提意见的，反倒帮我坐得更稳了嘛！如果大多数都有意见咋办？没关系，我就汇报说‘风气不正’，再找那么一个两个重点人物，找那么一些典型材料，我就成了抵制歪风邪气的角色。”

“什么叫领导艺术，就是能治住能人。你会弹钢琴，我叫你跳芭蕾，还当主角。叫你辜负了领导重用，夹起尾巴做人。你肯干，我说你不爱学习；你群众关系好，我说你拉拉扯扯作风不正。会挑毛病的才是当领导的。”①

看，这位干部是何等“精通”为官之道！领导知识分子，专门寻找其弱点，拎着“不关心政治”倾向的帽子随时可以扣上。对待群众的意见，滥用权力，“群众又不是你上司，上司还不是听我汇报？”对上对下各有一套，以“问题复杂”掩盖真相，以“风气不正”颠倒黑白。“找那么一个两个重点人物，找那么一些典型材料”，粉饰自己成为“抵制歪风邪气的角色”。他心目中的“领导艺术”就是“治住能人”：“你会……我叫你……”“你肯干……，我说你……”“你……好，我说你……”貌似辩证，实际上是无中生有，欲加之错，何患无辞，自以为是，多次运用反问、设问，连贯的语气，活灵活现地描述出一个心术不正、圆滑世故的官场混混的形象。这绝不是我们所说的真正的审察辨识修养。

三、语言艺术修养

语言艺术修养是个大课题，关涉到词汇、语法、修辞等方方面面的知识。语言艺术的修养是语言得体性的基础。语言艺术修养的衡量并不能单单看说写者有没有读过语言理论书本，对语法、修辞有没有研究。文化程度不高的人同样可以说写出精彩的得体语言。当然，这并不是排斥、反对钻研掌握语言学的理论规律。从达到语言得体的角度来考察，说写者的语言艺术修养要求能做到良好的分寸感、弹性感、场合感。

① 中国作家网，http：//www.chinawriter.com.cn/2007/2007－01－22/49537.html.

不论说写主体语言学的理论水平高还是低，临到说写，总是凭着语感表达，语感是对语言的一种感受能力，最能反映出个人的语言艺术修养。叶圣陶说："不了解一个字一个辞的意义和情味，单靠翻字典辞典是不够的。必须在日常生活中随时留意，得到真实的经验，对于语言文字才会有正确丰富的了解力，换句话说，对于语言文字才有灵敏的感觉。这种感觉通常叫'语感'。"① 语感能力愈强，理解和运用语言的能力愈强。相反，缺乏语感，或语感能力低下，即使学了不少文法知识，也不能得体地说写。

语言的分寸感是指准确、适切运用语言，反映出对语言的敏锐感觉和精确把握。从小处说，一个词一个句有分寸问题；从大处说，表达的倾向、色彩同样存在分寸问题。

江泽民同志在党的十四大报告中，把全民所有制企业称为国有企业，是十分恰当准确的。一字之改不寻常。"国营企业"到"国有企业"概念的转变，首先反映了全民所有制企业经营机制的转变和发展。在计划经济体制下，全民所有制企业的经营活动由政府部门直接管理。政府部门通过下计划压任务和奖惩等行政手段，控制企业的生产经营，企业的经营风险实际上是政府承担的。所以，人们习惯上把全民企业称为国营企业。实行政企分开，经济运营形式由以政府为主体转变为以企业为主体，由企业依法自主经营。因此，现在再把全民所有制企业叫为国营企业就不确切了。其次，它强调了全民所有制企业的产权归属。随着经济体制改革和社会主义市场经济的不断发展，企业的所有制形式呈现多样化。在多种经济成分企业并存的情况下，有必要更为明确企业的产权归属，理顺产权关系。全民企业的产权属于全国人民所有。在我国社会主义制度下，由于全民所有的财产采取的是社会主义国家代表全体人民管理的形式，所以称为国有企业。第三，它标志着市场竞争机制将由以前的不同所有制企业采取不同标准，向各类企业实行同一竞争规则的转变。在社会主义市场经济条件下，企业不再依赖于政府，政府也不再对企业经营过多限制，而是放手让国有企业与其他性质企业平等竞争，以使其在社会主义市场经济中增强活力，提高素质，不断完善和发展自己。但在现实生活中，我们还时常听到有人称"国营企业"的，这就不妥、不得体了。

新闻语言因新闻报道的特殊要求，在遣词造句、表情达意方面表现出与众不同的一些特点。其中"准确"被称为新闻语言的核心，新闻界历来把"准确、准确、再准确"奉为写作格言。写新闻稿，遣词造句必须讲究分寸，词不达意就无法正确地反映客观现实，有时即使一字之差，也会造成被动。《解放日报》曾经报道一位叫陈燕飞的女同志怀孕 5 个月下苏州河救人的事迹，报道写得很好，引起了全国反响，可就是由于作者一字不慎，误把"下"苏州河救人，写成"跳"进苏州河救人，违背了事

① 叶圣陶．文艺作品的鉴赏．叶圣陶语文教育论集（上册）．北京：教育科学出版社，1980. 267.

实真相（她是沿着河边一个小铁梯走下去的，而不是“跳”下去的），使不少读者产生了误会，因此失去了一次获得“全国好新闻奖”的机会。[①] 有一条“新闻”曾在全国被炒得沸沸扬扬，说浙江兰溪市墩头镇里坞村古稀老人陆某嗜喝墨汁60年，有时独自斟满一杯墨汁，一饮而尽。后经调查，实际情况是这样的：老人的孙女在学校写字时用舌头舔了一下笔尖，被同学嘲笑，便说她爷爷也舔。此话被添油加醋后传到一位老师耳朵里，他又“强调”了一下，写出了这则在1994年《中国报刊月报》“新闻打假”排行榜里名列第五的假新闻。[②] 有的记者为吸引读者的眼球，追求新闻效应，感到实事求是地叙事“不够劲”，总是有意无意地“锦上添花”、“妙笔生辉”，明明是偶然为之，却说成“一贯如此”；动不动就是“极大的鼓舞”、“深刻的教育”，所得到的效果往往适得其反。由于记者“添油加醋”，把一切优点集于先进人物一身，把一切缺点、错误从他们身上剔除，以致本单位的群众对他们敬而远之，甚至反感，令被报道的先进人物陷入尴尬境地。这样的实例并不少见。

1999年4月22日《济南日报》在一篇《书店玩起文字游戏》的报道中，有这样一段话：

> 昨天上午，贾先生带着一本《李敖回忆录》来到文化东路一家书店，向书店提出退书。这本书是本月17日上午买的，刚买不久就出现了书脊严重断裂的现象，一本书从中间断开了。根据该店张贴的规定“如书籍发现质量问题，凭单据可以退换”，贾先生来到书店要求退钱。但出乎意料的是该店一位负责人是这样解释这条规定的：“可以退换”中的“退换”两字之间没有“顿号”，意思就表明能“换”，不能“退”。

其实，购书者、报道者都误解了“退换”一词的词义，规定者并没错，用“退换”一词是准确的，分寸得当的。《现代汉语词典》对“退换”的解释是：“退还不合适的，换取合适的（多指货物）：缺页或装订上有错误的书，可以退换。”另外，如“包修”和“保修”含义上是有明显区别的。按有关规定，“包修”是三包有效期内，消费者享受的修理、更换、退货权利之一，即除消费者使用保管不当致使产品不能正常使用的外，修理者应当负责免费修理。而“保修”则无明确的法律法规规定，不少商家的自行解释是针对超过“三包”期外的商品，酌收费用，所收费用包括技术检测费、材料费和工时费等。再如，向别人介绍自己熟悉的人，称“××是我的朋友”就够了，不必再加上性别“男朋友”、“女朋友”，如果画蛇添足加上了，反倒会让人误解为恋爱中的对象。

---

① http://www.doc88.com/p-140805482397.html.

② 新闻与成才，1996（4）.

《中华读书报》上有篇文章《狗日的编辑》，是评价《狗日的工作》这本书的。作者说：“（该书）编辑将其‘狗日的工作’做得不错。为了表示感谢，笔者这里也愿亲切地说上一句：‘狗日的编辑！’”“像‘狗日的’这种粗俗的语言竟然如此简洁、生动地表达出让人几乎无法再用任何高雅的语言来更贴切地描述的情感。人们对于自己一天也离不开粮食的那种又恨又爱又无可奈何的心情，一句狗日的，可谓表达得淋漓尽致。”如果说粮食、工作、编辑都“狗”了，又有什么不可以“狗”的呢？大凡盛赞某人某物，或对其人其物“又爱又恨又无可奈何”之时，是否都可以破口“狗”一下呢？这样的语言太离谱了，足见作者语言修养之差。中国的语言难道已经山穷水尽，非得依赖“狗日的”之类的粗俗语言来表述方能淋漓尽致么？这是大方向的错误。

语言的弹性感，指的是语言表达要讲究辩证法，不能极端，要尽可能全面，符合实际，留有余地。这既是思想修养，也是语言艺术修养。不能将语言的弹性误解为说什么话都模棱两可，实际上表述是清楚、明朗的，只是语言追随深刻的思想，注意到了现实的复杂性、运动性和多面性。在面对必须解决的一些具体矛盾时，尤其需要这一种语言修养。

刘墉、刘轩合著的《双赢的沟通》一书中有许多语言创造沟通的故事。有则故事是这样的：

> 有家工厂要倒闭了，几百个工人将面临失业，不但拿不到遣散费，连拖欠的工资也分不到。工人们齐聚在厂长办公室门口抗议，要工厂拿出解决办法。厂长说：“工厂就在大家的眼前。你们都看到了，也看到过去两年生产量的低落。现在把工厂拍卖，只怕都没人买。就算卖掉，先还银行贷款，大家也分不到几文。”“工厂是大家的。工厂欠大家钱，人人都是老板。现在我们组成专案委员会，把工厂按比例分给大家，大家都是股东、都是老板。少拿点薪水，努力工作，撑几个月看看。赚了，是大家的。赔了，再关门也不迟。”半年下来，工厂居然起死回生，愈来愈兴旺，不但还了债，而且发展成更大的工厂。

厂长是聪明人，说的话入情入理、全面稳妥、着眼未来。工厂可以“卖掉”，但结果是“先还银行贷款，大家也分不到几文”，言下之意是这一条路不通。“把工厂按比例分给大家，大家都是股东、都是老板。”似乎与“卖掉”分钱差不多，但接着提出的建议却是双赢的：大家“少拿点薪水，努力工作，撑几个月看看。赚了，是大家的。赔了，再关门也不迟”。对工人来说，无论今后赚、赔都没有更大损失；对厂家来说，或许隐藏着一丝转机。一番话得体地解决了工厂生死存亡的严峻的矛盾。

作者的一番话可以给我们启发：“外交界的人常说，如果没有妥协，就没有商谈。如果真有绝对不能更改的事，就没有所谓外交。”“透过沟通，敌人可以变成朋友；有出入的解释，可以变成‘各自表述’；有争执的土地，可以‘共同治理’；被割让的土地，可以物归原主。”“只要我们有诚心、有爱心、有耐心，肯让对方坐上座，肯让自己先退一步，肯把对方的面子做足，肯在自己底线上有最大的弹性，而且——知道这世界不是全属于我，也不可能只有我是对的，应该利益共享、团结共荣，这世界必能更和谐，这社会必能更进步。”这是沟通的时代，其本身不是富有弹性吗？世上确实没有绝对的事情，“如果没有妥协，就没有商谈”，“有出入”、“有争执”的问题，都可以寻找到得体的表达方式，双方都能接受的解决方案，关键在于“肯在自己底线上有最大的弹性”。

富有弹性感语言的背后是语言艺术修养的多样性、多角度性，是与“唯一”相对应的。2000 年第 10 期《读者》上有篇文章《标准答案》，介绍男人应该如何回答女人常常提出的几个棘手问题的标准答案。例如“你爱我吗?”最好的回答是：“是的。”若想更进一步地表示，你可以说：“是，亲爱的。”而错误的表述包括：“我想是吧!”“如果我回答是，你会感觉好点吗?”“这取决于你所说的‘爱’指的是哪方面。”“这有什么关系吗?”“谁？我?”类似的还有其他 4 个问题的所谓标准答案。按照我们的看法，被指为错误的回答未必是不得体、不标准的，全要看具体对象和其他情况。答案是丰富多彩的，语言修养是多维的。

语言的场合感也就是说表达主体拥有良好的语言修养，懂得并能够在什么场合说写怎样的话语、文字。场合是指特定的时间、地点、情况，从大处说，也可以看作语言环境，只是比较具体而已。正确识别场合是十分重要的，但这只是一面，另一面也应有相称的语言修养。这种语言修养当然也需要坚实的语言功底，但更为主要的是能够善于灵活自如地调动语言积累，达到凭感觉就可以使语言适应语境的境界。

中央电视台以前的《实话实说》栏目力求展现的是电视纪实的魅力，事先并不排练，这对主持人提出了更高要求。主持人崔永元说道：“过去我很爱开玩笑，做了这个栏目以后，我觉得一定要从日常生活中开始修炼，否则无意识中你就会把这些带到现场。现在过分的玩笑、过激的玩笑我都不开了。我限制自己有一个规范，我总是在想，这个玩笑能不能跟我的父亲开？能不能跟我的母亲开？能不能跟我的妻子开？能不能和我最好的朋友开？在话就要出口的时候，我就有一种条件反射，如果对我自己的亲人都难以启齿，那就不该拿着别人去开玩笑。”正由于崔永元在平时注意严格要求自己，不断提高修养，所以我们常常被崔永元脱口而出的恰到好处的幽默所折服。例如，一次节目中，一位女士说现在调试好了，她跟丈夫的状态都非常好。崔永元问：“那是不是你的标准降低了?”她反问：“你这样认为吗？你以为我的标准降低了吗?”崔永元愣了一下，转身问观众：“刚才是谁问的?”转移一下，大家一笑，就过去了。然后接着说：“比如有的人，说他现在婚姻凑合，还行，你千万不要以为他是降低了标准，实际上他是找到了更好的解决问题的办法。”① 崔永元提出“那是不是你的标准降低了”的问题，女士连用两个意思相同的反问句，后一个比前一个指向更为具体，不满之情溢于言表，如果崔永元对此作一番解释，或承认问得不够妥当，虽不能说错，不过场面就显得生涩、尴尬，而崔永元有意避开了正面的诘问，转移到纵深发展的话题，很自然，又有适度的幽默感，显得十分得体。

古代流传下来不少才子的奇言妙语，从语言交际角度看，其中一个重要原因是才子自身的语言修养与交际场合的贴切吻合。

> 明代的解缙考中进士后，深得明太祖朱元璋的赏识。一天，朱元璋突然对解缙说：“你可知道昨天晚上宫里有一喜事，你怎样庆贺？”解缙料想定有皇子降生，于是吟道：“宫中昨夜降金龙。”可朱元璋说生的是女孩，解缙随即吟出第二句：“化作嫦娥下九重。”朱元璋又说已死了，解缙接着吟道：“料是人间留不住。”朱元璋说已将她抛到水里去了，解缙立即吟道：“翻身跳入水晶宫。”②

解缙的对答可谓圆转自如，滴水不漏。朱元璋说“昨天晚上宫里有一喜事”，既然是发生在内宫，聪明的解缙料定皇上必定是有儿子或女儿出生，但为讨得喜庆，说定是儿子，以“金龙”代称，目的是突出皇子的高贵。朱元璋说生的是女孩，解缙马上将其比喻成“嫦娥”，男的变成了女的，从天上降临到人间，笼罩了吉祥仙气。女孩死了，这是件大悲大痛的事情，而解缙却转口说成是“人间留不住”，顺从天意，且紧紧衔接上句“化作嫦娥下九重”。最后将“抛到水里”说成是“翻身跳入水晶宫”，仍然不失皇家尊严。解缙承着朱元璋的话语，察言观色，灵活应变，逢凶化吉，博得龙颜大悦。没有满腹语言才华，能做到这样吗？如果说写事关个人生死荣辱，那就更要在特定场合中竭尽自己的语言才能了。

一个人的语言场合感在比较陌生的领域比较容易识别其强弱。例如，有人指出清宫戏的语言谬误甚多，常常出现许多官员见到慈禧时，一面叩首，一面说“老佛爷万寿无疆”，或说“太后吉祥”的场景，实际上这在当时是不可能的。“老佛爷”只是太监和内务府的官员背地里对西太后的称谓，当面只能称“皇太后”，而大臣们之间无论是当面还是背后都不会叫“老佛爷”。道“吉祥”这种问候方式通常仅限于太监之间，若有人胆敢向皇太后问“吉祥”，那可能会招来杀身之祸。许多剧里的清代官员都互称“大人”，实际上，清代能称作“大人”者须官至二品以上。还有其他历史题材电视剧，如《封神榜》中，姜子牙说：“快去保护武王……”“武王”是姬发死后的谥号，姜子牙绝不可能当面称姬发死后的谥号的。《洪秀全》中曾国藩说：“太平

① 冯秋子．实话难说再难也得说——采访崔永元．光明日报，1999－02－16．
② 可乐，2009（9）．

天国……太平军……”曾国藩口中说出“太平天国”、“太平军”，逆情悖理，因为清廷视洪、杨等为乱贼，后来称太平天国义军为“长毛”、“发匪”、“发逆”，称洪、杨为“逆洪”、“逆杨”或“洪逆”、“杨逆”。从《曾文正公手札》中许多地方都可以看到这样的说法。可见，这些历史剧的作者在某些方面暴露出语言场合感薄弱的缺陷。

第六章

语言得体的辩证性

语言得体的现象千头万绪，错综复杂，各种因素交相融合，难以述说周详，但是在生动丰富的现象背后潜藏着支配的客观规律。倘若要真正揭示这些规律，那就绝不能用凝固的、单一的眼光来看待语言得体现象，而必须运用辩证的科学方法，在对立统一中、在动态联系中深入考察、研究。在前边几章的论述中，我们也尽可能运用辩证的方法去分析、探讨，而在本章中，我们就语言得体的辩证性着重论述三个比较突出的问题，即语言得体地位的相对性、语言得体形式的多样性、语言得体因素的关联性，立足全局，侧重变化，抓住联系，以求得对语言得体性的辩证性有一个比较全面的认识。

第一节　语言得体地位的相对性

语言得体现象复杂性的一个主要方面在于现实和理想的矛盾。语言交际并不是完全按照我们预设的规则、理想的要求进行，当我们论定语言表达是否得体时，千万不能将其绝对化、孤立化，认为说得体就是放诸四海皆准的真理，说不得体就打入十八层地狱。任何得体的语言地位都是相对的、动态的，得体的程度有别，且处于各种主客观因素的制约和影响之下，一旦脱离了特定的条件，语言得体的地位就会发生变化，甚至转变成不得体的语言。反之，不得体的语言在一定的条件下也会转化成得体的语言。对此，必须具体情况具体分析。

一、语言得体的灵活性

对语言得体性的评价、衡量有没有客观标准？当然是有的。总的客观标准就是要看语言表达是否适应说写主体和语言环境、适应的程度怎样。而运用这一标准评价衡量时，难处在于说写主体语言环境包括的因素众多，关系错综复杂，语言形式也有自身的特点、技巧、规律，另外，评价者的爱好、水平、修养、角度等又各不相同。这些使得语言得体与否表现出很大的灵活性。

（一）得体状况的灵活性

语言得体的状况是十分复杂的。当我们讨论具体的语言表达材料的得体性时，如果不是十分典型的例证，常常会有这样的情况：说写得不错，但似乎还不尽如人意；意见不能令人接受，但也不乏可取之处。从语言得体性角度来认识，也就是说得体的语言往往与欠得体或不得体的语言交织、融合在一起。对这一类语言表达，评价、衡量其得体性，就应从实际出发，一分为二，分清主次。如果主流是适应说写主体和语言环境的，可以视为得体；如果主流偏离适应轨道较大或很大的，那就应视为不得体。即使是欠得体、不得体的语言，如有可取之处，也不能一概抹杀，而应该具体情况具体分析。以前人们之所以对这种得体状况的复杂性认识不够，推测起来，主要原因恐怕在于视野受到局限，目光集中在典型的得体语言上，论述中所举例证，往往摘取符合自己观点的片断，有意无意隔断了与语言表达整体的联系，而对现实的、生动的、完整的语言事实缺少足够的关注。

杨朔的散文，影响颇大。作者十分注重文字的推敲、修改，其语言艺术得到过人们的高度评价，但也遭受到不少批评，特别是杨朔散文中的画龙点睛之笔，被认为有雕琢的痕迹，显得公式化。读杨朔散文“会有一种做作、雕饰甚至别扭的感觉。这是杨朔在玩自己的组合魔方时留下了漏洞而造成的主客观不和谐所致”。杨朔散文“只回响一个单调的声音，而且方法也是固定的，变换的仅仅是物象。这犹如一个酿酒师，他的原料、程序根本没有变化，只是将容器的形状、色彩、质地改变了。这样，从外观而言，似乎增加了什么，但细细品尝，却是新瓶里面酒依旧。显然，一种模式玉成了杨朔，同时也局限了杨朔”。① 更有人批评道：“不幸的是，杨朔只会这样写作：用香山红叶来比喻老向导，用茶花来比喻孩子，用蜜蜂来比喻农民，用礁石来比喻老渔夫——他就像黔之驴一样，‘技止此耳’。”“杨朔的散文中，只有一串草绳吊着的死鱼。于是，千姿百态的行文方式消失了，只剩下一种比八股还要八股的现代八股——杨朔的叙夹模式。”“杨朔所抒的不过是矫揉造作之情罢了。”“这种抒情，很难说是从心灵深处流出来的真情实感。姑且不论其真实与否，就其感情的实质来说，则是无深度的，无层次感的。如果说鲁迅《野草》中的感情像一杯苦涩的浓茶，那么杨朔散文的感情则只是一杯没有味道的白开水。”②

我们且来看看杨朔三篇散文的结尾：

《荔枝蜜》的结尾：

> 透过荔枝树林，我沉吟地望着远远的田野，那儿正有农民立在水田里，辛辛勤勤地分秧插秧。他们正用劳力建设自己的生活，实际也是在酿蜜——为自己，为别人，也为后世子孙酿造着生活的蜜。
>
> 这黑夜，我做了个奇怪的梦，梦见自己变成一只小蜜蜂……酿造着未来……

《香山红叶》的结尾：

> 也有人觉得没看见一片好红叶，未免美中不足。我却摘到一片更可贵的红叶，藏到我心里去。这不是一般的红叶，这是一片曾在人生中经过风吹雨打的红叶，越到老秋，越红得可爱。不用说，我指的是那位老向导。

---

① 李永建．“杨朔模式”漫议．中国现代文学研究丛刊，2001（2）．

② 腾讯网，http：//book. qq. com/a/20040916/000098. htm.

《雪浪花》的结尾：

> 西天上正铺着一片金光灿烂的晚霞，把老泰山的脸映得红彤彤的。老人收起磨刀石，放到独轮车上，跟我道了别，推起小车走了几步，又停下，弯腰从路边掐了枝野菊花，插到车上，才又推着车慢慢走了，一直走进火红的霞光里去。他走了，他在海边对几个姑娘讲的话却回到我的心上。我觉得，老泰山恰似一朵浪花，跟无数浪花集到一起，形成这个时代的大浪潮，激扬飞溅，早已把旧日的江山变了个样儿，正在勤勤恳恳塑造着人民的江山。

在我们看来，杨朔散文语言人工斧凿的痕迹确实存在，但不能由此全盘否定杨朔散文的语言成就。杨朔散文中精心遣词造句的例子也有许许多多，瑕不掩瑜，从总体来看，得体是主流。就以上面所引的三篇文章的结尾来看，《荔枝蜜》的结尾，作者将视线由荔枝林转向田野，把讴歌对象由蜜蜂转到农民。“实际也是在酿蜜——为自己，为别人，也为后世子孙酿造着生活的蜜。”这是诗情，也是哲理，一幅奇妙幻景展现在读者面前：“这黑夜，我做了个奇怪的梦，梦见自己变成一只小蜜蜂。”对蜜蜂不仅是喜欢，达到心向往之了。趣味横生，波澜迭出，耐人寻味。《香山红叶》的结尾。一个“老”字，用得可谓精确，看似写景，意在写人，故不说深秋，而说老秋。把红叶与老向导共同点凝聚在一起：红叶树春天叶绿秋后变黄，深秋红透，屹立香山高坡，风吹雨打，历经沧桑，老向导在旧社会身世飘摇，进入新社会，老当益壮，风风雨雨十几年，练就一身铮铮铁骨，不正像一片老秋红叶？大凡植物的叶，随着岁月的流逝，季节的推移，颜色由深到浅，由浓到淡。唯独红叶，历经岁月陶冶，越老越红，“红”是红叶美的标志，也是老向导优秀品质的象征，人老心红，几十年如一日，坚守平凡的岗位。一个“老”字，犹如“诗魂”，让人眼前一亮，拍案叫绝。《雪浪花》结尾处每一笔都是洋溢着浓郁诗意的描写，那“一片金光灿烂的晚霞”，那老泰山“红彤彤”的脸，那“一直走进火红的霞光里去”的剪影，构成了色彩浓烈、意境优美、诗意葱茏的景象，同时飞来神笔，老泰山“掐了枝野菊花，插到车上”。这一笔，锦上添花，给整个画面添上了优美雅洁的色调，带来了静中有动，动中蕴情的视角感觉，衬托出老泰山乐观、坚强、高洁、健美的情操。卒章显志，篇末点题，也要历史地看待，注意到时代的局限性，不能一概以公式化、程式化论之。

《读者》1999年第8期上有篇梁晓声的文章《论浮躁与腐败》，其中有这样一段文字：

> 我的看法是——最不浮躁的，也许倒数老百姓。因为老百姓想不了那么多，看不了那么远，了解不到多少“不该发生的故事”。只要自身现在的生存状况比较可慰，没有诸如失业、供不起儿女上学、生病了负担不起医药费的大困扰咄咄

相逼，则就庆幸，则就知足，则就不太浮躁，则就比较的安居乐业。好比哪座城市的大气污染超标，老百姓一般是不大能知道具体超标的程度的。不公之于众，老百姓可能就一辈子不知道。不知道也有不知道的好处，省心，少虑。“天塌下来众人的头顶着。”当然，这么比喻并非是在强调老百姓反而生存的压力小。只不过老百姓主宰自己命运的主动性实在是太小，生存哲学上往往也只有听天由命。听天由命也不失为治疗浮躁症的一剂药。对百姓而言，是免费的药。老百姓其实靠长期自服此药而不浮躁。或准确地说，不特别的浮躁。

“浮躁”是前些年媒体上使用率很高的一个流行词语。所谓浮躁，也就是心态失衡，不稳定，不落实，悬浮感加躁动不安的意思。这样的心态具有病态性质。梁晓声从一个作家的角度，思考人生，对中国老百姓的心态作了分析，反映了社会现实的状况。具有这种心态的百姓确实大有人在，从浮躁角度切入，也有新意，从主要方面看，不能说错，可以视为得体。但又必须看到，中国的老百姓并非都是如此心态，以浮躁与否来分析、表述有局限性。“老百姓主宰自己命运的主动性实在是太小，生存哲学上往往也只有听天由命。听天由命也不失为治疗浮躁症的一剂药。”“实在是太小”，“小”的前边已经用了很高程度的副词“太”了，前边再用“实在”加以肯定、强化，言过其实了。“只有听天由命”，“只有”表示必要条件关系，是“唯有”、“仅有”的意思，将老百姓的“生存哲学”归结为“听天由命”一种，绝对化了。“不失为治疗浮躁症的一剂药”，语气虽然有婉转的意味，但提高到“治疗浮躁症”的“药”的高度，且断言“老百姓其实靠长期自服此药而不浮躁”，并不是真正的对症的药方，并不完全符合实际情况。诸如这些论断比较主观、武断，是不得体的。

1912 年 2 月 12 日，清帝宣布退位。时任中华民国临时大总统的孙中山先生，在 15 日亲自率领“国务卿士、文武将吏”拜谒明孝陵。这次隆重的拜谒活动，以孙中山名义发表了两个文告，其中一个是《祭明太祖文》，祭文中写道：

> 国家外患，振古有闻，赵宋末造，代于蒙古，神州陆沉，几及百年。我高皇帝应时崛起，廓清中土，日月重光，河山再造，光复大义，昭示来兹。不幸季世俶扰，国力罢疲。满清乘间，入据中夏，嗟我邦人，诸父兄弟，迭起迭暗，至于二百六十有八年。呜呼！我高皇帝时怨时恫，亦二百六十有八年也……迩者以全国军人之同心，士大夫之正议，卒使清室幡然悔悟，于本月十二日宣告退位，从此中华民国完全统一，邦人诸友，享自由之幸福，永永无已，实维我高皇帝光复大义，有以牖启后人，成兹鸿业。文与全国同胞。至于今日，始敢告无罪于我高皇帝，敬于文奉身引退之前，代表国民，贡其欢欣鼓舞之公意，惟我高皇帝实鉴

临之。敬告。①

这一文告的语言可以判定为很不得体。在中国建立民主共和制，当然是史无前例的大好事，可是为什么在打倒了一个满族皇帝之后，还要郑重其事地向另一个明朝汉族皇帝的在天之灵报告喜讯，表达由衷的感激之情呢？朱元璋坐稳了龙廷之后的专横、残暴史有定评。而且，文告中说“赵宋末造，代于蒙古，神州陆沉”，“满清乘间，入据中夏，嗟我邦人”，将元、清两朝看作中国亡了国的年代是完全错误的。民族主义与专制主义的界线在文告中非常模糊。文告的语言鲜明表现出民族主义思想，钟情于“光复汉室”的“大业”。同盟会初创的口号是“驱除鞑虏，恢复中华，建立民国，平均地权”，在当时无疑是最有号召力、最有鼓动性的口号。在特定的历史条件下，民族主义可以成为民主主义的极大助力，有利于发动群众，团结同盟者，扩大革命阵线，甚至会成为进行和完成民主革命所不可不同时解决的任务。从历史的渊源来看，可以理解文告语言表述的某些合理的缘由，但这是次要的方面。

（二）感情基调的灵活性

从语言的感情基调也可以看出语言得体的灵活性。这里说的感情基调是指对语言材料的基本观点的情感取向，即总的感情态度、总的感情色彩。感情基调是一个整体概念，表现出评判者对层次、段落、词句语言事实的总的喜爱、欣赏或讨厌、鄙夷等感情的倾向性。语言表达总是渗透着说写者的思想感情，只是强弱程度有别而已。作为听读者来说，势必受到不同程度的感染。说写者的感情倾向与听读者的感情倾向并不一定完全一致，有时甚至可能迥然对立。如果不是严格的科学研究，一般人不必也不可能逐字逐句来分析语言得体性的复杂情况，而常常运用直观判断方法，也就是根据自己感情的基调来确定语言表达是否得体，得体的程度如何。这种粗线条的宏观考察，虽然不那么精密，但实在而管用，体现出较高程度的灵活性。

一般来说，凡是真正喜欢的、欣赏的语言表达材料是得体的，尽管这里面的情况十分复杂。1999 年 12 月 1 日《中华读书报》上有篇何西来先生的文章《喜欢的，就是好的》，谈的虽然是小说的鉴赏，但对语言得体性的评价也很有启发。何先生写道：“就我个人的鉴赏经验而言，凡属我认为好的小说，都是我所喜欢的。因此，我倾向于这样一个判断：喜欢的，就是好的。推己及人，验之一切小说鉴赏者，很少例外。毛泽东很喜欢《红楼梦》，认为是好小说，目之为贾、史、王、薛四大家族的兴亡史，自己不知读过多少遍，还让党的高级干部都读读，至少读五遍。茅盾喜欢《红楼梦》，认为是好小说，喜欢到熟读成诵，从头可以背到尾。……王蒙喜欢《红楼梦》，认为是好小说，称之为‘说不尽的《红楼梦》’。……至于历来的红学大师，如王国维、蔡元培、胡适、俞平伯、何其芳等等，无论主何种说法，抱何种观念，几乎都是喜欢

① http://bbs.tiexue.net/post_4010144_1.html

《红楼梦》达到入迷程度的人物，没有不认为是好小说的。”

王朔的《我看金庸》中有这样的评论：“第一次读金庸的书，书名字还真给忘了，很厚的一本书读了一天实在读不下去，不到一半撂下了。那些故事和人物今天我也想不起来了，只留下一个印象，情节重复，行文啰唆，永远是见面就打架，一句话能说清楚的偏不说清楚，而且谁也干不掉谁，一到要出人命的时候，就从天下掉下来一个挡横儿的，全部人物都有一些胡乱的深仇大恨，整个故事情节就靠这个推动着。这有什么新鲜的？中国那些旧小说，不论是演义还是色情，都是这个路数，说到底就是个因果报应。初读金庸是一次很糟糕的体验，开始怀疑起那些原本觉得挺高挺有卤的朋友的眼光，这要是好东西，只能说他们是眼睛瞎了。”“金庸笔下的侠与其说是武术家不如说是罪犯，每一门派即为一伙匪帮。他们为私人恩怨互相仇杀倒也罢了，最不能忍受的是给他们暴行戴上大帽子，好像私刑杀人这种事也有正义非正义之分，为了正义哪怕血流成河。”“我认为金庸很不高明地虚构了一群中国人的形象，这群人通过他的电影电视剧的广泛播映，于某种程度上代替了中国人的真实形象，给了世界一个很大的误会，以为这就是中国人本来的面目。都说张艺谋的电影歪曲了中国人的形象，我看真正子虚乌有的是金庸，会些拳脚，有意见就把人往死里打，这不是热血男儿，也与浩然正气无关，这是野生动物。”“这些年来，四大天王，成龙电影，琼瑶电视剧和金庸小说，可说是四大俗。并不是我不俗，……中国资产阶级所能产生的艺术基本上都是腐朽的，他们可以学习最新的，但精神世界永远浸泡、沉醉在过去的繁华旧梦之中。上述四大俗天天都在证明这一点。”①

王朔统括金庸的小说“情节重复，行文啰唆，永远是见面就打架”，“全部人物都有一些胡乱的深仇大恨”，“永远”、“全部”从时间、范围绝对框定，毫无例外；蔑称“金庸笔下的侠与其说是武术家不如说是罪犯，每一门派即为一伙匪帮”，是“野生动物”，套上的全是贬义色彩异常鲜明的“帽子”，令人触目惊心！且提高到“精神世界永远浸泡、沉醉在过去的繁华旧梦之中”的高度来进行批评——甚至可以说是攻击。笔者读过一些金庸的武侠小说，虽然没有精深研究，但还是比较喜爱的。拜读王朔的《我看金庸》，感觉就是不喜欢，因为作者是意气用事，乱说一气。

1999 年 11 月 10 日，严家炎先生应邀在北京师范大学作演讲，曾集中回答了听讲者就金庸作品提出的许多问题。有人问：“你怎么看最近王朔对金庸的评价？”严先生答：“……读文学作品有感想发表，是一件很正常的事。仁者见仁，智者见智，与别人意见不相同也不奇怪。一个作品读不下去，有各种原因。可能作品本身不好，可能作者的艺术描写与读者阅读习惯不适应，也可能读者本身存在某种心理障碍。（掌声，笑声）举个我自己的例子。我十三四岁时读《红楼梦》，读不下去；十七岁读后，对贾宝玉印象不好，觉得他自作多情，在爱情上不负责任。二十岁以后，重读《红楼

① 中学语文，2000（4）.

梦》，就感触很多。有些朋友告诉我，他们读乔伊斯的《尤利西斯》，也是读不下去，因为写得很琐细，潜意识、前意识活动写得很多，不容易适应。但是，研究世界文学的学者与专家，大概都会同意《尤利西斯》是二十世纪文学中的一部经典。王朔批评金庸作品里的人物思想狭隘、粗野、动不动就打，无法无天。其实，这些都是金庸小说里的邪派人物，金庸写他们，就是为了批评他们，为了反对疾仇嗜杀，迷信武力。这也恰恰是金庸作品不同于旧式武侠小说的地方。”“金庸作品用的是传统白话小说的语言，这种语言恐怕不能宣布为‘死去的语言’，金庸毕竟写的是古代。同一个问题，可能有相反的看法。文艺评论家李陀说，金庸使中断了的传统白话‘起死回生’。（掌声）不少海外华人为吸引子女学汉语，拿金庸小说做教材，认为这是很规范、很洗练优美的汉语。王朔的一些感触，譬如对段誉的看法，不一定完全没有道理。但不谈乔峰，只谈段誉，似乎确实证明没好好读《天龙八部》，最多只读了第一本。”“金庸关心社会、关心民族和人类命运。他有社会责任感。写武侠小说当然是希望娱乐读者，但他也想借此说出他对社会人生的看法。”①

从印象、感觉上来说，我们就比较喜欢严先生的评论，有理有据。既有自身的体会，“举个我自己的例子……”读《红楼梦》，“十三四岁时……十七岁读后……二十岁以后……”；又有别人的经验，读乔伊斯的《尤利西斯》，朋友“读不下去”，但“都会同意《尤利西斯》是二十世纪文学中的一部经典”。既有事实的举证，王朔“不谈乔峰，只谈段誉，似乎确实证明没好好读《天龙八部》，最多只读了第一本”；又有道理的阐发，“金庸关心社会、关心民族和人类命运。他有社会责任感”，“借此说出他对社会人生的看法”。更主要的是作者心平气和，一分为二，娓娓道来，多用“可能”、“觉得”、“恐怕”、“不一定”等猜测委婉词语，中肯中听。

当然，人们从感情上喜欢、欣赏的语言不一定是高度得体、完美无缺的，也未必是完全赞同的，之所以认为说写得体，常常看重的是语言中透出的精神、感情、气势，看重的是其中的启发、创新意义。有篇《反说谦逊》的文章，其中有这样的文字：

> 某些人的谦逊应当读作“逊谦”。他们是由于“逊”——稍逊一筹、才不如人所以才“谦”。正如有些人的谦虚应当读作“虚谦”，由于“虚”——腹内空空、草包一个所以才“谦”，有些人的谦卑应当读作“卑谦”，由于“卑”——地位卑下所以才“谦”一样。
>
> 每一位有作为的政治家、有抱负的文学家、有创造力的科学家对前任或前人都是不谦逊的，都是“修正主义者”，甚至是“革命家”。
>
> 钱钟书大学毕业时有人希望他继续读研究生，被他一口回绝，并扬言：整个

① 中华读书报，1999－12－01.

清华，没有一个人有资格做钱某人的导师！这是何等的不谦逊！李敖宣称：五十年来和五百年内，中国人写白话文的前三名是李敖，李敖，李敖。这又是何等的不谦逊！他们的不谦逊是以博学卓识和自知自信为基础的。他们是特立独行之人、桀骜不驯之士，而不是狂妄自大之徒。实事求是、敢想敢说、敢做敢当，何谦之有？谦有何用？哪一项诺贝尔奖是靠谦逊得来的？靠四处作揖、八方谦逊得来的奖，其价值能有几何?①

这段文字从观点上来说，我们觉得有偏颇，未能对“谦逊”概念进行科学界定。“某些人”的“谦逊”，“稍逊一筹、才不如人所以才‘谦’”，并非真正意义上的谦逊。“每一位有作为的政治家、有抱负的文学家、有创造力的科学家对前任或前人都是不谦逊的”，这里的“谦逊”是应该打引号的，否则会使人误解。所举例证也有绝对化之嫌，钱钟书的话和李敖所言，只能在相对意义上来理解，是否得体值得商榷。后来钱钟书说：“20岁不狂是没有前途的，30岁以后还狂是没有头脑的。”有学者还作了分析，清华大学最终未能留住年轻的钱钟书，可能还有其他原因。钱钟书回到了上海，到光华大学任教。他父亲钱基博当时在上海光华大学任中文系主任，身体欠佳，召他赴上海。另一方面，钱钟书已有足够的治学能力，他的知识大都源于自学，他不愿再听课了。也许还有一个未能对别人说明的原因，即他的目的是两年后出国留学。当时清华其他专业都可以出国留学，唯独外文专业不能，而且规定，大学毕业生必须要有两年以上的服务年限才能出国留学。② 李敖的宣称，早为大家熟知。李敖善于制造轰动效应，他讲自己是前三名的时候，恐怕自己也不会认为这是一种精确的定位，也从未对这样的宣称做过论证，也从未试图做这样的论证。事实上，谁是五百年内写白话文的前三名，本来就是一个伪命题，因为它不可能通过论证而被证实。这样的大话不过是一种炒作而已，大约是要在广大读者的心目中占有一个位置。但作者大胆“反说”，“实事求是、敢想敢说、敢做敢当，何谦之有？谦有何用？哪一项诺贝尔奖是靠谦逊得来的”？赋予了谦逊的别样含义，连用反问，笔锋犀利，酣畅淋漓，给人诸多启迪，令人喜读，不能笼统判为不得体。

（三）得体标准的灵活性

语言得体的灵活性还表现在对得体标准的掌握上是可紧可松的，全要看实际的需要和可能。该紧的时候必须紧，可松的时候可以松，不能也不必刻板一律。这并不是否定语言得体标准的客观性。得体标准的灵活性，是指衡量得体的标准顺应不断变化着的客观实际，符合各种各样的客观规律的特殊性。在有些场合，如果既难以分出是非曲直，又无迫切需要，也就大可不必非要论个清楚彻底。俗话说：“清官难断家务

① 中学生，2009（Z2）.

② 京东商城，http：//read.360buy.com/9968/479843.html.

事。”“公说公有理，婆说婆有理。”不是没有一点道理的。在这些场合，语言得体的灵活性更加突出。总体来看，得体标准严宽的尺度掌握取决于多种因素，其中信息分量、交际目的、交流话题、交际对象等因素起着至关重要的作用。

信息分量因素。信息分量的轻重对语言得体标准的灵活性有重要影响。语言交际中传递的信息分量有轻重之分。一般情况下，传递的信息越是重要，对得体性的要求越高，标准的掌握越是严格；反之，对得体性的要求可以降低，标准的尺度适当放宽。这是因为语言负载的信息所产生的社会影响、关涉到的利益需求等方面各不相同。

对毛泽东的评价是十分严肃、严格的事，关涉到历史的科学性、社会的稳定性、思想的统一性，务求高度准确、贴切，容不得丝毫含糊、错讹。中华人民共和国成立以来，《辞海》正式修订过三版，即1979年版、1989年版、1999年版。比较一下这三个版本关于毛泽东的评价，可见对语言得体的要求逐步提高。1979年版关于“毛泽东”词目的导语是：“伟大的马克思列宁主义者、中国共产党、中国各族人民的伟大领袖和导师。”1989年版的导语则说：“马克思列宁主义者，中国共产党、中国人民的领袖导师。”1999年版又表达了人们对毛泽东思想的新认识，将“马克思列宁主义者”的评估也拿掉，导语为：“中国无产阶级革命家、政治家、军事家，中国共产党、中国人民解放军和中华人民共和国的主要缔造者和领袖、毛泽东思想的主要创造者。”这一变化，也许与学术界发现毛泽东无论藏书与读书，最多的并非马列著作，而是《二十四史》与《资治通鉴》等中国书有关——毛泽东思想主要来源于中国传统文化。1999年版在前两版共有的评述“1935年1月……在行军途中又组成由毛泽东、周恩来、王稼祥参加的三人军事小组，从而确立了以毛泽东为代表的新的中央正确领导”之后，新添了一句：“标志着党的第一代成熟的领导集体开始逐步形成。”这一添加与新版《辞海》由江泽民题写形成内在呼应，贯彻了中国共产党“三代领导集体”的新观点。所用词语的增删改换都是为了能如实得体地评价毛泽东。

随着我国市场经济体制的建立和全球经济一体化的发展，合同已经成为经济生活中确定权利和义务关系最重要的工具。在合同被频繁使用的今天，人们也越来越关注对合同语言的研究。合同属于公文语体，兼具经济文书和法律文书的双重特点，因为涉及当事人的切身利害关系，所以合同中传递的信息至关重要，千万不能马虎、模糊。有这样一个案例：

> 甲方：某市一私立大学；乙方：某大学成教院。合同约定：包伙食费、住宿费，甲方付给乙方授课教师每人每天200元工资。到结账时，甲方只肯付给乙方授课教师每人每天150元，扣除了每人每天50元食宿费，理由是根据合同，200元中已含食宿费。乙方则坚持说，按合同约定，食宿费应由甲方额外提供，不得在200元工资中扣除。由于总差额达25 000元，结果对簿公堂。争论的焦点是食

宿费是否应该在200元工资中扣除。[①]

引起官司的原因在一“包”字，合同的“包”字有歧义。若将“包”字理解为“包含”、“包括”，那么“包伙食费，住宿费”做状语，对后面的句子起到附加说明，说明200元工资中已含食宿费，甲方不再为乙方提供额外的食宿费，即乙方食宿费自理。但如果将“包”字理解为“整个承担、负责”，那么，整个句子是并列复合句，复合句的意思是甲方承担乙方的食宿费，除此以外，应付给乙方教师每人每天200元工资。双方的理由都充分，结果法院用折中的办法：乙方的食宿费双方各承担一半。事后局外人透露，合同签署以前双方曾达成口头协议，乙方200元工资中不含食宿费。如果这一传说成立，那么，甲方是利用了“包”字的歧义特点钻了乙方的空子，而乙方因缺乏对歧义表达和句子的敏感性而吃了亏，这可谓一字“万”金。

交际目的因素。交际目的也是影响得体标准灵活性的重要因素。交际目的的定位对语言得体有相应的要求，交际目的的定位越高，达成的难度就越大，对语言得体性的要求也越高；反之，如果是一般性的较低层次的交际目的，那么对得体性的要求常常并不是很严格。语言中模糊、概括和歧义等表达，具有正负两种性质。在交际目的较高的语言交际活动中，模糊、概括和歧义等表达常常是正向性质，是为了更好达到交际目的，提高表达效果。在交际目的较低的语言交际活动中，往往是负向性质。衡量语言的得体性，主要表现在对模糊、含糊、概括和歧义语言表达的宽容。

外交语言最普遍的含义是通常所说的那种能够使外交官措辞犀利而又不失谨慎和文雅的“外交辞令”。外交语言属于政治语言范畴，具有鲜明的政治目的性。由于外交官在任何公开场合所作的口头表达都不代表个人，而是体现国家的态度和立场，所以，无论是演讲、会谈还是谈判，都必须经过深思熟虑、字斟句酌，即使是口语交际、即席发言，也往往具有许多书面语特征，或介于书面语与口语之间的特征。交际目的定位很高，对语言得体的要求自然也就十分严格。

外交部发言人、高级外交官等需要代表本国就重大国际问题作出反应、发表看法、表明态度，即通常所说的外交表态，其措辞就非常讲究得体性，惯用间接婉转、留有余地的表达方式。分明赞成对方的某一活动或反应，但在一定政治环境中又不宜或不便直截了当地表示赞同，可又必须表达自己的倾向性意见，通常会说某一活动或反应“是可取的”。“可取”含有赞同倾向，但没有直接表示赞同，或许赞同中尚有一些保留。倾向于赞同，或许是内心赞同，但表面上又不便说或者还没有到说穿的火候。无论如何，“可取”代表了一种肯定的倾向。“可以理解”，既未表示赞同也未表示反对，仅仅表明“可以理解”有关方面此举的原因，将来赞成与否也不得而知。简而言之，“可以理解”暗含暂不反对，甚至带有若干谅解因素——谅解而不支持，但

---

① 玉林师范学院学报（哲学社会科学版），2001（1）.

也不反对。“欣赏”则带有较强的感情成分，是对有关方面的夸奖、赞誉之词，表明自身不仅不反对而在感情上与对方站在同一边。“可取”、“可以理解”、“欣赏”三种表示不同程度赞同的立场包含着复杂的语义和细微差别的语感。此外，表示反对立场时通常以警告的方式出现。如国际上通用的表示警告的措辞“关注”、“严重关注”、“由此引起的一切严重后果由……承担”不仅表明了鲜明的反对态度，同时起到告诫作用：对方必须收敛罢手，我方将采取必要的行动。历史上中国也使用过类似的语句。1950年美国侵略军跨越“三八线”，周恩来总理通过印度向美方发出警告，“中国人民不能置之不理”、“不会袖手旁观”、“中国人民是说话算数的”，美国政府却对此置若罔闻，结果遭到中国人民志愿军和朝鲜人民军的痛击，从而认识到中国人民是说话算数的。这种中国式的警告因而载入史册。① 在国际政治和国际社会的交往中，这种间接委婉表达方式被广泛应用，因为交际双方在特定语境中都知道所提的委婉语指的是什么，因此委婉语的使用既可以避免激烈言词，又能点破所要表达的实质，从而达到说写者的交际目的，取得良好的表达效果。

1999年10月13日、10月20日《中华读书报》上刊登了《脱口而出的共和国史》一文，从1949年讲到1999年，每一年仅用一句话概括，再用几百字说明。“1949年：中国人民站起来了”；“1950年：抗美援朝，保家卫国”；“1951年：谁是最可爱的人”；“1952年：三反五反”；“1953年：总路线”；“1954年：我们一定要解放台湾”；“1955年：合作化”；“1956年：多、快、好、省”；“1957年：百花齐放，百家争鸣”；“1958年：大跃进”；“1959年：毛主席万岁”；“1960年：封锁吧，封锁十年八年，中国的问题都解决了”；“1961年：包产到户”；“1962年：千万不要忘记阶级斗争”；“1963年：向雷锋同志学习”；“1964年：工业学大庆/农业学大寨”；“1965年：忆苦思甜”；“1966年：造反有理”；“1967年：要斗私批修”；“1968年：广阔天地大有作为”；“1969年：人不犯我，我不犯人；人若犯我，我必犯人”；“1970年：工农兵学员上大学”；“1971年：友谊第一，比赛第二”；“1972年：深挖洞，广积粮，不称霸”；“1973年：反潮流”；“1974年：批林批孔”；“1975年：反击右倾翻案风”；“1976年：‘大快人心事，揪出四人帮’”；“1977年：哥德巴赫猜想”；“1978年：实践是检验真理的唯一标准”；“1979年：法律面前人人平等”；“1980年：只生一个好”；“1981年：振兴中华”；“1982年：建设有中国特色的社会主义”；“1983年：严打”；“1984年：时间就是金钱”；“1985年：让一部分人先富起来”；“1986年：理解万岁”；“1987年：下海”；“1988年：跟着感觉走”；“1989年：稳定压倒一切”；“1990年：冲出亚洲，走向世界”；“1991年：希望工程”；“1992年：发展才是硬道理”；“1993年：申奥”；“1994年：发”；“1995年：打假”；“1996年：中国可以说不”；“1997年：回归”；“1998年：严防死守”；“1999年：走进新时代”。

---

① 郭立秋，王红利．外交语言的精确性与模糊性．外交学院学报，2002（4）．

所引50句概括了共和国的50年历史。我们很难说这些词句将半个世纪的历史概括得怎样全面、周详、科学，但是作者的目的并不是在撰写历史著作，而是要将印象最深刻、感觉最强烈的事件表达出来。这些活跃在老百姓嘴边的“脱口而出”的历史“口号、熟语”，不仅积淀着不同时期中国人民挥之不去的集体记忆，凝聚着民族情感和时代精神演进的鲜活痕迹，同时也成为我们反省过去、展望未来的宝贵资源。例如，“友谊第一，比赛第二”，这是1971年由周恩来总理提出来的。在日本名古屋举行的第31届世乒赛开赛之前，周恩来在人民大会堂接见乒乓球队员时正式提出“友谊第一，比赛第二”的指导方针。正是在这个著名方针的指导下，中国乒乓球队在这届世乒赛上为中美关系的解冻作出了贡献，小小银球“转动了地球”。世乒赛结束后，中美两国乒乓球队实现互访，打破了两国二十多年来人员交往隔绝的局面，中美关系随即取得历史性突破。20世纪70年代以前出生的人们，估计都很熟悉这句话。又如，“1985年：让一部分人先富起来”，这是邓小平1985年10月23日会见美国时代公司组织的美国高级企业家代表团时所说，“一部分地区、一部分人可以先富起来，带动和帮助其他地区、其他的人，逐步达到共同富裕”。这一理念成为我国经济发展的国策之一。一部分地区、一部分企业、一部分工人农民，由于辛勤努力，成绩大，收入先多一些，生活先好起来，这就产生了极大的示范力量，促使整个国民经济波浪式地不断向前发展，能够带动全国各族人民比较快地富裕起来。再如“1986年：理解万岁”。“理解万岁”是部队在“保边疆、献青春”演讲报告团时提出的，口号说明了改革开放后中国人对待自我、他人乃至整个世界的一种平和与大气的心态。人们在生活中提倡理解，在心理上诉求“理解万岁”，归根结底追求的是一种心灵与社会的和谐。理解之所以“万岁”，是因为生活中存在着太多的不理解。这些语句是那样的真实、生动、得体，大可不必以严谨的史学家的尺寸来衡量、判断。

交际对象因素。交际对象也与语言得体标准从松从紧的灵活把握密切相关。交际对象的身份、地位、职业以及在特定场合与表达者构成的关系，从一个重要方面决定了对语言得体的要求，因为交际对象对说写者的要求不同，人际关系的性质不同，其中还很可能包含着种种切身的利益需求冲突。

1936年11月，因在上海发动抗日救亡运动，七君子被国民党政府逮捕。他们是：沈钧儒、章乃器、邹韬奋、李公朴、沙千里、王造时、史良。他们被捕后，利用法庭继续斗争。下面是1937年6月11日到25日的法庭辩词片断：

审判长：抗日救国不是共产党的口号吗？

沈钧儒：共产党吃饭，我们也吃饭，难道共产党抗日，我们就不能抗日吗？审判长的话，被告不能明白。

审判长：那么你同意共产党抗日统一的口号了？

沈钧儒：我想，抗日求统一，当然是人人同意的。如果说因为共产党抗日，我们就需要说不抗日；共产党说要统一，我们就需要说不统一，这种说法，是被告所不懂的。

……

审判长：你们主张联合共产党，是不是危害民国？

史良：好比一家人，强盗打进门来，我们叫家里兄弟姐妹不要自己打自己了，首先应该联合起来共同抵抗强盗，这有什么错？能说是危害民国吗？只能说是危害帝国——日本帝国主义，除非检察官是日本人，才会判我们救国有罪！①

上例中，沈钧儒、史良面对的交际对象是审判长，而自己是“被告”的身份，法庭辩护事关“被告”的切身利害关系，且案件的审理会产生重大的社会影响，语言当然必须讲究高度的得体性，绝对不能出差错。两人的辩护词可以说将归谬法、类比法发挥到了极致的程度。审判长指控被告“同意共产党抗日统一的口号”，沈钧儒驳斥道：“共产党吃饭，我们也吃饭，难道共产党抗日，我们就不能抗日吗?”“如果说因为共产党抗日，我们就需要说不抗日；共产党说要统一，我们就需要说不统一，这种说法，是被告所不懂的。”以反问强化审判长责问的无理性，以“如果”引出“需要说不抗日”、“需要说不统一”的荒谬结论，是非分明，一目了然，“被告所不懂”，则是辛辣的嘲讽了。审判长又指控“主张联合共产党”，“危害民国”，史良先是运用了一个“一家人”的通俗易懂比喻，连续用反问句坚决否定指控；接着以“只能”——唯一能够，强调引出的结论是“危害帝国——日本帝国主义”；再指出“除非检察官是日本人，才会判我们救国有罪！”“除非”表示唯一条件，审判长面临的是难以选择的两难选择，窘态毕现。

再看一例，是一位母亲与青年儿子的对话：

洗脸盆边上的牙膏，儿子用起来抓住就捏，当然被挤得七歪八扭。母亲说：“挤牙膏也好，生活、工作也好，都应该有条有理。”儿子说：“牙膏总归在牙膏壳里，为什么一定要像解数学题那样循序渐进？捏在哪里就挤在哪里，多方便啊！生活不就图个方便吗？”早晨上班前，天下起大雨，妈妈打伞穿雨鞋，儿子穿皮鞋。妈妈要儿子穿雨鞋，儿子说：“如今年纪轻的只有摆水产摊的才穿雨鞋。我下雨天穿雨鞋去上班，在办公室两只脚要闷整整8小时。可一下班时天放晴了，我穿雨鞋走在马路上，人家一定以为我患了神经病！”妈妈反驳道：“下大雨你不穿雨鞋穿皮鞋，人家才以为你是神经病！”儿子约了3位好友到红茶坊打牌。妈妈耐心开导：“一杯成本只要3角的泡沫红茶卖15元，4个人就是60元。你们想打牌不会到家里的客厅打？喝茶不会到家里喝吗？”儿子回答：“我们主要吃环

① 陈艳华，高乐田．中外说辩艺术博览．上海：上海文化出版社，1999.

境。”妈妈说：“环境能吃吗？即使要吃，客厅的环境也比茶坊好。”

这一例中，交际对象是至亲人物，话题轻微，如何挤牙膏、雨天穿雨鞋、去茶室喝茶等。母亲与儿子对同一件事的看法有差异，且各有各的理由。儿子认为挤牙膏可以“捏在哪里就挤在哪里”，诘问句、感叹句连用，一切似乎都是理所当然；而母亲则将挤牙膏与生活、工作相提并论，是态度、习惯问题，“都应该有条有理”。雨天是否要穿雨鞋，儿子是以社会流行风尚为标尺，根本不屑一顾，认为“患了神经病”才会去穿雨鞋；母亲则是完全持相反意见，下大雨不穿雨鞋穿皮鞋，“人家才以为你是神经病”。去红茶坊喝茶，儿子认为主要是“吃环境”；而母亲则认为环境不可吃，“即使要吃，客厅的环境也比茶坊好”，还细细算了一笔经济账。两代人的分歧从深层看，实质上是生活方式、价值观念的差异，语言形式对立鲜明，但没有必要也殊难分清是非。对这一类的语言得体性的评价就完全可以宽松些，都可视为得体的语言。

二、语言得体程度的相对性

语言得体性是个相对的概念，其间存在很大的弹性空间。一般情况下，我们只需判别语言得体与否就可以了，虽然这也并非易事，但总体来说并不是很难办到的，大体上凭直观就能作出判断。如果论定某一语言表达是得体的，之后还要指出、分析、评价其得体性的程度，那就复杂、困难得多。通常我们使用“得体”、“比较得体”、“更为得体”、“很是得体”、“高度得体”之类的词语来评论语言的得体性，虽然常见常用，但细细想来，其间的含义和差别难以述说清晰，也就是说它们是模糊而富有弹性的。

得体的程度实际上是比较而言的，没有比较就无所谓得体程度的高低。不管你是否清醒意识到，在讨论语言得体程度时总是离不开比较的，其根本原因就在于语言得体程度的相对性。比较有横向、纵向之分。

（一）从横向比较看语言得体程度的相对性

横向比较是将不同语言材料放在同一层面上进行比较。不同语言材料最好是对同一话题的语言表达，同一层面是指相同或相类的语言环境。将不同的语言材料放到相类的语言环境中考察，看看它们哪一个语言材料适应的语境因素多，适应的距离近。这好比同一类别不同品牌的货物放在一起来比高下，不识货，货比货，一目了然。

有甲、乙两位推销员分别推销化妆品、孕妇用品、身体增高用品：

推销化妆品。甲说：“你皮肤比较黑，用这种化妆品很有效。”乙说：“小姐，您皮肤比较暗，这种化妆品是专门为皮肤较暗的人设计的，您不妨试一试。”

推销孕妇用品。甲说：“你是孕妇，肚子会越来越大，这物品买下早做准备为好。”乙说：“您快当妈妈了，祝您生个大胖儿子！您瞧这衣服，专为快当妈妈的人设计的，流行款式，颜色大方，今天就卖了十多件了。”

推销身体增高用品。甲说：“你个子矮，用这一物品保证在一个月内使你增高×厘米。”乙说：“您个子小巧，这是新产品，您试试，保管有显著效果，一般在一个月内大约能增高×厘米。”

在产品质量有保证的前提下，甲、乙两位推销员的话都不能说错，都是得体的，但两者比较，得体的程度有差异。其一，甲的语言实话直说，与顾客的心理距离贴得不近。明说顾客“皮肤比较黑”，顾客可能会产生反感情绪；明说孕妇“肚子会越来越大”，俗而不雅，顾客马上会联想到挺着大肚子难看的模样；明说“个子矮”，有伤顾客自尊心。乙的语言婉转亲切，不但宣传商品的效用，而且注意到顾客可能产生的心理障碍，以“皮肤比较暗”回避“黑”的肤色直接描述；以“快当妈妈了”寓含“肚子大”的意思，还加上“生个大胖儿子”的祝福；以“个子小巧”替说“个子矮”，顾及顾客的自尊心。其二，甲的语言虽然注意到了商品特点、功效等，但话说得过于绝对，有可能使顾客产生疑虑。“用这种化妆品很有效。”“保证在一个月内使你增高×厘米。”用副词“很”提高有效的程度，用“保证”突出功效，不留任何余地。乙请顾客“不妨试一试”化妆品，并无强求，但由于前边有了“专门为皮肤较暗的人设计”的说明，“试一试”的鼓动性得以大大加强；以“显著效果”、“一般”、“大约”的措辞述说功效，既给顾客深刻印象，又给自己留有余地，毕竟产品因人而异，功效不可能是绝对的。其三，甲都以“你”称呼顾客，礼貌欠缺，而乙都以“您”称呼对方，显得更为礼貌，尊重顾客。两相比较，乙的语言适应的因素比较多，得体的程度显然要高于甲。

横向比较有的是将现实的不同语言材料进行比较，但出于参照材料的缺乏或者操作的方便，在大多数情况下，人们讨论语言得体性程度往往是将现实中的语言材料与心目中假设的语言材料相对比，从而得出结论。由于各人心目中的参照材料不同，也有可能对得体程度的评价有所不同。不过，大体的层次高低应该不大会混淆的。

某推销员当着一大群顾客推销钢化玻璃酒杯。他先是向顾客们进行商品介绍，接着开始示范表演，就是把一只钢化玻璃杯扔在地上而不碎，以示杯子的经久耐用。可是，他碰巧拿了只质量没过关的杯子，酒杯“砰”的一声碎了。真是始料不及，他自己大吃一惊，而顾客更是目瞪口呆。面对如此尴尬的局面，推销员灵机一动，反而对顾客笑笑，说道：“你们看，像这样的杯子我是不会卖给你们的。”大家一听，都轻松地笑了起来，气氛活跃。推销员乘机又扔了几个杯子，个个成功，一下子博得了顾客的信任，销出几十打酒杯。有的顾客对于推销中的那个“失误”还以为是事先想好的，“卖关子”吊吊大家的胃口而已。①

① 中国公共关系网，http：//www.17pr.com.

这位推销员的语言确实巧妙得体。本来杯子扔在地上不碎，他就会将钢化玻璃杯大大夸赞一番，以达到推销商品的目的，谁知发生了意外，推销员却压住惊慌，不露声色："你们看，像这样的杯子我是不会卖给你们的。"话题顺着相反的方向展开；"你们看"的插入语，表露出轻轻松松的口吻；"我是不会卖给你们的"，在否定中透出幽默的情趣，致使顾客没有看出任何破绽。得出推销员语言巧妙得体的结论，实际上是基于这样的假设："对不起，刚才不巧，我拿到的是一只质量不过关的杯子，但是，请大家相信、放心，我们公司的产品总体质量是十分可靠的！这仅仅是极个别的杯子。"两者比较，假设的"实事求是"语言远不及这位推销员的话语得体程度高。当然还可以设想出其他的补漏方式，如果能够设想出比这位推销员更精彩的接续语言，那么现实的推销员语言得体性就处于低位层次。

（二）从纵向比较看语言得体程度的相对性

纵向比较是在某一特定语言材料前后变动过程中来讨论、研究语言的得体性程度。这种动态的考察方法，材料单纯，方向明确，脉络清楚。由于考察集中在一个目标的演变上，可比性就较强，富有说服力，能够清晰地看出得体程度的变化。又由于都是变化中的语言事实，便于有据有理透彻剖析。这是一种很有价值、日益引起人们重视的研究好方法，研究名家的语言改笔已成为修辞学的一个热门领域便是佐证。我们经常对所写文字反复修改，也就是不断努力提高语言表达的得体性。语言能够纵向比较，也有力说明语言得体程度是相对的。

1926 年，鲁迅出版了杂文集《坟》，在《题记》中讲到《坟》的出版缘由。初稿时是这样写的："其次，是因为有人厌恶我的文章。"后来改为："其次，自然因为还有人要看，但尤其是因为又有人厌恶我的文章。"初稿只讲到"有人厌恶"，仅仅写到了一种情况，一部分人的态度，是不够全面的；改稿则加上了"有人要看"，这就将两种情况、两部分人都说到，全面了。在"厌恶者"这个侧面，突出了重点。此文下面又讲到"即如我的戒酒，吃鱼肝油，以望延长我的生命，倒不是为了我的爱人，大半是为了我的敌人"。鲁迅修改初稿，加了两个字，把"倒不是"改作"倒不尽是"，把"大半是"改作"大半乃是"。前后作对比，便可发现：原来只讲"倒不是为了我的爱人"，一不合乎实际情况，实际上也含有"为爱人"的意思（这里的"爱人"可从广义上理解）；二在逻辑上不够严密，这与下半句"大半是为了我的敌人"口径上不一致。既然"大半是"为敌人，那么剩下的"一小半"是为谁呢？还不是为了"敌人"以外的人吗？前后对照，显而易见，改稿要比初稿得体性程度高，主要表现在更符合实际，避免了片面性，加强了逻辑的严密性。

金圣叹在《水浒》评点上对语言表达艺术十分重视。他的修改可谓"改笔生花"，极大地提高了《水浒》小说语言的艺术性。理性意义相同的词语，其形象意义有时可能是大相径庭的。例如，第三十六回："一只快船，飞也似从上水头摇将下来。"金本把"摇将"改为"急溜"，加上评语说："'急溜'二字便写出船到的说明。”第六十四回：“张顺悄悄开了房门，踅到厨下，见一把厨刀，明晃晃放在灶上。”金本把“明晃晃”改成“油晃晃”，自己解释说：“‘油晃晃’只三字，便活写出娼妓人家厨下。”第六十三回写宋江说“若得关胜上山，情愿让位”时，林冲、秦明“都不喜欢”。金本把“都不喜欢”句子改成“变色各退”。“急溜”二字引出一只小船飞驰而下的形象，“油晃晃”三字活写出“娼妓人家厨下”的特殊情景，“变色各退”四个字更加充分地表现了林冲、秦明此时此刻反对的神态、心情。袁本第四十五回有“……嘻嘻的笑着看这和尚”一句，金本除了细小的修改以外，还把“看”字改为“睃”字，淫妇的形象在金圣叹重新选择的“睃”字里生动地表露出来。以上修改的实例，说明形象语言得体程度在金圣叹笔下得到了提高，更为准确、生动、传神。

纵向比较有时涉及语言得体性的一些深层因素，例如时代社会、政治文化等因素，不作比较，往往难以辨识其得体程度性的高低。

《团结就是力量》是人们很熟悉的一首歌，它是1946年作于晋冀鲁豫解放区的一出小歌剧的主题歌。毛泽东在1945年党的“七大”作《论联合政府》的报告，号召在战后“将中国建设成为一个独立、自由、民主、统一和富强的新国家”。当时的党的文艺工作者，在想到我们所要建立的新中国的时候，认定她的属性是“独立、自由、民主、统一和富强”，这是毫无疑义的。在歌词中不可能并列5个定语，但在以团结奋斗为主题的歌曲中，以“自由”同“法西斯蒂”和“不民主的制度”对举，是不错的。基于这样的政治背景，所以歌词中有“向着自由”的句子。可是到了90年代末，原歌词的“向着自由”曾被改为“向着胜利”，当然这不能说是错误的，但联系深层的背景因素考察，得体性的程度反而降低了。邵燕祥曾撰文批评道：“我真不明白，到了本世纪的九十年代末，为什么要去改掉五十多年前唱遍全国的一首歌曲中的‘自由’两个字，以为这样就能改变人们的历史记忆，就能抹杀当时革命者和爱国者们对‘自由’的向往和追求吗?”①“文革”中居然一度要把《义勇军进行曲》的词乱改一番，真是匪夷所思。当时决策者的政治动机姑置不论，事实也证明，尽管当时组织了像光未然、李季这样的名家去干这件费力不讨好的事，也终难改掉田汉在国难当头的30年代写定的歌词，那里面凝结的是诗人的心血，也是千百万苦难中国人心的呼声、血的号叫，改动的歌词远不及原歌词得体。

三、性质的转化性

评判语言是否得体，实际上是从某一特定方面论定语言的性质。任何事物、事理都是有条件存在的，语言的得体性亦不例外。得体的语言在一定的条件下会转化成不得体的语言，而不得体的语言在一定条件下也会转化成得体的语言。因而，无论正反不同性质，评价时切莫以凝固、僵化的眼光看待。

---

① 百年潮，1999（7）.

(一) 交际对象条件

说写的对象就是一个非常灵活的条件。语言指向一般总是有特定的接受对象的，每一交际对象都有独特的主观因素，在语言交际活动中接受者是不断转换的。有的话语针对性特强，移至他人，必定不得体；有的适应面虽然比较广，但并非没有限制，在特定条件下也会发生性质的变异。还有的交际对象是群体，性质转化的辨识要困难一些，但只要仔细考察，也是可以发现其中的变异的。不同语境中的同一交际对象某些主体因素会发生变化，所以即使是同一语言材料，指向同一交际对象，语言得体的性质也有可能发生变化。

著名导演谢添写得一手好字，向他求字的人很多，他题的字往往妙不可言，切合对方的身份、特点。他送棋圣聂卫平的一幅字是“乐在棋中”，赠给一家报纸报人的题字是“好心好报”，赠给天津狗不理包子铺的题字是“笼的传人”，赠给一家球馆的题字是“君子好球”。有一次赵丽蓉当了百花影后之后，一家报纸记者请赵丽蓉题词，众多人将她团团围住，赵丽蓉被难住了。谢添见状开口了：“百花齐放，此花为媒！”在场的人无不拍案称绝。[①]

以上谢添题字的例子均有较强的针对性。聂卫平是棋圣，“乐在棋中”自然极为得体。“笼的传人”赠给天津狗不理包子铺，蒸包子自然离不开蒸笼，“天津狗不理包子铺”又是中华老字号的店铺，“笼的传人”既表明包子的著名，又寓含店铺历史悠久，还能使人产生“龙的传人”的联想，故而这一题字十分得体。《诗经·周南·关雎》有“窈窕淑女，君子好逑”的名句，“君子好球”，套用了“君子好逑”的句式，更改了一个字，切合球馆的特点，还含有喜爱有加、生意兴隆的意味，同样得体得很。“百花齐放，此花为媒！”从字面上看，是文艺形势大好，报纸为文艺的繁荣起了良好的媒介作用，但蕴藏着更深一层的意思是：赵丽蓉是这百花中的一枝，她的怒放是以《花为媒》为契机的，该片是赵丽蓉当年初登银幕的处女作。“在场的人无不拍案称绝”是得体的有力佐证。以上题字，倘若改换了对象，极可能转化成不得体。

这是发生在公交车上的两件小事：

“哪位乘客给孕妇让个座？”售票员热情地给刚上车的孕妇找座。车上挤满了乘客，孕妇靠着的座位上坐着位短发小姐。这时，售票员边卖票边挤到了孕妇身边，用手轻轻拍了拍那位短发小姐的肩说：“这位小姐请让一让。”小姐刚转过头，售票员又补了一句：“看什么，说的就是你。”小姐的眼神十分诧异，愣了一下，虽然不情愿但还是慢慢站了起来。“谢谢。”售票员道完谢向前挪了一步。突

① 演讲与口才，1997（2）.

然，售票员一声尖叫："哎，你也是孕妇呀！"

有个精力旺盛的老婆婆上了公交车，一个彬彬有礼的小朋友起身让位给老婆婆，老婆婆说："你坐好，我还很年轻，不需要你让座给我的！"过了一会儿小朋友又站了起来，老婆婆拍拍他的肩膀，说："没有关系啦，你不用让座给我，我没那么老，我还年轻呀！"就这样经过三、四次后，小朋友哭了。小朋友哭着说："老婆婆，我家已经过了好几站了，你为什么不让我回家！！！"①

第一例中，售票员服务态度十分热情，在挤满乘客的情况下，还特地为孕妇寻找座位，"这位小姐请让一让"。当没有人让座时，先礼貌地指定让座的对象；当对方犹豫时，售票员的语气不太客气了："看什么，说的就是你。"大有非让不可的意思。如果售票员这番话针对的是一般乘客，虽然言辞稍显生硬了些，但为孕妇着想，情有可原，话语是得体的。未料"短发小姐"也是孕妇，请孕妇让座给另外一位孕妇，这话就不应该、不得体了。第二例中，老婆婆坚持不要小朋友让座："你坐好，我还很年轻，不需要你让座给我的！""没有关系啦"，关爱小朋友之情溢于言表，开始这样说值得赞扬，但老婆婆再三阻止，不注意场景的变化，耽误了小朋友下车回家，那就转化为不得体了。

（二）时代社会条件

时代社会这一因素对语言得体性的影响虽然不是那么具体，难以条分缕析，难以直接感知，但其影响力是巨大的、深刻的。

流行语是在民众口头上流行的反映新近世风民情的时尚性词语，不同时期有不同的流行语。流行语的核心特征是"流行"，它都是反映流行事物或流行思潮的，即使是固有词语，在重新流行的特定阶段，所反映的事物也是处于流行状态的。因此它在很大程度上是对流行事物的第一时间的诠释，必然具有时效性。流行语的生命力虽然很强，但其生命力是基于特定的时代、社会条件之上的，如果置前或安后，就有可能是不得体的。

1998年报刊评选出了"九八百姓流行问候语"七条：①"近来身体还好吗？"②"'下海'要慎重啊！"③"股市'解套'了吗？"④"房子问题解决了吗？"⑤"你'下岗'了吗？"⑥"你上网了吗？"⑦"假日里：你去哪里旅游？"

不妨择其中几条考察一下。"'下海'要慎重啊！""下海"一词流行于80年代。据《中国商情报》社会周刊的消息，有关人士统计，"下海"有70%的输，20%的小赚，8%成为成功者，2%成为富有族。在1998年，当初的"下海族"已大打退堂鼓。1998年国有企业约2000万富余人员下岗，给本来拥挤的市场带来新的压力，生意更难做，那些有退路的"下海者"纷纷上岸，并用亲自经历，忠告别人："'下海'要

① 兰州晚报（数字报），2010－03－25.

慎重啊!”所以，这句流行语是得时代、社会之体的，移至80年代就不妥当，那时的时髦流行语是“我已‘下海’了”。“你‘下岗’了吗?”这是一句令人“心悸”但又不得不面对的问候语。来自《劳动周报》的消息说，1997年中，全国大中型国营企业约有380万人下岗，而由于企业重组、优化和产品的更换、产业调整，1998年全国大中型企业中，至少有800万—1 000万人下岗。于是，“下岗”便成了人们议论的话题，这是社会主义市场经济改革的必然现象。而在社会主义计划经济时代，国家全包，无所谓下岗，也出现不了这一流行语。科技含量最高且具有现代文明的问候语，当属“你上网了吗”这一句。经过1997年的铺垫，“入网”、“网络”这类很西方化的语言和行为，在中国人心目中已司空见惯。“网上快车”、“网上求医”、“网上炒股”、“网上征婚”、“网上旅游”等不再鲜见。仅在中国的北京、上海、成都等大中城市中就有网民近600万户，当时预计1998年至少扩张一倍。“联网”、“你上网了吗”等语言四处可闻。这是电脑逐渐普及才可能出现的语言。在电脑进入家庭之前，用“你上网了吗”作为问候语那是不可思议的。再挪至今日，上网已经广泛普及，不足为奇，以“你上网了吗”作为问候语鲜见了，并不得体了。

每个时代都有自己的语言特色。很多时候，有些人被别人认为落伍与傻帽，往往就表现在语言上。如果你走在街上，向一位姑娘问路时，正儿八经地叫“同志”，她可能不会太热情地帮你的忙，要是换了个词“小姐”，她可能一下子变得温柔起来，详细地给你指明方向。“策划人”的意思，以前曾经是“特务”、“反革命分子”、“搞阴谋诡计者”等，现在一般是指有创意的人、卖点子的人、做广告的人。“对不起”这三个字有点少见了，换成了“不好意思”，并适当配合一些身体语言，如摊开双手耸耸肩膀。难怪一个会说一些汉语的美国人，曾深有感触地说：“中国人真的是个害羞的民族。”何以见得?答案是满街人都在说：“不好意思啦。”说“讨厌”已过时了。男主角如果拉着女主角的手，这时，她不再说“不要这样”或者“讨厌”，而是很洋化地说：“你把我弄疼了。”因为这是一个强调“感觉”的年代。在你与人交谈时，不知用什么动词合适时，要用“感觉”二字。问别人“你哪儿不舒服”以“你哪儿不爽”代替。“爽”不仅仅是某些人暧昧的用语，如今已普及到大街小巷。如果朋友在电话里问你“爽不爽”时，你不能纠正说“很痛快”。明明都已步入中年，女的对男的说道：“我们女孩子……你们男孩子……”请不要奇怪，这是新称呼。动不动就说“我们男人/女人”已显得土气，一心赶时髦的都已换了个说法：“男孩子/女孩子”或“男生/女生”。时光如果倒退30年，好多用词恐怕都会被判为很不得体的。

（三）地域文化条件

地域的文化差异对语言的得体性也有重要影响。所谓地域文化，是一个复合概念，是指在某一地域中形成的具有较为鲜明特点的文化体系。这种文化突出了地域的特点，或者固守，或者排斥，或者融合并增加自身的色彩，发展并逐渐形成自己的文化。所以它不再是传统意义上的文化概念，也不再是特指某种经济状况下的物质层面，而是间接受制于地域和已经具有的人文精神，并通过多种形式表现出来的文化的状况。

周一民先生指出："儿化是北京话，是古都北京极为宝贵的非物质文化遗产，蕴藏着丰富的社会人文信息。""儿化现象是北方话更是北京话里一种突出的语言文化，形成特有的语言风格。儿化是使用语言极为熟稔的产物，北京人的这种卷舌能力常让外地人惊叹。只有频繁不断的交际实践、滔滔不绝的长篇讲说方可练就这番卷舌功夫。它使我们想到当年元大都内外勾栏遍布的阑戏台，想到近代天桥的评书相声，甚至想到今日京城的哥的神侃海聊。'京油子、卫嘴子'，北京人的儿化音或许给人油嘴滑舌的感觉，但是历史上身为皇城根下的子民，如果不善说，嘴皮子不利索，恐怕是难以适应生存的。一方水土养一方人，也养一方方言。北京话的儿化，是最具地方特色的语言文化现象之一。"[①] 北京话儿化词总量很大，贾采珠《北京话儿化词典》（语文出版社，1990）收了近七千条，即使扣除一半不太常用的，也有三四千条之多。儿化可以将很复杂的不易表达的意义以简单的形式表现出来，例如"软儿"是指"软弱的态度或语言"，"蹭儿"是指"不花钱跟着别人吃的饭食"。儿化的表小，或者说小称作用是重要的表意功能。例如"小鸡儿"、"小圈儿"、"大圈儿"。儿化还有爱称的作用。例如"鲜花儿"、"美人儿"、"帅哥儿"、"香饽饽儿"、"小曲儿"、"小吃儿"、"拼盘儿"、"杂拌儿"、"豆汁儿"、"焦圈儿"、"糖瓜儿"、"水饺儿"、"旗袍儿"、"马褂儿"、"坎肩儿"，这些儿化词或多或少表现出喜爱或亲切的色彩，若去除儿化，则爱意消失或减弱，京味全无。但是在上海、无锡、苏州一带吴方言地区，儿化很少，如果运用上面例子的儿化词语进行交际，不但别扭、拗口，而且不得体，严重影响语言交际的顺畅。

中外地域的文化差异更是明显。同样的话语，在此地是得体的，而换了地域，就有可能转化为不得体。

婚前协议在世界各国的兴起表明现代人在缔结神圣婚约时，在处理感情与利害的关系时态度更理智、更慎重、更依靠法律。下面是好莱坞著名才女芭芭拉·史翠珊与她的意中人、导演詹姆斯·布洛林的婚前协议节选（甲方为芭芭拉·史翠珊，乙方为詹姆斯·布洛林）：

1. 甲方对于乙方因触碰甲方哪怕是指甲而可能导致的身体损伤或毁形不负任何法律责任。

2. 乙方对于甲方因触碰乙方的身体而可能导致的哪怕是指甲的损伤或毁形负一切法律责任。

3. 乙方不得对甲方的物质财产表示任何程度的索要和厌恶。如果乙方想把任

---

① 周一民. 北京话儿化的社会文化内涵. 北京社会科学，2011（5）.

何物件搬进甲方的住宅，必须先征得甲方的书面同意，并应有甲方认可的该物件的照片和第三方的证明或与甲方收藏品相关的公证。

14. 如果有任何其他方在场，乙方应避免在甲方在场时提及他的辛迪加电视连续剧《金翅膀》、电影《和睦村的恐怖》和《主要事件》。乙方在回答任何关于影片《出了什么事，医生?》的询问时，答词应限于："要是芭芭拉来导演，它一定会是有趣的。"

17. 乙方发誓要宣扬这样一种概念，即甲方的后代和乙方的后代一样可爱和聪明，如果不是更可爱更聪明的话。①

触碰，哪怕是触碰"指甲"的后果，都要写进协议。"不得对甲方的物质财产表示任何程度的索要和厌恶。"如果说不得索要物质财产可以理解，那么不得有情感上的"厌恶"，且无论什么程度，哪怕十分轻微，都是不允许的，在中国人看来则显得太不合情理了。"任何物件搬进甲方的住宅"，不但需要征得甲方"书面同意"，而且还必须拍摄照片，提供"证明"、"公证"。对乙方的话语权在特定的场合也作了十分严格的规定，"答词应限于……"等条文明显偏向甲方芭芭拉·史翠珊。仅举五项条款，如果中国人有拟定如此的婚前协议的，那很可能被视为异端，极少有赞成者。

杨立新对英国人的绅士风度有这样的叙写：

英国人从总体上讲，从文化传统上讲，确实有一股子"绅士"的劲头。当别人兴高采烈高谈阔论时，旁边的英国人可能也就是淡淡一笑了之；当大家都举哀垂泪向遗体告别时，英国人也不过就是凄凄地行个注目礼；看来是一目了然，千真万确时，英国人只说句："大概如此吧!"以避免那直截了当的"是"字；即使是在铁证如山再不容置疑时，英国人也顶多说一句"就算这样吧"，表示他也同意了这个不容置疑的事实。

这就是他们的文化传统。开始时，我很不习惯他们这种不置可否、模棱两可、含含糊糊的谈话方式。有一次，朋友来我家做客，我问客人是否要喝点儿什么。客人答说："这也许是个不错的主意。"我一时蒙了，因为从字面理解，"喝点什么"也有可能是个错的主意。不过，我还是按"不错的主意"处理了，所以又接着问："那您想喝点什么?"客人答说："如果我喝茶，医生不会反对。"这回我真的蒙到底了，我又没问他的医生反对不反对他喝茶，他这人怎么这么费劲呢？我没他的这么曲曲折折的"深度"文化，也不打算去承袭；我就直截了当地又问了句："我是问你到底想不想喝茶，你别把个第三者往里头扯。"客人被我"逼"得没办法，只好说；"我喝茶对身体有好处。"我也是个较真的"杠头"，

① http：//www. douban. com/group/topic/22640011.

我非得逼得人家说“喝”或者“不喝”，可眼看着他就是不说，每次的回答都不“一次到位”，怎么就这么别别扭扭呢?!①

中外不同民族都有委婉表达方式，但像这一例中的英国式的委婉语言形式，倘若移入汉民族，很可能令人反感、生厌。“我”一再希望对方能够明确表示自己的愿望、要求，到底想“要喝点儿什么”，以便确定自己应该拿什么来招待客人，可是客人答说：“这也许是个不错的主意。”没有提供明确信息，连暗示的意思也无从体会，还用了模棱两可的“也许”副词，所以“我”“蒙了”自在情理之中。客人又说：“如果我喝茶，医生不会反对。”那是医生的意见，客人的意见仍然没有明确表达。最后，客人笼统地说了一句“我喝茶对身体有好处”，总算有了一点“喝茶”的意味。如此委婉，一般中国人是难以接受的，而在英国，则是典型的得体绅士语言。

第二节　语言得体形式的多样性

无论从宏观上看，还是从微观上看，语言得体的形式都是丰富多样的，其研究天地都异常广阔。人们在具体考察、研究语言的得体现象时，由于较多着眼于个体实例，往往就事论事，忽略了其他得体形式的存在，或者意识不到潜在的可能存在的形式。重视、研究语言得体形式的多样性，揭示其对立统一规律，对扩大研究语言得体性视野，认识共性和个性的辩证关系，发掘创造的潜力是大有益处的。

一、无限性和有限性

（一）宏观上的无限性

从宏观上看，在严格的科学意义上来说，语言得体的形式是无限的，无法穷尽。静态的语言是相对稳定的，它的符号及其关系模式是一切社会成员共同的。词语再多，可以尽可能收集详全；语法规则再复杂，也是可以尽力总结完备的。而得体的语言则是动态的，千差万别的，其形式不是简单地将语言世界中相对稳定的符号像贴标签一样，对号入座。语言得体的形式受到社会心理、民族文化、时间地域、说写主体、听读对象等诸多因素的制约和影响，是说写者个人综合修养的体现和富有创造性劳动的结果。由此观之，语言得体的形式是无限的，人们无法编出一本语言得体形式大全的书来。

关于读书的重要作用，许多名人根据他们的深刻体验，以不同的语言形式表达。例如：

---

① 杨立新. 落脚英国. 长春：北方妇女儿童出版社，1997.

饭可以一日不吃，觉可以一日不睡，书不可以一日不读。（毛泽东）

为中华之崛起而读书。（周恩来）

韬略终须建新国，奋发还得读良书。（郭沫若）

一日无书，百事荒废。（陈寿）

读书破万卷，下笔如有神。（杜甫）

问渠那得清如许，为有源头活水来。（朱熹）

鸟欲高飞先振翅，人求上进先读书。（李苦禅）

我扑在书上，就像饥饿的人扑在面包上。（高尔基）

读一本好书，就如同和一个高尚的人在交谈。（歌德）

读书给人以快乐、给人以光彩、给人以才干。（培根）

书籍是造就灵魂的工具。（雨果）

书籍是全世界的营养品，生活里没有书籍就好像没有阳光；智慧里没有书籍就好像鸟儿没有翅膀。（莎士比亚）

人的影响短暂而微弱，书的影响则广泛而深远。（普希金）

理想的书籍是智慧的钥匙。（列夫·托尔斯泰）

一个爱书的人，他必定不至于缺少一个忠实的朋友，一个良好的老师，一个可爱的伴侣，一个温情的安慰者。（巴罗）

以上引例，有的是直言，如“为中华之崛起而读书”、“一日无书，百事荒废”。有的是曲笔，如“问渠那得清如许，为有源头活水来”、“书籍是全世界的营养品，生活里没有书籍就好像没有阳光；智慧里没有书籍就好像鸟儿没有翅膀”。曲笔中许多运用了比喻，喻体各不相同，构造形式相异。“我扑在书上，就像饥饿的人扑在面包上”，将书籍比作面包；“读一本好书，就如同和一个高尚的人在交谈”，将书籍比作“高尚的人”。“理想的书籍是智慧的钥匙”，是结构单纯的比喻。“一个爱书的人，他必定不至于缺少一个忠实的朋友，一个良好的老师，一个可爱的伴侣，一个温情的安慰者”，也是比喻，但兼用排比，适度铺陈，结构要复杂一些。但以上所举例子都妥帖得体，精彩纷呈，给人深刻、丰富的启迪，我们还可以找出更多的论述，但不可能全部一一列举。

还不单如此。古希腊哲学家赫拉克利特有句名言：“一个人不可能两次在同一条河里淌同样的流水。”也就是说，一个人是不可能两次踏入同一条河流淌原来的流水的。推及语言表达，我们也可以说，一个人是不可能重复说出同样的得体话语的。例如“过来”一词，一个人是可以反复使用，且都能达到得体要求的。如果分别叫成人儿女“过来”，叫小孙子、小孙女“过来”，叫邻居的小孩“过来”，叫陌生小孩“过来”，叫恋人“过来”，叫警察“过来”，叫罪犯“过来”，呼唤远方的亲人“过来”等等，表面上语言形式一模一样，但口吻、情味、含义都存在这样那样的差异。再如

“站住”，在小孩即将掉到井里时叫“站住”，在与恋人分手时叫“站住”，在罪犯即将逃跑时叫“站住”，在别人遗失了东西即将离去时叫“站住”，在有人准备跳河自杀时叫“站住”等等，同样具有不同的口吻、情味、含义。同一个人尚且如此，不同人以同一得体语言形式表述，那差异更是显而易见了。模仿别人的语言表达可以达到以假乱真的地步，但毕竟是模仿，只是真假之间的距离比较小罢了。所以，从这一意义上来说，语言一旦落到个人的口中、笔下，即使字面相同，但就其负载的信息、情味等来说，语言形式也是无限的。

（二）微观上的有限性

从微观上看，在相对意义上来说，语言得体的形式又是有限的、可以穷尽的。这是因为在特定场合中考察，得体的语言表达受到说写者自身以及语言环境各因素的制约和影响，而这种制约和影响作用十分有力、具体和复杂。说写者在特定场合可以尽心尽力去认识、把握、驾驭诸种条件，但突破、超越总是有限制的，可供选择的得体语言形式从理论上讲是无限多的，但对具体说写者来说，却是有限的，就这一种或几种形式。同时，也不能说已经外显的语言形式就是达到至善至美的得体程度了。另外，我们无法穷尽研究语言得体的形式，但往往划分一定的范围、时域，或者根据特定的标准等来研究语言得体形式，这就是无限形式的有限研究。

陈伯达是林彪、江青反革命集团主犯之一。刑满释放后的第十天，叶永烈为写《陈伯达传》，赶到北京去采访。对陈伯达的采访，从某种意义上说是对一些重要历史资料的抢救。但叶永烈事先从陈伯达身边的人得知，他拒绝一切采访。叶永烈做了充分的准备，连称呼都反复考虑。直呼“陈伯达”，不行，毕竟他比叶永烈长了一辈，也显得无礼貌。叫“陈伯达同志”，显然也不行，与陈伯达当时的身份不合。叫“陈先生”、“陈老师”，仍觉得不恰当。斟酌再三，叶永烈认为叫“陈老”最为妥帖。一是陈伯达确实“老”，二是这是对长者的习惯性尊称。于是采访时有了下面一段对话：

> “陈老，我早在1958年就见过您！”叶永烈亲切地说。“陈老”的称呼使陈伯达为之动情。
>
> “哦，1958年，在什么地方？”陈伯达用一口浓重的闽南话说道。
>
> “在北京大学。”叶永烈回忆了他读大学时陈伯达到北大作报告的情景，风趣地说，“当时，你带来了一个‘翻译’，把你的闽南话译成普通话，我平生还是头回遇上中国人向中国人作报告，要带‘翻译’！”①

这样，原来极可能尴尬的采访一下子气氛变得轻松起来，叶永烈顺利地对陈伯达进行了采访，最后完成了《陈伯达传》的写作。从这一例中，我们可以看出，叶永烈

---

① 齐鲁晚报，2009-04-24.

从称呼到如何开头都经过精心的考虑、设计。采访事件的重要性、采访对象的特殊性、采访过程的艰巨性等都是不能不重视的制约、影响因素，同时还不能忽视自己的身份、年龄、经历等条件。单说称呼，叶永烈在五种称呼中选择了“陈老”，这是基于他的认识、分析、权衡基础上的。有没有其他确切得当的称呼？肯定是有的，但对叶永烈来说，他的选择就只能是这样。

爱因斯坦发表相对论后，很多人都想搞懂相对论的含义。

有一次，有一位小伙子请求爱因斯坦给相对论作一个最简单的解释。爱因斯坦笑着回答说：“如果你和一位漂亮的姑娘在一起度过了一个小时，你会觉得就像一分钟；如果你和一位老太太在一起待上一分钟，你就会觉得像一小时。这就是‘相对论’。”①

这一例中，爱因斯坦解释相对论，用了一个极为通俗易懂的比喻。都是度过一个小时，但与不同的对象在一起，一个感觉时间短暂，一个感觉时间漫长，两个“如果……会……”假设关系复句构成对比，更是加深了相对的意味。当然与严格的科学定义不能相提并论，但这里的交际对象是一位外行小伙子，而且对方要求得到的只是“一个最简单的解释”，运用比喻，既大致说明了相对论，又满足了小伙子的要求，很是得体。如果爱因斯坦按照科学定义认真、细致诠释，小伙子肯定不懂，倒反而是不得体的了。

据2000年2月13日《服务导报》报道，美国《广告时代》杂志对20世纪广告作了一次回顾性的评选，其标准是：影响力、持久力、认知率和文化上的冲击力。下面是20世纪最佳广告策划前20名：

1. 法国大众：“小即是好。”2. 可口可乐：“享受清新一刻。”3. 万宝路香烟：“万宝路的男人。”4. 耐克：“说做就做。”5. 麦当劳：“你理应休息一天。”6. 戴比尔斯：“钻石恒久远，一颗永留传。”7. 通用电气：“GE带来美好生活。”8. 米勒牌啤酒：“美妙口味不可言传。”9. 克莱罗染发水：“她用了？她没用？”10. 艾维斯：“我们正在努力。”11. 美国联邦快递公司：“快腿勤务员。”12. 苹果电脑：“1984年。”13. 阿尔卡—舒尔茨公司：“多种广告。”14. 百事可乐：“百事，正对口味。”15. 麦氏咖啡：“滴滴香浓，意犹未尽。”16. 象牙香皂：“100%的纯粹。”17. 美国捷运公司：“你知道我吗？”18. 美国征兵署：“成为一个全才。”19. Anacin去痛片：“快、快，快速见效。”20. 滚石乐队：“感觉是真实的。”

---

① 陈艳华，高乐田. 中外说辩艺术博览. 上海：上海文化出版社，1999. 282.

上面的20世纪二十佳广告词是根据“影响力、持久力、认知率和文化上的冲击力”四个标准评选出的。我们关心的倒不是这20条广告词是否确实最佳，而是说只要你制定了标准，框定了范围，限定了数目，所谓的“佳”、“得体”都是有限的了。

二、同一性和差异性

语言得体的形式是多样的，多样就说明语言形式之间存在各种各样、不同程度的差异性。这是显而易见的事实，并不难以认识、理解。但是，语言得体的形式尽管千差万别，也有同一性的共同特点。所谓同一性，也就是共性、规律性；差异性，也就是个性、偶然性。语言得体形式是同一性和差异性的统一，共性和个性的统一，必然性和偶然性的统一。认识、理解语言得体形式的同一性，有助于人们把握其深层规律，更加自觉地运用丰富多样的得体手段，以取得有效的交际效果；认识、理解语言得体形式的差异性，则有助于人们充分利用主客观因素，创造多彩多姿的语言得体形式。在前边的几章中，我们讨论语言得体的层次性、文化性、主体性等实际上就是揭示语言得体形式在这些方面的规律性特征。

差异形式本质的同一性。差异形式在本质上是同一的，说得彻底些，得体差异形式的方向和目标是共同的、一致的，都是以特殊的语言形式来尽可能达到圆满的交际目的，取得最佳语言表达效果。

公益性的广告语言日趋多样化，既有严肃、庄重的，又有幽默活泼的，形式尽管多样，目的只是一个，就是使广告能深入受众心里，并化为自觉的行动。

爱护花草的公益性广告，如：

> “让花朵留在枝头，让美丽留在心灵。”“花儿留枝头，芳香留心间！”“你欣赏花的美丽，花欣赏你的高贵。”“千万别踩疼了小草呦！”“小草有生命，足下多留‘青’。”“小草对您微微笑，请您把路绕一绕。”“让小树和我们一起快乐成长！”“纤细的小草，需要你的关爱！”“护天护地护花护草护环境，爱山爱水爱林爱鸟爱温州。”“金山银山，不如绿水青山。”“树木拥有绿色，地球才有脉搏。”“一花一草皆生命，一枝一叶总关情。”

注意交通安全公益广告，如：

> “司机一杯酒，亲人两行泪。”“你家里人等着你安全回归！”“你的妻子和孩子在家门口迎接你！”“带着平安上路，载着幸福回家。”“高高兴兴出门去，平平安安回家来。”“手握方向盘，时刻想安全！”“爱我，追我，千万别吻我。”“一分侥幸，十分危险。”“三心二意开车，十有八九闯祸。”“开车打手机，时刻藏危机。”“平安始于自律，灾祸始于大意。”“有序才能安全，畅通就是效率。”

“十次事故九次快，思想麻痹事故来。”“红灯无数次，生命仅一次。”“斑马线前停一停，请您先走我再行。”“安全一枝‘花’，全靠‘稳’当家。”“不怕人多车多，就怕安全思想滑坡。”“安全是创出来的，事故是闯出来的。”“福自安全来，祸从违章生。”

以上所引两类广告语，每类主旨大体相同，都是爱护花草、注意交通安全，但语言形式丰富多彩，生动形象。有的用比喻，“金山银山，不如绿水青山”、“安全一枝‘花’，全靠‘稳’当家”；有的用拟人，“千万别踩疼了小草哟”、“爱我，追我，千万别吻我”；有的用对偶，“你欣赏花的美丽，花欣赏你的高贵”、“安全是创出来的，事故是闯出来的”；还有运用双关，套用诗词名句形式，兼用比喻、拟人、对偶等几种修辞方式的。这些新颖别致的、富有人性化的广告，给人们留下深刻难忘的印象，对遵守社会公德、法规起着有力的促进作用。

如果认识不到语言得体形式最本质的同一性，那么势必影响到对语言得体形式多样性的准确理解和把握。语言交际中的“打哼哼”是常见的现象。这里说的“哼哼”，除了“哦、哼、啊、哟、哈”之类最正统的哼哼之外，还包括那些无意义的废话、应承话、附和话等。后者虽然并非直接的哼哼，但与哼哼无异，是变相的哼哼，甚至比直接的哼哼更地道。一般人总误以为打哼哼是一种敷衍了事、搅和稀泥的态度。其实，从语言交际的现实来看，从语言表达的目标来看，打哼哼在许多情况下是一种情感的沟通和友好的表示，有益而无害。吃饭、打招呼、寒暄常常打哼哼。两人交谈，别人谈兴十足，而你却了无兴趣，为了不扫对方的兴，打打哼哼，给对方助兴。谈话方发表高见宏论，你不认同，如去辩论一通，争得面红耳赤，火药味十足又无必要，打哼哼巧妙回避。交际中衍生出了一些难题，或者陷你于困境之中令你难以自拔，打哼哼不失为一种积极主动的应对之策。有人对你一见如故，而你却忘记了对方是何许人，如果实话实说，必将弄出一场尴尬，打哼哼应付局面，既是尊重对方，也给自己留下唤起回忆、再寻对策的时间。有的领导对下属提出的建议、请求，往往不立即表态，而是打哼哼，像是倾听、鼓励，然后再根据实际情况，权衡利弊，全面考虑，作出决断。所以，上述情况下的打哼哼可以看作语言得体的丰富形式。

差异形式适应的同一性。得体的差异形式尽管千差万别，但必须适应说写主体，充分、巧妙利用语境因素，其中也有共性规律可循。

柜台前站着一个白人男孩，他手上拿着一本打开的存折，脸上写满了沮丧。“但是我不明白，”他对银行职员说，“我自己开的账户，为什么我不能取钱。”

“我已经向你解释过了。”职员对他说，“没有父母的信函，一个 14 岁的小孩不能自己取钱。”

“但这似乎不公平，”男孩说，他的声音有点颤抖，“这是我的钱。是我把钱存进去的。这是我的存折。”

“我知道是你的存折。”职员说，“但规定就是这样。现在还需要我再讲一遍吗？”

他转身对我微笑了一下，说：“先生，你需要办理什么业务？”

“我本来想开一个新账户，但是看到这里刚刚发生的一幕后，我改变了主意。”我说。

“为什么？”他说。

“就因为你说的话。”我说，“如果我理解得没错的话，你刚才的意思是说，这个孩子已经达到把钱存入你们银行的年龄，却没有达到取出他的钱的年龄。如果无法证明他的钱或者他的存折有任何问题的话，那么银行的规定的确太可笑了。”

“对你来说也许可笑，”他的声音稍微提高了一点，似乎有点生气了，“但这是银行的规定，除了遵守规定，我没有别的选择。”

突然我注意到，他手上紧抓着的那本打开的存折上显示只有100美元的结余。存折上面还显示进行过多次小额的存款和取款。

“孩子，以前你自己取过钱吗？”我问男孩。

“取过。”他说。

我转而问银行职员：“你怎么解释这个？为什么你以前让他取钱，现在却不让呢？”

他看起来发火了，说：“因为以前我们不知道他的年龄，现在知道了。就这么简单。”

男孩离开了银行。

银行职员透过玻璃门看着男孩的背影消失在街道的拐角，转身对我说道：“先生，你真的不应该从中插一杠。”

“我不应该插一杠？”我大声说道，“看看你们那些该死的规定吧！难道他不需要一个人来保护他的利益吗？”

“有人正在保护他的利益。”他平静地说。

“那么这个人是谁呢？”

“银行。”他说道，“今天早上我们得到消息，街上的一帮流氓已经勒索这个孩子一个多月了。那帮混蛋强迫他每周取一次钱给他们。显然，这个可怜的孩子由于太过害怕而没有把这件事告诉任何人。这才是他如此烦恼的原因——取不到钱，他害怕那些流氓会打他。不过警察已经知道了这件事，今天他们也许就会实施抓捕行动。”

“你的意思是说根本没有年龄太小而不能取钱的规定？”

“我从没听说过这个规定。现在，先生，你还需要开户吗？”①

这一例中，一个14岁的男孩去银行取很少的钱，银行却以“规定”为由，拒绝取款。银行职员与“我”两人的意见针锋相对，激烈争辩。职员对男孩说：“没有父母的信函，一个14岁的小孩不能自己取钱。”说明“规定就是这样”，对“我”的种种责问，丝毫不让步：“除了遵守规定，我没有别的选择。”“除了……没有……”的必要条件句式，进一步强调了规定绝对不能违背。当最后职员道出了原委，银行“正在保护他的利益”时，我们就深刻地感受到职员的话是特殊情况下的关爱语言，十分得体。“我”起先不明白事情的内情，有理有据责问职员：“你怎么解释这个？为什么你以前让他取钱，现在却不让呢？”似乎无懈可击。“看看你们那些该死的规定吧！”全盘否定那不合理的规定，轻蔑之情溢于言表，而且以“我本来想开一个新账户，但是看到这里刚刚发生的一幕后，我改变了主意”来表示抗议。“我”的话在此情此景中是同样得体的。因为两者身份、地位不同，了解的情况不同，得体的话语适应了不同的说话主体。

字表字里达到高度一致性，乃至巧合的程度；字表字里存在不同程度的差异，乃至有可能使人产生误解，这是语言得体形式多样化中的奇妙现象。

有这样一个算命测字的例子。淮海战役中，人民解放军已对徐州完成包围之势，有识之士纷纷料定蒋家王朝必亡。当孙科出面组阁，号称“和平内阁”时，《益世报》一位编辑在该报副刊上写了篇杂文：《为孙内阁算命》。此文将“科”字拆为“禾”、“斗”，断曰：孙内阁的八字为“欲和无口，欲斗无门”（斗字的外围与“门”形近，指繁体字）。盖和无诚意，有口难开；士无斗志，即欲斗无门，而且翁孙是一家，翁文灏组阁，不久下台，称为“短命内阁”。而有其“翁”，必有其“孙”，也逃不出“短命内阁”之命运。此文刊出，《益世报》主笔段念慈称为奇文共赏，八个字天然巧合，而事后竟然言中。采访主任罗祖光特地找这位编辑为蒋介石测个字，问蒋什么时候下台，而且就以“蒋中正”三字测算。编辑把“蒋”字的“卄”头和“正”字的“一”头拆为“卄将中一止”五字，然后理顺为“廿一将中止”，而其中“正”字可暗应“元月”。因此断言：“一月二十一日将下台。”是日，蒋介石果然宣布引退。② 这两例测字均有报证、人证，可谓高度巧合。之所以能如此巧合，有两个因素起关键作用：一是当时的社会形势。“蒋家王朝必亡”，孙科出面组阁在此背景下不可能挽回大局，必然下台，内外交困，蒋介石也已无法占据总统的位置。二是汉字文化的奥妙。汉字可以分拆，分拆成的部件往往含有独立的意义。缺少这两个因素，断然无法有此巧合。

---

① 启迪，2010（2月上）.

② 文史天地，2012（11）.

再看一则表里差异甚大的文字。2000 年 1 月 13 日《报刊文摘》上《钱钟书的赞语》中写道，有人写文章，说“钱先生称赏最甚的人”是他的一位李姓朋友，证据是钱在世时，《随笔》上曾发表过李某的一篇文章，“钱先生读文甚感佩服”，在给该刊主编黄伟经的信中说：“李君文章光芒万丈，有‘笔尖儿横扫千人军’之概。李君饱经折磨，而意气仍可以辟易万夫，真可惊可佩。”称赞李君“文章光芒万丈”，有“笔尖儿横扫千人军”的气概，其褒扬程度不能不说是很高很高的了，这样的赞语自然也有客观依据，但就不能光从字面上来理解，不能句句当真看待了。这里同样有时代、文化的因素。钱先生是个旧时代过来的文化人，至少也是旧文化人习染比较重些。这些先生，有一套惯用的赞人的语码，听读者理解、把握要有分寸，适可而止。

三、一般性和独创性

一般性，是指语言得体形式具有通用、随俗的性质。社会上的人们时时刻刻都在进行语言交际活动，主要目的在于相互沟通信息，联络感情，办好事情。因此，在一般情况下，并无必要去刻意追求语言得体形式的创造性。独创性，是指语言得体形式的新颖、别致，具有鲜明的特殊性。富有创造性的语言得体形式对提高语言表达效果、增强语言得体形式魅力、提升语言得体层次有重要作用。

（一）语言得体的一般性

语言得体的一般性是相对于创新度而言的，即语言是得体的，只是创新的程度不是很高。一般得体语言形式的差异性不等同于创造性。一般性，不是否定形式的差异性，语言得体形式的差异性是客观存在，具有普遍性，但差异形式并不全部是创新形式。

有交际场合，必然有道别。道别语言很有讲究，但在许多情况下，只要不失礼貌，有不少通用的语言得体形式。例如，与住院的病人告别，常常这样说：“那我走了，你要安心养病，多多保重。”“你要听从医生的嘱咐，不要惦记工作，今后的路长着呢。”“等你好了，我们一起去游玩。”“不影响你休息了，下次有空再来看望你。”向有求于他人或自己觉得打扰了他人的人告辞，往往说：“真不好意思，让您费心了。”“谢谢您的热心帮助，下次再登门致谢。”“真是麻烦您了，浪费了您的许多宝贵时间。”“不打扰了，我不会忘记您对我的帮助的。”与盛情款待自己的亲朋好友告别时又常常说：“你太客气了，这么丰盛的晚饭，有空到我家来玩。”“今天真是太高兴了，难得这样热闹、愉快，感谢你提供了这样的机会。”“请留步，你忙了一天，请早点休息。”类似的语言既表达了告别的意思，又蕴含了相应的感情，形式可能有差异，但使用却带有普遍性。

一般性语言得体形式不能混同于到处滥用的套话、官话和废话。长期以来，大大小小、各式各样的会议之多，恐怕已经成为中国的一大特色。而在各种会议上，好多官员“套话”、“空话”、“官话”连篇，群众无不生厌，戏称其为“正确的废话”、

“普通话”，以至于《开会歌》在网上和社会上广为流传：“小事开大会，大事开长会，大会套小会，装傻谁不会。”有的则是用“套话”和“空话”欺上瞒下，迎合某些领导的喜好，充满着对领导的溢美、粉饰之词。例如，“这次会议太有意义了”、“领导的重要讲话太重要了”、“一定能开成胜利的大会”等等。有网友还总结了“官话”的特点：“讲话没有不重要的，意义没有不重大的；领导没有不重视的，进展没有不顺利的；完成没有不圆满的，成就没有不巨大的；工作没有不扎实的，效率没有不显著的；完成没有不超额的，竣工没有不提前的……”虽然不无调侃，但和一些领导讲话相印证，不得不承认网友确实“太有才了”。2000 年 4 月 17 日《报刊文摘》上有篇文章《官话》，写诗人林染遇到的几件事情。林染一次外出开会，特意取道拜访在某名山当文管所所长的老友。老友热情接待，从抽屉中翻出笔记本，熟练地摊开，边看边说起来：“我先把情况汇报一下……”接着陪同走遍全山参观，一路上频频“汇报”，弄得林染浑身不自在，既无官衔，又非来视察，汇报工作从何谈起？一次宴会，一位官阶较高的老者姗姗来迟。林染一位邻座肃然立起，脱口打招呼：“您亲自来了！”邻座身在机关多年，对上级使用“亲自”这个词语已成自然。老者一边端酒杯，一边习惯地说：“有些工作，还是得亲自具体干。”这一类的官话是不得体的，与语言得体的一般性迥然有别。

（二）语言得体的独创性

独创性是对一般语言得体形式的超越，创新度较高。独创性的语言得体形式最主要的目的也是表情达意，只是常常在创新的形式中增添了审美的情趣和魅力。语言得体的独创性从大处看，主要有两种情况：第一种是语言的超常组合，第二种是语言的创新运用。“超常组合”是相对于语言的逻辑意义而言的，是超出逻辑常规的语码组合，有的是词语组合不符合逻辑规则，有的是词序组合不符合语法规则，有的是词群组合不符合章法规则，还有的是语体运用不合语境规则等等。创新运用主要是指富有鲜明个性印记的语言，或者是表达独到的深刻见解，或者是融入独特的强烈感情，再或者是呈现独创的美学色彩。

媒体上的社会新闻可以说是语言创新和繁衍的温床。有很多创新的语言形式往往都在媒体上首先呈现出来，乃至有些人称媒体中富有创意的语言为“后现代话语”。如“影子工程”、“铿锵玫瑰”、“开心辞典”、“形象大使”、“价格炸弹”、“注水学术”、“人体炸弹”、“黄金联赛”、“板凳球员”、“丁克家庭”、“草根阶层”、“垃圾邮件”、“垃圾股”、“无绳电话”、“记忆合金”、“豆腐渣工程”、“灰色收入”、“黑色收入”、“头上时装”、“方程式赛车”、“电子眼”、“擦边球”、“黑心秤”、“烂尾楼”、“清水房”、“软环境”、“地球村”等等，得体地状物写人，为现代汉语词库增添了新鲜活泼的气息。从表面上看，这类短语构造令人十分费解，但是它们却能为广大社会成员所接受和理解，甚至欣赏。

民企“钱进”百货业　武汉商界战火蹿升①

“钱进”一词，从新闻的内容来看，一是表达民营企业进入百货行业，二是表达民营企业开始向百货业大量投资，在这一具体语境中，“钱进”要比“前进”一词更为贴切，更有表现力。

六蛀虫虚构“影子工程”，两百万护堤钱被吞②

一项工程从筹建到如期“竣工”，都只见其花钱如流水，却难觅工程的影子，将200余万元的“工程款”悉数鲸吞。“影子工程”这一词语形象生动，折射出许多令人深思的信息，其出现与事前监督和事中监督缺位有着必然的因果关联。

昨日下午，2003年女足四国赛的重头戏——中国队与美国队的比赛在冬雨中开战，中国队以2：0获胜，报了去年四国赛上0：2不敌美国队的一箭之仇。“铿锵玫瑰”冬雨中绽放，这也让冒雨观战的3万多球迷心中乐开了花。③

“铿锵”多用来修饰限制表声音的词，如“音调铿锵”等，用来修饰人，就是偏离了该词固有的语义规则。“玫瑰”喻指中国女足队员，用“铿锵”一词与之搭配，意在凸显中国女足队员为祖国荣誉而拼搏奋进、激情昂扬的民族精神，同时也蕴含了国人对她们由衷的喜爱和赞誉之情，从而使“铿锵玫瑰”这一超常组合融入了丰富的文化内涵。

百货大楼的负责人称，将在今明两天加大彩电这枚价格炸弹的投放。④

“价格炸弹”是指价位极低的商品——降价彩电，其出现犹如投放了一枚“炸弹”，势必会在受众中引起轰动效应，引发消费者浓厚的购买欲望。这一新词语要比“最低价”、“大降价”之类的直白语言更具震撼力。

再仔细想想，照目前注水学术的发展趋势，几千“泰斗”也还真不算多。……学术注水现象贬值与失落的不仅仅是学格。⑤

---

① 楚天都市报，2003－04－17.
② 楚天都市报，2003－07－30.
③ 成都晚报，2003－01－27.
④ 成都晚报，2001－08－11.
⑤ 中华读书报，2002－10－23.

学术研究是求索真理的实践活动，理所当然地拒绝任何形式的弄虚作假和投机取巧。然而，近些年来学术研究领域出现了一种“注水”现象，也被称为“学术泡沫”现象。“注水学术”是“学术腐败”的具体表现，任其滋生蔓延，必将败坏学术风气，侵蚀科研队伍。这一新词语将学术腐败的现象十分形象地表现出来了。

皇马在主场以4比2力克塞维利亚，齐达内在下半场的三个进球帮助皇马取胜，这是齐达内个人职业生涯的首个帽子戏法。①

作为足球比赛常用语的“帽子戏法”，源于英国作家刘易斯·卡洛尔的童话作品《爱丽丝漫游奇境记》。书中说一位制帽子的匠人能够用帽子变出各式各样的戏法，现今“借用”到球类比赛中，尤其在足球运动中，用来比喻球员出神入化的进球技巧，可谓活灵活现，并使球评增添了一些喜剧色彩。

文学作为一种语言艺术，可以把人的自由创造的才能发挥到极致。哪怕是极其隐秘的灵魂世界，极其微妙的情感波动，极其宏远的象外之象，极其幽深的言外之意，都无所不能表达。文学语言与日常用语、科学论文等语言不同，应该是仪态万千，具有独创性，给人以美的想象和享受。杜甫说：“语不惊人死不休。”这是所有作家在语言运用上的创新追求。千篇一律的没有个性色彩的语言注定不会盛开出文学的奇葩，因为它缺乏文学语言所特有的独创性，只有从独创性的语言中我们才会感受到文学的魅力。写作者总是要以独特新鲜的表达方式传达自己对社会生活的感受认识，常常把普通语言加工成新鲜的、陌生的、对人具有“阻拒性”的语言。以语言形式本身的独特来冲击读者的惯性审美知觉，刺激读者跳出常规化的思维和审美习惯，被陌生而奇特的语言形式所吸引。在语言形式的困难与感觉的延长中唤起读者对事物的审美感受力，使读者获得一种日常语言所没有的新鲜陌生的美的感觉。

舒婷《往事二三》中有这样的诗句：“一只打翻的酒盅/石路在月光下浮动/青草压倒的地方/遗落一枝映山红。”这些诗句初看令人费解，语句不够连贯，看似几个不关联的情景，不知其意。但是诗人正是通过这些具有“阻拒性”的词语，暗示了昔日心灵的迷醉，象征了丧魂落魄的青春、坎坷的际遇和寂寞的处境，从而形成了诗歌语言的变形美。

有一首校园民谣《真心英雄》：

在我心中只有老师最凶，
天天把我留到七八点钟；
回到家中就是爸爸最凶，

① 北京娱乐信报，2006－01－17.

天天把我打得鼻青脸肿；
爸爸走了就是妈妈最凶，
天天把我骂得一窍不通；
妈妈走了就是奶奶最凶，
天天把我饿得饥肠寡肚，
奶奶走了就是老子最凶；
老子才是真的真心英雄。

“老师最凶”、“爸爸最凶”、“妈妈最凶”、“奶奶最凶”，每一种“凶相”都不一样，有的是时间上的惩罚——“留”，有的是肉体上的惩罚——“打”，有的是精神上的惩罚——“骂”，还有的是不露痕迹的惩罚——“饿”，“鼻青脸肿”、“一窍不通”、“饥肠寡肚”等生动抒写出“我”受到的折磨。这是学生对校园苦行僧生活的真实写照，语言并不是采用超常组合形式，而是一种以普通的语言构成了一组独特的“受刑”画面，进行心理宣泄，其中酝酿着强烈的反叛情绪，为我们成人世界敲响了警钟。这种独创形式要比干巴巴地叙说应试教育的危害性生动、活泼得多，效果非其他形式能替代。这种形式在特定的语境中表现出说写者鲜明的个性印记，令人耳目一新。

独创性又意味着对习惯思维语言形式的突破。当我们已习惯于某种说写方式时，突然接触到迥然有异的语言形式，就会产生一种新奇感。

1998 年 12 月 17 日的《报刊文摘》上有篇短文《一张检水通知单》：

吉人和儿子去日本北海道旅游回来，在门盒里看到水道局检针事务所发来的一张通知单：“检针员检针，你不在家，发现你的用水量比上月多三倍多。我们怀疑有漏水的问题。请你把水管全关了，看看水表针是不是还走动。如漏水，可以减免水费。”通知单还附有修理单位的联系电话。

用水增多的原因本是儿子此前为一人独居，现在作者吉人到了儿子家，用水自然增多。检针事务所按水表收费，天经地义，其他事尽可不管。但这位检针员在无人可以询问的情况下，特地留下通知单。发现“用水量比上月多三倍多”，抄本月的水表，还有心与上月的用水量对比，生出“有漏水的问题”的怀疑。请住户“把水管全关了，看看水表针是不是还走动”，“请”、“看看”显得礼貌、亲切，提醒如何检查漏洞。要知道，漏水与否和住户有利害关系，可和水道局并无任何利益关联。“如漏水，可以减免水费”的说明，主动承揽责任，意味着水道局可能受损。国内的抄表人员极少听说多管闲事的，关于自来水公司与用户之间为谁负责任的纠纷倒是屡见不鲜。有了先前的习惯思维方式，所以作者就觉得这件事非常新鲜，我们也同样觉得不一般，这是另一种语言得体形式的独创性。

独创性以语言得体为前提，如果离开了这一前提，那就是怪异猎奇，乃至违背了起码的道德规范，并不是真正意义上的独创性。

据 1999 年 10 月 22 日《长江日报》下午版报道，武汉市新开张的“天堂 PP 娱乐广场”大门口有一块广告牌，上面写有一段广告词：“你愿意做一个笨蛋吗？NO，不愿意！全城最低价的自助餐，如果不来尝一尝，你就是一个笨蛋。”这是一段骂人的话，较少见，但这是什么样的创意呢？国家规定禁止任何单位发布损害别人人格的广告，这样做，至少违反了社会主义精神文明的要求。又据《中国食品报》1999 年 12 月 12 日报道，麦当劳在北京实行分时段优惠措施，在早上 10 时以前，平时卖 9.5 元的猪柳蛋汉堡只卖 6 元，还外送一杯热饮。可张女士早上 9 时点了份猪柳蛋汉堡却被收了 9.5 元。与店员理论，服务小姐说，叫法不同价不同，叫“早餐”就不仅便宜且另送热饮，叫“猪柳蛋汉堡”则不便宜。值班经理证实“规定如此”，麦当劳北京公司的林小姐说“规定确实如此”。这种叫法不同价不同的规定前所未闻，令人感到好笑，这不是变相宰顾客吗？如此创新大不可取。

（三）一般和独创的辩证性

一般性的语言得体形式有部分在开始出现的时候是富有创造性的，但随着使用范围的扩大，使用频率的提高，独创的光泽逐渐淡化，成为常见常用的语言形式。这是很正常的规律。另外，貌似一般性的语言也可能是具有独创性的，这需要结合具体的语言环境来考察。一般性语言转化为独创性得体形式需要特定的主客观条件。客观条件，只是具备着转化的可能性，而要实现这种转化，把可能性变为现实性，必须经过主观条件即说写主体的作用，主观条件与客观条件的辩证结合，才能构成独创的语言形式。或者可以说，一般语言形式转化为独创性语言形式主要凭借说写者创造性的运用。

1994 年以来，因特网在全球的迅猛发展为人们提供了方便、自由和无限的财富，政治、军事、经济、科技、教育、文化等各个方面都越来越网络化，并且逐渐成为人们生活、娱乐的一部分。信息时代的到来，信息已成为物质和能量以外维持人类社会的第三资源，它是未来生活中的重要介质。随着计算机的普及和因特网技术的迅速发展，黑客也随之出现了。该词是音译外来语，源自英语“hacker”，在引入中国后，词义有了进一步的扩大。“黑客”是指利用计算机及互联网对计算机信息系统中存储或者传输的信息和应用程序进行删除、修改、增加、干扰，或故意制作传播计算机病毒等破坏性程序，以及利用计算机实施金融诈骗、窃取他人（包括单位）机密的计算机操作者。“黑客”刚在社会上出现时，颇为新鲜，汉语词典上都查不到解释，但一旦引入，就具有了强大的生命力。有人统计，1999 年 1 月至 1999 年 3 月的《中国青年报》，“黑客”出现了 30 多次。它的地位是其他词不能代替的，代表了一种发展的趋势，也比较符合中国人的语言习惯。现在，人们对“黑客”的语言形式已不再陌生，它已转化为一般的语言得体形式。

再如，“白领”一词是改革开放以来出现的新词，其提供的信息并非一袭雪白的衣领，而是指以脑力劳动为职业，收入可观，工作环境优越的那么一种人。“白领”在着装方面有较为明显的群体风格，不论男性、女性，款式简洁有度、用料讲究、工艺精致始终是白领衣着的主流。流行至今，“白领”已成为一个大众化的称谓了。与“白领”相对的一族是“蓝领”，指的是一切以体力劳动为主的工资收入者，如一般工矿工人、建筑工人、码头工人、仓库管理员、农业工人等。现在“蓝领”也转化为一般语言得体形式。

> 极个别的人，为了追求享受、玩乐，甚至不顾国格、人格，干了一些不知羞耻的丑事，损害了我们国家的声誉，令人非常气愤。①

国格是指一个国家的体面或尊严，它由“人格”仿拟而来，最初出现时只是临时的修辞现象，具有创造性，后来逐渐取得了新词语的地位，现在又作为一种词汇现象进入了《现代汉语词典》。

> 父亲带我和弟弟去城里的姑姑家做客。在车站，父亲走近售票窗口问道：“我们三个到郑州要花多少钱?”
>
> 年轻的售票小姐回答道：“大人4元，高于1米20的小孩和大人一样，他们两个有多高?”
>
> 父亲答道：“这个小的1米15，那个大的1米22，我想我得付8元钱。”
>
> 那位售票小姐笑道：“嗨！先生，你是刚捡了钱还是发了大财？你只要告诉我较大的男孩1米20，你就可以省下4元。我的眼睛不是标尺，我又看不出有什么差别。”
>
> 父亲回答：“你说得没错，但是应该让孩子们知道他自己有多高!”②

这一例中，父亲对售票员说：“你说得没错，但是应该让孩子们知道他自己有多高!”孤立看，这一句话并没有什么特别之处，但结合具体的语言环境来考察，父亲的回答别具一格。售票员是在为“父亲”的利益考虑，表示“她”是不会计较细微的2厘米误差的，甚至讽刺对方“是刚捡了钱还是发了大财”。事实上，这2厘米误差确实是很难发现的。而父亲的答话，并未直接指责售票员，也没有像一般人那样标榜自己的为人如何如何，只是说“应该让孩子们知道他自己有多高”，意味深长，字

① 北京日报，1979-04-07.

② 报刊文摘，2003-08-11.

面意思是清清楚楚的，但深层意思是要让孩子从小就懂得诚实的道理，这个“高”就不仅仅是身高的“高”了。貌似一般的语言形式就具有了独创的性质。

文怀沙的性格豁达爽朗，他“死而复生”的故事，流传甚广。1986年秋天，上海人民广播电台文艺部编辑马学鸿在库房中清理旧节目时，突然发现了文怀沙在20世纪50年代讲解《诗经》的录音磁带，便如获至宝般将其录音编成节目。但在介绍作者时，却犯了一个大忌：他从周围同仁的口中听说文怀沙在“文革”中早已作古，便贸然在文怀沙名字前面加上了“已故”两字。1986年10月5日，节目播出后，立即引起了国内外的震动，海内外的唁电雪片般飞来，文怀沙在上海的哥哥尤为震惊，不顾自己80岁的高龄，当即赶到电台去质问，大发脾气……然而，正当马学鸿处于惶恐不安之际，一封来自北京、写着“文缄”的书信寄到了他的手中。文怀沙在信中写道：

> “关于我‘已故’的传言，恐怕算不上‘新闻’，盖由来久矣。早在‘文革’初期，就听说国外电台曾相继报道我被‘迫害致死’的消息。打倒‘四人帮’后，也有日本朋友向我家人致唁。所以贵台报道中以为‘已故’，不是什么创造性的无稽之谈，乃是出于疏忽、不加核对地以讹传讹，毛病出在‘轻信’……对待这种不虞之誉，我在愧领之余，也向你们表示由衷的感谢！……如果贵台领导人愿意尊重鄙人的意见，务请谅解我那位不相识的或称之为素昧平生的朋友，千祈勿以一眚掩其德……”
>
> 后来，文怀沙视这个年轻人为知己。提及此事，他还幽默地说：“人家都是死后有哀荣，我身前已经听到身后的名，这个经验太美好了。”①

编辑马学鸿播出节目，将明明活着的人当作已经去世者介绍，按照世俗观念，是大忌，造成了对他人的精神伤害。这一例中，还产生了严重的社会影响，“立即引起了国内外的震动，海内外的唁电雪片般飞来”。文怀沙的哥哥尤为震惊，“当即赶到电台去质问，大发脾气”。而当事者文怀沙的处理方式却与众不同，指出“已故”的消息“不是什么创造性的无稽之谈，乃是出于疏忽”，毛病出在“轻信”，“对待这种不虞之誉，我在愧领之余，也向你们表示由衷的感谢”！将之看成一种赞誉，自己“愧领”，而且竟然表示“由衷的感谢”，恳切请求电台的领导“务请谅解我那位不相识的或称之为素昧平生的朋友，千祈勿以一眚掩其德”。还说道：“人家都是死后有哀荣，我身前已经听到身后的名，这个经验太美好了。”也是有悖常情常理。这样的语言，如果孤立地考察，是一般性的，但结合具体的语境，却是独创性的，这在很大程度上取决于文怀沙特殊的经历、个性和素养等主观因素。

---

① 鄢凤明．“燕堂老人”文怀沙的交际之道．演讲与口才，2008（4）．

第三节 语言得体因素的关联性

这里说的语言得体因素，指的是制约、影响语言表达得体的诸种条件。这些因素极为错综复杂，难以穷尽罗列。既有表层的，又有深层的；既有抽象的，又有具体的；既有外显的，又有潜在的；既有主要的，又有次要的；既有相对固定的，又有灵活变动的。种种因素是怎样对语言表达的得体起着制约和影响作用的呢？它们相互之间又有怎样的关系呢？正确认识、辩证理解其中的主要关系，对我们从较深层次上考察、研究、评价语言的得体性是十分必要、大有益处的。

一、交融性

交融性，是指各种因素对语言得体表达起制约、影响作用时，总是相互关联，扭结、交融成一个复杂、无形的“磁场”，综合起作用。换句话说，各种因素构成了一个有机的网络，完整的系统，全面起着制约、影响作用。如果将各种因素绝对化，孤立看待，割断或者歪曲它们之间的内在联系，就不能真实地、科学地认识、评价语言得体现象。

对一些表层的或是有形的制约、影响条件，人们一般能够比较清晰地意识到，认识它。

福建省沙县农民黄某，一次买了一种叫“保果灵”的农药，没想到果树喷药7天后，200多株柿子树的叶子、果实全部掉落。后经有关部门详细了解才知道，是农药说明书不详不妥所致。说明书上说明“连续使用两次，间隔期为20天”。黄某看了说明书，当天便对柿树连续喷药两次，准备20天后再喷药两次，谁知这样做铸成大错，造成1万多元的损失。①

“连续使用两次，间隔期为20天”的说明文字，是有歧义的，一是可以理解为连着使用两次，隔了20天再使用；二是可以理解为只要使用两次，每次之间间隔20天。试想，如果农药说明书上在“间隔期为20天”前冠以“每次”，何至于造成这么大的经济损失呢？这是语言表达的失误。语言表达态度、水平的条件制约、影响作用在这一例中十分明显。

在重庆市举办的第七届金鸡百花奖电影颁奖晚会上，明星获奖时的即兴发言

① 致富之友，1997（8）.

有不少精彩妙语。冯巩说:"真没想到我能获奖,感谢评委的厚爱,你们辛苦了!感谢山城人民的热情,山城不但地美,水美,人更美。'好霸道,不摆了!'(用重庆口音讲的重庆话,即好得无法用语言表达之意)感谢导演对我的帮助,更要感谢××先生,没有他们,就没有我的今天。""其实,我跟金鸡是有缘分的。我本来就属鸡的,有脖子为证。我一定要发扬金鸡精神,不断为我国电影的春天啼鸣儿报晓,不但学公鸡打鸣儿,更要学母鸡下蛋,多出好作品,讴歌新时代。感谢大家!"

冯巩的话语很得体。因为颁奖地点是在重庆,感谢"山城人民的热情",称赞"山城不但地美,水美,人更美",特别使用了重庆方言"好霸道,不摆了",加强了亲和力。奖项是"金鸡百花奖",联系自己的生肖是"属鸡",今后"一定要发扬金鸡精神,不断为我国电影的春天啼鸣儿报晓,不但学公鸡打鸣儿,更要学母鸡下蛋,多出好作品,讴歌新时代"。语言生动幽默,扣住重庆山城、人民、金鸡百花奖名称,针对观众、评委、导演等,临场巧妙发挥。这些条件同样明显,且"有形"。

比较复杂的语言交际活动,比较特殊的语言现象,必须高度重视制约、影响因素的交织性,切忌片面性,要在联系中作动态的考察。

一位管理教授给企业界的精英们作报告。他请一位戴眼镜的男子配合做一个游戏。教授说:"现在请你用这只瓶子做出五个动作,什么动作都可以,但不能重复。好,请开始。""眼镜"五个动作瞬间完成。教授点点头,道:"请再做五个,但不要与刚才做过的重复。""眼镜"又很轻易地完成了。"请再做五个。"等教授第五次发出同样的指令时,"眼镜"已满头大汗,狼狈不堪。教授第六次说出"请再做五个"时,"眼镜"突然大吼一声:"不!我宁愿摔了这瓶子也不想再让它折磨我的神经了!""眼镜"把瓶子重重地放在台上,愤愤地走回自己的座位。教授说:"你们看到了,'变'有多难!连续不断地'变'几乎使这位亲爱的先生发疯。可你们比我还清楚,商战中'变'有多重要。我知道那时你们就是发疯也要选择'变',因为不变比发疯还要糟,那意味着死亡。"点睛之语,为之夺目。①

如果仅仅到"'眼镜'把瓶子重重地放在台上,愤愤地走回自己的座位"为止,孤立看待这一游戏,考察教授的指令语言,不断要求对方"请再做五个",这不是恶作剧吗?难怪"眼镜"满腔怨气大吼:"不!我宁愿摔了这瓶子也不想再让它折磨我的神经了!"坚决拒绝执行教授的指令。教授的话语哪谈得上得体呢?然而,教授接

① 商业故事,2010(9).

下去一段话却改变了话语的性质，提升了得体的层次。游戏虽然简单，评价其得体性则关涉到许多方面：一是听报告的对象是企业界的人士，教授的指令语言、结论语言实际上都是具有很强的针对性的。“商战中‘变’有多重要”，“因为不变比发疯还要糟，那意味着死亡”。原来这是用来喻指商场中的“变”的，切合听课对象。二是教授对管理学有着精深的造诣，懂得科学管理的规律，企业只有不断创新求变，才会具有生命的活力，这是说写主体综合素养和专业水平的反映。三是深入浅出的教学方法，既有启发性，又有趣味性，符合教学的认识规律。四是点拨的时机恰当，“眼镜”的不耐烦自在意料之中，只是要等到“眼镜”发怒的时候才道出其中包含的深刻哲理。诸多因素缺一不可，否则无法全面衡量其得体性。

1999 年 5 月 14 日《生活日报》刊登了一则消息，写哈尔滨出租车女司机韩晶妙语战胜劫匪。歹徒在晚 11 时许以尖刀逼韩晶将钱都交出来。韩晶装出害怕样子交给歹徒 300 元说：“今天就挣了这么点儿，要嫌少就把零钱也给你吧。”又拿出找零用的 20 元钱。接下来又乘机说了下面的话语：“你家在哪儿住，我送你回家吧。这么晚了，家里人该等急了。”“我家里原来也非常困难，咱也没啥技术，后来就跟人学开车，干起这一行来。虽然挣钱不算多，可日子过得也不错。何况自食其力，穷点儿谁还能笑话我呢!”“唉，男子汉四肢健全，干啥都差不了，走上这条路一辈子就毁了。”“我的钱就算借给你的，用着干点儿正事，以后别再干这种见不得人的事了。”最后，一直不说话的歹徒听罢突然哭了，把 300 多元钱往韩晶手里一塞说：“大姐，我以后饿死也不干这事了。”说完，低着头走了。

这位女司机智勇双全，确实值得称赞。有篇文章专门分析这位“的姐”的语言技巧是如何战胜劫匪的：“一个弱女子在体力悬殊、四周无人的情况下，如果一味高喊、反抗，很可能激起对方铤而走险，不是上策。”“这样说，使得歹徒对自己用尖刀威迫抢劫一个弱女子的行为感到羞愧。”“韩晶巧用一语双关、绵里藏针的方法进行旁敲侧击，犹如千斤重锤猛击歹徒心扉。”“发自肺腑的临别赠言唤起歹徒良知，很有说服力。”“在与歹徒的交锋中，‘的姐’韩晶赢在出色的口语技巧上，更赢在优良的心理素质上。”这些分析、评价对不对呢？对的，有道理，但是还不够全面。这是一个比较特殊的案例，报纸的消息中没有披露劫匪的身份、经历等情况。可是我们可以大约作出推断，这个劫匪良心尚未泯灭，并非凶残之徒。这一因素非常重要，是“的姐”语言技巧、“心理素质”赖以发挥作用的基础。君不见报上多有报道，即使出租车司机不加反抗，顺从交出钱财，也被歹徒活活杀死。因此，应该综合考虑各种因素来评价。正由于此，这位女司机的妙语在绝大多数类似场合并不适应，大声呼救、设法反抗倒是上策。

王驾《晴景》诗云：“雨前初见花间蕊，雨后兼无叶底花。蛱蝶纷纷过墙去，却疑春色在邻家。”王安石改此诗为：“雨来未见花间蕊，雨后全无叶底花。蜂蝶纷纷过墙去，却疑春色在邻家。”傅庚生不以王安石改诗为然，他说：“王驾原诗，当时得情物之真，故自然而省力，荆公所改，因力求专注，乃有‘刻画’之嫌。花‘初’开见蕊而雨至，风狂雨横之后，非但叶外可见之花已落，并无叶底之花亦残。蜂蝶飞来，无花可驻，翩翩飞过墙去，此院之春已逝矣，春色倘仍在人间，其在邻家乎？一种怆凉之意，尽在言外，本无瑕可抵也。荆公改作，则为用力逼出‘却疑春色在邻家’一句，写得庭花未开便残，转失衬托浅深之美，容与含蓄之致，且花未吐蕾，雨后便落，亦失事理之真；分明是横施斧钺，无任乃云‘了无斫斧之迹’，盖亦暇细校矣。”① 傅庚生的意见是对的，王安石对王驾的诗作改写，过多关注了逼出末句，即上下文的语境因素，对其他制约、影响语言得体的因素忽略了，因而不及王驾诗得体。可见一个完整的因素网络综合对诗句起着制约、影响作用，倘若顾此失彼，必然会出现破绽。

二、不平衡性

有关语言得体的因素都应该引起我们足够的重视，这是研究周密性的标志。随意地视而不见或厚此薄彼是不正确的态度。但是，又应该清醒地认识到，各种因素在制约、影响语言得体表达的过程中，关系有直接、间接之分，距离有长短之分；所起作用有方向差异，大小强弱分别。其中必然存在着起主导作用的因素，可能是一个，也可能是几个。因此，在具体考察、研究语言的得体性时，对各种制约、影响作用因素，是不能不作具体、符合实际的分析的。分清地位的主次，辨别作用的强弱，有助于我们正确判别、评价语言的得体和得体的程度以及得体的原因，避免可以忽略不计的细枝末节的干扰，以便集中力量，理清头绪，抓住重点，作出合乎情理的科学解释。

“老蔡”酱油目前已有相当高的知名度。邵隆图的《智慧宣言——广告人札记》（上海人民出版社，1997）一书中，记述了“老蔡”的诞生过程。来自台湾的蔡庆贤先生 1994 年准备进入大陆经营酱油、酱菜等食品时，并未注重取富有创意的商标名称。因企业名称是“华南食品有限公司”，产品就叫“华南”牌。后来，合作方与蔡先生反复商讨新名称，提出了“依园”、“依鲜”、“思侬”、“厨王”、“烧王”、“原鲜”、“大福”、“妈妈”、“好搭档”、“一品鲜”、“老师父”、“小厨师”等数十个名称，但总感觉到不是那么完美，没有找到最合适的结合点、切入点及准确的定位。想到“康师傅”之所以好销，就在于“师傅”两个字，消费者会产生联想，以为是个老牌，有经验，同时又非常亲切。所以，在思考创意时应更多地从亲和角度出发。他们还对家里的保姆和邻居做了抽样调查。“我们现在吃什么酱油?”“1 元 1 角的。”“那还有什么酱油呢?”“1 元 5 角的。”“什么牌子呢?”“不知道。”“那你为什么买 1 元 1 角的呢?”“差不多。”由此可见，保姆和邻居对酱油的品牌概念是模糊的，也不关心。最后定下了“老蔡”，“蔡”是蔡先生的姓，与烧菜的“菜”同音。这一名称

① 傅庚生．中国文学赏析举隅．北京：北京出版社，2003.

给了消费者一个牢固记忆点，再加上广告支撑："烧小菜用老蔡"，"烧好菜用老蔡"，"好味道有老蔡就行了"，"老蔡"的品牌名称愈是显出亮色。"老蔡"的得体品牌名称由许多因素决定，其中最主要的是两点：一是取名追求亲和，与消费者尽力拉近感情上的距离；二是与蔡先生的姓氏巧合，"蔡"与买菜、烧菜的"菜"同音。

在具体的语言交际活动中，说写对象至关重要，在特定场合中会直接影响到语言得体性。评价时也应充分考虑到这些因素的制约和影响作用。

> 启功先生有次接到一个电话，对方称先生曾为某书题签，现此书已出，欲明日亲自送来。先生当即说："谢谢。不过这样的小事，你也不必跑了，通过邮局寄来即可。"对方不干，非要前来，称为探望。先生解释道："我现在很忙，身体又不大好，你来我也无力接待，请原谅，书还是寄来吧。"对方不肯，先生索性挑破窗户纸，单刀直入问："你说你还有什么事吧。"对方称，没有事，就是想看看你。先生答道："你既然那么想看我，也行。我给你寄张照片去，你可以从从容容地看。"此人仍不罢休，先生于是说："好吧，你明天何时来，说个点儿。你认识不认识我这儿，不认识我告诉你地址。明天到这个点儿，我出门，就在大门口，你也不用进我的门，你不是就为看我吗？咱俩就在门口对着看，你看我，我瞧你，你要近视，带上眼镜，我也带上花镜，好好瞧瞧你。看半个钟头，够不够，若不够，看两个钟头也行。"①

孤立看，启功先生的有些话似乎不近情理、不得体，因启功先生"曾为某书题签"，所以对方要"亲自送来"，似乎并没什么错误，还含有礼节上的尊重意味在里面。但启功已经表示了"谢谢"、"请原谅"，主要原因是"我现在很忙，身体又不大好，你来我也无力接待"，说的是老实话，语气很委婉，同时也体谅对方，"你也不必跑了，通过邮局寄来即可"。启功的话说到这个份上，应该是既道明了拒绝的原因，又顾及了对方面子，还提出了解决问题的方式。症结在于交际对象完全听不进启功的话语，一再坚持要上门送书，以此作为借口与名人见面。于是启功就说："咱俩就在门口对着看，你看我，我瞧你，你要近视，带上眼镜，我也带上花镜，好好瞧瞧你。看半个钟头，够不够，若不够，看两个钟头也行。"转换了对方"看看你"的含义，并不是有意刁难对方，真正要求对方做，而是窝气话、发怒话，这是交际对象将启功先生一步步逼到"墙角"，蛮不讲理，先生不得已而言之，以此来戳穿对方的花言假语。正是考虑到这一主要因素，启功先生的话语是得体的。

由于语言交际目的、性质、形式的不同，说写者素质等方面的差异，制约、影响语言得体性的主要因素并不是固定不变的，此一语言个例的主要制约、影响因素，在

① 世纪，2005（1）.

彼一语言个例上并不一定适用，而且常常发生转化的现象。

> 1998年，中国科学院、中国工程院、科学时报社共同策划出版《院士科普书系》（由暨南大学出版社与清华大学出版社出版），然而，一年半的时间过去了，人们仍未看到这套书。科学时报社长在接受记者采访时说，这套书之所以如此“难产”，并不是资金问题，而是院士们写的科普书不太符合要求，就完成书稿的情况来说，符合出版要求的、需要返工的和必须重写的，各占了1/3。最大的问题在于院士们的作品大多在通俗性、可读性方面难如人意。①

院士们的学术水平是顶尖的，不容怀疑；语言表达的水平也是高的，否则如何能写出高质量的、有重大影响的论文来呢？这里，最主要的制约、影响因素是语体因素。科普文体对语言表达有特殊要求，既要阐述科学的深奥道理，又要深入浅出，一般人都能够读懂。我国长期以来忽视科普、轻视科普现象比较严重，院士们动笔写科普文章的机会很少，以自己写学术论文的笔墨写科普作品，在通俗性、可读性方面难以尽如人意就完全可以理解了。而反过来，能写出语言通俗、读者喜爱的科普作品的人，也未必能写出语言精深、富有创见的高质量学术论文。

三、互制性

互制性，是指语言得体诸因素之间存在着相互制约、影响的关系。在语言得体诸因素对语言表达材料起着综合作用的同时，它们自身相互之间的关系也是错综复杂的，不可能各自完全独立，决然排斥其他因素，呈平行线性状态。大体说来，它们之间的关系可以区分出三种情况：和谐共处、主观偏离、客观偏离。这样区分是基于先将各种因素归并为主观、客观两大类，再考察它们在语言交际活动中所起作用的主次强弱，然后作出评判和描述。

和谐共处，也就是说语言得体主客观诸因素之间关系处于正常状态，或者说平衡状态。不能误解为相互之间没有制约、影响作用，而是说各种因素都有恰当的地位，都兼而及之。语言表达由此显得非常自然、熨帖。

> 两个人在图书馆里看书，居然吵了起来。管理员跑去问什么事。一人说：“我要开窗，我需要新鲜空气。”另一人说：“我不要开窗，我怕冷。”管理员问：“开一半窗，好不好？”两人异口同声地说：“不好！”管理员又说：“你们其中一位到隔壁那间去看书，好不好？那边没人。”“也不好！”管理员没办法了，请来图书馆主任。主任说：“这简单！空气确实应该流通，也确实不能直吹冷风。我

① 考试（教研版），2007（11）.

将隔壁一间的窗子打开好吧？”接着走到隔壁一间打开了窗子。主任问：“空气感觉到新鲜了吗？”那位要开窗的人笑着说：“有了。”“不会冷吧？”主任又问另一人。不愿开窗的人也笑了：“不会。”①

这一例中，图书馆主任的话语十分得体。从说写主体方面看，主任修养高，点子好，并没有一定强迫两位读者接受其中的一方意见：“空气确实应该流通，也确实不能直吹冷风。我将隔壁一间的窗子打开好吧？”对两位读者的诉求都表示理解、赞同，两个“确实”加重了肯定的分量。“我将隔壁一间的窗子打开好吧？”本来这是个两全其美、无法反对的主意，偏偏用征询的口吻提出，体现出尊重、亲和力。从语言环境方面看，交际对象、温度、空气等因素都考虑到了，而且温和的语言自然地顺着两位读者的话题展开，得到了满意的反响。一个说新鲜空气“有了”，另一个说“不会”冷了，矛盾圆满解决了。

主观偏离和客观偏离都是指语言得体诸因素之间处于非正常、非平衡状态。主观偏离，就是说，说写主体的因素在语言得体表达中比起客观环境的因素，所起的制约、影响作用更为有力、突出。客观偏离，就是指客观环境的因素在语言得体表达中比起说写主体的因素，所起制约、影响作用更为有力、突出。和谐共处只是在相对意义上存在，绝对的平衡不可能做到，只是偏离比较小，可以忽略不计，或者不易觉察到而已。这两种不同方向的偏离，从理论上讲似乎不难分辨，但落实到考察具体的语言交际活动，辨析却是颇为困难的。个中的主要原因在于主客观因素本是相互交织在一起，而且其语言得体的形式一般都呈现出比较特殊的色调，人们往往为共同的特殊形式所迷惑，而忽略了探究其中深层的区别。

先看一个例子。1994 年 11 月 16 日《报刊文摘》上有篇文章《“不讲理”的壮举》，写陕西省发生了一起特大恶性交通事故，死亡两人、重伤五人、轻伤一人。民警张柏林拦住一辆豪华奥迪轿车，司机以首长要到省城参加会议为由拒绝救运伤员。张柏林说：“不拉，我把你们的车号记下来，向省委省政府反映，要求报纸、电视曝光，请求追究你们见死不救的法律责任！你们要敢逃跑，我豁出犯错误，先开枪打破你们的汽车轮胎！”民警的一番义正词严的话语使“领导”无可奈何地点头了。

这一例中张柏林的语言貌似不讲理。“向省委省政府反映，要求报纸、电视曝光，请求追究你们见死不救的法律责任”，这话虽然严厉，但还是属于常情常理，无可指摘。“你们要敢逃跑”，就“开枪打破你们的汽车轮胎”，虽然枪击对象是轮胎，但动用枪支，明显带有威吓意味。仔细考察，实际却很有理、很得体。其之所以能得体，既有主观因素，如民警的特殊身份、张柏林的个性特点、救死扶伤的高度责任感等；也有客观环境的因素，如特大恶性交通事故、人命关天、刻不容缓、没有其他救护车

① 曹金洪．希望是心灵的灯塔．长春：北方妇女儿童出版社，2010.

辆等。哪一方面的因素更为重要一些呢？这是在没有办法的情况下逼着说出来的话语，是无奈的选择。离开了这一特定的情境就很可能转向不得体了。这里，关联因素互制性偏向客观环境，因而可以看作客观偏离。

再看一例。1994 年 4 月 18 日《报刊文摘》上有篇文章《为何错呼“救命”为“救火”》，写一位女工深夜遭歹徒拦劫，便赶紧大叫：“着火啦，快救火呀！”喊声惊醒了睡梦中的人们，消防车火速赶来，歹徒落荒而逃。问其为何不喊“救命”而叫“救火”，女工回答道：“深更半夜，如照实喊救命，谁愿意冒风险；喊‘救火’大家怕火连四壁，殃及自家，就会赶快起床相救。”

这一例中女工的话语也很特殊，明明应该喊“救命”，怎么会喊“救火”呢？听她一番解释的理由，似乎也有被逼的一面，目的是为了有效自救。但细细想来，与前例有所不同。在此种紧急状态下，可供选择的呼救形式是多种多样的，如：“救命啦！”“有人抢劫啦！”“捉歹徒啦！”“快来人呀！”“出人命啦！”“警察，快来这边！”（借此吓唬歹徒）等等，而不喊“救火”也常常能取得获救的效果。因此权衡主客观两方面，应该说女工主观因素的影响作用更加突出一点，此谓主观偏离。

之所以会出现主观、客观的偏离，实际上是主客观矛盾运动状况的反映。当矛盾运动主观方面因素占主导地位时，就呈现主观偏离；当客观方面因素占主导地位，就呈现客观偏离。

说写主体对客观环境因素并不是一味顺从、熟练驾驭，而且能够在运动中改变、控制客观环境，恰当地超越。客观环境因素也不是放任说写主体挣脱自己的制约和影响，可以偏离，但超越必须适度，如果我们将客观环境诸因素比作一条富有弹性的绳索，主观偏离只是将这条绳索拉得长一点罢了；如果我们将主观因素比作放飞的风筝，那么其最终还是不得不受到绳索的束缚，千丝万缕的联系是难以割断的。以上所述的主观偏离、客观偏离是正偏离，超越过度即转化为不得体，就是负偏离。

2012 年 9 月 23 日江苏卫视的《非诚勿扰》节目中，男嘉宾李×牵手成功，即将离场时，乐嘉和李×有这样一段对话：

> 乐嘉：在孟非和我两个人里面，你个人在内心深处，更喜欢谁，你先回答我。这个问题没有任何陷阱！
>
> （停顿）
>
> 男嘉宾（李×）：你们两个我都不喜欢。
>
> 乐嘉：你不喜欢我的最重要的原因是什么？一个理由就可以。
>
> （无言）
>
> 男嘉宾：关于乐嘉问我，更喜欢孟非还是喜欢他乐嘉，我觉得这个问题，太没必要，太幼稚了。乐嘉脑子里，怎么会想出这个问题？其实两个人更喜欢谁，真的没有必要回答。

男嘉宾的回答很意外，场上显得颇尴尬。从笔者个人的角度来说，孟非、乐嘉两位我都很喜欢、很赞赏，他们个性鲜明，随机应变，语辞犀利，妙语迭出，往往在提问质疑、互动交流中使得男女嘉宾全方位地呈现出一个真实的自我。不过，对不同的交际对象应该区别对待。就说男嘉宾李×吧，不大善于辞令，不大愿意直言对问题的看法，估计是个性使然吧。前边孟非、乐嘉实际上已经对李×的说话方式提出过质疑、批评，而这里又给男嘉宾出了一道难题。乐嘉问“在孟非和我两个人里面，你个人在内心深处，更喜欢谁”，尽管强调了“这个问题没有任何陷阱”，也是足以使人为难的。如果说“都喜欢”，不符合提问者的要求；如果说，喜欢其中的一人，又会担心得罪另外一位，礼貌上说不过去。男嘉宾的回答“你们两个我都不喜欢”，恐怕大大出乎乐嘉和其他人的意料，而且与以往的男女嘉宾张口闭口都是“孟老师”、“乐老师”、“孟爷爷”之类的尊称、昵称迥然不同，直呼其名，心中的不快表露无遗。既然别人不愿意回答，不想说，那何必一再批评、要求呢？给他人必要的空间，真正尊重对方的意愿，不要让嘉宾“体无完肤”，这也是一种才华。回到乐嘉的问题，也确实没有什么意思，似乎有强人所难之嫌。这可以看作主观方面的负偏离。

时代在发展、进步，人们对社会上某些人的职业称呼得文明多了，舍弃了歧视的色彩。如扫街的，有的称“环保工作者”；理发的，有的称“形象设计师”；烧菜的大师傅，有人称为“主厨”、“厨艺总监”等等。对商店、饭店的命名，已从单一变得丰富多样，如“××花园”、“××广场”、“××山庄”、“××中心”、“××大厦”、“××城”等等。好的名称富有创意，是一种突破、超越。但是，也见到一些离谱的名称。有一种工作叫“垂直交通管制员”，原来是百货公司开电梯的；一个小小的皮鞋摊旁，竖着“皮鞋医院”的大招牌；一张宣传单上，写着“全方位感官休闲俱乐部”，原来是家酒店；七八平方米的店铺，居然挂着“××中心”、“××广场”的牌匾等等。诸如此类的名称，就不符合客观实际，超过了“度”的限制。福州市在1998年曾出台过一个规定，指出“广场”必须是建筑面积在10万平方米以上，且有面积大于1 500平方米的露天公共场所的建筑或建筑群；“中心”必须是建筑面积在10万平方米以上，且以某一产业为主导、功能齐全的建筑群或高层建筑；“花园”绿地率属新区开发的必须超过35%，属旧城改造的要超过30%；“山庄”必须是靠山的低层住宅区，不靠山的原则上不能以“山庄”作通名；“大厦”必须是建筑面积5 000平方米以上，功能齐全、配套完善的高层建筑。这一例可以看作客观方面的负偏离。有关规定即是发挥主观因素的制约条件，具体情况可以具体对待，过分出格则是不得体的。

和谐共处、主观偏离、客观偏离是针对制约、影响语言得体因素之间的关系而言的，正确认识、把握不同的关系，有助于全面、深入理解语言得体现象；但不能误解为与语言得体的程度有直接的联系，因为无论语言表达处于何种关系之下，都有可能属于不同程度的得体层次，都有可能表现出缤纷的色彩。

第七章

教学语言的得体性

教师担负着教书育人的重要职责，在实施教学活动的过程中，最主要的媒介是语言。张志公先生曾说过："尤其是教师，他不仅用说话来进行工作，而且他的口头语言对他教育过的那些满天下的桃李弟子的一生都会产生影响的。"① 因此，教学语言的得体性直接关涉到教育的效果、教学的效率，值得我们高度重视，深入探讨。

第一节　教学语言得体性的特殊要求

与一般的交际语言得体性相比，教学语言特别讲究针对性、准确性、感染性。

一、针对性

教学大至每一学年、年期、阶段，小至每一课时、每一环节，都应有明确的任务和目标，脱离了这一基点，语言就谈不上得体。教学的对象是复杂的群体，学生的基础、个性、经历、年龄、心理等因素各不相同，即使同一教师长期教同一年级同一门课，学生的情况仍然存在诸多差异。"因材施教"的原则，其中也包含着应该针对不同对象运用语言的内容。课堂教学是个动态的流程，充满了变量因素，有许多是事先难以预料的，需要根据具体情况灵活对待。这些，说明教学语言的得体性表现出鲜明的针对性。一般的语言交际未必不讲究针对性，但在明确的程度、受制的深度、时间的长度上通常不及教学语言。

下面是名师孙建锋教《最大的麦穗》的一节公开课片断：

师：现在请你们交流各自的阅读感受，让大家共同分享"收获"的快乐！

甲生：苏格拉底是一位好老师，他教导弟子不在教室，在麦地；不用课本，用麦穗；不是直接告诉他们一个道理，而是让他们亲自实践，自己悟出一个道理。

师：你不是在批评我吧！（生笑）的确，"纸上得来终觉浅，绝知此事要躬行"。我应该向苏格拉底学习，同时也应该向你学习，因为你会读书，能读出文字背后的内容。（听课老师报以热烈的掌声）

乙生：课文最后一句话"追求应该是最大的，但把眼前的一穗拿在手中，这才是实实在在的"，让我懂得：人应该有远大的理想，但也应该注重现实。比如，我的追求是考上北大，如果南大录取了我，我也会去上，以后我还可以再考北大的研究生啊！

师：妙！既读了南大，又读了北大，如此的大学经历是美妙的，也是双赢

① 张志公．语文教学论集．福州：福建教育出版社，1981.

的！（从书中取出一片红叶）这是我去年到北京学习时在清华园摘的两片红叶之一，一片送给了我的孩子，这一片送给你，霜打的红叶分外艳啊！

乙生：（双手接过来）我想我还是由考北大改为考清华吧！（师生大笑）

师：我希望六年后，能读到一封来自清华的热情洋溢的信，正是你写给我的。

乙生：（激动地说）一定会的！

师：我期待那一天！（师主动和该生拥抱，课堂里掌声雷动，经久不息）①

这一例中，教师请学生“交流各自的阅读感受，让大家共同分享‘收获’的快乐”，这一问题是对学生学习成效的综合测试，很有价值，具有开放性，而且几个学生围绕问题畅谈，构成了完整的、含有创意的、紧密贴近实际的答案链索。学生“自己悟出一个道理”，“人应该有远大的理想，但也应该注重现实”，并以报考高校为例说明。教师说，“我应该向苏格拉底学习，同时也应该向你学习”，并非完全是自谦，而是由学生的领悟自然生发，并赠送在清华园摘的一片红叶给学生，勉励学生“霜打的红叶分外艳”，并殷切期待以后“能读到一封来自清华的热情洋溢的信”。教师的语言融入了学生的追求、思考和情感之中，师生打成一片，平等交流，情深意长。老师用机智幽默的话语，引领他们走进文本，联系实际，让他们在欢快、愉悦的对话中碰撞出一次次思维的火花，而这也是这一节课的教学目的之一。师生如此敞开心扉的对话，是高质量的对话，深入心灵的合作，给学生的成长影响将是深远的。

有时候，教师的语言招式看起来有悖常情常理，却是根据教学任务、目标精心设计的。

下面是一节中学语法课的片断：

师：昨天我要求大家今天上课的时候每人带一份报纸来，都带来了吗？

生：（纷纷回答）带来了！

师：（检查，发现所带的报纸是不同日期的）怎么没带当天的报纸呢？

生：（纷纷议论）你没讲要带今天的。

师：都带当天的报纸来，大家就有统一的教材了，就能从中选择一些句子作例句来讲，现在就不能这么办了。不过这责任在我，是我昨天讲得笼统、不明确。可见，说话要注意用词造句的准确性。那么，我该怎么说，大家就明确了呢？

生：你应该告诉我们带今天的报纸。

师：对！这句话的准确性体现在用词造句上，“报纸”前边还要加上表时间

---

① 中华作文报（电子版），http：//www.zhzww.cn/ViewInfo.asp？id=396.

> 的词语——“当天的”。这样，我们所讲的报纸范围就缩小了，表达就不是笼统的了。“报纸”是名词，为了把名词所指的人、事、物表达得准确些，可以在名词前面加上一些词语同它结合。这加在名词前用来使名词所表达的意义更确切的词语，如“当天的报纸”中的“当天”，在语法结构成分上称为定语。

语法课上，教师仔细检查，发现学生没带当天报纸，先询问：“怎么没带当天的报纸呢?”当学生告诉教师“你没讲要带今天的”后，教师马上就作自我检讨，“这责任在我，是我昨天讲得笼统、不明确”，还向学生“求教”：“我该怎么说，大家就明确了呢?”这似乎是教师的“疏忽”、教学的“漏洞”。可仔细推敲下，却使我们为教师的精心设计叹服。教师的“检讨”给学生留下了十分深刻的印象，加上如果“都带当天的报纸来，大家就有统一的教材了”惋惜的口吻，更是进一步加重了检讨的分量，引起学生的注意。话题就由教师如何准确提出带报纸的要求展开，学生由初步感知到深入理解，至少获得了三点理性认识：定语是同名词相联系的，定语的位置在名词前面，定语能使名词表达的意义更确切。在表层的“疏忽”、“漏洞”底下，巧妙潜藏了传授特定语法知识的深层目的。

教学语言的得体性又必须针对学生的心理、认知水平，否则，得体性的程度会打折扣，或者就称不上得体。教学过程是一个以学生个体心理特征为中介的复杂的心理过程，抓住学生的心理特征，有的放矢施教，对激发学生的学习积极性、提高课堂教学效果会产生明显的影响。学生的认知水平是指学生在不同的年龄阶段，在其认知的领域内表现出来的认识事物的能力和认识客观事物规律性的能力，因此在不同的年龄阶段就有不同的认知水平。教学语言只有适应学生认知水平，才能得体，取得事半功倍的效果。

一般说来，一个班级换了教师，学生都会期望新教师是位更好的老师。因此，新教师的第一节课开场白就要吃准学生的这种心理，尽力满足他们的期望。一位数学教师接了某重点中学的一个高中班，上第一节课一走进课堂，二话不说，一甩手，用粉笔在黑板上画了一个大大的圆，与圆规画出的一般规范，显示出纯熟、坚实的基本功。学生正在惊叹之时，他转过身来说道：“同学们，你们都是未来国家的人才，我一定尽一切努力，和你们一起‘圆’满地完成高中阶段的数学学习任务!”随即在圆内写上自己的名字。学生们报以热烈的掌声。这位教师的亮相语言就很得体，较好把握了重点中学高中学生的心理特点，坚定的信心与扎实的基本功相结合，给学生留下了难忘的良好印象。

在历史的课堂教学中，如果提问是直来直去，久而久之，这样的提问学生就会感受到索然无味，倘若教师懂得把问题转化为“巧问”、“曲问”，那么就能让学生开动脑筋，能激起学生思维的浪花，提高学生综合思维的能力。譬如：新航路开辟，哥伦布发现的“新大陆”航线有何依据？这是平铺直叙的提问，学生均可以在课文里找出来，如果转换一个角度、情境，采用曲问，更能引起学生的注意。在哥伦布出世以前，法国巴黎的一家饭店里，厨师开了如下一张菜单，你认为是真的还是假的，并说明理由。菜单是：番茄汤、炸牛仔、带煎泽芋（泽芋指土豆）、四季豆子、什锦面包（小麦、玉米）、牛奶加糖。答：假的，因为番茄、四季豆、泽芋、玉米全是后来从"新大陆"传来的。哥伦布出世以前，欧洲没有人知道这些东西。[①] 这种曲问的方式，有利于学生理清思路，更能激起学生的思维兴奋点，问在此而意在彼的曲问是要学生从侧翼寻找解决问题的切入点，从而达到知识的深层之处，有利于激趣励智。

美国加利福尼亚有位名叫霍勒斯·卢西奇的生物教师，千方百计地使学生对生物课感兴趣，其中一个办法就是让学生吃活的蟋蟀和蚯蚓。谁要是能吃，谁就能加到学分。而事情的开头是偶然的，由学生的"质问"引起。有次上解剖课，一个女学生不愿用手捉虫子。这位教师问她："如果我把虫子放进你嘴里，你敢不敢捉？"女学生回敬道："如果我把虫子放进嘴里，你能不能给我加分？"于是，这位教师表示同意，并制定了一套打分规则："把虫子一咬为二，可加10分；活吞下去可加15分；细细嚼碎后再咽下去可加20分。这种做法一学年只实行一次。"老师宣布的规则使孩子们大感兴趣。有些人用线拴住虫子吞进胃里，过一会儿又拉出来，以此测定胃酸的作用。一个16岁的孩子反映，嚼虫子后可得到一种牛奶样的浆液，其味道有点苦。另一个孩子说，吃虫子是件了不起的事，可做起来却简单得很。还有的学生通过研究昆虫在加工食品中的含量，就此写了短评。[②] 这位教师由于妥善处理了课堂上的突发事件，想出了与众不同、行之有效的教学点子，规则语言巧妙得体，被誉为出色的生物教师。

一位小学五年级的语文教师上习作指导课，是这样引导学生要重视观察的："眼睛是心灵的窗户。凡扑入眼帘的东西都要仔细观察，脑子里多转几个弯，刻下深的痕迹，切不可视而不见、浮光掠影。什么叫看仔细？就是反复观察，巨细不漏，识得事物独有的特征，要体察入微，辨析毫厘；深入底气，识得神气。要边观察，边联想，使客观事物经心灵的映照而'活化'。"这番话，孤立看并不错，还颇具文采，但对小学五年级的学生来说，无疑很难真正理解每一句话的含义，即使是成人，"底气"、"活化"之类的词语也未必一时就能够真正理解，其主要原因在于语言过于深奥，不适合小学生的文化水平。

二、准确性

"准确"比"正确"的标准要高。教师的语言不能苛求字字句句都准确，但应该力求做到这一点，成为语言表达的主要倾向，特别是关键地方、结论意见必须做到语

---

① 中国教育文摘，http：//www. eduzhai. net.

② 语文学习，1997（4）.

言的表述准确无误。

（一）符合科学标尺

教学语言的准确性，最基本的要求是语言表达不犯科学性错误。这在自然科学的学科教学中表现特别明显，在其他学科的教学中也有同样要求。

表述“对顶角相等”、“过两点有且只有一条直线”，就必须简练、明确，少一个字或多几个字都不行。教学上还广泛使用文字型和符号型相结合的语言，例如，“如果两圆的半径分别为 R 和 r，圆心距离为 d，那么当 $d=R+r$ 时两圆外切”。这样表述的数学事实完整、准确又十分细致，学生易于明白。有位生物老师在讲授达尔文的自然选择学说中的生物过度繁殖现象时，举了我国朱弘复教授调查统计的一个数字：北京市郊一个孤雌生殖的棉蚜，自6月中旬到11月中旬的150天中，假如它的后代都成活，就有672 673 338 074 292 603 508个（共21位数字）之多，其面积相当于全球面积的1.3倍，把它们首尾相接长度相当于太阳与地球距离的700万倍！[①] 学生听了此数据后惊叹不已，但教师的表述确凿有据，给学生留下深刻、可靠的印象。

有一位政治教师在讲述“事事有矛盾，时时有矛盾”这个矛盾普遍性原理时，有学生提出：“事事有矛盾？那么‘0’是否有矛盾呢？”教师说道：“乍看起来，‘0’就是无，似乎没有矛盾。其实不然。从‘0’的产生上说，‘0’是无和有的对立统一。‘0’是在公元9世纪时印度人为了解决记数法中的进位问题而被迫首先使用的。在印度语中，‘0’是空无的意思，并且从‘0’是对任何一个数的否定上说，‘0’就是无。但是，把一个‘0’写在一个正整数后边，就是原数的十倍……并且‘0’作为唯一的中性数还有划分正数与负数的特殊功能。在几何学中，‘0’在坐标轴上是实实在在的点，即坐标原点。在物理学中，0℃不是没有温度，它是标准状态下水结冰的关节点；在时间中，‘0’不表示没时间，反而是一天开始的时间。可见，‘0’不是纯粹的无，而是无和有构成的矛盾统一体。在世界上万事万物中，像‘0’这个极特殊的东西都是矛盾的，那么，矛盾是普遍的、没有矛盾就没有世界的道理，岂不是不言而喻了吗？”教师调动自己的知识“库存”，对“0”中包含的矛盾分析得头头是道，就事论理，以理明事，准确的语言令学生心悦诚服地接受、消化、理解了一个十分重要的哲学原理。

（二）吻合语言环境

教学语言的准确性第二个要求是必须力求吻合语境。准确性是相对的，常常要结合语言环境才能显现出来，也只有结合具体场合才能作出恰当的判断。在语文这一类课上，教师语言的准确性建立在对教材语言文字的准确、深刻理解基础上，但这里存有弹性空间。在许多场合，所谓“准确”是力求贴近一个中心区域，切忌绝对化、机械化。

---

① http://blog.sina.com.cn/s/blog_5f6023b90100dhkb.html.

一位教师讲《雨中登泰山》，请学生说说哪些动词用得好，学生找出了“裹”和“跃”两字。下面是关于“裹”字的教学片断：

生：“是烟是雾，我们辨识不清，只见灰蒙蒙一片，把老大一座高山，上上下下裹了一个严实”的“裹”字用得很好。

师：“裹”字一般用在什么场合？

生：天冷的时候，我把大衣裹得紧紧的。

师：有句歇后语，叫作“懒婆娘的裹脚布——又臭又长”。从这一例子中可以看出“裹”有什么特定含义呢？

生：包得很紧。

生：有缠绕的意思。

师：现在，大家能说说好在哪里了吗？

生：写出了烟雾把泰山缠得紧紧的情景，仿佛看见了烟雾缭绕，把老大一座高山几乎要遮没了的景象。

生：还突出了烟雾的浓重弥漫。

师：“裹”字的妙处让大家真正品味出来了。

从这一片断中可以体会到，教师语言的准确性主要表现在两个方面。一是对“裹”字的词义理解准确，启发学生补充了回答中不全面的地方：“裹”不但有“包得很紧”的意思，而且“有缠绕的意思”。二是引导学生结合课文来品味“裹”字运用的妙处。“写出了烟雾把泰山缠得紧紧的情景”，“突出了烟雾的浓重弥漫”，以实状虚，这是“裹”字用在泰山上引发出的奇妙景象。学生得出的结论为教师认可，实际上也是教师的意见，而“妙处”的答案则仅是个中心区域，可以用不同的语言形式来表达。

一次语文课上，教师正在讲解《荷塘月色》中历来被奉为通感手法经典之作的那一句“微风过处，送来缕缕清香，仿佛远处高楼上渺茫的歌声似的”。“这句话中朱自清先生用了通感的修辞手法，把本来是嗅觉的清香，大胆新奇地比作了听觉感受的歌声，充分表现了荷香的似有若无、丝丝缕缕、断断续续，达到了通常修辞手法所无法达到的效果……”当他滔滔不绝、如数家珍地讲解完一段后，一位学生举手，试探着说：“老师，我觉得朱自清把荷香比作歌声似乎并不最好，文章通篇的意境都极为宁谧，除了作者之外，没有第二个人，如果用‘歌声’有点儿破坏整体效果，照我看来，改成‘笛声’更好，既无人声掺杂，也符合当时的意境。”听罢学生的话，教师不禁为之一震，这一句通感多少年来被无数人奉为经典，从未有过疑问，一个高一的学生竟会对此提出异议——或许也只有一个高一的学生才敢提出这样的一个异议。教师在愣了几秒钟之后，先表扬了那个学生的“独特发现”，然后推翻了原先准备好讲解“通感”的教案，当即决定让学生来唱主角：改写这句经典名句。同学们一下子变得兴奋起来，经过斟酌、品味、比较，不断地推举出大家公认的佳句来。如“微风过处，送来缕缕清香，仿佛天外飘来的悠远的钟声似的”；“微风过处，送来缕缕清香，仿佛摇篮边母亲轻轻的抚拍似的”；“微风过处，送来缕缕清香，仿佛蒙娜丽莎嘴角的绵绵微笑似的”等等，思如泉涌，直到下课铃声响起也无法停止。①

这位学生竟敢对朱自清这样的大名人的用语提出质疑，“如果用‘歌声’有点儿破坏整体效果”，“改成‘笛声’更好”！提出的意见富有创意，也确有道理，这种发散性、创造性正是学生身上所体现的最为可贵的思维方式。教师的处理方式是正确的，因为保护了学生的积极性、创造性，乘此良机启迪学生打开思维大门，新的“准确”观点不断涌现。从语言得体性的角度来看，这一例中，“笛声”、“钟声”、“摇篮边母亲轻轻的抚拍”、“蒙娜丽莎嘴角的绵绵微笑”与“远处高楼上渺茫的歌声”相比，究竟哪一个更为贴切，另当别论，但至少不能说错，只是得体性的程度有差别而已。语文课并不是枯燥乏味的，语文知识并不是机械绝对的，相反它具有数理化所不具备的审美性和情趣性。

（三）遵循认识规律

教学语言的准确性的第三个要求是指遵循学生的认识规律。语言应该深浅适度，学生易于认识、接受。精当的提问虽然并没有道出结论，但点拨在关键处，切实有助于学生主动、正确去认识真谛，得出结论，这也是准确性的表现。

一位语文教师上《济南的冬天》一课时，提出了一个问题：“作者写景状物，不少地方用‘小’字作修饰，你能说说运用这些‘小’字的妙处吗？”不少同学流露出诧异的神情，有的似乎还有些不屑。有同学回答了：“你看，‘小山整把济南围了个圈儿’，像个小摇篮，而济南就像安睡在小摇篮中的婴儿，多温暖，多舒适！”“作者用‘小’字作修饰，写出了济南的山形山态——小巧玲珑，特别可爱！”这时老师加以鼓励：“你俩说得好！这个‘小’字写出了景物特征。”学生更加活跃：“‘最妙的是下点小雪呀’，作者写雪小，说明济南的冬天并不很冷，照应开头‘温晴’二字。”老师马上肯定：“很好！以‘小’修饰雪，写出了气候特征。那么，‘最妙的是下点小雪’，妙在哪里呢？”“小雪点缀了冬的气氛……”“小雪美化了冬天的济南……”“小雪装点小山，恰到好处……”课堂气氛十分活跃。教师又引导学生分析“小村庄”、“小水墨画”、“小团花的小灰

① 教育导刊，2007（3）.

色树影”等句中的“小”字，体会对于描写冬天的济南那空灵、秀美景色特征的作用。①

从这一例中，可以看出教师对课文中的“小”字理解准确而有深度。一般来说，“小”虽然是形容词，但实在太普通、太平淡了，可能不会引起阅读者的重视。“小”字不小，“小”中有学问，提出的问题具有较强的针对性，很大的启发力。教师的点拨很恰当，符合学生的认知规律，对学生的回答分别提升到“写出了景物特征”、“写出了气候特征”的高度进一步理解，以“‘最妙的是下点小雪’，妙在哪里呢”一句承着学生的话题拓展、深化学生的认识。再由学生自己寻找并提供文本相关内容进行研讨，促使学生深刻体会到“小”字对于描写冬天的济南那空灵、秀美景色特征的作用，取得了较好的效果。

再看一节小学数学课，授课内容为“长方体和正方体的认识”：

课堂情绪稳定之后，教师很有信心地双手托起了教具，第一句话便提出了问题：“这是什么？”学生：“这是铅笔盒。”教师一愣，“是吗？再看一看！”教师又举高了教具，示意还没有看清楚的学生。对这个结论性回答，教师显然不满意。课堂上学生情绪有所骚动，传出嘀咕声：“明明是铅笔盒，是……”学生愕然，于是教师拉长了声音，一手托着教具，一手在盒的两端，上下比画，尽力启发着。学生面面相觑，不能理解教师的意图。②

这位教师的目的是为了能够让学生说出“长方体”，引出课题，然后展开教学。劈头一句问话就很不得体：“这是什么？”未加任何限定、说明，那就只能就物体论物体。学生回答“这是铅笔盒”，应该说正确无误。这时，教师又不能立即对自己的问话是否有误作出判断并采取应变措施把问题引向正题，还一味“引导”下去，导致卡壳。教师的语言表达应该尊重学生的认识规律，先引导学生认识常见实物，如铅笔盒、粉笔盒等，再提醒学生，这些“形状”叫“××体”，后认识“××体”的“棱”、“顶点”、“长”、“宽”、“高”，具体深化。因而，从是否符合学生认识规律上来看，这位数学教师的语言是不准确、不得体的。

三、感染性

教学语言是接近于演讲体的一种语言，与演讲词一样，都要求能吸引接受对象，但教学语言对这一要求更为突出、迫切。一次演讲，缺少感染性，无非效果不佳，听

---

① 语文学习，1999（7）.
② 小学教学研究，1994（5）.

众收获不大，即使失败，并不一定要追究责任。而教师的语言如果吸引不了学生，就直接影响到他们对知识的吸收和能力的提高，长此以往，教学目标就不能很好完成。因而，感染性是教学语言得体性的一个十分重要的要求。

（一）好懂易记

感染性的第一层次是好懂易记。学生对教师语言缺少兴趣的一个重要原因是听不懂或一知半解，有时即使当时能懂，过后却不易记住。深入浅出的原则普遍适用于教学语言。

一位化学老师发现初三学生对氢气还原氧化铜的实验步骤很容易搞错，在认真讲解的基础上，编了两句顺口溜："氢气早出晚归，酒精灯迟到早退。"学生一听，个个都牢牢记住了，升高温度或使用催化剂后能提高化学反应的速度。那么如何让学生容易理解"增加了活化分子的百分数"呢？教师说道："有一个班级中，体育达标的同学为活化分子，未达标的同学为普通分子，没有达标的部分同学，通过辅导训练后也达标了，这也就像增加了活化分子的百分数。"用了一个生动形象的比喻，将抽象的化学理论一下子变得通俗易懂了。

一位中师的教育学教师，在一次讲授"教和学的关系"时，一开头便背诵了一则古代寓言故事《运斤成风》："郢人垩漫其鼻端，若蝇翼。使匠石斫之，匠石运斤成风，听而斫之，尽垩而鼻不伤。郢人立不失容。宋元君闻之，召匠石曰：'尝试为寡人为之。'匠石曰：'臣则尝能斫之，虽然，臣之质死久矣！'"而后接着说道："这则寓言给人们启迪、联想，使我想到了教与学。教，固然重要，但离开了学就毫无意义了。而学离开了教就会困难重重。既然教与学关系如此密切，不可分割，那就需要双方默契配合，唯其如此，才能获得良好的效果……"教师的目的是以寓言为例，来阐述教与学的关系，应该说，这则寓言选择恰当，确能给以启迪、联想，但是这位老师在寓言的背诵与自己的阐述之间缺少一段必不可少的对寓言的解释话语。特别是匠人为什么无法再作演示的原因，一定要使学生能够懂得。匠人确实曾经能够砍削掉鼻尖上的小白点，但可以搭配的脸不改色的伙伴已经死去很久了。学生佩服老师的记忆力，但并不是人人都能一下子懂得这则文言寓言，因而影响了教师讲课语言的感染力。

（二）亲切自然

感染性的第二层次是亲切自然。在教学过程中，教师处于主导地位，但不是主宰一切。语言只有表现出对学生人格的尊重，平等待人，循循善诱，亲切自然，才能持久吸引学生专心听讲。

于漪老师有次教《宇宙里有些什么》一课时，一个学生竟对课文中"宇宙里有几千万万颗星星"一句话提出了疑问："老师，万万等于多少？"这时，大家都笑了起来。有个学生说："万万不等于亿吗？"在大家的笑声中，提问题的学生灰溜溜地坐下了。于老师觉得他的积极性受到了打击，于是她问：“既然万万等于亿，这里为什么不说‘宇宙里有几千亿颗星星’，而却说‘宇宙里有几千万万颗星星’呢？”这一问，学生都哑了。过了会儿，一个学生站起来说：“不用‘亿’，而用‘万万’，有两个好处：第一，用‘万万’听起来响亮，‘亿’却听不清楚。第二，‘万万’好像比‘亿’多。”这时学生们又笑了。其实这个学生的回答是正确的。于老师当即给予肯定，并表扬说：“你实际上发现了汉语修辞中的一个规律：字的重叠可以产生两个效果，一是听得清楚，二是强调数量多。”这时学生都用钦佩的眼光看着那个同学，而于老师却说：“大家可以想一想，我们今天学到的这个新知识，是谁给我们的呢？”大家又将目光集中到第一个提出问题的同学身上。这个同学也十分高兴，再也没有了一丝一毫灰暗的神情。[1]

在这一教学过程中，一个学生针对课文提出了一个疑问：“老师，万万等于多少？”在其他学生看来，这个问题提得十分幼稚，这是早已学过的常识，所以发出的笑声中带着嘲笑的意味。于老师却非常注重保护学生的积极性、自尊心，不是简单地从数量上作出解释回答，而是提出了一个问题：“既然万万等于亿，这里为什么不说‘宇宙里有几千亿颗星星’，而却说‘宇宙里有几千万万颗星星’呢？”结合文章的语言环境，很自然地引导学生展开讨论，将死知识变成了灵活运用的语言艺术，得出的两点结论，并不肤浅，涉及较深的修辞知识。然后，教师用一句“我们今天学到的这个新知识，是谁给我们的呢”的问句，将“功劳”自然归于提问的学生，使学生十分高兴，“没有了一丝一毫灰暗的神情”。柔和的语气，亲切的鼓励，热情的表扬，收到了很好的教学效果。

对学生答问的评价，一“好”到底有之，严厉批评也不少见，如：“你想到哪里去了？”“这就是你成绩不好的原因！”“管住你的耳朵、嘴巴！”等等。袁微子老师在《在仙台》一课的教学中对学生回答问题的随机评价的用语有：①啊，讲得好！②对极了！③回答得不错。④回答得很好，还有别的想法吗？⑤对，回答得很好。⑥很好，老师的板书你能用上，这样学习很对头。这是种个性评价，以热情鼓励为主，学生很容易、很自然地产生强烈的亲切感。

（三）生动优美

感染性的第三层次是生动优美。这一要求显然高于前两个层次，表现出丰富的审美情趣，具有强烈的感染力。

一位初二的物理教师是这样引导学生认识物理课的：“同学们，当你们捧起散发着油墨芳香的物理课本时，一定会想，物理课是研究什么的？我是否能学好

① http：//www. diyifanwen. com.

物理？其实，物理对我们来说并不陌生，物理现象每时每刻都在你身边，手提书包久了就会感到胳膊酸痛，这是力的现象；动人的歌声传到你的耳朵里，这是声的现象；一壶水放在火炉上停一会能烧开，这是热的现象；雷雨过后天空会出现美丽的彩虹，这是光的现象；打开开关电炉发热、电灯发光、电铃发声，这是电的现象；还有原子和原子能的知识，这就是物理。物理知识与科学发展也有紧密联系。你们知道吗？自行车、火车、飞机、电视、电话、电脑、激光技术无不包含着物理的原理。物理学家为了这门神圣的科学顽强不息地探索，开创了物理学这门学科，给我们启示和激励：它不是高不可攀，也非唾手可得。同学们，为了认识自然，改造自然，将来具有造福人类的本领，努力学习物理吧！"①

这段话含有较多的修饰形容成分，"散发着油墨芳香的物理课本"、"动人的歌声"、"美丽的彩虹"、"神圣的科学"等等，给枯燥的物理学科增添了文学的色彩。大量运用排比句式，"……这是力的现象；……这是声的现象；……这是热的现象；这是光的现象；……这是电的现象"等等，显露出均衡、整齐美。"物理课是研究什么的？我是否能学好物理？""你知道吗？"以设问句提振文意，紧凑集中。"同学们，为了认识自然，改造自然，将来具有造福人类的本领，努力学习物理吧！"呼告、感叹，包蕴着动人心弦的激情。所以，这一段导语能够深深地感染学生，激起他们学习物理的兴趣和热情。

第二节　教学语言得体性的形式特征

顺应教学语言得体性的特殊要求，其语言表达形式具有如下三个主要特征：

一、片断性

教师的教学语言融合在师生的双向交流活动中，因而在形式上具有鲜明的片断性。这与演讲、报告、解说等单向的交际语言有明显的区别。如果在课堂教学中，全部由教师一讲到底，那就是"满堂灌"，这种语言形式在一般情况下是不得体的。

形式上的片断性，也可以看作教学语言的间隙、停顿，这是由教学的特殊要求、特殊对象、特殊规律决定的。作为求知者的学生，其接受过程不是一蹴而就的，教师洋洋洒洒一席话，并不能即时为学生吸收，并转化成能力。这一过程是曲折的、复杂的，充满了矛盾。教师为了解决问题、矛盾，必然要讲究教学得法，在语言上反映出来，片断性就成为一个重要特征。

① 百度文库，http：//wenku. baidu. com/view/d8dbbd1b10a6f524ccbf8530. html.

有位老师上《我的老师》一课，一上课就将学生的注意力引到“我用儿童的狡猾的眼光察觉，她爱我们，并没有存心要打的意思”一句上。讨论中，学生们认识了“狡猾”一词是贬词褒用，在文中有“聪慧”、“顽皮”的意思。教师问：“除了‘我’的眼光狡猾外，这一段中还能说有哪些‘狡猾’的表现?”学生答：“‘我用石板一迎’可以用‘狡猾’形容，因为‘我’看透了老师并没有真打的意思，这是聪慧顽皮的表现。”“那么老师的行动呢?”教师又问。“好像也有些狡猾。”“老师疼爱学生却假装发怒用教鞭‘好像要落下来’打学生这一行动是聪慧的，也是顽皮的，有狡猾的意味。”学生讨论兴致越来越高。教师继续引导：“这篇课文的题目是‘我的老师’，为什么要写‘我’的‘狡猾’呢?”学生难住了。教师又提醒了一句：“学生敢在老师眼前顽皮说明了什么?”学生醒过神来：“老师和蔼可亲。写学生的狡猾是为了写老师爱学生，用的是侧面描写的方法。”接着，教师请学生在文中找还有哪些地方用了侧面描写手法。讨论越来越热烈。一个同学站起来说道：“老师让我们讨论‘狡猾’实际上是让我们认识文章侧面描写手法，也很‘狡猾’啊。老师都‘狡猾’。”“哄——”教室里爆发出热烈的笑声。

此课教学过程中，可谓一波三折，教师的片断语言依次引导学生认识了“狡猾”在课文中贬词褒用的特殊意义、“我”的“狡猾”表现、老师的“狡猾”的实质、侧面描写方法等。结尾一位学生的话，“老师让我们讨论‘狡猾’实际上是让我们认识文章侧面描写手法，也很‘狡猾’啊。老师都‘狡猾’”，似是玩笑，却反映出学生对“狡猾”的语境意义的深刻领悟。不妨设想一下，如果让教师将上述所要解决的问题全部由自己来一一讲解，那学生的接受效果必然不及上引教法好，其中的重要原因是教学矛盾未能在不同片断中明确揭示。

作深层考察，得体的片断性，形断而意连，如果综合起来看，则又是完整、有机的统一体，中心明确，层次清楚。例如，一位教师布置学生写一篇关于北京亚运会的作文，先出示“金牌”，随后在黑板写上“的”字。

> 师：谁能补出两个恰当的字，使之成为完整的题目?
>
> 生：影响、魅力、启示、联想……
>
> 师：哪一个词最好?能说出理由吗?
>
> (几位学生分别讲述用“魅力”、“启示”、“联想”、“遐想”的理由。)
>
> 师：同学们的讨论，闪烁着智慧的光芒，用“联想”一词恰当，“魅力”一词也很美，但用在这里，意义显得狭隘。“启示”似乎也有局限性。“遐想”与“联想”的意义不同。“联想”是由此及彼，围绕一个目的想象，空间开阔，所以用“联想”一词较恰当。
>
> (教师补写上“联想”。)
>
> 师：“金牌的联想”这个题目，我觉得还不够满意，在前面作一限制才好。

（学生分别回答“亚运会金牌的联想”、“第十一届亚运会金牌的联想”、“北京亚运会金牌的联想”……）

师：第一个不够确切。第二、三个所指相同，基本可以，但不够醒目、振奋人心。请同学们动脑筋再想想。

生：“183 块金牌的联想”。

师：好！这个题目恰当。183 块，多么惊人的数字……①

引例中，教师的语言有6处，简洁精要，分散在师生的对话流程中。前后联系综合看，教师的语言又是相对完整的，可以分为四个层次：一是出示关键词“金牌”，在黑板写上“的”字，设置讨论基础。二是通过启发、点评补上“联想”两字，“谁能补出两个恰当的字，使之成为完整的题目”？三是引导、筛选，分别比较了“魅力”、“启示”、“联想”、“遐想”等词语，得出用“联想”一词较恰当的结论。四是提出在金牌前面“作一限制才好”，添上“183 块”得当的修饰语。再看一位教师上《祝福》一课。

师：同学们，《祝福》一课已经预习过，我们共同研究这一课。以往都是我讲你们听，我问你们答，今天咱们换一下位置，你们发问我回答，不妨来个答“记者”问。

生：文章的开头，作者笔下的“新年气象”给人的感觉是什么？

师：沉闷。

生：这段景物描写的作用是什么？

师：渲染了年终祝福的气氛，反衬祥林嫂的悲惨结局。

师：阅读中碰到的困难都可提。

生：关于祥林嫂三次肖像描写老师怎么看的？这个人物的悲剧意义是什么？

师：你提的问题很重要。哟，这么多同学举手，先请××同学提问。

生：文章中出现了“我”这个人物，那么“我”在全文中的作用是什么？

师：“我”这个人物是一个具有进步思想的小资产阶级知识分子的形象，“我”既充当小说的线索，又是整个故事的见证者。

生：“福兴楼的清炖鱼翅，一元一大盘，价廉物美”这句话有什么含义吗？

师：大家看×××页“她整天做，似乎闲着就无聊，又有力，简直抵得过一个男子，所以，第三天就定局，每月工钱五百文”。祥林嫂的月工钱只抵得上半盘鱼翅，可见祥林嫂是一个多么廉价的劳动力。

……

① 人民教育出版社课程教材研究所，http：//www. pep. com. cn.

师：××同学提到祥林嫂的眼睛描写，刚才有位同学曾问祥林嫂的肖像描写我怎么看，我忘了回答，现在一并说一说祥林嫂这个人物形象吧。（教师详细分析三次肖像描写的内容、作用）总起来说，三次肖像描写，相互映照，诉说了祥林嫂悲惨的一生，作者正是通过这样的肖像描写，塑造了一个被封建礼教束缚、被残害、被遗弃的旧中国劳动妇女的典型形象，从而有力地鞭挞了封建制度和封建礼教。①

这一例中教师的语言同样具有鲜明的片断性，但与前一例不同的是：前例是沿着一个问题分层次铺展，这一例却是有几个问题：一是“文章的开头，作者笔下的‘新年气象’给人的感觉是什么”，二是“关于祥林嫂三次肖像描写”怎么看，三是祥林嫂的“悲剧意义”是什么，四是“我”在“全文中的作用”是什么，五是“福兴楼的清炖鱼翅，一元一大盘，价廉物美”这句话有什么含义。教师的答话由此形成各个片断。其实，两者不论问题多少，均具有一个中心，不过，这一例的中心着眼于课文的宏观目标，比前例不易明识罢了。再仔细考察，教师在这一过程中，还注意到了层次的内在联系。当学生问到肖像描写时，表面上教师由于“疏忽”忘记了回答，放到后边补答，教师的用心在于将阅读中的具体问题——“拦路虎”，开头、线索等结构问题先行解决，把有关深入理解的重大问题放在后边适当时机解决。形散神不散，片断中见统一。

片断性主要由于学生的介入而形成，因而学生的语言常常起着产生、衔接、完成这些片断的作用。教学目标就在这些连缀的片断中得以实现。

特级教师徐振维上语文课特别喜欢让学生提出语言文字方面的问题。一个有价值的问题常常引起热烈讨论形成鲜明的层次片断。一次执教《荔枝蜜》，有同学问：“‘我不禁一颤’，为什么要用‘一颤’？”于是在课堂上展开了热烈讨论：

师：提得好。趁此机会，我向同学们介绍作者原稿上的用词情况。“我不禁一颤”，原稿上是“我不禁想”；“我不觉动了情”，原稿上是“我不觉发生了兴趣”。请同学们考虑下，作者为什么要作这样的改动？

生：把“不禁想”改为“不禁一颤”，是因为作者原来总不大喜欢蜜蜂，“蜇”了一下后，感情上疙疙瘩瘩的。现在动了情，“颤”说明作者感情上有波动。

师：“感情上有波动”，好。如果我们找一个“波动”的近义词，回答就更确切了。大家想一想，用个什么词呢？（一同学说，“触动”）——“触动”，对，这就更确切了……

① 人民教育出版社课程教材研究所，http：//www.pep.com.cn.

生："不禁一颤"，这个"一颤"，与前面的"动了情"呼应起来，并且进了一层。

生："一颤"体现了作者的感情。

生："颤"程度深。

师：对！"颤"比"想"更深刻。联系上下文，从发生兴趣，到听老梁介绍，作者对蜜蜂的认识有了变化，这就是"一颤"的原因。

引例中教师的语言片断由学生提出的问题产生，又紧紧扣住学生的语言展开。有同学提出了一个问题："'我不禁一颤'，为什么要用'一颤'？"教师认为问题很有价值，于是介绍"原稿上的用词情况"，引导学生比较讨论；继而对"波动"一词进行同义手段选择，追求表达的确切；最后，"联系上下文"，得出"'颤'比'想'更深刻"的结论，找出了"一颤"的明确原因。完全可以说，离开了学生的语言，教师的片断性语言便会失去支撑，失去意义，无从衡量得体与否。

教学语言的片断长短不一，错落有致。短的可以仅是一词一句，长的可以自成段落，或者有几个段落，一切均从实际出发。只有这样，才符合教学的实际，才是得体的形式。一般来说，提出问题的片断大多简洁短小，说明解释的片断相对较长。

二、诱导性

教师语言的又一重要特征就是常常不直接道出结论，而是要根据学生认识的规律，不断设疑，逐步引导，水到渠成地自然得出结论，使学生在获得知识的同时，能力、意志、品质诸方面同步前进。这就表现出鲜明的诱导性。

诱导性的突出标记是疑问句的运用。教师常常运用疑问句来提出问题，得体的提问是种高超的艺术。提问大致可以分为两种类型：一类是直觉性问题，另一类是思考性问题。

直觉性问题，是主要凭借直接的感觉，即不必进行思维推理就可以作出回答的问题。直觉性的疑问句主要目的是激发兴趣、调节气氛、组合知识、提示重点、过渡衔接等。这类提问不可或缺，但随着年级的升高，在数量上、质量上应该恰当控制。有位老师上课时提出一个问题后，一位学生回答胸有成竹、出口成章。但老师走到他跟前时，他却一言不发了。原来，课桌上放着一本参考书。老师拍拍学生肩膀道："我建议同学们向他学习。他能主动找一些参考书来读，说明他有很强的求知欲。不过，现在我请这位同学暂时不要把参考书上的意见说出来，先听大家说说看，最后请他根据参考书上的意见，评一评大家说得对不对。大家看，这样做好不好？"有参考书的同学即刻放松了紧张情绪，边专心听讲边等待行使"裁判"权，而其他同学则热烈讨论起来。一个简单的"好不好"直觉性问题一下子扭转了可能出现的僵局，消除了看参考书学生的顾虑，活跃了气氛，调动起大家的积极性，使教学回归到教学目标上来。

思考性问题，是更为重要的一种提问。主要目的是引导学生把握重点、理解难点；发展智力、提高能力。这种问题重视性质，讲究场合，控制方向，工于艺术。

一位教师上《中国石拱桥》，一开始挂出了彩色挂图《赵州桥》，并提出了一个问题：“同学们看了这幅图，已经猜到了这节课要学习说明文《中国石拱桥》。不过暂时请大家不要打开课本，我们先来比一比，谁的说明能力强？说明说明，必须说得让人明白。比如这座赵州桥，外形并不复杂，桥身上总共有一个大拱和四个小拱。谁能用最简单的话把它们的位置关系说明白？你们说，我按照你们说的意思在黑板上画，看是不是跟挂图上的桥形一个模样。”学生回答：“大拱的两边各有两个小拱”。“大拱之上有四个小拱。”“大拱的顶部左右两边有两个小拱。”“在大拱两端依次向内的桥身上……”同学们越说越糊涂，黑板依次出现各种各样的怪图形。后翻书一看，“大拱的两肩上各有两个小拱。”如此简单！大家纷纷赞叹“肩”字用得太妙了。①

先看挂图，针对桥身上的“一个大拱和四个小拱”问学生：“谁能用最简单的话把它们的位置关系说明白?”这一问题扣住了说明文学习要求，牵一发而动全身。首先，时机选择恰当。在没有阅读课文之前，先行调动学生的既有知识积累进行描述，待到学习了新知识，答案的优劣高下便一目了然，学生的印象特别深刻。其次，思路开阔，既包含了知识内容，用词造句的贴切性，又着力培养学生独立思考习惯、语言运用能力。再次，结合绘图，直观形象，加大了问题的思考力、感染力。这堪称得体程度很高的诱导语言的范例。

疑问句并非教学语言诱导性的唯一标志，教学语言的诱导性还大量表现在寓含了特定目的叙述性语言形式中。故事型、悬念型、比拟型、鉴别型等不同类型的语言，只要教师隐蔽了真实、明确的结论，留给学生思维的空间，富有启发性，就具有了不同程度的诱导性。陈述语言又常常与疑问句结合运用，使主导性更为显著。

一位教师给学生上《有理数的乘方》一课。课的开头，教师先讲述了一个有趣的故事：“从前有位国王与国际象棋冠军下棋。国王问他：‘如果你赢了，希望得到什么奖赏?’冠军回答：‘希望陛下赏我大米。’国王问：‘你想要多少呢?’冠军说：‘请陛下叫人在棋盘上放米粒，第一格放一粒，第二格放两粒，第三格放四粒，第四格放八粒……就这样按照后一格比前一格多一倍的规律放下去，一直放到最后一格为止。’国王心想：这小棋盘一共才那么几十格，能放下多少粒

① http：//zxyw. dgjyw. com.

米？就爽快答应了。几盘棋下来国王输了，马上令人抬来一袋米，对冠军说：'你赢得也不容易，多给你一点算了，就免得在棋盘上放米粒的麻烦吧。'冠军不同意，坚持按原先讲好的办。国王不能当众食言，只好叫人数着米粒按棋盘的格子放，不多久一袋米就放完了。国王命一位懂数学的大臣算算到底需要多少米，算出来的结果把国王吓坏了，就是将全国粮仓中的米都搬来也还差得远！第64格连乘的结果大约等于922万亿粒，如果将前面的63格里的米粒也算在内，总数还要多近一倍！难怪国王不知所措了。这时，冠军挥挥手笑着说：'我宣布放弃国王陛下赐予的奖赏，其实我并不在乎这点米，只想借此机会显示一下指数的威力！'"①

这个不长的导入故事，情节生动、曲折，与一般人的预想落差巨大，特别是结论出来时，"第64格连乘的结果大约等于922万亿粒，如果将前面的63格里的米粒也算在内，总数还要多近一倍！"不能不被吓了一大跳，原因何在？这必然激起学生的极大兴趣，为下面的学习打下良好的基础。

还有一位教师上"原子"一节化学课。上课一开始，就边说边在黑板上写上一句古语："一尺之棰，日取其半，万世不竭。"学生疑虑顿起，迷惑地注视着教师，怎么化学教师今天上起古文课来了？② 老师实际上设置了一个悬念，引用庄子的名句，说明物质的不断可分性，由此将"葫芦里的药"慢慢地卖给学生，收到了很好的教学效果。

三、说明性

说明是用简明扼要的文字，把事物的形状、性质、特征、成因、关系及功用等解说清楚的语言表达方式，是教学语言不可或缺的组成部分。教学语言形式的说明性并不与感染性的特殊得体要求矛盾。一方面，说明性语言并非都是缺少感染性的；另一方面，教师不等同于演员，教学不是演戏，传授知识真理必须给学生留下明确、清晰、深刻的印象。因而，教学语言不但要善于设疑诱导，而且该明确论断时，必须分明干脆，毫不拖泥带水。打个不一定恰当的比喻，片断性的形式是错落有致的树冠，诱导性的语言是一脉相承的枝干，而说明性的语言则是不同品类的果实。

特级教师陈毓秀上历史课"清朝巩固统一的多民族国家的斗争"，结尾时说道："今天这一课，我们学习了三个问题：第一，反对准噶尔贵族分裂势力的斗争；第二，土尔扈特万里归国；第三，平定回部贵族大、小和卓的叛乱……"计有300余字，先用序数将本课讲的三个问题简明概括，省略的部分则围绕三个问题适度展开，流畅、

① 科学大众（科学教育），2010（2）.
② 化学教学，1993（4）.

清晰而有文采，但不是铺张，而是对整节课教学内容如实贴切的概括。

这类说明性的语言通常出现在结尾，可能比较长，但也有大量的是穿插在教学过程中，一个阶段作一小结，以片断形式出现。

例如，一位小学语文教师上《马踏飞燕》一课，下面是其中的教学片断：

师：我们平时要说一样东西“美丽”，就说“很美丽”、“非常美丽”，说车跑得“快”，就说“飞快”、“非常快”、“风驰电掣”，而这匹铜马的制作者为了说明马跑的速度之“快”，用了什么方法？

生：他用“马踏飞燕”这一事实来说明马跑得快。

师：这有什么好处？

生：更具体、更有说服力。

师：说得好极了！从中我们可以受到启发。我们写作文时，要说明某一事物怎样，不要一味地用些抽象空洞的词去表示，而要怎么样？

生：用具体、有说服力的事例！

师：对。用具体、有说服力的事例。这匹铜马的制作者能想到用“马踏飞燕”来表现马之快，说明了什么？用本段中的两个词概括。

生：构思奇妙，匠心独运。

师：谁来解释这两个词？

生：（略）

师：大体解释对了，但“匠心”的意思要明确，指“巧妙的心思”。下面我要看看同学们是不是也能“匠心独运”？假如要你来表现一匹静止不动的骏马，你会怎样去构思？

（学生思考、讨论。）

生：我会构思出一幅“静态骏马图”，马脖子朝下。四蹄着地，尾巴下垂。

师：你能不能也仿效课文中写到的表现骏马之快的方法来表现骏马的安静呢？

生：我让一只飞燕落到马的背上。

师：妙极了。连飞燕都感觉不出马在动，这匹马是多么安静啊！不过，“匠心独运”的方法不止一种，各人有各人的“匠心”。①

引例中教师的说明性语言有这样几个特点：一是分散的。分别说明了一般说东西美丽、说事物快的方法，如“很美丽”、“非常美丽”、“飞快”、“非常快”、“风驰电掣”；课文中表现马跑速度快的方法，对作文的启示，对两个词语的理解，匠心独运

---

① 百度文库，http：//wenku. baidu. com.

的方法。二是紧密结合学生的回答。学生回答正确的，如“用具体、有说服力的事例”，教师重复肯定；学生回答不全面、欠清楚的，补充说明，如对“匠心”的理解，“‘匠心’的意思要明确，指‘巧妙的心思’”。三是有关能力方面的论断，注意辩证性。当学生设想出了一幅描写骏马安静的图时，在肯定、赞扬的同时，也指出了方法的多样性，“各人有各人的‘匠心’”。

板书是最具有说明性的教学语言形式，一般在其他语言交际中见不到。可以说，几乎没有一节课是不用板书的。板书语言要求精练、平实、客观，体现教学的目标和思路，表明教学内容的有机联系。

下面是小学语文《麻雀》一课的板书设计：

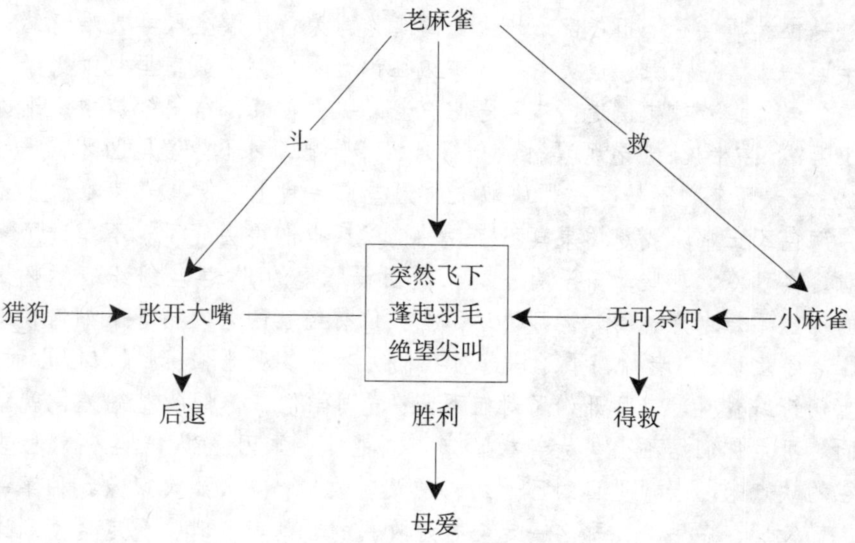

这一板书，按空间方位设计成伞形，显示老麻雀、猎狗和小麻雀三者之间的关系，中间的方框意在说明“老麻雀像一块石头似的落在猎狗跟前”，在它的下面板书“胜利”和“母爱”，提示了课文中心。这种板书，以立体的形式展示课文内容，使文中反映的事物栩栩如生展现在学生面前，既有直观性，又有抽象性。

第三节　教学语言调控得体性的艺术

在教学过程中，尽管我们大力倡导废除“满堂灌”、“一言堂”，放手让学生主动、积极参与教学活动，但是教师必须处于主导地位，因而，教师的语言深深地打上了调控性质的烙印。得体的教学调控语言，说得彻底些，就是要求教师根据学生的实际、教材的实际、教学目标的实际，根据课堂上的各种变量因素，用恰当的、符合客观规律的话语调节控制，以取得最佳教学效果。教师调控语言的得体性直接关系到教学的成败得失，绝不能忽视。

一、调控方向

教学语言要善于控制学生的思维方向，使之沿着虽然可能曲折却是预定的方向前进。

（一）顺向调控

调控方向一般是因势利导，顺向进行，也就是按照逻辑规律进行常规调控。

一位教师接了个担任乱班班主任的工作，为解决学生厌学畏难情绪，上了别开生面一课。一上课，他提着一篮辣椒往讲台上一倒，教室里热闹极了，玩笑话不绝。老师指着辣椒说道：“这是我平生第一次种菜，结出的辣椒不比你们家里的小吧?”学生说：“老师真行，介绍介绍经验吧，可不能留尾巴呀。”老师回答：“这些辣椒可来之不易啰。那块地土质太差，一栽上，便有人泼冷水。三天后去看，颜色不正常。我想怕果真不宜栽种，以后也懒得去管了。不知过了多少天再去看，真可怜，那些幼苗没有一株不是面黄肌瘦的。”学生纷纷表示怀疑，讲台上的辣椒不是老师种的。老师讲述了在一位有经验的老人指导下如何精心管理的过程。学生说：“老师，下了课您带我们去参观参观吧。”到了校园后面的菜地，学生们纷纷赞叹。老师开始了对症下药：“同学们，你们的基础差，就跟这块地相同。可是你们结不出‘大辣椒’来，这是什么原因呢?”学生们就检查起自己存在的缺点来。老师见目的已达到，便及时收口：“只要大家像我种菜一样勤施肥、勤管理、多用心，那么一定会有好收获的。到毕业时，肯定会摘到比这更大更红的‘辣椒’的。努力吧！我相信你们的前途一片光明!”

这位教师先出示自己收获的肥大、鲜红辣椒，引起学生的阵阵惊诧；再用一句“这些辣椒可来之不易啰”开头，陈述栽种过程中的种种困难，“土质太差”、“有人泼冷水”、“颜色不正常”、“面黄肌瘦”等等，直至教师心灰意冷，“懒得去管了”。这时，学生对教师收获的辣椒从惊诧转而纷纷表示怀疑——这真是教师的用心所在，吊足了学生的胃口。然后，教师带领学生参观，转入正题：“你们的基础差，就跟这块地相同。可是你们结不出‘大辣椒’来，这是什么原因呢?”引发联想、思考，“只要……那么……”的复句，设置必要条件，表达了对学生的坚定信心：“我相信你们的前途一片光明!”这位教师借种菜之艺，谈育人之理，一步步引向中心，语言顺向控制自然得体。

上面引的例子教师事先已做好了比较充分的准备。有时，在课堂上会出现一些突然性因素，有经验的教师常常能巧妙应对，善于诱导，引入教学目标的轨道。

有位教师照例在课上用比较阅读方法教叶圣陶的《夜》，跟同单元里鲁迅的《药》作比较分析。在谈到小说的环境时，有个学生递上了一张质疑纸片，写着："老师，为什么《药》里的狗没叫，而《夜》里的狗叫了？"教师看完纸片，心里一咯噔，太出乎意料了，教了这么多回《夜》，还是第一次碰到如此的怪问题，是把它当作枝节问题搁置一边呢，还是临时改变教学思路，引导学生讨论呢？学生们都用期待的目光盯着教师手中的纸片，教师索性将质疑的问题给大家读了一遍，教室里顿时哄堂大笑。教师说："同学们，别以为这个问题可笑，它还值得讨论呢！大家想想，两篇课文中的狗，一是没叫，一是叫了，这是否违背生活常理？"一个学生说："不违背。这是因为，生活中的狗，并不是每有动静都叫的；一般的看门狗，还得待有人进门才叫。""照你这么说，《药》中的狗没叫，那是行人在街面上走；而《夜》中的狗叫了，那是阿弟进门来了，是吗？"教师作了补充，学生点头称是。教师接着说："不过，同学们还得继续往下想，这'没叫'和'叫了'的狗，对渲染环境所起的作用是否相同？"学生异口同声说："不同。"有个学生回答："《药》中的狗没叫，渲染了环境的肃杀，而《夜》中的狗叫了渲染了环境的恐怖。"教师随即充分肯定："对！那么这两种不同的氛围和当时的政治气氛是否统一？"又一个学生回答道："是统一的。《药》里的'肃杀'，正是革命者夏瑜临刑的氛围；而《夜》里的'恐怖'，正是'四一二'反革命大屠杀的气氛。""好极了！"教师不禁为这一场没有事先准备而成功的讨论暗自高兴。①

从这一例可以看出，教师的调控语言是很得体的，在极短时间内决定临时改变思路引导学生讨论。一个学生提出的"老师，为什么《药》里的狗没叫，而《夜》里的狗叫了"问题，既偏又细，表面上看也似乎没有什么价值，教师事先不可能备课涉及这类问题，确实出乎意料。这就给教师出了个难题。教师面临两种选择：一种是回避、拒绝，借口总是找得到的；还有一种就是迎难而上，顺势引导调控。这位教师先以"别以为这个问题可笑，它还值得讨论呢"告诫，扭转了学生散漫的思想，然后提问："是否违背生活常理？"这个问题切入角度小，贴近生活，易于回答，实际上教师是以此作为过渡，主要目的是讨论"这'没叫'和'叫了'的狗，对渲染环境所起的作用是否相同"。最后得出的"肃杀"和"恐怖"两种不同的政治氛围结论堪称精彩。顺向调控从一个细枝末节丰富了学生对小说中环境描写的认识和理解。

---

① 语文学习，1999（10）.

（二）逆向调控

语言调控也可逆向进行，这有助于激活学生思维，培养他们的比较、鉴别能力，加深他们的认识和理解。逆向调控语言得体的关键在于抓住要点，确有展开的价值和必要，而且要善于设置反向疑问。

有位教师上《谈〈水浒〉的人物和结构》一课，有意在板书标题时，将“人物”和“结构”互换了位置。学生议论纷纷，指出老师写错了。老师问：“老师确实写错了，但如果这篇评论的标题就像黑板上写的那样，可以吗？”热烈讨论后，大家认识到了，小说的三要素，人物是第一要素，人物是反映小说的内容，结构是作品的形式，内容决定形式，所以应该把人物放在前，结构放在后，不能互换位置。①

语文教师的教学设计，解题是重要的环节，一般做法是扣住题目，抓住关键词语推敲、品析，或者让学生展开猜想、联想，以有助于后面顺利展开阅读教学。但这位教师与众不同，一反常规，调换词序，改动题目，故意设错置疑，让学生据此比较讨论，上升到“小说的三要素，人物是第一要素”的文学理论高度来解读，大大加深了学生对标题的理解，且增长了文学知识。相信教师这样的逆向调控，会给学生留下难以忘怀的深刻印象。

逆向调控也并非都是教师故意设错置疑，教学过程中，可以进行逆向调控的机遇还是很多的。同时，逆向是相对于顺向而言，并不完全是正误问题。下边是《买椟还珠》寓言的一个教学片断：

生：装珠子的盒子是“用名贵的有香味的木料做成的”，并且“装饰得十分美观”，这说明盒子很有艺术价值，郑人认为这个人工做的盒子价值超过了那个天然的宝珠，他是有道理的。

师：你的见解与众不同，很好！我们就来讨论一下，郑人究竟有没有道理。

生：我认为没有道理，因为“宝珠比盒子贵许多倍”，宝珠值钱得多。

生：我认为有道理，因为从艺术上看，人创造的艺术品比宝珠更有价值。

师：两个同学都说得好像有理，为什么？

生：因为他们比较的标准不同。一个是从值多少钱的标准说的，一个是从艺术的标准说的。

师：对！这又说明了一个什么道理？

生：说什么东西有没有价值，要看用什么标准。（老师举了两个例子）

---

① 职业，2012（15）.

师：郑人出高价买这个盒子，说明这个盒子在他看来超过了宝珠，见到过这样的事没有？（学生举了不少例子）因此，刚才提出问题的同学不是没有道理的，对客观事物要具体问题具体分析。

师：我们已经明白了这则寓言的寓意，现在我们来想想这个问题，装珠子的盒子有没有价值？

生：也有价值，它是"用名贵的有香味的木料做成的"，并且"装饰得十分美观"。

师：那为什么说"把没价值的东西留下来"了？

生：这是因为和宝珠相比显得没价值了。

师：这说明一个什么道理？

生：有价值还是没价值要通过比较才能知道。（老师举了一个例子后，学生也举了一个例子。略）①

"买椟还珠"的成语出自《韩非子》，原意是买来珠宝而只留下漂亮的盒子不要里面真正价值高的珠宝，经常用来比喻没有眼光，取舍不当。但这位老师紧紧抓住了学生思维的一个闪光点，别开生面，从反向切入，引导学生拓开了思维的空间。有个学生发表意见，"郑人认为这个人工做的盒子价值超过了那个天然的宝珠，他是有道理的"，教师没有因为学生的看法违背了通常的理解而一棍子打死，而是加以肯定，让学生展开讨论，"你的见解与众不同，很好！我们就来讨论一下，郑人究竟有没有道理"。课堂上出现了两种完全对立的意见，接着教师围绕"比较的标准不同"引导深入探讨，师生共同举例印证，加强说服力。最后得出的结论是，"郑人出高价买这个盒子，说明这个盒子在他看来超过了宝珠，包装超过了内容，形式超过了内容"，也就是肯定了"买椟还珠"寓意的另一种解释。这样的逆向调控，其收获远远胜过了学一篇寓言只是明白一个寓意的教学。这里就不能简单以对错来论定。

二、调控难点

教学中的难点常常又是重点，当两者重合时，是学生学习过程中必须解决的，而且教师要花大力气精心设计攻克。攻克难点是攻坚战，调控难点的教学语言，尤能显示出教师的机智和功力。

调控难点的语言一般情况下不是孤立的片言只语，而是形成不同形式的序列，大体上可以分成梯式调控语言、平行式调控语言、发散性调控语言三种。

（一）梯式调控语言

梯式，是形象化说法，意思是教师为了突破难点，以由浅入深的语言铺设"台

① 语文网，http：//yuwen. chazidian. com.

阶”。当然，“台阶”是各种各样的，有的小，有的大；有的以感情铺垫，有的以逻辑推导；有的以稳步提升为长，有的则以曲折盘旋取胜。这种调控语言要求教师对难点有深刻、明确的认识、理解，大处看眼，小处看手，善于分析，正确把握内外部的联系。

一位数学老师教“三角形的面积计算”时，依次提出了以下六个问题：①两个完全一样的三角形可以拼成一个已学过的什么图形？②拼成的图形的底是原来三角形的哪一条边？③拼成的图形的高是原来三角形的什么？④三角形的面积是拼成三角形的图形的面积的多少？⑤怎样来表示三角形面积的计算公式？⑥为什么求三角形面积要用底乘以高再除以2？这六个问题由浅入深，问题之间有着严密的逻辑性，一环紧扣一环，又有较强的启发性，不仅使学生较好地理解了三角形的面积计算公式，而且能发展学生的思维能力。这是正规的逻辑推导梯式调控语言。

常州市特级教师邱学华老师上“三角形面积的计算”，当这节课时间过半时，学生基本上掌握了三角形面积的计算公式，并且能运用这个公式求一般三角形面积。正在学生充满成功的喜悦时，邱老师抛出一道“奇特”的题目：计算下图三角形的面积。并有意采用竞赛形式，以激励语言把课堂气氛搞得很热烈。结果，几乎全班学生的答案都是 $4\times6\div2=12$（平方米）。正当学生又一次为自己的“胜利”而感到喜悦时，邱老师诙谐地说：“你们都上当啦！”一语出口，好像在已有涟漪的湖中投入了一块巨石，学生情绪为之亢奋。这时邱老师才揭示了其中的奥秘，从而收到了良好的教学效果。这一例中，为了攻克教学中的易错难点，邱老师铺设的“台阶”，有符号语言、激励语言、诙谐语言、说明语言等。调控语言巧妙、曲折、富有感情色彩。

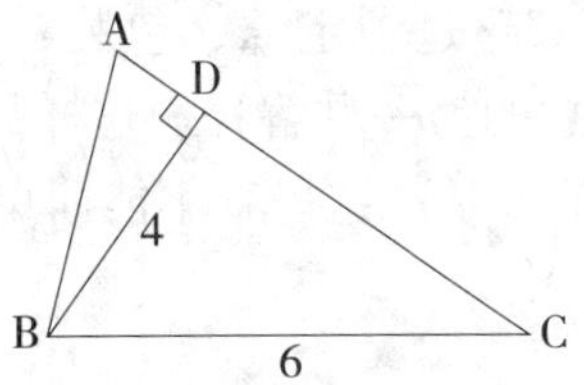

小学教材《鸟的天堂》一课，其中有一句：“那‘鸟的天堂’的确是鸟的天堂啊！”两个“鸟的天堂”，为什么前者加引号，后者不加呢？它们的含义是否相同？这对小学生来说，是较难理解的。一位教师是这样铺设台阶的：①第一个“鸟的天堂”指什么？（大榕树。）②作者是怎么知道它是鸟的天堂的？（听说的。）③第一次接近大榕树时，作者见没见到鸟？他是怎么想的？（第一次傍晚，作者没见到一只小鸟，他怀疑。）④后面的“鸟的天堂”是什么意思？（鸟的乐园。）⑤他是怎么知道的？（作者亲眼看到这儿百鸟齐欢，从心里发出感叹，这里确实是鸟的乐园。）⑥为什么前边的“鸟的天堂”要加引号，后边不加呢？（前边指大榕树，后边是指鸟的乐园，含义不同。)⑦这句话表达了作者怎样的思想感情?(由怀疑到由衷的赞叹。)

七个问题的设置是很有讲究的，先是引导学生理解第一个“鸟的天堂”的含义，接着引导理解第二个“鸟的天堂”的含义，两者都紧密结合课文，两次询问学生是“怎么知道”的，这样就便于学生得出正确的结论。再从内容回到形式，顺理成章解决了前一个“鸟的天堂”不加引号，后一个“鸟的天堂”要加引号的问题。最后，提问:“这句话表达了作者怎样的思想感情?”又从形式进入内容，进一步加深了学生的理解。一个难点就这样一步步由浅入深地、十分自然地攻克了。

上一例中的教学对象是小学生，难点是一个句子，语言的“台阶”比较小。随着年级的提高，教学目标不同，有时候则需要铺设层次较高的“台阶”。

有位高中语文教师上《在马克思墓前的讲话》一课，一开始提出了这样一个问题:“马克思一生中对无产阶级所作出的最伟大的贡献是什么?”对其中的“最”字，特别加重了语气。教师提出的这一问题是全文的“纲”，十分重要，但又是比较难以理解的问题。课堂一下子陷入了沉默。教师接着引导:“馒头再大也要一口一口地吃。请同学们把课文再速读一遍，排一排马克思一生中对人类的伟大贡献主要有哪些?”答案很快有了，根据学生回答，黑板上出现了“发现了人类历史发展的规律”、“发现了剩余价值规律”、“创立伟大的国际工人协会”等六项贡献。怎样确定哪一项是马克思一生中最伟大的贡献呢?教师交给学生一把钥匙:“恩格斯对马克思为人类所作的伟大贡献作了极高的评价，但大家仔细研究一下，恩格斯对马克思所作的各项工作评价是不是完全一样，你从恩格斯的哪些用语可以看出?请用勾画圈点法在课文中画出最关键的词语。”黑板上又增加了一些关键词语。教师随后问:“那么马克思一生中最伟大的贡献是什么呢?”学生答:“创立伟大的国际工人协会!”“能不能说说理由?”学生根据课文用词用语侃侃而谈。教师说:“很好。既然这样，为什么恩格斯不按‘首先’、‘其次’的顺序说，反而把‘首先’放在后面说呢?”学生愣住了，教师启发了一句:“这里的‘首先’是不是仅仅表示次序?”学生恍然大悟:“恩格斯是按照‘远不是主要的’、‘更主要的’顺序说的。”教师又紧逼一步:“说得对。那么马克思在理论上的两个发现已经是非常伟大的了，为什么恩格斯还说这‘远不是主要的’呢?”学生朗声而答:“因为在马克思看来，科学是一种在历史上起推动作用的、革命的力量。”教室里响起热烈掌声。教师又提出了收束全局的一问:“课文的第二段说:‘这个人的逝世，对于欧美战斗着的无产阶级，对于历史科学，都是不可估量的损失。’大家对这两个‘对于’和这一段在全文中的作用是怎样理解的?”课堂气氛活跃:“‘对于欧美战斗着的无产阶级’，是就马克思是一个革命家而言的。‘对于历史科学’是就马克思是一个科学家而言的。”“这一段概括了马克思对人类的伟大贡献，是全文的总纲。”

教师一开始就将难题亮出:“马克思一生中对无产阶级所作出的最伟大的贡献是什么?”这是全文的“纲”，十分重要却非常棘手，如果不认真阅读全文，根本无从回答。实际上教师的目的是在攻坚之初，突出难点，明确目标，以引起学生高度重视。接着请同学们阅读课文，排一排马克思一生中对人类的主要伟大贡献，这个要求则比较容易做到，给下面的行进打好良好的基础。再请学生根据“恩格斯对马克思所作的各项工作评价”的关键词语比较、揣摩：“那么马克思一生中最伟大的贡献是什么呢?”至此，这一问题的答案的推出已经并不困难了，而且学生能够侃侃而谈，说明理由。但教师还不满足，最后，从文章层次的铺排上进一步激问：“为什么恩格斯不按‘首先’、‘其次’的顺序说，反而把‘首先’放在后面说呢?”从另一个语言形式角度强化学生对“马克思一生中对无产阶级所作出的最伟大的贡献”的深刻认识。收束全局的一问呼应难点，回到目标。仔细体味这一例中教师的语言，大处着眼，小处落言，分解品析，步步逼近，层次井然，为学生理解课文的一个较大的重点、难点铺设了得体的梯形“台阶”。

（二）平行式调控语言

这是种横向调控，有别于梯式的纵向调控，而是或者举出实例，或者进行类比，或者进行对比，或者构筑比喻等等，使学生受到启发，认识事理，从而突破难点。这种语言的得体性关键在于举例、比较、设喻的贴切，富有启发性。

> 数学抽象枯燥，特别是一些深奥的数学知识，学生难以确切、深刻理解，甚至会产生畏惧感。美国斯坦福大学一位数学教授采取的趣味性教学方法，值得借鉴。有次上课，他说：“如果你手上有一张纸，你把它对折一下，一直对折32次，这张纸会成为多厚一叠?”学生的回答有两英寸、一英尺、三英尺的。库珀教授对同学们的胡乱猜测一直摇头否定。“正确的答案是——271英里厚！是不是很吃惊？你们看。”教授在黑板上写下了计算过程，并作了详细讲解。最后说道：“女士们，先生们，靠直觉是得不到正确的答案的，但一个简单的‘等比数列’却很容易马上得到答案。”①

一个日常生活中的折纸游戏，隐藏着高深的数学知识，教授以此为例，请学生设想对折32次后纸的厚度，用类似相声中的“抖包袱”手法，一步一步经过缜密的演算与推理，得出了出乎意料的结论，并证明了正确性。“等比数列”的概念的解释既清晰又有趣，学生心悦诚服，在方法上也受到教育。

有位教师上《荷花淀》一课，先是富有表情地朗读了“夫妻话别”的对话。其中有不少朴实、凝练、含蓄的语言，深刻表现了水生嫂的个性特点。例如，“女人没有说话，过一会儿，她才说：‘你走，我不拦你。家里怎么办?’”“女人鼻子里有些酸，但她并没有哭，只说：‘你明白家里的难处就好了。’”接下来，教师又朗读了自

① 内蒙古教育，1998（10）.

已改过的两种对话。A 是：

女人没有说话，过了一会，她才说："你走，我不拦你。小华，你带去；爹，你也带上！"

水生说："那咋成啊！"

水生嫂说："咋不成？"

水生说："我们又不是去走亲戚，是去打鬼子，打仗！"

水生嫂说："哦，那么说我是去走亲戚了？我还要干活呢！"

水生恳求说："千斤的担子你先担着吧，打走了鬼子，我回来谢你。"

水生嫂说："说得轻巧。你不替我想想，也该替老人、孩子想想。上有老下有小的，我的命好苦啊！你这个狠心贼，心里根本没有我，我不想活了……"

不等老师念完，同学们已笑不可抑了。B 是：

女人没有说话，过了一会，她才说："你走，我不拦你。咱们一块走！"

水生说："我们是去打鬼子，你个娘儿们跟去干什么？"

水生嫂说："烧饭、洗衣呀。你们的人就不吃饭换衣了？"

水生说："那咋成啊，打仗还带个娘儿们！"

水生嫂说："咋不成？古代还有花木兰替父从军哩！"

水生说："哎，说真个的，千斤的担子你先担着吧，打走了鬼子，我回来谢你。"

水生嫂娇嗔地："嗯，不嘛……就你嘴甜。"①

教室里哄堂大笑，气氛活跃。于是，教师引导学生将课文中的水生嫂与改写了的水生嫂 A、B 分别比较，让学生认识到水生嫂 A 不通情理，胡搅蛮缠；B 娇里娇气，软磨硬拖；课文中的水生嫂通情达理、深明大义、淳朴善良。这一例中，教师是采用比较语言来启迪学生思维，设计的人物语言反差鲜明，并且注意到不同角度，大大加深了学生对水生嫂鲜明个性的理解。

有位教师教朱自清的《绿》。同学们刚刚阅读完，一个个还沉浸在梅雨潭那奇异、醉人的绿中时，教师突然以作者的问句问学生："我送你一个名字，我从此叫你'女儿绿'，好么？"既在意料之外，又在《绿》文之中，同学们不假思索地答道："好！"教师顺手解释道："'好'是个会意字，女子为美，本意是指

① 百度文库，http://wenku.baidu.com/view/a1e2b021af45b307e871978e.html.

女子的容貌美，怪不得朱先生以‘女儿’命名梅雨潭的绿呢。”一句话将学生的思路引向作者为什么用“女儿”命名“绿”上来，抢着说文中一连串的比喻和联想描写潭水的绿，都与“女儿”有关。教师掉转话题：“读过《红楼梦》的同学，应该记得贾宝玉的一句名言吧，贾宝玉说“女儿是——”读过的同学很快接上了话：“是水做的骨肉!”教师说：“对了。曹雪芹借贾宝玉的口，说‘女儿是水做的骨肉’，‘我见了女儿便清爽’；朱先生在他的散文《女儿》中赞同曹雪芹的看法，说我‘只觉得事实是如此罢了’，并且说女儿‘是自然手里创造出来的艺术，使人们喜欢赞叹’。你们想想，朱先生以‘女儿绿’命名仅仅是名副其实吗?”同学们恍然大悟，说：“作者以‘女儿绿’命名，抒发了热爱自然、热爱生活之情。”教师点点头，在板书“女儿绿”后画上一个破折号，加上8个字——“一名之立，唤醒全篇”。①

教过《绿》的老师，可能都有体会，“女儿绿”这名称不好解释，词典上无这一义项。这位教师解决这一难点的语言颇值得称道。先是从课文中的一个问句巧妙引出一个“好”字，然后分析字的结构，拆字释意，“‘好’是个会意字，女子为美，本意是指女子的容貌美”，在表层上让学生懂得为什么以“女儿绿”来命名。再借助《红楼梦》中的贾宝玉的关于“女儿”的比喻名言，“女儿是水做的骨肉”，“我见了女儿便清爽”，朱自清在另一篇散文中关于“女儿”的精彩比喻，女儿“是自然手里创造出来的艺术”，使学生在深层上认识、理解“女儿绿”的命名含义，以及在全篇中所居地位。比喻调控语言与学生语言交相融合，贾宝玉的比喻与朱自清的比喻又相关相承，更显得自然妥帖。

（三）发散性调控语言

教师围绕难点启发学生作多侧面思考、探索、想象，教师语言的主要作用是得体地引导、点拨，扩大学生的思维空间，并适时恰当归纳。

作文指导常用这种调控语言。例如，一位教师指导学生写一篇作文《窗口》。开头说道：“今天，我们以‘窗口’为题，来讨论一下写作题材。先请大家静思一下，从你的生活窗口中能发现些什么?”学生回答：可看到“马路天使”装扮市容，快节奏上班的人们，菜农拖着满车农副产品来到市场，开发办办公室牌子……教师说：“同学们能否再举些例子，既扣住实际的窗口，又赋予‘窗口’特定的象征、比喻意义呢？要注意象征体、喻体与本体要有相似点。”学生回答：上海有服务的“十大窗口”、电视上的名特优产品广告是“窗口”。……老师又说：“同学们思路很广。大家提供了如此丰富的题材。有了这些材料，那么如何巧妙成文呢?”学生各抒己见，十分活跃，最后老师小结归纳。这位老师没有将自己的思路强加给学生，而是大胆

① 中小学教育资源交流中心，http：//text. k12zy. com.

“放”，打开学生思维“窗口”。“从你的生活窗口中能发现些什么?”启发学生从物质的实在的窗口展开联想，学生自然会看到各种各样的景象。接着要求“赋予‘窗口’特定的象征、比喻意义”，从虚化的文化层面上举例进一步展开联想，学生想象的翅膀飞得更加高远。放到一定阶段适时收一收，加以点拨。这样由实到虚，由散到聚，由断到连，既给予写作以切实的指导，又培养了学生扩散性思维能力。

有一位教师在上《最后一课》时遇到一个难题。上课已近尾声，有个学生举手发言：“老师，我发现了课文插图的一个错误。”教师一愣，随即稳下心来鼓励：“哦，你说有错，说说理由，其他同学注意听，也可发表意见。”那位学生说道：“课文最后写韩麦尔先生‘呆在那儿，头靠着墙壁’。插图中的韩麦尔先生的头没有靠着墙壁，也不像是呆在那儿，倒像是正在讲课，所以，老师你说插图画的是下课情景是不对的。”教师说：“你大胆质疑，很好。那该是画的什么情景呢?”“唔——大概是开始上课的情景吧。”教室里哄堂大笑，一片嗡嗡议论声。“不对，是下课情景，学生都起立了，韩麦尔先生扬起一只手做了个手势：散学了，——你们走吧。”“应该是下课时的情景。开始上课时小弗郎士还在路上玩，课文里根本没写。再说黑板上有两个单词，虽然法文我不认识，但我觉得后面一个单词有点像是‘法兰西’，这两个单词应该是‘法兰西万岁’。”“那韩麦尔先生的头怎么不靠着墙壁?”“这——要不就是插图画错了。”“课本上画错了?你倒真敢说呀!”教师觉得该引导一下了，做了个手势让大家安静，说：“大家再仔细观察一下插图，认真对照读课文，思考一下不同意见。我相信一定能够得出个一致的看法。”片刻之后，一位同学发言：“老师，插图的确有错误。插图一般都安排在与课文内容相应的地方，像《社戏》的插图。这一课的插图安排在课文快结尾的地方，加上前边几位同学的理由，所以画的应是下课时的情景。不过，插图除了韩麦尔先生的头没有靠着墙壁以外，还有一处错误，这就是他还应戴一顶绣边的小黑丝帽。”这时，教师满意地笑了，总结道：“同学们观察得很细致，阅读课文也很认真。只有认真、仔细，才能发现问题。课本是人编的，插图也是人画的，都有可能出现错误。刚才大家的争论，使我们懂得了不能盲从的道理。即使是课本，也可能出错，那么老师呢?同学们自己呢?不要避讳错误。凡事都要多观察，多思考，多分析，尽量少出错误，出了错误及时改正，我们才会进步。”①

这一例中，学生的思维可谓十分活跃，敢于提出与教师不同的意见，敢于指出课文插图的错误，同学之间也展开了热烈的争论。而教师调控的语言直接影响、引导学

① http://jiangxi.gp2011.teacher.com.cn.

生的思维扩散，很是得体，具体表现在积极鼓励质疑问难，而不是固执己见。“你说有错，说说理由，其他同学注意听，也可发表意见。”没有封杀指出错误的学生，而是给予陈述理由的机会，还鼓励其他同学发表意见。当学生意见有分歧、议论纷纷时，适时点拨、引导，提示“再仔细观察一下插图，认真对照读课文”，听取别人的合理意见，学生的发言愈加有理有据、细致周到。恰当总结，不是就事论事，而是提升到态度能力、思想方法等高度来作结，给学生深刻的教育。“都有可能出现错误”，“凡事都要多观察，多思考，多分析，尽量少出错误，出了错误及时改正，我们才会进步”。

三、调控失误

教师在教学过程中，语言表达失误是不可避免的，谁能保证教师的语言字字句句都准确无误呢？有些失误无关大局，且未被学生发现，可以忽略不计，不去纠正，但有的失误在不同程度上影响到教学目的的达到；或者错误比较明显，学生已经发现，可能给学生留下错误的印象，那就必须用得体的语言调控纠正。

调控失误的语言大致可以区分成三种：第一种是实事求是，明确承认错误，取得学生谅解，顺势教育学生；第二种是暂不作定论，鼓励学生展开争鸣讨论，选择恰当时机纠正失误；第三种是以错为导，自然弥合，不露痕迹，从反面加深学生印象。

有位教师上课板书时，听到学生打枪的声音。转身时发现一位学生正往书桌里放东西，就厉声责问：“你上课为什么打枪？快把枪交到讲台上来！”××不服气：“我没打枪，枪不是我打的……”老师火了：“犯了错误，不要强辩，只要承认，改正了就是好学生。把枪交上来吧！”××不服气，老师去收枪一无所获，其他同学也都说××没打枪，一时气氛僵住了。老师就说道：“同学们，我方才说过，犯了错误，不要强辩，只要承认了，改正了，那就是好学生。那么老师犯了错误，承认了，改正了，是不是好老师呢？”“是！”同学们齐声说。老师接着说：“好！刚才我犯了主观主义错误，说××同学打枪玩，委屈了他。现在我向××同学表示道歉！今后不管谁，犯了错误，只要……”话未完，打枪的同学自觉站起来承认了错误。

课堂里，打枪的声音与往书桌里放东西的动作几乎同时发生，教师的怀疑不能说没有根据，即刻对那位学生作出严厉批评也可理解。但教师毕竟没有亲眼看到学生打枪的行为，当学生坚决否认时，教师还是认定自己的判断是正确的，学生是在“强辩”。“只要承认，改正了就是好学生。”“只要……就……”是条件关系复句，孤立看，这话道理是对的、成立的，但设置了“承认”错误的前提条件，就有强迫、压服对方的意思。接着教师还去收抢，“一无所获”，而且其他同学证明该学生没有打枪，此时，教师的批评指责明显是错误的了，怎么办？这位老师明确承认了自己“犯了主观主义错误”，“我向××同学表示道歉”！感叹句显示出了真诚，又结合刚才对学生所讲道理，推及其他。这样处理，不但没有降低自己的威信，而且树立了以身作则形象，给学生以生动的教育。这种调控失误语言是很得体的。

还有位教师上《祝福》一课，讲到祥林嫂之死时，声情并茂地说道：“祥林嫂真是悲惨不幸啊！晚年无处容身，在鲁镇的一片祝福声中，饥寒交迫，老死在街头……”这时，一个学生举手发言：“老师，祥林嫂究竟怎么死的？课文中好像没有写到。”教师一时语塞，随即悟出自己讲话中的“晚年”、“老死”表述不确、模糊，再一想，何不抓住这一契机，让学生积极思考，认真讨论一番呢？于是一边自己飞速寻找正确的答案，一边发问：“老师的理解可能有不够妥当的地方。你提的问题很好，大家来说说，祥林嫂究竟是怎么死的？”一时，学生议论纷纷：“是鲁四老爷逼死的！”“冻死的！”“自杀身亡！”教师说：“大家仔细看看祥林嫂临死前的样子再作推测。”学生们很快将课文中的第三次肖像描写找了出来。一位学生说：“从肖像描写看，祥林嫂是老死的，犹如一盏油灯，油竭芯尽火灭。”教师反问道：“怎么能说是老死的呢？说老死，一般是指七老八十的老人的死亡。祥林嫂多大岁数？她是一个不到四十岁的中年妇女啊！按照生命的自然法则正是年富力强之际，怎么能说老死的呢？”学生处在焦虑性的思索中。教师又提示：“同学们，从肖像描写上看，满头的白发，仿佛像木刻似的，这些都鲜明地写出了祥林嫂的衰老，由此而说她老死，是有道理的。问题是她只有四十岁不到的年龄，这个年龄与形貌上的矛盾，我们怎么理解呢？中国有句俗语，叫‘富家出少年’。你们知道这句话的含义吗？”学生们有的醒悟过来了：“‘富家出少年’是讲家庭条件优越，生活无忧无虑，即使是年纪大点的人也显得很年轻。由此，我想到祥林嫂，她虽然年纪不大，但因为遭受迫害之深，生活极度凄苦，因此她超前衰老。说明她是老死的，更能深化小说的主题。”这时，教师在此基础上作了概括：“从祥林嫂临死前的神态、心理活动——与‘我’的一段对话及短工的旁证，可见祥林嫂是自然死亡，老死。这是一个畸形的生命。祥林嫂是那样的勤劳，那样的善良，但是她生活的那个社会专制制度、封建礼教和封建迷信不断地摧残她、迫害她，未老先衰，未到老死之年而老死，这是何等的悲惨啊！一个人的晚年是指老年人一生中最后一个时期，祥林嫂不到四十岁而死，没有晚年可言，只能说她生命的最后一个时期，老师开始时用词不妥当，今后大家也要注意。”

从这一例中，我们可以看到这位教师开始的表述确有失误之处，个别用词不确切。“晚年无处容身，在鲁镇的一片祝福声中，饥寒交迫，老死在街头”，粗听似乎没什么问题，但细想，祥林嫂还不到40岁，仅是中年，而“晚年”，根据《现代汉语词典》的解释，是指“老年人一生中最后一个时期”，祥林嫂不是老年人，自然没有晚年可言。“老死”，是年老而终、寿终，也与年龄大有关系。出现这种错误，主要原因在于教师对祥林嫂死因概括比较简单、浮浅，有片面之处。但教师的功底是深厚的，反应迅捷，首先承认“老师的理解可能有不够妥当的地方”，然后引导大家围绕“祥林嫂究竟是怎么死的”的问题有目的有层次地展开讨论。“怎么能说老死的呢”将问题抛给学生；“年龄与形貌上的矛盾，我们怎么理解呢”结合课文叙写，显露矛盾，将学生思维引向深处；以“富家出少年”的俗语提示，消解思维行进的堵塞。经过不断启发引导，教师作出了概括，最后的结论纠正了失误，正确、深刻而全面，明确说明祥林嫂“没有晚年可言”，“未老先衰，未到老死之年而老死”，则对“老死”的解释结合具体对象作了变通，灵活处理，言之成理。

一位数学教师在演算例题过程中出现了“半个人”的答案，马上意识到算错了，但学生尚未反应过来。他没有立即承认错误，重新再做，而是略停了下问学生道：“这个结果合理吗？”学生说：“不合理——没有半个人。”“那么错误在哪里呢？”学生十分活跃，纷纷发言讨论。教师的失误似乎变成了有意设计的教学环节了，被天衣无缝地弥合了。这是以错为导，从反面延伸引发讨论，语言调控同样是很得体的。

参考文献

一、著作、论文

1. 陈望道．修辞学发凡．上海：上海教育出版社，2001．
2. 王希杰．修辞学通论．南京：南京大学出版社，1996．
3. 王希杰．汉语修辞学．北京：北京出版社，1983．
4. 王希杰．修辞学新论．北京：北京语言学院出版社，1993．
5. 王希杰．这就是汉语．北京：商务印书馆，2012．
6. 王希杰．语海扬帆．北京：光明日报出版社，2009．
7. 袁晖．二十世纪的汉语修辞学．太原：书海出版社，2000．
8. 易浦，李金苓．汉语修辞学史纲．长春：吉林教育出版社，1989．
9. 袁晖，李熙宗．汉语语体概论．北京：商务印书馆，2005．
10. 倪宝元．大学修辞．上海：上海教育出版社，1994．
11. 张弓．现代汉语修辞学．天津：天津人民出版社，1963．
12. 黎运汉．公关语言学．广州：暨南大学出版社，1990．
13. 黎运汉．汉语风格探索．北京：商务印书馆，1990．
14. 黎运汉，盛永生．汉语语体修辞．广州：暨南大学出版社，2009．
15. 陈光磊．修辞论稿．北京：北京语言文化大学出版社，2001．
16. 谭永祥．汉语修辞美学．北京：北京语言学院出版社，1992．
17. 郑远汉．辞格辨析．武汉：湖北人民出版社，1982．
18. 刘焕辉．言语交际学．南昌：江西教育出版社，1986．
19. 刘焕辉．言语交际学基本原理．南昌：江西教育出版社，1997．
20. 王易．修辞学．上海：商务印书馆，1926．
21. 杨树达．中国修辞学．上海：上海古籍出版社，2006．
22. 傅隶朴．修辞学．台北：正中书局，1969．
23. 黄庆萱．修辞学．台北：三民书局，1975．
24. 周振甫．通俗修辞讲话．北京：通俗读物出版社，1956．
25. 李裕德．新编实用修辞．北京：北京出版社，1985．
26. 郑荣馨．语言表达效果论．桂林：广西师范大学出版社，1996．
27. 郑荣馨．语言表现风格论．合肥：安徽大学出版社，1999．

28. 郑荣馨．语言交际艺术——修辞策略探索．太原：山西人民出版社，2007.
29. 郑荣馨．人际修辞学．广州：暨南大学出版社，2012.
30. 池太宁等．修辞方式例解词典．杭州：浙江教育出版社，1990.
31. 史锡尧等．现代汉语．北京：北京师范大学出版社，1984.
32. 汪国胜，吴振国，李宇明．汉语辞格大全．南宁：广西教育出版社，1993.
33. 李廷杨．美辞论．贵阳：贵州教育出版社，1998.
34. 王希杰．汉语修辞和汉文化论集．南京：河海大学出版社，1996.
35. 钱进．新世纪的修辞学．南昌：江西人民出版社，2004.
36. 陈之芥，郑荣馨．修辞学新视野．北京：中国文联出版社，2005.
37. 陈之芥，郑荣馨．走向科学大道的修辞学．太原：山西人民出版社，2010.
38. 郑颐寿．辞章学概论．福州：福建教育出版社，1986.
39.《修辞语用探索》编委会．修辞语用探索——语言表达与得体性．天津：天津教育出版社，1998.
40. 曾毅平．华文修辞．广州：暨南大学出版社，2012.
41. 吴士文．修辞格论析．上海：上海教育出版社，1986.
42. 王德春，陈晨．现代修辞学．南昌：江西教育出版社，1989.
43. 王德春，孙汝建，姚远．社会心理语言学．上海：上海外语教育出版社，1995.
44. 李军．话语修辞理论与实践．上海：上海外语教育出版社，2008.
45. 陆稼祥．辞格的运用．沈阳：辽宁人民出版社，1989.
46. 王德春．修辞学词典．杭州：浙江教育出版社，1987.
47. 胡习之．辞规的理论与实践——二十世纪后期的汉语消极修辞学．北京：中国文史出版社，2002.
48. 谭学纯，唐跃，朱玲．接受修辞学．合肥：安徽大学出版社，2000.
49. 刘云泉．语言的色彩美．合肥：安徽教育出版社，1990.
50. 朱德熙．语法讲义．北京：商务印书馆，2003.
51. 钟敬文．民俗学概论．上海：上海文艺出版社，1998.
52. 陈才俊．论语全集．北京：海潮出版社，2007.
53. 安小兰．荀子．北京：中华书局出版社，2007.
54. 刘勰．文心雕龙．杭州：浙江古籍出版社，2011.
55. 石尔．外国名作家创作经验谈．杭州：浙江人民出版社，1981.
56. 彭华生，钱光培．新时期作家谈创作．北京：人民文学出版社，1983.
57. 老舍．老舍论创作．上海：上海文艺出版社，1980.
58. 傅庚生．中国文学赏析举隅．北京：北京出版社，2003.
59. 邵隆图．智慧宣言——广告人札记．上海：上海人民出版社，1997.
60. 贾采珠．北京话儿化词典．北京：语文出版社，1990.

61. 钱梦龙. 导读的艺术（修订本）. 北京：人民教育出版社，2004.

62. 柳斌. 中国著名特级教师教学思想录（上下卷）. 南京：江苏教育出版社，2000.

63. 陈艳华，高乐田. 中外说辩艺术博览. 上海：上海文化出版社，1999.

64. 陈如松. 世界名人论辩技艺欣赏. 北京：当代世界出版社，1999.

65. 江南. 汉语修辞的当代阐释. 徐州：中国矿业大学出版社，2001.

66. 王漫宇. 毛泽东谈话艺术. 天津：天津人民出版社，1993.

67. 王永盛，路则逢，张伟. 周恩来的语言艺术. 济南：山东大学出版社，1992.

68. 胡范铸. 20 世纪中国修辞学研究的几个问题. 复旦学报（社会科学版），1998（6）.

二、杂志

1. 当代修辞学　2. 高等学校文科学术文摘　3. 华东师范大学学报（哲学社会科学版）　4. 读者　5. 语文建设　6. 毕节学院学报　7. 北京社会科学　8. 咬文嚼字　9. 演讲与口才　10. 中华英才　11. 文史春秋　12. 中学语文　13. 数学大世界　14. 福建党史月刊　15. 刊授党校　16. 文化博览　17. 环球人物　18. 学习博览　19. 生活周刊　20. 现代交际　21. 交际与口才　22. 公关世界　23. 教育与职业　24. 故事家（微型经典故事）　25. 阅读与鉴赏　26. 商家　27. 杂文月刊　28. 人民戏剧　29. 青年博览　30. 思维与智慧　31. 青年文摘　32. 海外文摘　33. 经营与管理　34. 世界中学生文摘　35. 环球文萃　36. 每周文摘　37. 书摘　38. 民主与法制　39. 中学生读写　40. 开心老年　41. 杂文选刊　42. 随笔　43. 致富之友　44. 商业故事　45. 世纪　46. 考试　47. 人物　48. 中学生　49. 晚报文萃　50. 中外书摘　51. 阅读与作文　52. 中学语文　53. 百年潮　54. 启迪　55. 语文学刊　56. 江苏教育　57. 启迪　58. 学习博览　59. 海外文摘　60. 老人天地　61. 党史纵横　62. 课外阅读　63. 知识产权　64. 读与写（教育教学刊）　65. 爱人品位　66. 当代贵州　67. 台港文学选刊　68. 中国青年　69. 大学英语　70. 电影评介　71. 可乐　72. 语文天地　73. 汉语学习　74. 中国现代文学研究丛刊　75. 教育导刊　76. 南方人物周刊　77. 班主任　78. 人民教育　79. 河北教育　80. 江苏教育　81. 科学大众（科学教育）　82. 语文学习　83. 职业　84. 内蒙古教育　85. 爱情婚姻家庭（生活纪实）　86. 竞争时代　87. 班主任之友　88. 教书育人　89. 教师博览　90. 黄金时代（学生族）　91. 知识产权　92. 中国报刊月报　93. 新闻与成才　94. 外交学院学报　95. 文史天地　96. 小学教学研究　97. 家庭　98. 南风窗　99. 瞭望东方周刊　100. 党的建设　101. 心理辅导　102. 大众商务　103. 中外管理　104. 现代青年　105. 语文教学与研究　106. 东方青年　107. 心理世界　108. 良友文摘　109. 中华魂

三、报纸

1. 报刊文摘 2. 中华读书报 3. 人民日报 4. 光明日报 5. 中国青年报 6. 新华日报 7. 新民晚报 8. 青年参考 9. 三明日报 10. 文学报 11. 永康日报 12. 长治日报 13. 环球时报 14. 文汇报 15. 解放日报 16. 京华时报 17. 文摘报 18. 温州都市报 19. 广州日报 20. 江门日报 21. 兰州晚报 22. 齐鲁晚报 23. 长江日报 24. 生活日报 25. 扬子晚报 26. 今晚报 27. 中国食品报 28. 楚天都市报 29. 成都晚报 30. 北京娱乐信报 31. 北京日报 32. 羊城晚报 33. 生活时报 34. 无锡日报 35. 江南晚报 36. 中华作文报 37. 南京晨报 38. 汕头都市报 39. 今日早报 40. 福州晚报 41. 中国商情报 42. 劳动周报

后　记

2001年9月，书海出版社出版了我的《语言得体艺术》一书，2002年4月第二次印刷。这次暨南大学出版社再版此书，更名为《得体修辞学》。十多年过去了，时代社会在发展变化，修辞学理论建设不断深化、拓宽，蓬勃发展，个人的认识、理解也在变化之中。笔者乘此机会对初版书稿进行了修改、调整、补充。

20世纪90年代，修辞学的理论建设蓬蓬勃勃地发展，众多学者专家都在寻找突破口，努力超越、前进。笔者作为一个修辞学的爱好者和研究者，一直关注着修辞学理论建设的动态进程。当收到王希杰先生寄赠的《修辞学通论》一书时，粗粗翻阅一遍，即为书中提出的语言得体性是修辞学最高原则的论断所吸引，以前脑海中关于语言得体的零零散散的想法、认识忽然都涌冒出来，感受良深。不久，就写了一篇书评《王希杰先生之"得体观"》，后来收入李名方先生主编的《跨世纪的中国修辞学》（河海大学出版社，1999）一书中。

在随后的几年中，我的主要精力都花在了研究语言得体性问题上。当时拟订了一个研究的计划，按照专题从不同角度多方位探索。几乎在每次修辞学学术会议上，我提交的都是关于语言得体性的论文。就这样，一边研究一边写作，语言得体性的数篇论文陆续发表于大学学报等杂志。《语言得体艺术》书稿，主要对原已形成的观点作推敲、斟酌，充实语言材料，在理论与实际结合上下功夫，尽力系统化，增强严密性、科学性、实用性。

将语言得体性上升到修辞学最高原则的地位，并据此构建修辞学理论新体系，势必关涉到对既存修辞学理论体系的评价，笔者主观上力求做到客观、公正对待，各种体系自有历史功绩，长处、短处并存。语言事实是第一性的，充分占有材料才会有发言权。故书稿的写作过程中，在材料的搜集、梳理、提炼上花了很多时间和精力。由于本书论述的是一个关于修辞学的基本课题，涵盖的面很广，关涉到错综复杂、林林总总的因素，规律性的求索、描述十分艰难。

这次再版，书稿的纲目作了调整，删去了"语言得体性例析"一章，着重于提升书稿的理论性，进一步加强系统性，对观点作了进一步的推敲、修正，对语料严格筛选，删去了一些旧语料，调换、补充了新的语料，增加了较大的篇幅。

笔者才疏学浅，个人见解难免有错讹、疏漏之处，诚盼读者批评赐教。

王希杰先生是名闻海内外的修辞学大家，思维非常广阔，富有创造性、前瞻性，本书写作的动因即是受到了王先生修辞学新思想的启迪、影响。在修辞学学术会议上，王先生对我所提交的关于语言得体性的论文，总是热情鼓励，提出宝贵建议，使我获益匪浅。承蒙先生拨冗为拙著作序，在此谨表诚挚的谢意。

郑荣馨

2013 年金风送爽的时节

于江苏无锡

语言研究新视角丛书（第一批）

1. 汉语语体修辞／黎运汉　盛永生
2. 辞章体裁风格学／郑颐寿
3. 汉语方言疑问范畴比较研究／邵敬敏等
4. 广告语言跟踪研究／屈哨兵　刘惠琼
5. 节目主持人语言传播艺术／肖沛雄
6. 语体风格分析纲要／丁金国
7. 言语行为研究／胡范铸
8. 语用原则论／冯广艺
9. 修辞学与语文教学／刘凤玲　邱冬梅
10. 喜剧小品语言幽默艺术／谢旭慧

语言研究新视角丛书（第二批）

1. 中国戏曲的语言艺术／黄丽贞
2. 华语视角：21 世纪的中国语言规划论／郭　熙
3. 港台语言研究／苏金智
4. 索真探新／刘焕辉
5. 当代语用与实践修辞／何自然　戴仲平
6. 修辞结构论／刘大为
7. 现代汉语使动范式／刘街生
8. 人际修辞学／郑荣馨
9. 导游语言艺术／韩荔华
10. 汉语语篇结构新论／曹德和
11. 汉语修辞转化论／孟建安
12. 教师口才修养／冯寿忠